中华译学馆·中华翻译家代表性译文库

许 钧 郭国良 / 总主编

王国维 卷

吴 赟 / 编

ZHEJIANG UNIVERSITY PRESS
浙江大学出版社

·杭州·

从精神深处去探寻五四运动前后的翻译,我们会看到,翻译不是盲目的,而是在自觉地、不断地拓展思想的疆界。根据目前所掌握的资料,我们发现,在 20 世纪初,中国对社会主义思潮有着持续不断的译介,而这种译介活动,对社会主义学说、马克思主义思想在中国的传播及其与中国实践的结合具有重要的意义。在我看来,从社会主义思想的翻译,到马克思主义的译介,再到结合中国的社会和革命实践之后中国共产党的诞生,这是一条思想疆域的拓展之路,更是一条马克思主义与中国革命相结合的创造之路。

开放的精神与创造的力量,构成了我们认识翻译、理解翻译的两个基点。在这个意义上,我们可以说,中国的翻译史,就是一部中外文化交流、互学互鉴的历史,也是一部中外思想不断拓展、不断创新、不断丰富的历史。而在这一历史进程中,一位位伟大的翻译家,不仅仅以他们精心阐释、用心传译的文本为国人打开异域的世界,引入新思想、新观念,更以他们的开放性与先锋性,在中外思想、文化、文学交流史上立下了一个个具有引领价值的精神坐标。

对于翻译之功,我们都知道季羡林先生有过精辟的论述。确实如他所言,中华文化之所以能永葆青春,"翻译之为用大矣哉"。中国历史上的每一次翻译高潮,都会生发社会、文化、思想之变。佛经翻译,深刻影响了国人的精神生活,丰富了中国的语言,也拓宽了中国的文学创作之路,在这方面,鸠摩罗什、玄奘功不可没。西学东渐,开辟了新的思想之路;五四运动前后的翻译,更是在思想、语言、文学、文化各个层面产生了革命

总　序

考察中华文化发展与演变的历史,我们会清楚
译所起到的特殊作用。梁启超在谈及佛经翻译时曾
很深刻的论述:"凡一民族之文化,其容纳性愈富者
愈强,此定理也。我民族对于外来文化之容纳性,怕
时代最能发挥。故不惟思想界生莫大之变化
亦然。"①

今年是五四运动一百周年,以梁启超的这一观
四运动前后的翻译,我们会有更多的发现。五四
过翻译这条开放之路,中国的有识之士得以了解
潮、新观念,使走出封闭的自我有了可能。在中国
四运动这一思想运动中,还是自1978年改革开放
动都显示出了独特的活力。其最重要的意义之一
敞开自身,以他者为明镜,进一步解放自己,认
己,丰富自己,恰如周桂笙所言,经由翻译,取
短,收"相互发明之效"②。如果打开视野,以历

①　梁启超. 翻译文学与佛典//罗新璋. 翻译论集. 北京:商
②　陈福康. 中国译学理论史稿. 上海:上海外语教育出版社

性的影响。严复的翻译之于思想、林纾的翻译之于文学的作用无须赘言,而鲁迅作为新文化运动的旗手,其翻译动机、翻译立场、翻译选择和翻译方法,与其文学主张、文化革新思想别无二致,其翻译起着先锋性的作用,引导着广大民众掌握新语言、接受新思想、表达自己的精神诉求。这条道路,是通向民主的道路,也是人民大众借助掌握的新语言创造新文化、新思想的道路。

回望中国的翻译历史,陈望道的《共产党宣言》的翻译,傅雷的文学翻译,朱生豪的莎士比亚戏剧翻译……一位位伟大的翻译家创造了经典,更创造了永恒的精神价值。基于这样的认识,浙江大学中华译学馆为弘扬翻译精神,促进中外文明互学互鉴,郑重推出"中华译学馆·中华翻译家代表性译文库"。以我之见,向伟大的翻译家致敬的最好方式莫过于(重)读他们的经典译文,而弘扬翻译家精神的最好方式也莫过于对其进行研究,通过他们的代表性译文进入其精神世界。鉴于此,"中华译学馆·中华翻译家代表性译文库"有着明确的追求:展现中华翻译家的经典译文,塑造中华翻译家的精神形象,深化翻译之本质的认识。该文库为开放性文库,入选对象系为中外文化交流做出了杰出贡献的翻译家,每位翻译家独立成卷。每卷的内容主要分三大部分:一为学术性导言,梳理翻译家的翻译历程,聚焦其翻译思想、译事特点与翻译贡献,并扼要说明译文遴选的原则;二为代表性译文选编,篇幅较长的摘选其中的部分译文;三为翻译家的译事年表。

需要说明的是,为了更加真实地再现翻译家的翻译历程和语言的发展轨迹,我们选编代表性译文时会尽可能保持其历史风貌,原本译文中有些字词的书写、词语的搭配、语句的表达,也许与今日的要求不尽相同,但保留原貌更有助于读者了解彼时的文化,对于历史文献的存留也有特殊的意义。相信读者朋友能理解我们的用心,乐于读到兼具历史价值与新时代意义的翻译珍本。

许 钧

2019 年夏于浙江大学紫金港校区

目　录

中　编

下 编

导　言

王国维(1877—1927)是中国近代学术研究的重要奠基人之一,在哲学、文学以及国学等方面贡献卓越,在翻译领域的成就亦是令人叹服,其翻译思想或主张是中国特色翻译理论体系的重要组成部分。本书主要围绕王国维的生平传略、翻译思想及影响、代表性译著以及译事年表维度,呈现王国维治学及翻译实践轨迹的实在景观,也为今后王国维翻译思想研究提供可参考的文献资源。

一、王国维的生平传略

王国维集历史学家、语言文字学家、文学家、美学家、考古学家、金石学家、翻译理论家于一身,是我国近代著名国学大师、文化先行者。1877年12月3日,王国维出生于浙江海宁城内双仁巷,初名国桢,后改国维,字静安,又字伯隅,初号礼堂,晚号观堂,又号永观。与第一任妻子莫氏生有三个儿子,与第二任妻子潘丽正生有三子二女。

王国维天资聪慧,7岁入邻塾读书,深受父亲王乃誉①的影响。1892年7月,王国维参加海宁州②岁试,中秀才,与陈守谦、叶宜春、诸嘉猷一起被誉为"海宁四才子"。1894年,王国维考入崇文书院,而后对史学、新学

---

① 王乃誉,字与言,清末诗人、书画家,博涉多才,在书画、篆刻方面颇有研究。
② 今浙江省海宁市。

等方面颇感兴趣。甲午战争后,西学东渐愈演愈烈,新思想、新文化在国内迅速传播,王国维渴望走出国门学习新学。1898 年,王国维赴上海求学,进入罗振玉①创办的东文学社,后与罗振玉熟识,在东文学社师从日本教师藤田丰八、田冈佐代治,学习日文之余,兼学英文及数理。这一时期,王国维研究西洋哲学的念头也愈发强烈。

1900 年,撰写《〈欧罗巴通史〉序》,翻译《势力不灭论》(On the Interaction of Natural Forces)②及《农事会要》。是年 12 月,在罗振玉的资助及藤田、田冈两位日本教师的协助下,王国维到日本东京物理学校学习。1901 年夏,因病回国后,王国维在罗振玉主编的《教育世界》发表了大量译作,撰写了《崇正讲舍碑记略》,翻译了《教育学》《日本地理志》《算术条目及教授法》,向国人介绍了大量近代西方学人及国外科学、哲学、教育学、美学、文学等领域的先进思想。1902 年,王国维开始研读社会学、心理学、哲学等领域的著作,翻译了元良勇次郎的《心理学》《伦理学》、桑木严翼的《哲学概论》、牧濑五一郎的《教育学教科书》以及矶谷幸次郎的《法学通论》。1903 年,经罗振玉推荐,王国维任南通通州师范学校心理学、伦理学教员;同年,通读了叔本华(Arthur Schopenhauer)、康德(Immanuel Kant)的著作,编写了《哲学辨惑》《论教育之宗旨》《叔本华像赞》等著作,翻译了西额惟克(Henry Sidgwick)的《西洋伦理学史要》,介绍了苏格拉底(Socrates)、康德、叔本华、尼采(Friedrich Nietzsche)等学者的欧洲伦理学说。1904 年,王国维代罗振玉为《教育世界》主编;同年 8 月,赴苏州的江苏师范学堂任教,仍痴迷于叔本华、尼采等人的思想,并结合先秦诸子学说及宋代理学,又攻西方伦理学、心理学、美学、逻辑学、教育学等;同

---

① 罗振玉是中国近代农学家、教育家、考古学家、金石学家、敦煌学家、目录学家、校勘学家、古文字学家,系王国维好友。

② 或许是因为王国维的笔误,《势力不灭论》的英文底本存在疑问,其英文括注也不统一。冯书静和仪德刚对此有比较详细的考证,本书编者从其说,在编辑时做了适当调整和修改。详见:冯书静,仪德刚.《势力不灭论》英译底本及术语翻译.自然辩证法研究,2016(2):80-87.

年,撰写了《孔子之美育主义》《尼采之教育观》《书叔本华〈遗传说〉后》《红楼梦评论》《叔本华与尼采》《释理》《人间词》等著作,翻译了叔本华的《叔本华氏之〈遗传说〉》、桑木严翼的《尼采氏之学说》《荀子之名学说》、高桥正雄的《管子之伦理学说》以及蟹江义丸的《孔子之学说》。其中,《红楼梦评论》是我国第一篇融合西方文艺理论和比较文学研究方法的文学专论。由此,王国维开启了中西贯通的治学之路。

1905 年,王国维翻译了托尔斯泰(Лев Николаевич Толстой)的《枕戈记》、叔本华的《叔本华之思索论》、模阿海特(John Muirhead)的《伦理学概论》等著作。

1906 年,王国维撰写了《教育小言十二则》《德国哲学大家汗德①传》《墨子之学说》《老子之学说》《汗德之伦理学及宗教论》《原命》《屈子文学之精神》等著作,翻译了阿薄德(Thomas Abbott)②的《汗德详传》、巴尔善(Friedrich Paulsen)的《教化论》等著作。1907 年,王国维得军机大臣荣禄赏识,任学部图书编译局编译,主要负责编译及审定教材等事宜。同年,王国维撰写《教育小言十三则》《人间嗜好之研究》《书辜氏汤生英译〈中庸〉后》《孔子之学说》等著作,翻译了海甫定(Harald Høffding)的《心理学概论》、洛克(John Locke)的《悟性指导论》、井上哲次郎的《日本阳明派之哲学史》等。1908 年,王国维第一任妻子莫氏病逝,同年,迎娶第二任妻子潘丽正;8 月,撰写《〈词林万选〉跋》;10 月,译著《辨学》(即《逻辑学》)出刊;11 月,《人间词话》前 21 则刊出,"境界"说正式提出;12 月,撰写《曲品新传奇品跋》。1909 年,《人间词话》第 22—39 则及第 40—64 则正式刊出;翻译了源自美国文部省《教育报告》的《论幼稚园之原理》《法国之小学校制度》、斯坦因(Marc Stein)③的《中亚细亚探检谈》等。1910 年,王国维校对了《录鬼簿》,所翻译的《教育心理学》由学部图书编译局排印出版,译

---

① 今译为康德。
② 爱尔兰研究康德的专家。
③ 斯坦因,原籍匈牙利,1904 年入英国籍。本书按王国维的写法,均注为匈牙利。

作《世界图书馆小史》陆续刊出,创作《清真先生遗事》《古剧脚色考》等文。

1887年至1910年的二十几年间,祖父、父亲、妻子、女儿的相继离世,再加上身体一向羸弱,王国维愈发心绪沉郁。1911年,王国维为《国学丛刊》作序时,提出"学无新旧也,无中西也,无有用无用也"①的观点;同年,校对了《梦溪笔谈》《容斋随笔》《酒边集》《大唐六典》等著作,并作跋,翻译了源自美国文部省《教育报告》的《法兰西之教育》。辛亥革命爆发后,王国维同罗振玉抵日避居,研究开始侧重经史小学。1913年,王国维撰写《宋元戏曲考》,后改名《宋元戏曲史》,该专著是中国戏曲第一本史书,阐幽显微,被公认为中国近代古典戏曲研究的开山之作;同年,撰写《释币》《秦郡考》《汉郡考》等著作。1914年,王国维、罗振玉合撰《流沙坠简》,而后独自创作《宋代金文著录表》,撰写《国朝金文著录表》等。1915年,王国维撰写《殷墟书契前编》一、二卷释文,作《洛诰解》等,其后,《三代地理小记》《胡服考》《生霸死霸考》等相继撰写完成。

1916年,《国学丛刊》停刊,王国维回到上海,为犹太人哈同(Silas Hardoon)编《学术丛编》杂志,主要研究甲骨文及商周历史;同年,王国维撰写《殷礼征文》《释史》《周书·顾名后考》《汉代古文考》《隋志跋》等,校对《水经注》,创作《毛公鼎考释》《魏石经考》《尔雅草木虫鱼鸟兽名释例》等。1917年,王国维短暂旅居日本后便回国创作《殷卜辞中所见先公先王考》等,撰写《古本竹书纪年辑校》《殷文存序》《今本竹书纪年疏证》《周代金石文韵读》《唐韵别考》《古本尚书孔氏传汇校》(稿本)等,校对《封氏闻见记》等。1918年,王国维校对《尚书孔传》《方言》《净土三部经音义》《一切经音义》等,创作《随庵吉金图序》等,婉拒北京大学、日本京都大学聘其任教的邀约。1919年,王国维撰写《书郭注方言后》《书尔雅郭注后》《西胡考(上、下)》《西域井渠考》《曹夫人绘观音菩萨像跋》,接受《浙江通志》聘约,负责相关内容的撰述,拟作《宋元浙本考》等,翻译了伯希和(Paul

---

① 王国维.国学丛刊序//王国维.王国维全集(第14卷).谢维扬,房鑫亮,主编.杭州:浙江教育出版社,2010:129.

Pelliot)的《近日东方古言语学及史学上之发明与其结论》等。

1920年，王国维为江南著名藏书家蒋汝藻编《乌程蒋氏密韵楼藏书志》等，并校阅多种古籍，且为《周玉刀考》《顾刻广韵跋》《某君像赞》《徐母太□人像赞》《残宋本三国志跋》《影宋本孟子音义跋》等作序。1921年，王国维再次拒绝北京大学的聘约；将其所写经史论文，集成《观堂集林》二十卷，由乌程蒋氏出资刊行，并撰写《唐写本切韵残卷跋》等。1922年，王国维开始担任北京大学研究所国学门通讯导师；作《宋刊后汉书郡国志残叶跋》《兮甲盘跋》《汉南吕编磬跋》等，撰写《两浙古刊本考》及序，为乌程蒋氏撰《传书堂记》，校阅《蒙古秘史》等。1923年，王国维撰写《肃忠亲王神道碑》；同年，仓圣明智大学解散，王国维结束了《学术丛刊》的编辑职务以及该校教授的任职，为乌程蒋氏编藏书志的工作也基本结束；是年，王国维校对《淮南鸿烈》《抱朴子》等，撰写了《殷墟书契考释序》，创作了《魏石经续考》等，《观堂集林》二十卷样本印成，收录文章200篇、诗作67首。1924年，王国维撰写《论政学疏》等，作《唐写本韦庄秦妇吟又跋》《明内阁藏书目录跋》等；是年，溥仪被迫迁出紫禁城，王国维随驾左右，心灰意冷，随即写下"艰难困辱，仅而不死"的感慨。1925年，王国维被聘为清华研究院导师，研究重心开始转向西北地理以及元史，撰写了《蒙文元朝秘史跋》等史料，与梁启超、陈寅恪和赵元任同为清华学院"四大导师"。1926年，王国维撰写了《黑鞑事跋》《圣武亲征录校注序》《桐乡徐氏印谱序》等，校阅《亲征录》，发表《鞑靼考》《长春真人西游记注序》等。

1927年，王国维撰写《南宋人所传蒙古史料考》《元朝秘史之主因亦儿坚考》《金长城考》《水经注笺跋》《清华学校研究院讲义》等；译《室韦考》《辽代乌古敌烈考》《鞑靼考》等。6月2日上午，王国维离开清华园，自沉于颐和园鱼藻轩的昆明湖，留下"五十之年，只欠一死；经此世变，义无再辱"①的遗言，令世人愕然、惋惜。

王国维一生历尽时局动荡，但无论世事飘摇，他始终坚守独立的思想

---

① 王国维. 王国维文集(第三卷). 北京：中国文史出版社，1997：475.

与自由的精神。王国维学问所涉甚广,融通中西,生平著述 62 种,批校古籍超过 200 种,在诸多学术领域做出了开创性的贡献,其中《红楼梦评论》《宋元戏曲考》《人间词话》《观堂集林》以及在历史学研究中提出的"二重证据法"等饮誉学林,令人高山仰止。的确,无论是学习、吸收西方的新知识、新理念,还是发扬本土的传统文化,王国维总是在不断更新并拓展现有的知识疆域,堪称"中国近代学术最后一人、现代学术第一人"①。

二、王国维的翻译思想

在王国维一生的学术造诣中,译事成就虽所占不丰,然而,其译事活动在洋洋大观的"西学东渐"中独具特色,构成了中国译学思想体系的重要维度。翻译思想通常表现为译者对译事的原则主张或基本理念,如道安的"五失本、三不易"、严复的"信、达、雅"以及鲁迅的"硬译"等。王国维的译学主张散见于其相关著述之中,如《〈近日东方古言语学及史学上之发明与其结论〉译后记》《书辜氏汤生英译〈中庸〉后》《论新学语之输入》《译本〈琵琶记〉序》《论近年之学术界》等。其翻译思想可归纳如下。

1. 忠于原作内容,保持原文特质

王国维秉持传统的忠实观,尤为强调译文应忠实于原文的内涵,保持其特质。在《书辜氏汤生英译〈中庸〉后》中,王国维指出:

> 若译之为他国语,则他国语之与此语相当者,其意义不必若是之广。即令其意义等于此语或广于此语,然其所得应用之处不必尽同,故不贯串、不统一之病自不能免。而欲求其贯串统一,势不能不用意义更广之语。然语意愈广者,其语愈虚,于是古人之说之特质渐不可见,所存者其肤廓耳。译古书之难,全在于是。如辜氏此书中之译"中"为 Our true self、"和"为 Moral order,其最著者也。余如以"性"

---

① 方梦之,庄智象. 中国翻译家研究(民国卷). 上海:上海外语教育出版社,2017:120.

为 Law of our being，以"道"为 Moral law，亦出于求统一之弊。以吾人观之，则"道"与其谓之 Moral law，宁谓之 Moral order。至"性"之为 Law of our being，则 law 之一字，除与 Moral law 之 law 字相对照外，于本义上固毫不需此，故不如译为 Essence of our being 或 Our true nature 之妥也。(380-381)①

王国维剖析了在中译外过程中，源语与目的语交叉重叠，以及源语与目的语中一者可涵盖另一者的情形，认为源语与目的语之间存在不可译性，译文应与源语意义相等，传达源语精髓。此外，王国维不赞成辜鸿铭采用概括性极强的概念来翻译《中庸》中的"中""和""性""道"等概念，认为这容易使译文偏离原文，原文的"特质"亦被隐藏不见。另外，辜鸿铭在《中庸》英译本中将"君子之道，造端乎夫妇"翻译为"The moral law takes its rise in relation between man and woman"。王国维评价道："实则此处并无此意，不如旧注之得其真意也。"(384)

王国维提出："吾人之译古书，如其量而止则可矣，或失之减，或失之增，虽为病不同，同一不忠于古人而已矣。"(382)这说明，王国维在翻译过程中以忠实先人原意为宗旨，认为译者不可改变原文的内涵，不能随意删减或增加原作的内容，应忠实于原文，保持原作的特色。

2. 注重译文神韵，力求术语准确

王国维在《译本〈琵琶记〉序》中写道，"夫以元剧之精髓全在曲辞"，而欧洲译者"以科白取元剧，其智去买椟还珠者有几"。这里王国维将科白喻元剧之椟，以曲辞喻元剧之珠。王国维对日本人西村天囚翻译的《琵琶记》尤为看好，说道："君之译此书，其力全注于曲，以余之不敏，未解日本文学，故于君文之趣神味韵，余未能道焉。然以君之邃于汉学，又老于本国之文学，信君之所为，必远出欧人译本之上无疑也。"(388)王国维认为，《琵琶记》日译本具有"趣、神、味、韵"，优于欧洲译本。由是观之，王国维

---

① 为求简明直接与引用版本的一致性，本书所收录的内容被本《导言》引用时，仅在引文后括注本书页码。特此说明。

较为看重译文传达出原作的神韵。

在翻译过程中,术语翻译的准确性直接关系到译文的忠实性。由于一直秉持传统的忠实观,因而,术语翻译的准确性也是王国维较为关注的问题。王国维指出:"严氏造语之工者固多,而其不当者亦复不少。兹笔其最著者,如 Evolution 之为'天演'也,Sympathy 之为'善相感'也。而天演之于进化,善相感之于同情,其对 Evolution 与 Sympathy 之本义,孰得孰失,孰明孰昧,凡稍有外国语之知识者,宁俟终朝而决战。"(390)在这段话中,王国维显然对于严复将 Evolution 译为"天演"、Sympathy 译为"善相感"不甚苟同,而是更倾向于译为"进化"与"同情"。此外,针对严复将 *Evolution and Ethics* 译为《天演论》,王国维则批评此译名"译义不全",应为《进化论与伦理学》。由此可见,王国维对术语精确性的要求相当严格。另外,王国维认为应在求语义上的"相当"和"求贯串统一"之间寻求一种平衡。这也说明,在当时的社会环境下,王国维较为注重术语翻译的恰当性与准确性。

3. 追求语言易解,关注译者素养

王国维十分注重语言的易懂性,主张译者应尽量运用简单易懂的语言进行翻译,以降低读者阅读的难度。这一翻译思想主要体现在王国维在《书辜氏汤生英译〈中庸〉后》《论新学语之输入》等文章的阐述中。王国维指出:"彼等之著译,但以罔一时之利耳。传知识之思想,彼等先天中所未有也。故其所作,皆粗漏庞杂,佶屈而不可读。"(391)另外,王国维也曾批评严复的《名学》:"古则古矣,其如意义之不能了然何?以吾辈稍知外国语者观之,毋宁手穆勒原书之为快也。"(391)王国维批判了同时代人日译作品的文笔艰涩、佶屈聱牙,要求译文应当"易解",通俗易懂。该翻译思想在现今依然具有可借鉴的价值,译文语言的简洁易懂是吸引读者、传播原作思想精髓的重中之重。

另外,王国维颇为关注译者素养,认为译者应具有良好的源语功底,

扎实的译入语素养,透彻掌握所译学科专业的相关知识。① 简而言之,即具备中西合璧、融会贯通的知识素养。这一翻译思想主要体现在王国维在《书辜氏汤生英译〈中庸〉后》中:"辜氏之译此书,谓之全无历史上之见地可也。"(387)他认为,辜鸿铭缺乏中西合璧的译者素养,历史眼光与西方哲学知识素养尚有较大的进步空间。此外,王国维在《译本〈琵琶记〉序》中的论断也体现出其对译者素养的关注,例如,王国维指出:"欲知古人,必先论其世;欲知后代,必先求诸古;欲知一国之文学,非知其国古今之情状学术不可也。近二百年来,瀛海大通,欧洲之人讲求我国故者亦伙矣,而真知我国文学者盖鲜,则岂不以道德风俗之悬殊,而所知所感亦因之而异欤? 抑无形之情感,固较有形之事物为难知欤? 要之,疆界所存,非徒在语言文字而已。以知之之艰,愈以知夫译之之艰。"(388)这就意在说明,翻译一部作品,需要充分了解该作品产生的时代背景、写作缘起等,只有这样才能真正掌握原文的内涵,从而产出地道的译文。而这些都需要译者努力提升自身的知识素养,在翻译过程中有意识地运用。这种翻译思想也影响了王国维的翻译风格。从其译著来看,不难发现,王国维在翻译过程中通常使用浅显、晓白、流畅的语言为读者娓娓道来。

4. 主张圆通开放,借用日译名词

透过王国维的译著,我们可以看出,"学无新旧也,无中西也,无有用无用也"的开放胸襟一直伴随王国维的翻译实践过程,而这种开放态度也较大程度地影响了王国维的翻译观。王国维一生翻译了 21 部(篇)日文与英文著作,涉及哲学、逻辑学、伦理学、心理学、法学、教育学、物理学、数学、农学、图书馆学及美学等学科,这些辉煌成就不仅使其自身名垂千古,更推动了中国近代科学的发展。

西方拥有自己独特的学术话语体系,在西学东渐过程中,如何将其翻译成我们自己的语言是王国维那个时代人们就已经开始思考的问题。从

---

① 李昌银. 王国维翻译思想概述. 云南民族学院学报(哲学社会科学版),2003(5):103.

王国维对严复、辜鸿铭等人的批评可知,翻译观及翻译思想的差异影响译者的翻译实践活动,甚至对后世产生极大的影响。由于秉持圆通开放的思想,对于汉语中不存在的术语,王国维赞成新词的输入。这一观点见于《论新学语之输入》。王国维指出:"事物之无名者,实不便于吾人之思索。故我国学术而欲进步乎,则虽在闭关独立之时代,犹不得不造新名。况西洋之学术骎骎而入中国,则言语之不足用,固自然之势也。"(390)他认为:"言语者,思想之代表也,故新思想之输入,即新言语输入之意味也。"(390)诸如"概念""推理""演绎""归纳"等术语均出自王国维的译作,也一直沿用至今。另外,就是否借用日语译词而言,究竟是借他山之石,还是依托中国传统文化创造新译名,不同的译者总是会有不同的见解。曾以"一名之立,旬月踟蹰"①一语影响后世的严复就对从日本而来的西学术语持抵制态度。而在翻译实践过程中,对于汉语中缺乏对应译名的情况,王国维主张借用一些畅达明晓的日译名词。他对于名词术语的翻译原则在其译本《势力不灭论》的"译例"部分有直接的表述。

势力不灭论(the Theory of the Conservation of Energy)为十九世纪所发明最大最新之原理,而德人海尔模鞏尔兹(Helmholtz)②亦发明此理中之一人也。此书就英国理学博士额金孙(Atkinson)所译氏之《通例科学讲义》(*Lecture on Popular Scientific Subject*)③中之《就自然力交互之关系》(*On the Interaction of Natural Forces*)一节译述者,易其名曰《势力不灭论》,蘄不背原意而已。

一、原书本为通俗讲义,一切数学上之公式及试验之次序皆略不载,而唯记其结果,其意在使人易晓。

二、译语仍用旧译书,惟旧译名有未妥者,则用日本人译语。

---

① 王栻. 严复集. 北京:中华书局,1986:1322.

② 今译为赫尔姆霍兹。

③ 《通例科学讲义》今译为《通俗科学讲义》;经查证,括注的英文正确的是:*Popular Lectures on Scientific Subjects*。

三、人、地名及书名概标西文,以便稽核。(315)

在王国维现存的 21 部译著中,有 12 部译自或转译自日语,8 部译自英语,1 部未注明来源。[1] 汉语与日语在构词方式方面有颇多相似之处,加之王国维的日文基础相对英语较好,因此,他选择借用日译词也在情理之中。此外,王国维主张借用日译词与其译著的目标读者也不无关联。根据相关资料,王国维的译著大多刊登在《农学报》《教育世界》《学部官报》上,也有些由上海教育世界社、商务印书馆、学部图书编译局等出版,这些主要是近代的报刊或出版社,读者一般为新式知识分子。[2] 相较于部分汉语词的晦涩难懂,王国维借用简洁、流畅的日译词更能满足其目标读者的阅读需求。王国维圆通开放的翻译思想“决定了他能够会通中、日、西文化,对日译西学术语采取理性开放的‘拿来主义’”[3]。

三、王国维翻译或译作对后世的影响

1. 夯实了国人对敦煌文献的研究之路

除了我们熟知的教育学、哲学、文学、史学等领域,王国维在敦煌学研究方面亦倾注了大量心血,其翻译以及整理的相关文献为国人研究敦煌学夯实了基础。陈寅恪在 1930 年提出“敦煌学”一词,主要是整理与研究在敦煌发现的文献资料。如今,经历一系列变迁与发展,敦煌学已拓展至石窟考古、敦煌学理论、敦煌藏书与艺术以及文物保护等方面,成为一门国际性的显学。而在“敦煌学”一词正式提出之前,王国维对于敦煌文献的搜集、整理与翻译为之后敦煌学的发展做出了重要贡献。王国维在

---

[1] 薛宇飞. 王国维研究资料要目. 武汉:崇文书局,2011:49-53.

[2] 梅晓娟,吴颖. 拓译名之荒与借他山之石——严复和王国维在西学译名问题上的分歧探析. 中国翻译,2018(2):29.

[3] 梅晓娟,吴颖. 拓译名之荒与借他山之石——严复和王国维在西学译名问题上的分歧探析. 中国翻译,2018(2):30.

1909 年翻译了匈牙利斯坦因的《中亚细亚探检谈》。此文乃斯坦因于1909 年 3 月 8 日在英国皇家地理学会上做的报告,总结了他三次探险中国甘肃、新疆等地的经历,较为翔实地记载与描述了其在敦煌等地的所见所闻,具有相当准确的测绘和地理描述。王国维将这些关于敦煌较为详尽的一手资料翻译过来供国人参阅与研究,在一定程度上引起了国人对敦煌文物保护与艺术研究的关注与重视,也开启了王国维本人对敦煌学的关注与研究。此后,在罗振玉等人的努力与号召之下,敦煌学研究逐渐起步。

2. 推动了所译学科在国内的创立与发展

王国维一生翻译了大量著作,涉及哲学、逻辑学、伦理学、心理学、法学、教育学、物理学、数学、农学、图书馆学及美学等学科领域,较大程度上推动了相关学科在国内的创建、进步与发展。就教育学方面而言,1901年,王国维翻译了《教育学》,其中介绍的 19 世纪德国教育学家、心理学家、哲学家赫尔巴特(Johann Friedrich Herbart)的教育理论思想,在我国产生了深远影响;而且,《教育学》是第一部在国内得到全文翻译的教育学著作,王国维亦被称为引入国外教育学思想与理念的第一人。1902 年,王国维翻译了《教育学教科书》,首次将"美育"概念引入中国教育学思想,倡导德、智、体、美应作为教育宗旨的理念,推动了我国教育学学科及教育制度的科学发展。就心理学方面而言,王国维是首次将心理学著作翻译到国内的学者,其在翻译《心理学》及《心理学概论》过程中,填补了诸多心理学术语空白,如"理性""情欲"等,加速了国内心理学学科的创建与规范进程。此外,王国维在哲学、法学、物理学、农学及数学等学科领域的译著也产生了较大的影响,为这些学科的基本概念与知识在国内的传播与本地化立下了汗马功劳,推动了中国近代社会的进步与发展。

3. 为后世学术翻译实践的开展确定了思想理念

王国维生逢中国近、现代相交的西学东渐时期,其所秉持的学术自由翻译思想在当时乃一股清流,为后世的学术翻译奠定了基本的思想基调。西学东渐主要是指近代西方学术思想向中国流传、散播的历史过程,这一时期,西方来华的传教士、留学生等是传播主体,为西方科学技术及思想文化传入中国发挥了重要作用。而此时,与其他译者所强调的"服务社会发展"的翻译理念不同,王国维更加注重学术自身的科学属性,向往学术自由。王国维在翻译过程中格外注重术语翻译的准确性,如前文提及的"严氏造语之工者固多,而其不当者亦复不少。兹笔其最著者,如Evolution 之为'天演'也,Sympathy 之为'善相感'也。而天演之于进化,善相感之于同情,其对 Evolution 与 Sympathy 之本义,孰得孰失,孰明孰昧,凡稍有外国语之知识者,宁俟终朝而决哉"(390)。基于这一翻译理念,大量学科专业术语如"美育""进化""理性"等得以流传、沿用、影响至今。此外,追求原文的本旨与神韵而非表面之意亦是后人值得学习之处。例如,王国维对日本人西村天囚翻译的《琵琶记》的评价:"君之译此书,其力全注于曲,以余之不敏,未解日本文学,故于君文之趣神味韵,余未能道焉。然以君之邃于汉学,又老于本国之文学,信君之所为,必远出欧人译本之上无疑也。"(388)这些都为后世的学术翻译树立了良好的榜样与标杆,影响深远。

4. 丰富了我国传统的翻译理论思想

王国维在哲学、教育学、心理学、法学、物理学、农学及数学等学科领域积累了丰富的翻译实践经验,并在著书立说的同时将这些经验转化为一系列翻译主张,作用于翻译实践,丰富了我国传统的翻译理论思想。从王国维的《势力不灭论》之"译例",以及《书辜氏汤生英译〈中庸〉后》《译本〈琵琶记〉序》《论新学语之输入》《论近年之学术界》《书叔本华〈遗传说〉后》等序跋的相关表述中,我们可以看出,王国维秉持翻译的忠实观,认为译文应该保持原文的内容与特质,同时,追求术语准确、语言易懂,对于译文的神韵与译者的知识素养亦有要求,甚至主张变通开放、借用日译词表达相关概念术语。这些翻译主张在一定程度上丰富并重塑了中国传统译论,亦成为中国传统翻译理论思想的重要组成部分。

四、王国维的译著辑要

虽然王国维并不以译著见长,但其译作却为世人探索相关学科领域的知识拓宽了视野。王国维的译著以哲学概论、教育学、法学通论、心理学概论等为主,辅之考古、地理、物理等学科著作,规模大,领域广,翻译形式多样,主要译自日语、英语及德语等。这些语言的习得与其求学经历密切相关。考虑到译文所属领域的多样性及编排的审美取向,本书分为上编、中编、下编,上编以哲学、伦理学、心理学、法学、教育学等译著为主,中编则涉及物理、地理、考古等内容,下编则是体现王国维翻译思想的书论。下面按编排顺序对王国维的代表性译著进行简单介绍。

上编的内容较多,范围较广,涉及 11 部译著。

桑木严翼是日本明治后期至昭和初期的启蒙哲学家、新康德主义者。1902 年,王国维翻译了桑木严翼的《哲学概论》。该书主要涉及哲学的定义、性质等基础知识。译著分为 7 章 23 节,序论部分回应了人们对哲学的非难,论述了哲学研究的必要性,之后的章节描述了哲学的定义、渊源及形态等。国内学者对《哲学概论》也展开了相关研究,阐述了其对于中国哲学发展的意义以及该译本对于中国翻译实践的影响。

1908 年,在任京师图书馆编译、名词馆协修时,王国维将英国人耶方斯(W. Stanley Jevons)的《逻辑学基础教程:演绎与归纳》(*Elementary Lessons in Logic: Deductive and Inductive*)翻译为《辨学》,其中大量的逻辑学术语如概念、判断、推理、矛盾、演绎与归纳等,一直沿用至今,具有较强的科学性,对于诸多学科的发展具有划时代的意义。《辨学》所根据的原书共分 33 章,王国维在翻译过程中略去了有关英语文法的一章,将译文分为 9 篇 32 章。该译著从绪论、名辞、命题、推理式、虚妄论等方面出发,涵盖了西方形式逻辑的基本内容,较为系统地介绍了西方逻辑学的最新研究成果,将方法论、归纳法等概念引入中国。这对于西方逻辑学在中国的传播与接受具有重要作用,也在一定程度上冲击了中国传统的思维方式。另一方面,《辨学》译文忠于原作,语言简洁、易懂,例如:"辨学之定义,约而言之,则推理之科学也。然辨学家中大抵谓此学为论思想之法则,又有谓为论思想形式上之法则,以期其定义更臻于完密者。吾人于实用此等定义之先,不可不先明其意义;而知此等定义,其言语虽殊,其意义初无大异也。"(54)这也是《辨学》出版后常被用作教材的重要原因。在中西文化日益交融的今天,西学东渐时期成功的翻译实践经验,尤其是相对独立的翻译观、翻译思想等,对于中国传统文化"走出去"或是国外文化成果的译入都具有较为直接的借鉴价值,具有研究的必要性。

《伦理学》的作者是日本的元良勇次郎,1883 年至 1888 年,他曾在美国的波士顿大学以及约翰斯·霍普金斯大学留学,学习心理学与伦理学等,获哲学博士学位;曾任东京帝国大学心理物理学教授,之后又获文学博士学位,号称日本心理学的奠基者。1893 年,元良勇次郎撰写了《伦理学》。该书通俗易懂,在日本出版后,影响极大,成为明治维新时期伦理学研究的启蒙图书。1901 年,王国维回国后,在罗振玉主编的《教育世界》发表了大量译作,其中之一就是元良勇次郎的《伦理学》。《伦理学》译介到国内之后,对国内的伦理学学科以及教育界带来了较大的影响,经常被作为教材使用。《伦理学》由 3 编 21 章组成,涉及情绪的性质、善恶的标准、理性的主观性质等内容,书中引用了不少我国的儒学伦理作为佐证。在对该书翻译的过程中,王国维的翻译观得以彰显。《伦理学》的译介推动了我国伦理学的发展,学界也可通过此书进一步探寻王国维的翻译思想,以助力中国特色翻译学理论体系的构建。

西额惟克是 19 世纪末西方伦理学界颇负盛名的伦理学家,他撰写的《西洋伦理学史要》是一本专门介绍西方伦理学从古至今发展脉络的著作。需要指出的是,西额惟克的《西洋伦理学史要》1901 年由日本的五十岚力译成日文,王国维翻译的《西洋伦理学史要》依照的是西额惟克的英文版,而非日文版。《西洋伦理学史要》原作由伦理学之概观、希腊及罗马之伦理学、基督教及中世之伦理学、近世之伦理学等 4 篇组成,王国维在翻译过程中明确表示省译了"基督教及中世之伦理学"的部分内容,其他部分十分完整。《西洋伦理学史要》在国内的传播推动了国内伦理学学科的发展,同时也为国内相关研究者研究伦理学史的相关问题提供了可参照的范本。研究《西洋伦理学史要》不仅可以梳理王国维的翻译史,还可通过译著解读王国维的翻译思想。在中国文化"走出去"的今天,王国维的翻译思想具有较大的借鉴价值。

1902 年,王国维翻译了日本心理学家元良勇次郎的《心理学》,并载于上海教育世界社出版的《哲学丛书》初集中。王国维译介的《心理学》对于我国心理学学科建设以及知识体系的构建具有重要的价值。译著《心理学》分 5 编,分别是总论和原理、感觉、主观的观念、苦乐之感、观念之刺激的性质,共计 25 章。对照译文与原文可知,王国维在翻译时,对文本进行了较多的删减、替换,更是在必要之处增加了按语,解释其中较难理解的内容。值得一提的是,王国维在翻译过程中,将原著引用和歌的内容替换成了我国古人的诗句,如"离宫见月伤心色,夜雨闻铃断肠声""花如解语还多事,石不能言最可人";再如,将原文《谷间的百合姬》及《昆太利物语》中的例子替换成杜甫《春望》中的"感时花溅泪,恨别鸟惊心"等来解释相关现象。这种替换较大程度上方便了国内读者,对于研究王国维翻译思想的相关人员而言是较为重要的参考资料。

1907 年,王国维翻译了丹麦哲学家海甫定著、英国学者龙特(Mary Lowndes)英译的《心理学概论》(*Outlines of Psychology*, 1882)。值得一提的是,1879 年心理学脱离哲学成为一门独立的实验性学科,海甫定撰写此书正是在 1879 年之后,而此时我国鲜见关于心理学的著述,因此,王国维的译介显然具有启迪意义。果不其然,该译著被列为"汉译世界名著"之一,也被认为是我国"第一部汉译心理学书"[①]。《心理学概论》由 7 篇组成,结构清晰,内容丰富,以唯意志论的哲学思想为基础,系统介绍了实验心理学,尝试运用科学事实和实验结果来解释人的心理现象,具有较大的现实意义。在当时中国的社会环境下,《心理学概论》的引进为国内心理

---

① 张耀翔. 中国心理学的发展史略. 学林,1940(1):93.

学的创新发展提供了新颖的思路,推动了中国心理学学科由传统走向现代的发展进程。由社会环境可知,王国维《心理学概论》的翻译实践较为特殊,因为当时汉语中关于心理学的术语或词汇是空缺的,这就增加了翻译的难度,因而也就更具翻译研究价值。王国维译出的《心理学概论》在国内再版十余次,得到了心理学、教育学研究领域学者的极大推崇,不仅满足了研究者的知识需求,更是促进了我国心理学的发展。另外,作为一本译著,王国维的翻译思想在其中得到较大程度的反映,如多采用更加准确的双音节词或多音节词:对象、观念、特质、意识、本体、意志、本能、原理、经验主义、理想主义、生存竞争等;也因此,该译著为王国维翻译思想的研究提供了素材。自古以来,我国有着基于本土翻译实践的译学思想,中国特色翻译话语体系的提出,使得相关研究者更加注重我国本土的译学思想,《心理学概论》所呈现出的翻译观与翻译思想正是我国译者基于自身翻译实践总结出来的。

《法学通论》是日本学者矶谷幸次郎所著,1902 年,王国维将其翻译为汉语,由商务印书馆出版。《法学通论》是一本带有教科书性质的法理学著作,也是最早介绍到我国的域外法理学著作,对我国近代法理学的创建与发展具有重要意义,也开启了中国的法学翻译事业。该译著分为绪论和本论两部分,讲述的是法学与法律的一般理论,不涉及部门法知识,更像是现代意义上的简明法理学教程。具体而言,绪论主要讲述法学的相关问题,包括研究法学的必要性及方法、法律与道德的关系、法律与其他学科的关系、法学的性质等;本论主要讲述法律的本义、法律的种类、法律的渊源、法律的制定发布、法律的适用、法律的制裁以及法律的宗旨等。除了上述基本方面外,《法学通论》还提到了自然法与人定法的分类,梳理了有关自然法的几种代表性观点,这些都为我国现代意义上法理学学科知识体系的构建提供了重要的参照。国内关于《法学通论》的研究主要集中在内容的介绍以及对于我国法理学学科建设的重要意义,例如,高燕梳理了《法学通论》的内容构成,指出了其对于我国法学界的重要参考价值①;程波概述了《法学通论》的不同译本及其在特定社会历史环境下的影响等②。这些研究推动了法学观念在中国的引介,也加快了法理学术语的厘定步伐。

立花铣三郎以最早引进达尔文的进化论而闻名于日本。他曾去美国的师范学校留学,其教育主张深受赫尔巴特学派的影响。通读教育学的相关著作可知,最早在中国出现的教育学著作大多来自日本。1901 年,王国维翻译了由日本文学士立花铣三郎讲述的《教育学》,由此,教育学在中国逐渐生根发芽,且作为一门学科在中国蓬勃发展。1991 年,周谷平明确指出,作为一门学科的西方教育学的引进"以《教育世界》第 9、10、11 号(1901 年)连载的、日本文学士立花铣三郎讲述、王国维翻译的《教育学》为起点"③,无相关史料记载更早传入我国的教育学著作。瞿葆奎指出:"王国维先生于 1901 年翻译了日本立花铣三郎讲述的《教育学》,这是引进中国的第一本全文翻译的《教育学》。他于 1905 年编著了一本《教育学》,这是国人编著的第一本《教育学》。"④由此可见,《教育学》于我国教育学的发展而言意义深远。

《教育学教科书》系日本文学士牧濑五一郎所著,被王国维译成中文后,刊于 1902 年《教育世界》第 29、30 号。该书主要涉及教育学的定义、教育的种类、教育学与其他学科的关系、教育者与被教育者等内容,是关于教育研究较为基础的学科知识。该书的翻译对于 20 世纪初的中国教育界而言具有较大的启发作用,亦有助于现今国内教育学知识体系的构建。

《法兰西之教育》源自美国文部省《教育报告》,王国维译出后,连载于

---

① 高燕. 国学大师王国维的法学客串——[日]矶谷幸次郎著,王国维译《法学通论》评介. 西南大学学报(社会科学版),2009(4):196.
② 程波. 晚清汉译日本《法学通论》教科书研究初步. 中国法学教育研究,2010(3):1-33.
③ 周谷平. 近代西方教育学在中国的传播及其影响. 华东师范大学学报(教育科学版),1991(3):78.
④ 瞿葆奎. 两个第一:王国维译、编的《教育学》——编辑后记. 教育学报,2008(2):3.

1911 年出版的《学部官报》第 161、162 期。

《教育心理学》系美国禄尔克著,日本柿山蕃雄、松田茂原译成日文,王国维于 1910 年自日文译出,同年由学部图书编译局印行。

教育学与教育心理学方面的内容,较大程度上推动了中国教育体系及教育心理学的建设与发展步伐,能够为中国教育研究与实践带来诸多经验。

中编包括《势力不灭论》及《观堂译稿》。

《势力不灭论》是王国维翻译的第一部介绍西学知识的著作,也是最早将能量守恒原理介绍到中国的科学译著。该书的作者为德国著名物理学家赫尔姆霍兹(Hermann von Helmholtz)。该译著根据英国著名学者额金孙(Edmund Atkinson)编译的《通俗科学讲义》(*Popular Lectures on Scientific Subjects*)中的《就自然力交互之关系》(*On the Interaction of Natural Force*)转译而成。在卷首,王国维撰写的"译例"很好地诠释了翻译心得。该书在学界具有较高的知名度,其中的术语如密度、蒸汽机、速率、科学、数学、压力、温度、张力、引力、弹力、摩擦、温度、密度、分光镜、比热、传导、液体、反射、平均、脂肪、天体等,一直沿用至今;著名的能量守恒原理、热力学第二定律也通过翻译在中国得以传播。《势力不灭论》内容丰富,涉及学科领域广泛,如力学、物理学、化学、生理学、天文学、地质学等,学术价值与应用价值斐然,在物理学史乃至科学史中都占有非常重要的地位,为推动我国近代科学的发展做出了贡献。另外,其所运用的翻译策略也有诸多值得后人学习、借鉴之处,尤其是对于地名、人名、计量单位以及一些特殊科学名词的翻译,都标注出了英文原文以及所依据的底本,极大地方便了目的语读者,是我国科技翻译史上较为重要的著作。有学者曾这样评价《势力不灭论》,"其译文并非客观冰冷之自然科学文章,其中多有为人类终极命运忧思之处"①。这使得该译著令人耳目一新,更具

---

① 王增宝. 王国维的翻译实践及其"境界说"的发生——从元良勇次郎《心理学》的翻译入手. 中国现代文学研究丛刊,2018(12):157.

迷人色彩。综上所述,本书收录《势力不灭论》的目的在于让读者从中洞察王国维严谨的翻译态度,为科学术语的翻译提供切实的经验。

《观堂译稿》共收录《中亚细亚探检谈》《近日东方古言语学及史学上之发明与其结论》《室韦考》《辽代乌古敌烈考》《鞑靼考》等5部王国维译作,本书收录了前4部译作。斯坦因是著名的地理学家、考古学家、探险家,《中亚细亚探检谈》是斯坦因1909年3月8日在英国皇家地理学会上做的报告,王国维于1909年将其译为汉语。王国维对敦煌文献的整理研究很大程度上与翻译《中亚细亚探检谈》有关。《中亚细亚探检谈》译本语言明快,清晰易懂,对于研究甘肃的地理地貌来说具有较高的史料价值,对于我国考古学、敦煌学的发展具有重要意义,为敦煌考古资料的整理和研究提供了可靠的历史文献,也为考古爱好者、敦煌爱好者提供了重要的参照资料。1919年,王国维翻译了法国伯希和的讲演词《近日东方古言语学及史学上之发明与其结论》。该讲演词一开始便道明了法兰西学院研究中亚的历史,强调了伊斯兰文化对中亚的影响,对我们进一步研究敦煌文化与中亚文化及西亚文化的关系有重要的启发。王国维对这篇讲演词进行翻译时,增添了多处注释,以准确表述文中含义,翻译思想也体现得较为明显,是研究王国维翻译的重要篇章,对于中国特色翻译理论体系的构建意义深远。《室韦考》《辽代乌古敌烈考》都是王国维在考古学领域的译作。这些译作对于国内学者研究室韦、辽代乌古敌烈的历史、地理、人文等都是极好的文献素材,史料价值斐然。

下编包含《书辜氏汤生英译〈中庸〉后》《译本〈琵琶记〉序》《论新学语之输入》《论近年之学术界》《书叔本华〈遗传说〉后》。它们是王国维翻译思想最直接的流露,这里将它们单独列为一编,希望能够对于今后相关学者研究王国维的翻译思想有所帮助。

五、编选说明

由浙江教育出版社与广东教育出版社耗时30余载,于2010年联合出版的《王国维全集》，共 20 卷，844 万字，收录了王国维著作、书信、日记、译著及演讲等类别内容，是迄今为止关于王国维研究最为全面、详尽与完备的著述集。《王国维全集》全部采取竖排繁体，收录内容无不严格甄选、追根溯源、慎选底本、准确点校，具有较高的可靠性；另外，两家出版社成立了阵容强大的编辑委员会，组织了大批专家学者参与其中，在较大程度上保证了《王国维全集》的整体质量。该书出版后，广受学界关注与好评，被诸多学科的论著引用，具有较高的影响力与知名度。在教育部第六届高等学校科学家研究优秀成果（人文社会科学）评奖中，该书荣获著作类历史学二等奖；在上海市第十届哲学社会科学优秀成果评奖中，该书获得一等奖。此外，2014 年 9 月 29 日，岳麓书院、凤凰网、凤凰卫视联合主办的"致敬国学——2014 首届全球华人国学大典"在岳麓书院举行颁奖盛典，《王国维全集》荣获首届"全球华人国学成果奖"。

"中华译学馆·中华翻译家代表性译文库"之《王国维卷》的内容即选自《王国维全集》。其中，译著选自该书第 16、17、18、19 卷。除译著外，《王国维卷》也收录了《王国维全集》第 1 卷及第 14 卷中能够体现王国维翻译思想的名篇：《书辜氏汤生英译〈中庸〉后》《译本〈琵琶记〉序》《论新学语之输入》《论近年之学术界》《书叔本华〈遗传说〉后》。

在选择篇目过程中，翻阅《王国维全集》，深感震撼，在叹服国学大师王国维广博精深的学术遗产之际，从其编校说明、题解以及细微之处的注释等亦可感受到参编者一丝不苟的严谨态度。这为后续的研究，尤其是"中华译学馆·中华翻译家代表性译文库"之《王国维卷》的编写提供了权威与准确的素材来源，节省了编者大量的时间与人力成本。在此，十分感谢《王国维全集》编辑委员会做出的卓越贡献。

王国维学无专师，却能自辟户牖，在文学、教育学、哲学、考古学等领域筑起一座又一座的学术里程碑，更为后人翻译了大量学术著作，实乃功德无量。正如郭沫若所评价的，"留给我们的，是他知识的产物，那好像是一座崔巍的楼阁,在几千年的旧学城堡里,灿然放出一段异样的光辉"①。
王国维的译著包罗其广,卷帙浩繁,译学思想散见于各类著述。本书选择
国内研究者研究较频繁的译作共 16 部(篇),以及涉及王国维翻译思想的
论著若干,它们在不同学科领域为相关学科的发展以及理论知识体系的
构建起到了极大的推动作用,也代表了王国维在相关学科领域的思想观
念与卓越贡献。希望本书的出版,能够帮助相关读者如翻译研究者、文学
爱好者以及高校教师和学生等全方位地了解王国维的翻译思想,领略其
卓越译绩,更激励新时代的年轻译者们见贤思齐、辛勤耕耘,借助翻译让
中国了解世界,让世界读懂中国。

《王国维全集》的点校比较完备,本书在编辑过程中,原则上仅将繁体
字、异体字改为简化字。如"唱导""决择、决非、决不""发见""养气""轻
气""忿怒""折衷"等均予以保留;"磨擦"与"摩擦"、"惟"与"唯"的混用也
保持原样;王国维翻译时使用的一些作品名、人名和地名等专有名词,以
及个别学术术语,与现代通行的译法有较大的差异,本书也保持原样;一
些明显的外文拼写错误尽力进行了修改,其大小写则保持原样。但如"豫
想、豫期、豫防、豫算、豫言""瞭解、明瞭""想像""沈思""工课"等用法均做
了修改;"左述、右述、如左、如右"等,为便于读者理解,根据横排书的格式
改成了"下述、上述、如下、如上"等;个别标点根据现行规范做了适当修
改;个别差错及结构不清晰的地方做了适当改动。特此说明。

---

① 　郭沫若. 历史人物. 上海:新文艺出版社,1951:250.

上　编

哲学概论（节录）①

1 第一章 序 论

第一节 哲学思想与哲学

世人一闻"哲学"之名，辄视为以佶屈聱牙之文字说艰深晦涩之理，谓其说过高而不与日常之生活相涉。然哲学岂但学者架空之想象，而与俗人之事业无丝毫之交涉乎？古今之哲学者，甲论乙驳，阐微显幽，至成所谓哲学系统，固非常人之所能思及，然其哲学系统中所含有之思想感情，则大抵世人普通所怀抱者也。毕竟哲学者不过雕琢此等思想感情而整理之，即不过整理常识而已。论哲学者思不到此，则其误遂不可医。此余所以亟亟辨明之也。

盖寻常一般之事变，实一不可思议之秘密藏也。我等日日所接四围之光景，日日所遇人间之运命，似极寻常而非有不可思议之意味。日月星

---

① ［日］桑木严翼著，王国维译文载于1902年上海教育世界社之《哲学丛书》初集。本书摘选其中的第一章"序论"和第二章"哲学之定义"。——编者注

辰之运行,四时昼夜之代谢,菀枯盛衰之转变,死生穷达之循环,若无心视之,则其中讵有可惊可怪者?然若一旦豁然而开分别道理之眼,而于其间施考察,则此等无一不足起我等之疑惑者。呜呼!悠悠之天壤果有始终无始终乎?渺焉七尺之身,生其中,死其中,其生也何自来,又何所为而生乎?其死也何所归,又何所赍而往乎?以吾之生活为与天地无关系,则其倏忽之生存亦太无意义。以天地之变化全为顽冥不灵之运动,则其整然之秩序与规律又太不可思议。于是稍通理者,强于此间求联络而说明之;即昧于理者,亦构成一种之信仰以代之。故虽野蛮未开之人民,莫不有一种之神话,即其关人类以外忽生忽死之某物之说话是也。如希腊及印度斐然有系统之神话,即弥速罗支,虽决不可见于霍台痕托德、布休曼等蒙昧之种族中,然就各种之天变地异及一切人事之吉凶莫不有断片的神话,即弥斯者。晚近之社会学者,殊如斯宾塞尔、拉布克等,想象其状态颇详。其说以为日月之出没,云雾之聚散,或呼于山而闻反响,或临海而见怒涛,此等现象无一不足惊原人者。而彼等所最怪者,梦幻之现象也。梦忽驱我而游绝域未至之地,见不识或已死之人,然吾体依然不离其处。然则逍遥梦里之我,与现时横卧之我,果同体之二相乎,抑我有二种之别乎?此等思想终感动原人,而生二重魂之说。此外足证此说者,影像之现象也。临水而于水中见与我同一之形象,此所谓游魂者非欤?又自此解释种种之事实,即谓游魂暂离于肉体,则为睡眠、气绝或眩晕等;两者永离,则呈死之现象。然游魂自身得独存,故对他人之魂而呈种种之作用。一切奇事多以此说明之。例如符咒及一切怪异是也。如此而渐生神祇之观念,生人事与天地之现象种种之说话。[参考斯宾塞尔《社会学原理》(*The Principle of Sociology*)第一卷第八章至第二十五章。]以上斯宾塞尔之说虽过于穿凿,不免有附会之处,然神话之所由生,必由此种之原因明矣。又人之好怪也,对平常之事不下奇异之说明不能满足。故闻雷霆之声,彼等不但以为鬼神之鸣鼓或驱车,又以为罚恶人之刑具。见太阳之中天而云雾四散,不但视为有最大威力之天神,且感谢其照临下界众生之恩惠。如此一切天地现象悉以有意解释之,于是生弥斯,更进而生弥速罗支,而此所谓弥斯及弥速罗支者,实哲学及宗教之渊源也。故叔本华于其《哲学概论讲义》中曰:一切人类皆为哲学的考察,虽极粗野之人民,亦有神话之形而上学。此因彼以世界为全体而得理会之者也。

神话之外,犹有足代表民众之哲学思想者。今夫闻贱夫之言,其无心所吐露者,往往趣味津津,得加以哲学之名称者不少。所谓俚谚,最能表明之者也。俚谚可称为通俗之哲学,民间之智慧,其语句短简而著想奇警,意味深长,所谓寸铁杀人者也。夫俚谚者,固半为学者之所作而民间称述之,或自经籍学说之中脱化而来者,然其中真出于无学之野人之手者亦不少。且即出于学者之手若古书中者,以其易流布于民间观之,则知俚谚之所出虽高远,其意义极卑近。易言以明之,此等俚谚本有适合于俚俗之性质,不过潜伏于民众之心中而未得发显之机会耳。然则视此等俚谚为代表民众之思想,亦无不可。此等俚谚实民间知识之发表,又其哲学思想之发表也。征之历史,希腊哲学之端,实存于此等俚谚。希腊哲学之祖,皆推德黎,德黎实巧于此等俚谚之七贤中之一也。以此观之,哲学思想既于神话发其萌芽,又为俚谚而与日常之行为触接,而神话及俚谚,如前所述,决非一人一国之所专有,即哲学思想之普遍又不待论也。

哲学思想之普遍如此,然至系统之哲学则不能谓之普遍。如前所述,世无无弥斯之民族,然无弥速罗支之国民极多。古来以文化闻之国民中,其有高尚而多诗趣之弥速罗支者,仅印度与希腊耳。北欧日耳曼民族次之。至罗马人,则不过模仿希腊之神话。此外埃及、巴比伦、波斯等国,其神话殆无足观者。更转而视东亚诸国,支那有弥斯而无弥速罗支,日本之弥速罗支与历史之事实相混。夫弥速罗支于文化上固非有绝对的必要,在推理之精神发达之国,此种想象上之说话反早归于绝灭,故无弥速罗支传于后世者。然许多之国民所以无之者,实因其国民之知识未足构成弥速罗支故也。弥速罗支尚不普遍,况于系统之哲学,要精练之知力者乎?人谁于霍台痕托德、布休曼之中求哲学乎?谁于爱司克以木人之间求柏拉图、汗德乎? 不独此也,我国于文化之点特放灿然之光彩,然尚无固有之哲学,不过继承印度、支那之思想,稍修补之而已。欧洲如罗马,统一四方,握霸王之权,占法律、宗教、兵马之中心,然退而考其哲学,则全不足观。其绍述希腊哲学,亦极无价值。即以国土论之,哲学之方面既如此褊狭,且以哲学著名之国,如古之希腊,今之德意志,其说哲学者,可以指计。不但说之者少,即能解之者,又全国民之几分之一乎? 此不独民众不解而已,即学者稍有知识者中亦多不解之。又不欲解之,又从而攻击之者不少。夫哲学于国土、于人士中,其方面之褊狭如此,究何故欤? 又如斯褊狭之学果有为文化之产物之价值否欤? 此哲学之所以不免非难也。不关哲学思想之普遍,而系统的哲学所以如斯褊狭者,由哲学之攻究法不得其宜欤,抑由人不能解之欤? 此不可不先辨之也。今当列举其非难之点。

〜〜 第二节　对哲学之非难 〜〜

如前节所述,哲学思想虽极普遍,然哲学之为物只存于一部之人士间。即其所论褒之者则曰幽玄深奥,贬之者则曰迂远无益。于是第一之非难起,即谓其说之空漠也。以为哲学乃一种特别之变态人种所谓哲学家之呓语耳,欠常识之人之谵语耳。夫理、医、法、政等学,其所论究之事项之为何,固自明白,无可挟疑之余地;又应用之,得增进社会之福祉。然至哲学,其所论究之事项,既漠然而不一定,又应用之非有何等之实益。学之者徒以议论为事,而于日常浅近之事反茫无所知。夫学问固非可与实际之应用视为一物,然与实际无关系之学问,其攻究之事项不过本于某人架空之想象耳。此种学问毫无存在之必要,即得存在,亦无一般研究之必要。此一般人士对哲学第一之非难也。于是由此见解,蔑视哲学、嗤笑哲学家者不少。于西洋,"哲学"之语屡用为嘲弄的意味,又所谓"哲学家"者往往指一种迂阔之人物。又有与此相反对而滥用"哲学"之语以威胁流俗者。海额尔之《哲学全书》中有一可笑之记事,云某日于英国新闻纸上见一出版之广告云:应用哲学原理生发法,印刷鲜明,定价七先令。夫所谓由哲学原理保存毛发者,殆由化学的或生理的原理之谓也。如此一部以哲学为无用之学,一部假之以貌为高远,此二者对哲学之态度虽正相反对,然其以哲学为一种空漠之议论则相同也。此实其非难之误解之根源也。如前所述,哲学之为物,决非与人生无关系之空理。此学之攻究事项,实与人生有至大之关系(当详述于后),于人性必然之要求上,非解此种之问题不能满足者也。哲学之问题决非如捕风系影,眼前之境界,当面之物象,此实哲学所论究之主也。然既名为学,则其论辨之次序有常人所不能思维者。又其攻究事项,非可执特别之境界或物象而言之。此其所以稍远于通俗也。故嫌弃哲学,可谓自脱离人生之立脚地,委弃人间之能力而不顾者。又反之而事事假称哲学,实坐不知哲学之性质之罪也。夫如此,则第一之非难全由于误解明矣。

自上所论,直生第二之非难。此非特如前者但为无学之徒所提倡,实有学识之人士,殊于各科学中最有名者之所唱导也。约言之,科学者所下之攻击,谓"哲学与科学不两立"之说是也。以为学问固与实业异,即不必与实业相关系,故哲学而若有一定固有之攻究事项,则不问其空漠与否,毫不损其为学之资格。然哲学之当受非难者,在其攻究事项之空漠,即哲学者所攻究非有特别之事项。哲学者曰:哲学,论天地万物人事一切原理之学也。然此等事项非今日各科学中所一一研究说明者欤?希腊哲学其初主就天然界之现象推究其原理,而此原理非今日物理学之所攻究者欤?哲学之所言,若果全与物理学符合,则物理学之外又安用哲学?而与其奉哲学漠然之名称,宁取物理学确定之名称也。若哲学之所说与物理学相矛盾,则可谓哲学之运命最终之日即其废灭之日也。何则?科学之立论确有事实上之证据,比之哲学由二三学者之头脑中制出者,甚为可信故也。此外心理、伦理诸学亦然。往时说明心理现象时,往往由哲学的假想,想象一种之实体,谓之灵魂,然今日之心理学者中殆无奉此说者。即心理之研究由哲学之中出,而为一特别之科学。伦理学亦然。往时说明道德现象,皆自天地之原理演绎而出,今用此方法者殆稀也。如此往时之哲学问题皆由科学说明之,此外又安用哲学乎?今日实科学之世界也,分业之时代也。一科学分为数科学,此等又细分而为各分科,而各科学之攻究事项实无限量。委一生于一科,犹有所不足。当此时而云统一万学,究一切之原理,此古代之空想耳。非痴人说梦,则盲者之谈日耳,此等思想全与今日之科学的分业的风气相反,故科学与哲学枘凿不相容,冰炭不相入者也。此种攻击,世之科学者所屡下,又可谓稍有力之攻击也。实古代所目为哲学之攻究事项者,今于科学攻究之,而用观察及实验之方法,其例不少。离此等科学之所言,哲学固非有特别之题目。然就特别之事实,微细之攻究虽益分裂,然亦不可不离此等微细之部分而攻究其普遍之点。不但得攻究各事实一般之原理,又实有攻究之之必要存也。盖分离与合同之作用之并行,乃一切事之原则。运用思想之状态亦不在此原则之范围外也。故特别科学外之有一般哲学,实可谓思维法则上必然之结果也。且哲学不但统一科学,实论究科学之基础者也。即科学者虽排斥哲学,然至承认其科学之存在,则自不识不知凭据一种之哲学。如此谓哲学与科学不两立者,非误解思想之法则,则不外奉一哲学而排他哲学耳。哲学与科学冲突之论到底不合于事实,至哲学与科学之同异及关系,当更于后章详论之。

　　常识及科学之攻击之外,犹有第三之非难。此本于哲学自身之非难,而实可谓决哲学之安危之一大攻击也。即认哲学之存在及其与科学相异之特色,然疑其学之成立是也。哲学者自身,其中殊如广读各家之哲学说者,屡怀此种之疑惑。其说曰:哲学固自有哲学之统一点,又有其根据而得存在,然得真存在否欤? 易言以明之,此等统一及根据虽存于既往,得实存于现在否欤,抑于将来有实存之望否欤? 古来说哲学者,甲论乙驳,一说起则一说仆,其间以何者为得其真欤? 叔本华尝以哲学者比蜘蛛,其意以蜘蛛于窠中必营单独之生活,若有二个以上之蜘蛛在一窠中,则必互相搏噬,不毙其一不已。同时之哲学者亦然。当各学说之竞起也,其中有力者不压倒他说不已。故自一面言之,虽足证哲学之统一性,然以其易生异说言之,则可谓哲学必非有一定之说也。且夫同时代之哲学虽或得合于一(实际决不然),然于各时代之哲学之互相反对,则其彰明较著也。试窥哲学史之一端。当近世之初期,一方柏庚出,唱经验论;一方特嘉尔出,唱纯理论。此二人同时,而所见之相异如此。更追踪两者之学派,一方生洛克之经验论,比圭黎之唯心论,休蒙之怀疑论;一方生隋林克斯马尔、白兰休之偶关论,斯披诺若之一元论,拉衣白尼志之多元论。其间往往示冰炭之学说(此等语于后章详述之)。诸说之不一定如此,则其所谓统一者,不过理想耳,决非事实也。然则哲学之名虽美,其所企图虽壮,殆可谓全不能存在者也。如此论之,遂疑真理之可知性,而唱怀疑说。要之,此种论者深著目于学说之转变无常,但见其变化而不察其发达之迹。顾此攻击固由深通哲学之人出,故其说之中肯者不少。实稽古今哲学之变迁,慨其起废无常,殆使人有迷津之叹。使哲学而果如斯,则谓为无攻究之价值可也。然下此断言,或不免有过早之弊欤?抑哲学之变迁,果非有某意味存欤?此犹吾人之所当熟虑者也。

第三节　哲学概论及哲学史攻究之必要

前节所述三条之非难,于哲学之劈头所受之攻击也。此中第一及第二之辩解,既略陈述之。即由常识之方面攻击哲学者,由不知哲学不离于常识故;又由科学上攻击之者,由不知科学自身既预想哲学之根据故也。而第三之非难,亦无非本于误解。论者以哲学学说之不一定,谓哲学不可得而成立。其意果谓哲学终不可得而一定乎?即谓哲学之变迁无秩序,无联络,而于其发达上不得发见一系之条理乎?抑谓哲学决不能由一时代或一个人完成之,必渐次发达而决不能一定不变乎?由后说,则哲学之学说虽不一定,毫不损其为学之资格。无论何学,皆白古以来经发达之阶级而至今日,犹未终其经过。天文、物理、化学、生物学等无一不然。如天文学,古者以大地不动,日月星辰环绕之;至后世全生反对之学说,谓地球非宇宙之中心,而与他行星共回转于太阳之周围。顾不问此两说之正相反对,然于古今之天文学,犹有一条之关系。古代天动说之天文学之说明,补益于后世之地动说之天文学者不少。故天文学之存在毫不足怪也。何独至于哲学而疑之?又由前说,谓哲学之变化全无规律,故哲学不能存在。此由不能真通哲学故也。不通科学者不能认科学之进步,但见诸学说起废之无意义;不能理会哲学者,如何能认哲学之进步乎?果如此,能知哲学之为何,而究其变迁之理,则得以明之。于是攻究哲学概论及哲学史之必要以生。

哲学概论为欲深研哲学者之准备,示哲学之意义,开陈其研究方法及问题,并略述其问题之各种重要之答案,以使哲学之概念印于学者之脑里者也。哲学史就古今哲学之甲起乙仆之迹而究其变迁之因果关系,明一说之败而一说之所以胜之理,又详诸种学说之所以起。约言之,则述哲学诸说之历史的关系者也。故吾人得由哲学概论解哲学之为何,及其与常识及科学之关系,明古今异说之所以起之理。又得由哲学史知哲学之变迁决非盲目的活动,其发达必有一定之脉络者也。然则此二科乃入哲学之门,而哲学之攻究决不出此二途。而欲修哲学史,不可不先就哲学有明晰之观念,此哲学概论之所示也。故吾人先就研究哲学之第一阶级,即哲学概论述之。

吾人于入哲学概论之本论之先,当稍论哲学概论之讲述法。抑哲学概论之讲述法有二种:一种为哲学恰好之入门,其中网罗哲学之重要问题,而指示其答案,即著者以自身之学说为立脚地,而论究哲学之本质及问题者也。一种反是,专求诸历史,而分类比较过去及现在之诸学说,使读者一见得知各问题之见解者也。易言以明之,前者主观的,后者客观的也。于前者,其所说通篇一定,使读者易知所归向,然大显著者之面目,而易陷于偏颇之弊。后者异说纷纷,使初学者不知所凭依,然无先入之误谬,且得比较诸说,而知诸说中之长短,以生攻究真正之哲学之念。顾后者其利虽多,然列举诸说乃哲学史之职,究非初步之学科所得望。现在著名之书虽多,然多名不副其实。例如白利额来白之《哲学概论》,不但其历史上之见解多为虚妄,其稍得当者亦不免皮相之见。反之,第一种中,如海尔巴脱之《哲学概论教科书》,全篇以自己之学说充之,故读者不能脱海尔巴脱派之樊笼。其从此种之讲述法而较公平者,如苏白地孙、哀尔赫尔脱等之书是也。然不能以平叙各家之说为哲学概论之能事,故当折衷二者,先就哲学之本质及问题等定大体之方针,然后列举就此问题所有之解答,加以多少之批评,以使读者于冥冥之中知所选择。如此庶几得公平之知识,而得为哲学思索之补助欤。

关哲学概论之参考书(略)。

2 第二章 哲学之定义

～～ 第四节 定义之必要及其困难 ～～

于前章就哲学之为何物并其有攻究之价值否与以粗浅之解释,此固不过辩论之端绪耳。以下当逐章移于详细之说明,故不可不就哲学之定义精密考之。

抑古来之论哲学者,其数无限;只列举其中自树一家之说者,其数亦不少。然此等诸家之所说殆全不一致。甲、乙相踵而相辩驳,各斗其意见,既如前章所述。即其就哲学所下之定义,亦由学者之见解而有广狭之差,甚至有由其学说之性质而其所下之定义互相背驰者。故或以此为论究世界全体之原理,凡天地间之万象无一不在其学之范围内;或以此为单论自然界或人事界之原理。比较此两种之见解,一以哲学为极广漠之学,一以为稍褊狭,不俟多辩也。然其差异更有甚者,更足知哲学定义之不一定也。或曰:哲学者,脱离此现象世界,即生灭流转之假相世界,而研究不生不灭真实不变之实在物,即真如实相界者。或曰:哲学之所攻究,不外此现象界。盖离现象,则所谓本体或实在者不能存在故也。此两定义之真意,其相合与否暂措不论,于其表面之意味,其正相反对明矣。如此而或有广狭之别,或有正反之差。夫一切学于其定义不能全同。例如经济学,于往时亚丹斯密等所谓之崔斯他学派时代,大抵视之为富学。至今日社会道德等之观念明晰，学者皆以此学为经济社会或产业社会之学。故定义之相异，固与其学内容之相异并行者。于一方面重视物件，于一方面更加以人间之观念，故两者之间论究之范围有广狭浅深之差，固自不可掩也。如此，学之定义必非一定，然往往由某重要之学说统一之。而相异之见解同时存在者极少，至有如此全不相容之定义，则固未之有也。然则于哲学得下异种之定义之理由如何，果此等之定义中，其一真实而他全虚妄乎，抑骤视若相反对，其中果有某公通之点乎？此于本章所当决定者也。

凡一科之学之定义，非攻究其学之后不能完全下之。即下之，初学之人终不能十分领解之。何则？一科学之定义，即总括攻究其学全体之结果故也。穆勒于其《论理学》开卷曰："夫为书者，欲发端界说（即定义）之皆同，必自其书所言之皆同始。凡物皆可为界说。界说者，决择一物所具之同德，以释解其物之定名者也。故必尽其物所具之德而喻于心，夫而后知决择以为此界。况夫一学之精深广远，所并包之事理至为繁赜，往往为一界说于今，及其学之扩充，则见以为未尽。良由于散殊或难尽窥，则不能隐括之而为总义故也。譬如于物质之理，非博观而明辨者，不能为质学之界说。此所以生理之学、治化之学，其界说至今犹为争论之端。是知学未造夫其极者，其界说不为定论；其学之方进而未止者，其界说亦屡变不居。"（以上从侯官严氏《名学》译本。）夫如此，故如哲学不但其始不能确知其攻究事项，即至其终亦究非直接且有形之物，故作其定义益难也。故真正之定义，宁于攻究其学之后，始得下之。今日所下者，究不过为其准备，且示其方针而已。穆勒又续前论曰："开宗明义之界说，极所能为不过标其所欲讨论思辨者而已。"然哲学之定义虽不过定其方针，然如哲学之易受空漠之讥者，其定义更为必要也。

既知定义之必要，于是又生一问题。曰：然则由何方法下此准备的定义，以网罗古今三千载之哲学乎？即于此有一定义，从其定义，则甲之哲学说得称为哲学，乙之哲学说只自成一家之说，不得谓之哲学。由何方法而可以无此弊乎？今若以哲学为得安心立命之道之学乎，此定义与希腊末期之斯多噶、伊壁鸠鲁派之哲学恰合。然如希腊初期之哲学，纯论宇宙之原始发生者,不可不自哲学中除之。故欲视此等诸哲学悉为哲学之一种,当为若干之用意。今欲达此目的,当先捡此名称之历史,观其经古今如何之变迁,批评其异解,然后搜其粹以作最普遍之定义,使之无乎不适。约言之,不外用历史的及批评的方法也。凡现今研究之法,无不由此二者。盖离历史,则其论断往往流于独断;弃批评,则其结果不免美恶相混。此周到之历史的研究与慎重之批评的研究之所以不可缺也。然当述哲学之定义而一一揭其历史且批评之,其事极繁杂,且非预通哲学史者不能解也。故但揭其中之最要者与自此等解释所得之结果而已。

第五节　哲学语意之沿革

"哲学"之语本译字,而非本来之成语,人人知之。其原语谓之斐洛苏非,或斐洛苏非亚。即于——英语 Philosophy;德、法语 Philosophie;拉丁语 Philosophia。其他于意大利、西班牙、俄罗斯等,或代 Ph 以 F,此由文字之变更而其义略同。此等诸语皆出于希腊语之"斐洛苏非亚"(Philosophia)。今分析此希腊语,则自"斐利亚"(Philia)与"苏非亚"(Sophia)之二语成。"斐利亚"译言爱,而"苏非亚"者智之义也。故斐洛苏非若从其语源译之,则可称为爱智。然其真义必非但爱智之义,而有究理探真之义者也。然而考其译语,哲学之"哲"字,《尔雅·释言》曰:"哲,智也。"杨子《方言》亦曰:"哲,智也。"又如《书·舜典》所谓"浚哲文明",《说命》所谓"知之曰明哲",皆与原语之苏非亚有所似者。然如前所述,深考此语之真义,与其指纯一之智慧,宁含复杂之意义。求之古来我国及支那所用之文字,如宋儒所谓理学,最与其真义相近。然"理学"之语,今日用为自然科学之总称,即总称物理学、化学、天文学、地质学、博物学等。故不关其意义之远而袭用哲学之名称,或反有避误解之益欤?况哲学之语义反近于斐洛苏非之原义欤?

如上所述,哲学之原语虽可溯之希腊,然此复语不见于希腊最古之书中。希腊最古之诗圣鄂模尔(西历纪元前十世纪顷之人)及海雪哇特斯(纪元前九世纪顷之人)之诗篇中未见此语。彼等皆用"苏非亚"之语为长于一艺一能之意。其始用此语为学之意义者,或谓始于毕达哥拉斯(纪元六世纪之哲学者),然不可信。盖毕达哥拉斯之传记,如道家者流之于《老子》,出于后人之附会,多妄诞不经之说,其称为遗书者,全属后世之伪作故也。此语(或本于此语之动词)初见于文籍者,实为史家海禄图托斯(纪元前四八四至四〇八)①之《希腊波斯战争记》。此书中录利地亚王克兰速斯与希腊之立法家梭伦之问答,其一节云克兰速斯问梭伦曰:"朕闻卿之斐洛苏发以恩(Philosophein),而由知识欲(或因观察)游历各国。"此"由知识欲"之语,恰如解演"斐洛苏发以恩"之语。踵海禄图托斯而出之史家托鸠地台斯(纪元前四七二至四〇二)于所著《攀禄朴痕尼速斯战争记》中云,当攀利克来斯之毙于疫也,招其亲戚故人于卧床而叙悲痛之词,曰"吾人当不屈不挠,努于修养"(斐洛苏发以恩)云云。后罗马之基开禄(纪元前一〇六至四三)曰:"凡最良之事物之认识与熟达之法,皆可谓之'斐洛苏非亚'。"今约此等之意,则"斐洛苏非"者,即爱知识之自身而不问实益之如何者也。易言以明之,则凡于可得衣食住之知识外求真诚之知,皆可谓之斐洛苏非。夫一切知识,由心理学上追求其根原,固无不归于保存自己者,然中有与生活无直接之关系者,其存在盖不容疑也。所谓斐洛苏非者,即如此知识之总称也。以上由哲学之语意所得知之解释。即吾人可由此而知哲学到底能成为一科之知识,此于吾人下哲学之定义时必要之点也。

如此,则知斐洛苏非者非但优于一艺一能之谓,即非技术而知识也。然此又得以"苏非亚"之语表示之。当时犹用"苏非亚"之语呼长于学术之人,谓之苏非斯底。其始特别用"斐洛"之语者,则苏格拉底(纪元前四六九至三九九)也。其言曰:"我固自知我愚,但我只知爱智耳。我非智者,而爱智者也。"苏氏之后,柏拉图(纪元前四二九至三四七)、雅里大德勒(纪元前三八四至三二二)等,其见解亦相似。经此等哲学者而渐定为一学,即用一定之方法而研究之者也。柏拉图于其所著《问答》诸篇中曰:"智独神所有耳,人但

---

① "纪元前四八四至四〇八"意为"纪元前四八四至纪元前四〇八"。后同。——原注

得为爱之者而已。"其有名之《响应》篇中敷衍此意，以为知者与愚昧不学之徒皆不得称哲学者，所谓哲学者者，乃居其中间者也。此可谓全袭苏格拉底之意见。然柏拉图更进而定哲学之意义，于其《台阿依台托斯》篇中论曰："此所谓知即苏非亚者，真正之知识之义也。故哲学求此真正之知识者也。"然则真正之知识何欤？夫由感觉得知之知识时从各人之状态而变，故不可称之曰真正之知识。真正之知识者，必不可不由理性而知事物之真实不变、常住不灭之部分。故又于其所著《国家》篇（《共和政治》篇）曰："哲学者者，无论何处常爱慕真实存在之物者也。"又曰："能了解自体不变不动不易之事物者，此即哲学者也。"柏拉图定哲学之范围如此，然其中亦包含吾人今日所视为特别科学。其《台阿依台托斯》篇中有"几何学及以外之哲学"之语，则数学中之一科之几何学亦编入哲学之中明矣。然哲学之所真攻究者宁在事物之真实体，得由其著书知之。要之，至柏拉图而哲学之性质大定。由此而其品位之高贵亦无容疑也。

出于柏拉图之后而大成希腊哲学者，则为雅里大德勒。其所著《形而上学》诸书，"哲学"之语视为与"学"同意，即哲学就其广义言之，则数学、物理学、伦理学、政治学无一不含其中。彼又分哲学为理论及实际之二部。数学、物理学、神学等名之曰理论的，而伦理学、政治学等编入实际之部。然深究其说，则此等诸学终不可不与纯正哲学相区别。于是彼更由他法分为第一哲学与第二哲学。物理学等即属所谓第二哲学，而溯物理学等之现象之根元，而求实在物之最普遍的且根本的原理之系统的及秩序的知识，谓之第一哲学。此即哲学之要义也。即于此点，雅里大德勒之见与柏拉图略同。然雅氏固以特别之知识于哲学上为必要，如巴尔善所谓动物或家政之研究，皆可视为哲学研究之一部，然不触此根本问题，则不能视为真正之哲学也。

哲学之意义，以此定之亦无不可。即所谓根本问题之学，得以上二家之说定之。然则其根本问题果安在欤？如柏拉图之说，则在此可见之世界以外之真实在物；如雅里大德勒之说，则真实在物即在此世界之事物内。此哲学之所以分歧。然其谓不解根本问题不可称哲学，则一也。至近世哲学之意义不见有所加,故以下当记其变迁之大略耳。

雅里大德勒之后,时运日非,人心萎靡,社会败乱,希腊哲学顿失其沉思创造之英气。哲学之意义又因之而动摇。此时所出之哲学,势不得不致力于实际的方面。而柏拉图(疑雅里大德勒之误)于哲学与他学间所画之境界线遂全消失。斯多噶派以为哲学者,总称一切理论的知识,又加以实践道德之知识者也。此派之学者,山奈喀(纪元前三至纪元后六五)曰:"哲学者,爱知之谓,或由德自身而热心追求德(躬行实践之义)者也。"与此派共出之伊壁鸠鲁派,其始祖伊壁鸠鲁(纪元前三四二至二七〇)以哲学为由合理的方法追求福祉者也。罗马之折衷学者基开禄颂哲学曰:"呜呼哲学,此实启诱人生而使之就德、去不德者。若无哲学,安得有人生乎?"出于此诸派之后之新柏拉图派,以顿悟直觉之神秘的知识为哲学。降至中世,哲学与神学相合。僧侣称哲学者,基督教之教义称哲学云。

如以上所述,哲学大带实际的色彩。然此外犹有超出实际界之领域,即人心倾于实际,而置数学、星学等于度外,为一时之风尚。然一部之人士间犹以哲学为纯然探求知识之物。盖当中世宗教之擅权也,教会之教义信为本于天启之超自然的知识,然此间一派之哲学,犹自以为照于理性上之光明而组织者。如此分知识为超自然的或自然的,即出世间智或世间智,此实生近世哲学及科学之渊源也。近世欧洲大陆哲学之开祖特嘉尔(自一五九六至一六五〇)实以此见解为起点,以为一切认识之唯一之理证唯由哲学之方法得之。同时兴起英国近世哲学之柏庚(自一五六一至一六二六)亦由认识力分一切之学,而以哲学为理性之学。此等皆以哲学为本于世间的非宗教的知识,不俟多辩。即哲学依然为理论的知识,即存其为知识自身之知识之特性也。至近世哲学再继承古希腊之盛运,崭新之问题,卓拔之答解,纷然相辈出。然质诸哲学之定义,未见其优于古代之说明。特嘉尔之徒以哲学之语不但包含心理学,且含物理学及生物学等,此非又没却柏拉图所设之区别乎?特嘉尔之后,斯披诺若(自一六三二至一六七七)出,著书论深奥之哲学问题,然著者自身不能立哲学与特别科学之区别。拉衣白尼志(自一六四六至一七一六)以调和关宇宙之神学的见解与机械的见解为哲学之要务,然其攻究之范围止于何处,则不能明知之。其大成拉氏之哲学而委一身于哲学之系统的叙述者,则伏尔夫(自一六七九至一七五四)也。其哲学之领域颇广,以为哲学者,使吾人得就存在及生起之事物而知其何故存在及生起之理,即就可能的事物,限其能认识者而认识之者也。此定义文字稍艰涩,且非无不精不详之处,然可视为概括古人之研究。而与汗德明确之定义,其本意不甚相远。然吾人欲知汗德之定义,当先转而窥英国学者之见解。

柏庚虽开英国哲学之基,然不自立组织。稍后柏氏有霍布斯(自一五八八至一六七九)者,以哲学为因果关系之学。此定义不免过于褊狭。何则?因果以外之关系亦得为哲学之题目故也。又自他方面言之,则又过于广博。盖若因果之关系而悉为哲学之题目,则一切科学皆得称之为哲学故也。霍布斯自身于哲学只论自然体及政治体,然犹暗认别有所谓第一哲学。然哲学、科学之混同,为后来英国哲学之通弊。霍布斯后,洛克(自一六三二至一七〇四)出,更有视哲学与心理学及认识论为一物之势。即洛克以其所著《人间悟性论》论人间认识之起源确实及其范围,与信凭、臆见、认许之基础及其程度,然又于此书中呼物理学为自然哲学,又云"哲学者,真正之事物之认识也"。如此于英国视哲学与心理为一,又网罗他之科学,其滥用之甚,遂至如第一章所述,招海额尔之嗤笑。

为近世哲学之一潮流,综合大陆及英国之二学派,而又开自家独得之生面者,实德意志之哲人依麦纽哀尔汗德(自一七二四至一八〇四)也。汗德不但与哲学之内容以新面目,即就其概念亦与以明了之说明。彼于所著《纯理批评》中曰:"一切之认识由主观的方面观察之,历史的或合理的也。前者由经验所得之资料出,后者由原理出。而此合理的认识中又有二种之别,一本于概念,一本于概念之构成。只前者谓之哲学的,而后者数学的也。"汗德峻别哲学与经验的科学及数学之界如此。汗氏又定哲学之内容而分为二种:一如是者,即自然;一当如是者,即道德也。而彼于研究此等之先,特重置认识论,以此为哲学之出发点。哲学之问题及性质,至此殆可谓确定也。

汗德以后之诸学者,虽各本自己之学说而立特异之定义,至其真意则别不加新。兹揭其重要者如下:

斐希台(自一七六二至一八一四)曰:哲学者,知识之学也。即普遍的知识。认识自己,就自己而达于光明意识自立之状态者也。

希哀林(自一七七五至一八五四)曰:哲学者,绝对无差别之学也。

海额尔(自一七七〇至一八三一)曰:哲学者,理念之学也;论理学(第一哲学)者,绝对的理念学也。

海尔巴脱(自一七七六至一八四一)曰:哲学者,阐明雕琢概念学也。

叔本华(自一七八八至一八六〇)曰:哲学者,世界根本的原理之学。而此原理,即意志也。

更就今之哲学者质之,斯宾塞尔曰:哲学者,完全组织之知识也。芬德曰:哲学者,融合各科学所得之知识而作无矛盾之系统者也。异解颇多且具定义之形者亦不鲜。然以既揭哲学定义之历史,宁以停笔为妥。以下当更进而移于批评之方法,本上文之定义,以分析哲学之概念,究明其性质,以期得最妥当之定义也。

第六节　哲学之形式的定义

就哲学之定义,古今诸家之所思维如何? 吾人既于前节述其概略,今欲比较此等见解而下最广博之定义,吾人不可不先由形、质二面分析哲学之概念而阐明之。今以简单之例,说明形与质之关系即形式与内容之关系。今以铜、铁、铅等诸金类各铸造一立方寸之小箱,则此等诸金类为其各箱之质,而一寸立方之铸型即其箱之形也。此形、质之区别不但有形物有之,即无形之思想亦然。即哲学但由形式的方面视之,虽古今所称为哲学者千差万别,然苟称为哲学,则无不从一定之方法,具一定之形骸、容貌者。而由此研究所得之定义,谓之哲学之形式的定义。所谓哲学纷纷而不一定者,谓各家就其实质之意见异耳。至其形式,则殆可云古今无甚异。故哲学之定义有但由此形式的方面下之者,然终不免过于空漠。完全之定义不可不合并此形、质之两方面。以下当进而入于分析的研究。

哲学之概念由其形式的方面分析之,则有三特质:

一、哲学者,学也;

二、哲学者,根本的原理之学也;

三、哲学者,进步的学也。

以下当次第论之。

一、哲学者,学也

日本语所谓哲学,既含有"学"字,故似无揭此定义之必要,其实不然。盖所以论究之者有二理:第一,哲学之字义于西洋勿论(西洋之原语不含学之意义,既如前节所述),即在我国,与他学(例如物理、化学等)比较,亦用为一种特别之意义。第二,学之意义之为何?若精密研究之,则稍与通常所解释者异。今先本第二之理由而确定学之意义,次要求哲学当为学之一种而辩第一之误解。

吾人于上文所漠然使用"学"之一语,其相当之西洋语人人知之,即英语之萨依哀恩斯,德语之维生谑夫脱也。然英语之萨依哀恩斯,通常指特别之学(甚或但指自然科学),不足精密表示吾人之所谓学,及德语之维生谑夫脱之意义。吾人之所谓学者,不问此等特别之研究与一般之研究,谓一切合于某要件之知识团体也。凡不合于此等要件之知识,屡用于实际而有利益,吾人呼之为一知识,不俟踌躇,然不得谓之学的知识。易言以明之,但可称为一个或一群之知识,不能称之为一系或一体之知识。然则其要件如何?即甲概括的,乙方法的,丙合理的是也。

甲、概括的者,不但谓某特别之事项,而统括与此相同之事项,而明示其各相通之点者也。易言以明之,吾人已知所经验之事物,凡苟与此事物同其性质者,虽未经验之,亦得与其已经验之事物合为一类,而即此以推彼,则可谓有概括的知识也。例如久居一海岸之渔夫,熟知其地天候之变化,谓某山积黑云,暴风雨之兆;某方有朱云,为快晴之兆。言之如指诸掌,而其所言亦复不爽,此可谓有其地精密之知识者也。然此渔夫若出此乡一步,则不复为何等之预言。何则?彼之知识分裂的而非概括的故也。

然气象学者则反是。其关一地方之知识或劣于渔夫故老,然其所凭不限于某山、某云之小区域,故就某处所得认之兆候,于他处亦得认之,就甲地所预言者,亦得就乙地预言之,而土地之变换不足以减其预言之能力,即谓之曰学的知识。苟谓之学,不可不先备此要件。如渔夫之知识,虽有益于实际,尚不可谓之学也。

乙、方法的者,又得谓之系统的,即非杂然无前后、上下之别,而从某一定之次序而整列者也。详言之,则从一定之方法而研究之,又叙述其结果为一系之组织,即可谓方法的知识也。今以卑近之例说明方法的或系统的之语意。小儿及贫于知识者若不娴于词令者之谈话,但发表其各瞬间所感想者,无秩序,无联络,就其各句虽得略推其意,然至其全体之旨意则茫然不可捕捉。要之,彼等之谈话,偶感的也,即兴的也,断片的也。累累如瓦砾之堆积者,各瓦砾之间初无甚关系。至成人、识者若雄辩家之谈论则反之。言言有律,句句有理,甲语生乙语,乙语又生丙语,试取去其乙语,则全失其联络,有乙则甲、丙亦活。譬如织物,拔去其一丝则经纬忽解。如此各部有亲密之关系,从一定之次序而排列者,谓之方法的若系统的言论。今夫学,必不可无此方法的若系统的特质。说一定之理,但就所遭遇而说明之者,乃偶感的而非方法的,故不得称之曰学。例如于和、汉所屡见之论说随笔、诗画杂记等,或于西洋所见之格言、训典、丛谈及许多之论文皆是也。至此等论说中所存之理,编之亦足为一系之学理,然以其杂驳之故,故吾人不得称之曰学。世孰有以诗话等比之诗学或美学者乎?则苟为学,必不可不备此方法的特质。殊如数学则最适于此要质,由定义、公理逐次论下,一定理生他定理,前之证明助后之证明,其结果遂造出人智之庄严之伟观。其他科学虽或于其度有优劣之差,然无不具之。

丙、合理的者,此学所当具第三之要件也。抑合理的者,对想象的而言,谓不凭想象而定之,必从推理之法则而演绎论究之者也。则但列记事实尚非学之本义,必于此等事实中发见其关系。虽如上文所述,然若趋于极端,不由事实而驰于架空之想象,以自己一时之感情为唯一之凭据,而毫不施分别道理之作用,此又不足称为学。故学又不可不为合理的也。

如此合理者,即本于事实而推事实者也。故同时又谓之实证的或积极的。例如谓人类之祖先与猿猴同种,但见二三之人类,或某人种之特似猿猴者,即断定人猿同祖,此想象的也。反之而推究人类之骨骼生理,其他一切事实,而立此说者,则为合理的或实证的也。合理的与想象的知识之差,观此可以明矣。

以上之三要件,固自互相关系者,而方法的不能离概括的而存,又无无方法的之合理的也。何则? 以得概括许多之事实,故得于其间定系统,而施方法的研究;以有方法的知识,故得推定许多之事实,而得合理的知识也。则分为三段而论之,乃出于说明之便宜,而不可全视为相异之特质。不然,则反于吾人知识作用统一之事实也。凡云学者,必具以上之要件。今试于诸家之说求其根据。斯宾塞尔分知识为三种:第一,最低之知识,即不统一者;第二,科学的知识,即其一部统一者;第三,哲学的知识,即完全统一者也。哲学之知识暂置不论,至于第二与第一之区别,即示概括的与非概括的之区别者也。又海额尔屡云:学者,论一般普通之原理。论理学者哲芬以学为于差别中求平等。此等皆可谓表学之概括的者也。又斐希台谓学者知识之系统的形式,恰当前述之第二特质。孔德重实证的知识,则与余所谓合理的之特质相配。此外诸家之说不必一一列举之。

吾人之所谓学者,实谓上所云之知识;而吾人以哲学为学,亦实不外此意。于是世所谓哲学中颇有不得谓之哲学者。例如经人生之危局,尝世路之酸辛,可畏敬之老人谈其一生中所经验发明之理,世人屡呼之曰哲学,然非吾人之所谓哲学,宁可谓哲学之思想也。海额尔有言,不具系统之哲学的思索,非学也。如此者但有说者一人之主观的确实性,不过偶感或臆见耳。至其他如第一章所论种种之僭越哲学,固自不值一噱。且不但此,吾人得更由此定义,定哲学与诗歌、宗教之区别。

抑诗歌者,就其广义言之,乃人就天地自然之风景或人事之曲折波澜等,而以美妙之文(散文或从音律)叙述其所感想经验者也。通常分为三种:叙事、抒情、剧诗。人人之所知也。其中特如抒情诗,以述作者之感慨为主,一路直视,蓦地吐露诗人之对人生、世界之观念,其思想之幽玄深邃,优与大哲人之所辛苦思索者符合。盖哲学之攻究事项虽当详述于后，然今日反复前章之所记，则哲学者得视为论究世界全体之原理之学，故其所论究之目的毫与诗歌无异。讽西行芭蕉之歌俳，得观诸行无常有为转变之世相；于白以龙赫以奈之遗吟，悟厌世之哲理；于歇尔列尔奇台，得惝恍于高洁之理想。特如歇尔列尔以诗歌之目的在描写人生，阿诺尔特以诗歌为人生之批评，则诗歌之范围实全与人生哲学无异。故在古代，诗歌每与哲学相错乱。有哲学而具诗歌之形者，有诗歌而全陈述哲学者。又有哲学不但具诗歌之外形，且同时含诗歌之精髓，即文辞灿然，使读之者解幽玄之理，又起美妙之感情者，又复不少。在希腊之最有名者，有柏拉图之问答录。支那有《庄子》之汪洋，虽曰哲学，又称之曰诗歌（散文的），亦无不可也。如此两者之外形、内容互相接近，一由古代散文之不发达，乏系统的叙述之具，又实由两者之性质有所类似故也。

又有与诗歌共类似哲学者，宗教也。此所谓宗教者，非指宗派家之宗教，即非谓树偏见，相暌离，驰于仪礼之形式而弃精神之修养，耽愚妄之迷信而无真正之敬虔信仰之念者；实谓此等宗派之渊源而自各人之心情中所涌出之宗教也。盖人苟见此世界之无穷而人生之微渺，又其间有整齐之规律，则自生对世界之主宰之思想。既念此有大威力之主宰，则自不能不对之而生渴仰之念。仰观苍天，星辰罗列，自不能不思我小而有较我大者；暴风怒涛之中，船如箕簸，虽顽强之壮夫无不乞神明之阿护。所谓宗教心之最显著者，即此等处是也。要之，宗教者，对大于己者而起渴仰之情之所生。休拉以哀马海尔以宗教为生于凭依之感情者，不外此意。释迦、基督之宗教即是也。吾人由之而立于天地之间而不恐，在死生之境而不迷。一言以蔽之，即由之而得安心立命之地者也。今夫哲学之所教亦不外此。吾人若由哲学究事物之真实而定行为之方计，其结果毫与宗教无异。故宗教家欲达安心立命之地，其所说又实与幽玄之哲学符合。如佛教之无常论、唯心论优足与近世哲学比肩，基督之教说实道破人生哲学之妙理。如此，宗教与哲学相似不俟多辩也。

如此，诗歌与宗教于其终虽与哲学相合，然其达之之途自异。何则？

以其非学的知识故也。盖诗歌与宗教以诉于人之感情为主,故其所言不必从论理之法则,但使人不识不知,领略人生、自然之美,或生信仰之念,已可谓达其目的。至哲学则不然。夫哲学者,固亦一人耳。人必兼备知、情、意三者,故其所言非全弃情、意,犹诗歌、宗教非全背知识之法则。然其所重在知力,故毫不容暧昧杂乱之语,而不可不具前之三要件,此区别二者第一之要点也。故虽具诗歌之外貌,然以秩序祖述某学说者,得谓之哲学;而虽有秩序之诗歌,若于前人之说中杂以自己之空想,其于学的知识无沉思创造之力,则以其缺合理的要件,故编之于诗歌中。巴弥匿智鲁克来谔斯之诗篇(《物性赋》)讲于哲学史中,朴柏之《人间赋》见于诗歌,未始不由于是也。于宗教之次序则反之。释迦、基督之教说止为宗教,然后世之弟子、僧侣之论说,以秩序的方法论证此教理者,得视为一种之哲学(宗教的哲学或神学)。马鸣龙树之诸论、奥额斯汀托之学说等即是也。如此则哲学之与诗歌、宗教之区别可知矣。

然但以哲学为学,则尚漠然而未足画哲学之领域,是所以要第二之定义也。

二、哲学者,根本的原理之学也

于前节所述诸家之定义虽各不同,然审思之,则其间有一公通之思想。何则? 即以哲学为根本问题之学。此自柏拉图以来,殆可谓定论也。抑学之目的在发见原理。物理学说势力所以起变化之原理,经济学说经济现象之所以起之原理。今以哲学为一学,则亦不外说原理。然其原理与他学所讲者异,而甚为深奥,得谓之根本的原理。哲学而不触此问题,则无称哲学之价值。诸家之定义皆归于此,可谓宜矣。今分析此"根本的"之语,得次之三义:甲普遍的,乙究竟的,丙统一的是也。

甲、普遍的原理者,对特别的而言之,即谓不偏于一部之现象而通一切现象之原理也。凡学的知识,非特别之知识,而为概括同种之现象之知识,既如上文所述。然兹所谓普遍的者,则其意更广,不限同种之现象而谓通世界全体之现象之原理也。例如物理学论势力之现象,生物学论生物之现象,心理学论心意之现象,然哲学则论究此等现象所得相通之原理者也。然则如上所述，欲得学的知识，不可不用概括之法则；欲发见此普遍之原理，不可不用更大之概括法。而所谓概括者，取各现象中所公有之特质而别之为一类，则不可不弃各现象之他性质而置之考察之外，谓之抽象。是故普通的原理又不免为抽象的原理也。

乙、究竟的者，又谓之终极，凡事之所终处也。故究竟的原理者，存于事物之奥之原理也。抑各科学各有分科，探究各科之原理者，非就其各科事项发见究竟的原理不已。然自一方面观之，则尤有所假定，而其不说明者尚多，即其攻究事项与其行于此事项中之法则之存在是也。物理学者虽攻物质及势力之原理，然就物质及势力之存在与否不挟丝毫之疑义。又其本性之为何，势力不灭法何故，确实乎，皆非其所论究也。然哲学则更进而究此物质及势力之为何，即如此而达其究竟者也。叔本华曰："一切吾人知识及科学所依之根柢，不可思议也，形而上学（即哲学）说之。"此之谓也。

既如此，究竟的故得谓之绝对的。抑绝对的，与相对相反而无偶独存之谓也。凡世界之事物无一非相对者。寒与暑对，动物与植物对，动植物与金石对。如此相对界之事物之原理，自不得不为相对的。动物界之原理与植物界之原理相对，生物进化之法则与矿物结晶之法则相对。然于哲学则网罗此等相对的原理而探求此等诸原理所本之原理，由之以明诸原理之意义，故哲学之原理独立无上。此所以得称为绝对的也。

又哲学之原理为究竟的原理，故哲学可谓绝无假定。盖各科之学无不有假定，至哲学则为检点此假定者，故不能又设假定也。更详言究竟的原理之意，同时又得谓之第一原理。盖事物之根本，由研究者言之，则知之最后，故谓之究竟的。然由事物之自身言之，则不可不谓之第一存在者也。例如就家庭言之，吾人最初所见者，屋瓦也，窗户也；至其基础、支柱等，非深入内部而检之，则不易知。即吾人对此等不可无究竟的知识。然当其建筑家屋也，则先置基础、支柱等，即此等对其家屋乃第一存在者也。故究竟原理，同时又为第一原理。斯宾塞尔名其所著书曰"第一原理"，盖以此也。

丙、统一的原理者,谓使特别之原理包括为一体而主宰之。凡学皆系统的,故各有统一的原理。例于势力不灭法之于物理学,生物进化法之于生物学是也。然于哲学更要求统一此等之原理,如此之统一,实根本的原理之特色也。斯宾塞尔所谓最完全统一之知识,不外此意。是故知世界有差别而不知其奥有平等,未可谓达哲学之真者也。

哲学所攻究之根本的原理,其义如此,由此而哲学与科学之同异亦可了然矣。哲学与科学同为学,而其攻究事项非明与科学异。然科学止论特别之原理,而哲学论普遍之原理;科学立于假定之上,而哲学说明其假定,更统一一切科学者也。科学由其攻究事项,分为自然科学及精神科学。前者又小分为物理学、化学、星学、动物学、植物学、地质学,后者小分为心理学、伦理学、法律学、国家学、经济学等。此等各学又细分为许多之分科,或从其研究之方法,分为说明的科学及规范的科学。前者谓理、化、心理学等,但止于说明之科学;后者谓伦理、法律等,说明之外又定规则者也。此外尚有种种之分类法。要之,科学之所主,在说特别现象之原理。即自然科学不在物理等学之外,自然科学之名称不过攻究自然现象之各科学之总称也。哲学则不然,哲学之主眼在一般之原理,故哲学之外无所谓物质的现象之哲学、法律的现象之哲学。从来哲学之误侵入科学之领内也,科学者实以哲学为狂妄之言,或有害之论。然使哲学而止于其固有之域内,则决不至与科学相冲突,且科学到底与哲学有不可离之关系。科学之大家亨蒙和志于其《通俗讲义集》中认科学之分业之不得已,且云各专门家于自己所修之科学以外,不可忘学问全体与自己之研究之大有关系。而所谓学问者,岂非谓离哲学不能思维之概念欤?

三、哲学者,进步的学也

上所述之二定义,殆论尽哲学之形式,然吾人当更加"进步的"之定义。夫一切学问,皆非其初即完全者也。其初颇多谬见妄想,而由其研究方法之改良与一般知识之发达,由是新说代旧说,正见黜误解。然则一切学无不进步者,独以哲学为进步的,未免不当。然此又有特别之理由。盖哲学如前所述,根本的原理之学也。而其所谓根本的原理,非得直探究之,必不可不经特别之原理。详言之,即吾人攻究特别之原理,而由其中抽出普遍的、必然的存在之原理,而名之曰根本的原理。然则哲学之攻究与科学之攻究有不可须臾离之关系,故科学而进步,则哲学亦不得不进步也。即哲学所攻究之材料为科学原理,而哲学原理与其材料共进步。然诸现象之为科学之材料者,虽进化发达,而科学之原理不因之而进步。何则?科学之原理即有规定此等现象之发达之性质,而其进步全本于知识之发达故也。由数学上言之,科学之进步为知识之函数,哲学之进步乃知识及材料之函数也。由此观之,则哲学可谓进步的也。

然所以称哲学为进步的者,犹有他故。抑哲学者于我知识中整理一切科学之原理及假定,既如前所述矣。故欲得科学上之原理,则研究各现象之关系而求其中之法则为已足。然至哲学上之原理,则当更使此等诸法则相调和,故非但行于现象界之原理,而实以我为统一的中心而认识此等外界之原理者也。夫科学的原理固自不能离我之统一作用,然其成立之际,宁以外界之现象为主,而我之作用为从也。例如引力之法则、势力不灭之法则等,初虽不过科学者之考案,然其既确定为法则之后,则其与考察者之知识之关系不居重要之位置。哲学上之原理则反之,全与考案原理者之知识有关系者也。故就此意味,科学之原理得视为纯粹之客观的原理,而哲学之原理可谓主观的或主观兼客观的也。科学之原理虽存于外界,而哲学之原理则存于外界与内界(即我)之关系中。易言以明之,科学之原理但于特别之假定之下设必然的之原理,而哲学之原理乃统一此等假定之原理,即由种种之方面组织科学的原理,而使其假定互相调和者也。然科学的原理为进步的,故我之认识方法亦不绝进步者也。科诺费歇尔曰,"世无永世不易之真知,但见有不断之问题之释解耳。但我之认识之对象,时时变化之行程也,而认识此变化之行程之作用亦不得不进步且变化。此进步的行程即人间精神,而认识之之行程即哲学也。是故自己意识即自觉者,哲学之问题也。而由自觉之进步,哲学亦共进步"云云。其意盖谓一切现象,由哲学视之,皆视为对自己而发现者,故其中心不得不归于自己。如此,哲学之特性不可不为进步的也。要之,"进步的"

之意,谓与他学共进步,亦谓哲学当进步者也。

如此,以哲学为进步的学,则以其学说之不一定而疑为不能存在者,其不当不待论也。哲学唯不一定,故得为哲学。然诸家之哲学非全无联络者,而其间有必然之关系,故哲学史之攻究为必要。于此意味可谓哲学史即哲学,哲学即哲学史也。德国现今之哲学者赫尔德曼以此语为其哲学说之发点。始明此意者,为海额尔也。曰哲学史者,于诸哲学说中示此等说不过唯一之哲学,经种种之阶级而发现者,而其各说之原理,不过同一原理之枝叶也。故不据哲学史而论哲学,此非说哲学,而但述一家言耳。翻一卷之哲学史,各种之哲学问题逐序而现,今日欲挟嘴于哲学者,不得不继承之。而哲学史又有三种之别:第一类平叙体,或谓之列传体,乃各哲学者之传记,从时代之次序而并列者也。第二类为评论体,即从史家自己之意见评论各哲学者之所说,而于其间定价值者也。其中又分为二种:一云怀疑的,一云折衷的也。前者认哲学之终不确定,而疑各学说之真理;后者以诸说有短长,欲取其长而为完全之哲学者也。然此等皆非真正之哲学史。如科诺费歇尔之言,第一类之哲学史,非哲学之历史,而哲学者之历史也;第二类之哲学史,全无历史之性质,不过哲学上之论文而已。于是有第三类之哲学史,非如第一类之但叙事实,又非如第二类之驰于著者之空想,而品评各说,事实但视为事实,而于其事实之间求必然之连络,明诸学说之关系,说甲说之所以废而乙说之所以起,然乙说之起必不可不经甲说,以使古今诸说归于一系,谓之批评的或哲学的。唯此种哲学史始得真说明哲学之进步,而其史可谓自示进步的哲学者也。以此观之,哲学于哲学史,可谓由异侧视同物者也。

第七节　哲学之实质的定义

前节述哲学之形式的定义已毕。凡称为哲学者,必不可不备以上之三要件,不然,则无哲学之价值。然只说此等形式,则哲学之定义尚不可谓之完全。何则? 未示其实质故也。由此实质之解释如何而生诸种之哲学,又哲学之思想亦因之而生广狭之别。然则此实质,即哲学之攻究事项何欤?曰:一自然,二人生,三知识是也。更细说之,则哲学就此等实质而各攻究其现实与理想者也。以下当顺次说之。

一、自　然

自然者,谓天地万物之全体,又可谓之世界。自然分为物与心二种,然通常所谓自然多指前者而言,即网罗物质现象,自光线、音响等之物理现象,至动、植、矿物等诸物体之总称也。此种之自然,最先引学者之注意。夫人之性,必先向外而后向内。眼之视线常向远处,若欲视近处之物,则须多少之劳力,此生理上不可疑之事实也。人之思想亦然。彼等先惊天地之伟大,怪两间事物之或变幻出没,或次序秩然,而欲发见其原理。故于科学中,天文学最早出;哲学中,自然之攻究亦最先,希腊最古之哲学即是也。德黎以水为万物之根源,安那芝曼德以为无极物,安那芝曼尼以为空气。其后思虑渐密,其关根元物之见解亦发达,然不过继承此思想耳。于印度亦然。服水论师以水为万物之根本,风仙论师以风为造坏万物之因,与希腊哲学若合符节。其他种种无形的说明毕竟不出自然研究之范围,故古代之哲学限于自然之说明,而自然之攻究亦全委之哲学者之手。所谓宇宙论或自然哲学,即是也。至近世分业大行,且要精细之知识终不能委之于一人,于是生各种之自然科学。此等研究,今虽日有进步,然其所说偏于各部,故攻究此等自然现象之总体依然必要也。自然哲学,即论自然之根本的原理之进步的学也。狭义之世界观、形而上学、本体论等,与之同义。世界观者,谓之大观世界所得之结果。形而上学,谓出现象之境界之学。实体论者,由名其境界曰"本体"或"实体"而名之也。

以上主就通常所谓自然,即物的自然言之。此外,吾人别有心的自然,亦于自然哲学中论之。心的自然者,即所谓精神现象,即总括人之知、情、意之作用,及其作用之结果之道德、风俗、法律、言语、文艺等。此等现象固与物质现象截然相异,故其中自当有特别之理法,然但就其现象之方面言之耳。易言以明之,则不外示各特别原理之存在而已,而于哲学探究根本的原理时,决不可分别此等两现象。故各种之精神科学虽各存在,然不能别有精神哲学。古代所谓纯理的心理学，乃强于此间立区别之谬见也。

二、人　生

人生者，总称由人生之行动所生一切之结果，其内容殆全与精神现象相同。如前所述，精神现象得网罗于广义之自然中，故此现象全体之原理不出自然哲学之原理外。然犹得由他方面观察之，抑研究哲学者固亦一人耳，其见解不能出人间立脚地之外，故其视物质现象与精神现象时，其间不能无区别。而精神现象之中，特如人间之言动行为，若但视为言动行为，即一个之精神现象，则固与他现象无所异；若一念及言动行为，对我及他人有如何之影响，则吾人自不能不起一种之感情。夫研究人间之行为与研究物界之现象异，而直接与我相关系。盖其现象虽为客观的现象，然吾人非无自惹起此现象者，故非商量其行为之目的及结果而判定其价值，则不能已也。于是此研究唤起特别之兴味，而为特别之题目，名之曰人生哲学。古来所谓伦理论、道德哲学等，与此同意。广义之人生观，亦指此也。

自然哲学在探求自然之成立之根本的原理，人生哲学之要点则在探究人生之目的之根本的原理。故就人生有真挚之意见者，必极力考察之而不怠也。希腊之苏格拉底全以人生哲学为其攻究事项，极言自然（即物的自然）之考察为无用。柏拉图、雅里大德勒等亦以此为重要之研究。雅氏以后之希腊哲学偏于实际，益尽力于人生哲学之研究。近世英国之哲学者，概倾于此。汗德亦置之于哲学之顶点。印度哲学亦焦虑人生之问题，婆罗门教及佛教之诸哲学派之论解脱，即是也。至支那哲学，殆可谓全为人生哲学耳。

三、知　识

以上所陈述之自然及人生，皆存在客观上之事实也。即总称之曰实在。实在者，实际存在之义，而非假相之谓也。然吾人认识外物而谓之非假相，果本于何理乎？吾人屡有误谬之认识，例如黄昏山径见朽索而思为小蛇等是也。如此则以何者证认识之确实，以何者为定认识之真伪之标准乎？又吾人得认识之境界当有界限，若时或超越此境界，则当以何者限制之乎？论究此等，又于认识作用之结果一团之知识中，检其中之理法，亦不可缺之业也。所谓实在之意义如此，而始可谓之确定。何则？不检认识之确否，则终不能定其认识之对象之为实在与否也。研究此问题者，谓之知识哲学，所谓认识论及论理学即是也。若以自然之研究比之眼之视远处，则人生之研究可比之视自己之身体，知识之研究可比之视目及睫也。攻究自然及人生之原理，固寻常人士之所不敢，然至研究知识之原理，则非达思想发达之极度者，终不能考及之。则此研究由其性质言之，虽当先于他种之研究，然其发达颇迟迟也。于希腊始着意提出此问题者，诡辩学派之时代也。苏格拉底等虽袭之，然尚未完全。至近世最明建此学者，洛克及汗德是也。

四、现实及理想

吾人论以上三项，尚未设现实与理想之区别，其实此区别通一切事项中皆存在者也。现实者何？今日实际所现之状态也，现存之事实也。理想者何？现存之事实所当达之完全之状态也，由理性上所想象之目的也。凡一切事项，皆得由此二面考察之，不然，则不足称完全之考察。抑一切事项，若但由现实之方面观察之，则其间无上下、贵贱之别，物但为物而存在耳。惟加之以理想的方面之考察，始得判断其价值。例如论自然之现实者，但取触目之自然为研究之材料，而检其本质之如何耳。然论其理想者，必判断自然物甲，完全于自然物乙，由是而生美丑之别。故自然之理想，一言以蔽之，即美也。次视人生之现实的方面，但得人生之苦乐与人性之善恶如何耳。然论其理想者，必定苦乐、善恶之标准，而论其当就善而去恶。故人生(狭义之人生而即指其道德行为之全体也)之理想，即善也。又知识之现实的研究，但就吾人所有之知识而论其性质。然论其理想者，必进而检其知识之所以确实，及其条件标准等。故知识之理想，即真也。如此三项各有其理想，古来所谓真、善、美之意义，如此解释之，则庶几最当乎。

然自然、人生、知识三者中，其研究有当重现实的方面者，有当重理想的方面者。例如自然离理想之方面尚有充分研究之余地，故通常所谓自然哲学以论现实为主。而论理想者,别有审美哲学。然于人生之研究,则理想的方面占其大部分,盖人生之现实,实由其理想之标准得来故也。知识亦然。则于人生及知识,谓为两方面之研究相合,无不可也。要之,以上之区别不过由便宜上分之,盖哲学本有统一性,虽于其中设差别,然各部自根源中互相关系故也。然若强设区别,则以上之差别庶几最当欤。古来诸家之说亦如此。柏拉图学派分哲学为论理学、物理学、伦理学。论理学即知识哲学,物理学自然哲学,而伦理学人生哲学也。汗德之"三批评书"亦示此区别。其《纯粹理性批评》可谓知识哲学,《实际理性批评》为人生哲学,而《判断力批评》示自然哲学之一部分者也。

以上泛说哲学之形式及实质既毕,今合之而作定义曰:

哲学者,关自然、人生及知识之现实及理想之根本的原理之进步的学也。

或省现实及理想与进步之语,而改自然及人生为实在,则得曰:

哲学者,实在及知识之根本的原理之学也。

此与灾尔列尔所谓哲学之问题,在研究实在及知识之究竟的根据,而结合一切现实物而理会之者同意。若更简述之,如欧培尔范所云:"哲学者,原理之学也。"毕竟与此同意。拉特曰:"哲学者,使特别科学之所假定确立之原理,关系于究竟实在,而组织之之进步的合理的系统也。"又可谓与上所述之定义意义相近也。

辨　学(节录)①

1　第一篇　绪　论

第一章　辨学之定义及其范围

辨学之定义,约而言之,则推理之科学也。然辨学家中大抵谓此学为论思想之法则,又有谓为论思想形式上之法则,以期其定义更臻于完密者。吾人于实用此等定义之先,不可不先明其意义;而知此等定义,其言语虽殊,其意义初无大异也。

思想之法则,谓人人思索中,限其不谬妄或不自相矛盾时,有一种不变之定律是也。此种法则乃一种之自然律,与人为律大异。后者人之所造,而亦得以人力变更之;前者则不然。一切科学,皆以发见其学之对象中所行之自然律为旨。天文之学,乃研究一切天体互相关系之定律,即此

---

① 原著名为 *Elementary Lessons Logic：Deductive and Inductive*(《逻辑学基础教程：演绎与归纳》),作者[英]耶方斯(Jevons)。王国维将书名译为《辨学》,1908 年由学部图书编译局出版。本书摘选其中的第一篇"绪论"和第二篇"名辞"。——编者注

等天体所由以互相吸引而运行于一定之位置者,故引力之法则,乃天文学中所得之自然律也。

在化学中亦有同一比例之法则在。此法则谓各化学原质之与他原质结合也有一定之比例。即如养气与轻气之化合而为水也,常为养气八与轻气一之比例;或如焚烧时养气与炭结合而成炭养也,常为养十六、炭六之比例。此永远不变者也。故吾人苟发见有永远不变之处,即已创一科学而得一自然律矣。然天下事物亦有至变幻、至复杂而决不能发见其所循之法则者,对此等事物决不能有真科学。故吾人不能有人类品性之科学,以人类之精神至变幻、至复杂而不易研究故也。一人之动作无在在与他人合者,故吾人不能分人为若干类,而谓同类之人于各境遇中其动作全相似也。然不问人类精神他动作之不同,吾人于此有人类思想之科学,即于此有一定之形式焉。一切人类常如是思索,且必如是思索:如二物皆与第三物相等,则此二物亦互相等,此乃最简明之一思想律。而(一)一切人类皆由此律思索,苟解此律之意义,未有不承认其如是者;(二)无论所思索之对象如何,未有不如是思索者也。

今若吾人所考察之事物如下:

一、伦敦

二、英京

三、英国人口最庶之城市

以英京同于伦敦,而伦敦又同于英国人口最庶之城市,无论何人,无不承认英京为英国人口最庶之城市也。

更比较下文之三事物:

一、铁

二、最有用之金类

三、最廉之金类

如吾人承认最有用之金类为铁及铁为最廉之金类,则未有不承认最有用之金类即最廉之金类者也。吾人于是就上文之真理,即"许多事物之同于某事物者,此等事物皆互相等"之真理而得二例,又得视此真理为思索之普遍且必然之形式也。

更就下文之三事物比较之：

一、地球

二、行星

三、旋转于椭圆轨道之物体

此际吾人不能效上文之例而谓地球等于行星，以地球等于行星之一，故吾人但谓地球为一行星而已。行星亦然，乃旋转于椭圆轨道之物体之一部而非其全体。然苟认地球为行星之一，而行星又为旋转于椭圆轨道之物体之一，则地球之为一旋转于椭圆轨道之物体，自不能不承认也。稍知化学者亦能就下文之三项而断言之：

一、铁

二、金类

三、原质

铁之为金类、金类之为原质，皆为其中之一部分而不蔽其全体。然吾人必谓铁为原质之一，于是吾人就思想之必然形式而得二种之例。此不问所思索之物之如何，皆得应用之。此立论之形式，于《推理式》章得以种种之道表之。如云"部分之部分亦全体之部分"是也，即以铁乃金类之一部分，金类又为原质之一部分，故铁亦为原质之一部分也。

如吾人更述辨学之他定义，而谓辨学者，思想之必然形式之科学，则思想之必然形式之意义，吾人深望读者之了解也。夫形式者乃不变之物，而对屡变之材质言之。一模中所铸之器皆有同一之形式，然其材质则用金、银、铜、铁皆可。同形之宫室，以石或以砖筑之均无不可。同形之器具，无论何木，均可斫之。吾人苟知实物上形式与材质之区别，则亦可知辨学上形式与材质之区别矣。于是吾人得示前二例所属之推理之形式如下：

$$\begin{array}{ccc} & \text{地} & \\ \text{天} & \longrightarrow & \text{人} \end{array}$$

如括弧内之天、地、人以三事物代之，而谓天属于地，地属于人，则自不得不认天之属于人也。

故辨学者，可谓之思想之普遍形式之科学，而此等形式，吾人推理之确实时所不能不由者也。此等形式，其数虽多，然其所据之原理则寡。故吾人得谓辨学者，一切科学中之最普遍者也。吾人之待辨学之助，较待他科学之助为多。以一切特别科学但研究事物之一部分，以构成知识之一分支，而辨学则研究一切知识中所应用之思想之原理及形式故也。虽辨学之法则之应用于一科学者或异于他科学，然不问此特别法则如何，必不可不为辨学上之法则，即不可不合于思想之法则也。要之，世有一切科学所公共之基础，苟科学而自命有确实性也，必不可不合于此点。而辨学之事业，实在说明此一切科学之公共基础者也。

有谓辨学为科学之科学者，实善于示此学之包括力者也。特别科学家，似自知其所负于最高科学者不少，吾人试观此等科学之名可知之矣。一切科学之名中，无不以辨学之名构其一部分者，即一切科学殆皆称为奥罗奇斯（Ologies），此不外罗奇克（logic）（辨学）之义。而"O"之一字母，不过为联络之母音或前语之一部分而已。如是，故地质学（Geology），不过应用辨学以帮助地壳之构造；生学（Biology），不过应用辨学以说明生活之现象；心理学（Psychology），不过应用于精神现象之辨学。此外，如生理学（Physiology）、昆虫学（Entomology）、动物学（Zoology）等亦无不然。故由其所自称道者观之，则各科学无非特别之辨学也。至"辨学"之语，其自身则自希腊通用语之 Logos 出。此通指"言语"言之，即谓内界思想之外界记号也。然此语至后日亦表言语所表之内界思想，故希腊末年之著述家谓辨学为 Episteme logike（思想之学），或谓之 Texne logike（思想之术），此际之形容词 Logike 未几即独用而为"辨学"之名。恰如 Mathematic（数学）、Rhetoric（雄辨术）及他名之以 ic 终者，皆由形容词而变为名词焉。

辨学果学欤，抑术欤，抑同时兼学与术二者之性质欤？此问题虽不甚要，然论之者颇多。赫米尔敦至就古代辨学家对此问题之意见如何而区分之。要而言之，则辨学苟但研究思想之原理及形式而示吾人以正确之思想之所由成立，则为一学；并立规则而使吾人得发见虚伪之推理，则又一术也。盖"学"教我以知,而"术"教我以行,而一切完全之科学,必导之于相当之术。如天文学之为航海术、治历术之基础,生理学之为医术之基础,化学之为许多技术之基础是也。辨学亦然,得为矫正思想之术之基础。十三世纪英国有名之辨学家唐斯司哥德,不但谓辨学为科学之科学,并谓之技术之技术,盖以此也。他辨学家有谓辨学为使推理正确之术,以教训自己及他人者。滑兹博士即从此见解,而名其所著辨学书曰《思想之术》。

吾人得谓辨学之性质近于"学"者多而近于"术"者少,以一切吾人,其得推理之能力及习惯,实远在闻辨学之名以前故也。此能力、习惯,吾人自精神之自然练习或自模仿他人得之,故遇简易之事物,吾人之推论自暗合辨学之法则。然遇艰困复杂之事物,其推论自不能无误,此辨学之所以有技术之价值,而其研究非无益也。盖辨学不徒说明推理确实时之原理,并示其虚妄时之危险,由是吾人得趋真而避妄,故谓吾人无辨学之助而能推理,无异于谓无医药之助而能康健也。人苟无病,固无借乎医药;人之推理苟无不正,则亦无借乎辨学。然能如此者果有几人乎?人之自要求其精神之无误者,与自要求其身体之不死无异也。

吾人证明辨学之为术矣,然则亦得证明其有学之价值乎?曰:有。凡科学、艺术、文学中之伟大事业皆知力之所为也。人于身体之方面实无异于动物,又就此方面言之,彼不过物质而已,惟以其有知力故,且能以概念推论故,遂卓然出于万物之上。而此知力之性质及动作,岂非最高及最有兴味之研究物乎?辨学之研究正在乎是。赫米尔敦曰:"世界中无大于人,而人中无大于知力者。"此真理殆无人能反对之者也。

～ 第二章　辨学上之三部分 ～

上章既说明辨学之为推理之科学或思想之必然法则之科学,故论证或推理乃辨学固有之对象也。但研究辨学时最便利、最普通之方法,莫如先考构成一论证之各部分。工程师必先知房屋之各材料,机器师必先知

机器之各材料,然后能知此种材料所构成之全体。故论证时所用之器械及材料,不可不先论证之形式而考之也。

吾人如考察上章所述之议论,即:

铁,金类也;

各金类皆原质也,

故铁,一原质也。

吾人于此中发见三断语,而各断语中各含名词(或事物之名)二与动词一(从西文之例,则"铁,金类也"一语,必云"铁是金类"。此"是"字即动词,所万不可缺者也。我国语中难略去"是"字,然"也"字之中仍含"是"字之意。故"也"字虽助词,亦得视为动词焉)。略言之,则二名辞以一动词结合之,则成一断语(或一命题)。而此等命题三合而成一论证,此际名之曰推理式。故吾人先论名辞,次及名辞所构成之命题,更进而及于推理式,此最自然、最便利之方法也。此三者是为辨学之三部分。

虽吾人得谓辨学之三部分乃论名辞、命题及推理式者,然吾人亦得谓此等言语形式所示之精神动作乃辨学之真对象,且后说所含之真理亦与前说相等或更确也。就此点言之,诸辨学家之见解各不相同:徽德来以辨学为关于言语之学;赫米尔敦及曼珊尔以为关于语言所表之精神动作;穆勒约翰则更进而谓此学实关于吾人所议论之事物。然则辨学之对象究何物乎? 言语乎,思想乎,抑事物乎? 要而言之,则辨学实于某范围内兼此三者而研究之。何则? 吾人推理之动作苟无言语,决不能说明之或传达之于他人。实际上所用之推理,实限于以言语表之者,故辨学之研究常关于言语,但限于表思想之言语耳。文法学家亦研究言语,然彼但以言语视言语,而研究其形式变化及关系,若辨学之研究言语,则视为精神动作之索引也。

且吾人之思索而苟确实,则必如其所思索之事物而思之,即内面精神之状态与外面事物之状态,二者必相密合。如既知铁为一金类而各金类又为一原质,而欲证明铁之非原质,实际与思想上皆所不许也。吾人不能谓人类思想中之事物必异于实际之事物,故吾人于确实之思想中所视为同或异者,亦必信其实际如是。故上所述之第三见解,实非不可与第一、第二见解相调和,而辨学中之研究事物,限于其为思想之对象者,亦如其研究言语,限于其包含思想者也。人苟记忆此说明,则读种种辨学书时自不至以其用语之不同而陷于迷惑也。

就言语之方面言之,辨学中既有名辞、命题、推理式三部,故于思想之方面亦必有相当之部分:

一、简单了解;

二、判断;

三、推理。

所谓简单了解者,乃吾人知有某事物之精神动作,或以此事物之印象、观念、概念呈于精神者也。简单者,谓与他事物相离立;了解者,谓以精神领取之也。如"铁"之名辞遽使吾人思一种之金类,但不告吾人以此物之如何,或以此物与他物相比较耳;"太阳""木星""狼星""圣保罗院"等语,亦名辞之于精神中唤起某熟知之事物者而预想此等事物,不现于感官,必存于记忆。就事实言之,则名辞之用乃一种之记号,所以表实际的事物者也。

判断者,乃一种特别之精神动作,而比较所了解之二事物观念或概念,而由之以断其同或异者也。盖吾人苟不同时意识二事物,或精神中同时有二事物之概念,则比较与判断之事必不能行。如吾人欲比较木星与狼星,必先分别了解此二者。而于最初之比较中,吾人不过知此二者皆小而且明之物体,又若以同一之速率升降于天际耳。然若精密考之,则狼星之光间歇,而木星之光均一也;又木星与狼星决非以同一之速率运动,但前者夜夜变其位置而后者不然。更比较同时所见之他天体,则发见一大部之星与狼星同,即发间歇之光,而其互相对也,常在同一之位置;又一部之星与木星同,即发均一之光,而夜夜于恒星之中变其位置者也。于是吾人得由判断之作用而得"恒星"与"行星"之二概念。又比较此二概念,而知此二者中无相同之性质与形状,而又以一命题表之,曰"行星非恒星也"。

吾人于此际屦入"概念"之语,若视此语为读者所已知者。夫哲学家之用此语已二千年，然彼等视此语之意义则各不同。主持唯名论者则以概念不外一名，即吾人综括水、土、金、木诸星而谓之曰"行星"，此公共之名不过为吾人精神中联络诸行星之具而已；实在论者则谓各特别之行星外真有物焉，具各行星公共之性质而但无大小运动之差。然在今日，无论何人，不能信实际上有与概念相当之物，苟有此物，亦不现于此处必现于彼处；其大小，不如此则必如彼，故仍为特别之行星而非普遍之行星也。然唯名论者之说亦非无误，何则？言语之为用必示某物，又必与精神之动作相当。如固有之名于吾人心中唤起个物之象，则普遍之名亦宜唤起概念也。

见解之得其中正者，其唯概念论者乎？彼等谓概念乃吾人精神中一种之知识。关于此念所含事物之公性者，如"行星"之概念，乃人心中所有一种之知识，而知有某种之天体，发均一之光，而其运动于天际，与恒星异焉者也。世之号称唯名论者如赫米尔敦等，亦谓普遍之名，伴以所表事物之公性之意识。此种唯名论与概念论之间实不能立精密之区别，而此书中所不暇细论者也。

由此书所论，可知辨学全体及各科学之全体，皆在排列个个之物于概念中而与之以普遍之名，然后吾人对此等事物之知识得简一而赅括也。各概念之构造合法者，实示普遍之法则或真理。如吾人就"行星"之概念，得断彼等皆于椭圆之轨道中自西徂东环日而运动，又以日之反射光照耀，且……者也；就"恒星"之概念，得断彼等皆自发光焰而较远于行星者也。推理之全体实自此判断能力出，以此能力得使吾人发见许多事物中有同一之性质，如是，而吾人所知之于某部者得推论之于他部故也。

于应用此种知识时，吾人即用精神之第三动作，所谓推理者是也。由此动作，吾人得离实际之事物，而由旧判断以构成新判断。如吾人知铁属于"金类"之概念下，而此概念又属于"原质"之概念下，则不必更考察铁之为物，而能断定铁为化学上之原质。又如吾人既自一方面知海王星之为行星，又自他方面知行星运行于椭圆之轨道，吾人得结合二种之知识于精神中而抽出一真理，即谓海王星运行于椭圆之轨道中是也。

　　吾人于是得下推理之定义曰：推理者，精神之自一所与之命题，或一以上所与之命题，而达于异于所与之命题之他命题者也。此际所与之命题，谓之曰"前提"；而其所达之命题，谓之曰"结论"。以结论实自前提出，而"前提"之名，则以其置于推理式之前半故也。推理之精髓，在结合前提中所含之真理而表之于结论，而其事业不外抽出前提中之知识也。

　　吾人既示辨学之三部分即名辞、命题、推理式之大略，后章即宜分别详论之。然普通辨学往往加入第四部分，谓之"方法"。此关于长议论之各部分之排列法者也。

　　有谓方法之对推理式之关系，恰如推理式之对命题、命题之对名辞，故必有第四部分而后辨学始完全。此说亦稍近理。然第四部分之重要及明晰远不如前三部，故但于第二十三章论之。

2　第二篇　名　辞

～～ 第三章　名辞及其种类 ～～

　　上章既论各判断乃示二事物或二概念之同若异者，故以言语述一判断时，必有示所比较之事物之言语及示比较之结果之言语。而言语之示所比较之事物或事物之一群者，名之曰"名辞"。其示比较之结果者，名之曰"连辞"。故完全判断之表出也，必自二名辞与一连辞成立，是之谓"命题"。如"字典有用之书也"之一命题中，其连辞为"也"，此示字典与有用之书有相合之处。而事实上，字典实为有用书之一部也，此际之二名辞"字典"及"有用之书"，自二字或四字成立。然名辞之字数实非有定者也。如云"二角之在二等边三角形之底者，互相等也"。此命题中之第一名辞自十三字成立,而第二名辞自三字成立。故名辞中之字固非有定数也。

其所以谓之名辞者,以其在命题之一端故(名辞,英语之 Term,出于拉丁语之 Terminus,界限之义也)。精密言之,唯以其立于命题中,始得谓之名辞也。然普通所谓名辞,不过谓一实名词或形容词,或结合数词而示一思想之对象者。此对象或为个物,或为事物之一群,或为事物之性质,或为性质之一群,俟于下文论之。

霍布士之下名辞之定义也最为完善,曰:"名辞者,吾人任意所用之记号,而于吾人心中唤起前所有之某思想;而言之于他人时,亦于其人之心中唤起言者之思想也。"

虽一切名辞皆自言语成立,然一切言语不必皆为名辞。如前置词、助动词及他词等除"于,前置词也""不,助动词也"之命题外,不能成一名辞。故言语之部分中,除实名词及言语之一群作实名词用者外,决不能为一命题之主语(或第一名辞);又除实名词、形容词、动词外,亦决不能为一命题之宾语(或第二名辞)也。且形容词之能为一名辞否倘有疑之者。如"字典有用也"之命题,亦有谓其非完全之句,而非云"字典有用之书也"不可者。吾人且不问此争论之点,而分名辞为二种如下:

> 言语之得独立而为一完全之名词者,如实名词、形容词及动词之一部等,谓之"自用语";
>
> 言语之他部分,如前置词、助动词、接续词等仅能构成名辞之某部分者,谓之"带用语"。带用语之除为名辞之部分外,不必深研究之也。

吾人今且考名辞之种类及性质以明其意义。第一为单纯名辞与普遍名辞之区别。此区别最显,亦最要者也。单纯名辞但表一个人或个物,如大西洋、圣保罗院、狭斯丕尔等是也。一切固有名词皆属此类。何则?约翰托麦斯等虽有同此名者,然吾人用此名时不指一切名约翰托麦斯者,而但指其中一人故;如"伦敦"之名,吾人用以示英国都城时,决不与加那大之伦敦相联络也。

普遍名辞则不然,得应用于一切事物之皆有某性质者。如"金类"乃一普遍名辞,而得应用于金、银、铜、锡、铅等。凡吾人所知五十种之物质,有金类之光而不能分析者,皆得以此名名之。而其为一物之名也,无以愈于他物,且此类中物质之数非有限制。新金类之为前所未知者亦时时发见,而得置诸此名辞之下。又如金星、木星、土星,以其但表一个物故,故为单纯名辞。然"行星"则为普遍名辞,以天体之环日运动如地球者,无论已发见或未发见,皆得以此名加之故也。

至普遍名辞之与集合名辞之区别亦不可不知也。所谓集合名辞者,谓一群之事物集合而成一全体,而以一名辞表之。如云一联队之兵、一法庭之官、一船之乘客等。故集合名辞乃全体之名,而非其中之各部分之名也。普遍名辞则不然,虽亦一群之事物之总名,然其中各事物皆得分有之,故自学语上言之,谓之"分配名辞"亦可也。兵士、水手、裁判官,乃普遍名辞,凡约翰托麦斯……等皆得用之。然吾人不能谓约翰为一联队,托麦斯为一法庭,则甚了了也。此区别既说明之后甚为明显,然亦有时不易区别而生一种虚妄之推理者,如下文第十九章所论者是也。且欲就名辞而一一指何者为普遍,何者为集合,固所不能。何则?以许多名辞由其用之之如何而或为普遍,或为集合故也。如"图书馆"一语,由其所藏之书籍之方面言之,则为集合名辞;然用以表一切公私图书馆时,则又一普遍名辞也。"联队"一语,吾人考其构成之之兵士时,则为集合名辞;然考一军团中种种之联队时,则又普遍名辞也。"军团"亦然。"年"之一语,对其所含之月、日、时言之,则为集合名辞;至用于耶教纪元一千八百年、一千九百年时,则普遍也。

至名辞次要之区别,则具体名辞与抽象名辞是已。穆勒有言,具体名辞乃事物之名,抽象名辞则事物之性质、状态之名。其解盖无以易矣。如言"白马",则实际存在之事物之名,故具体的也;单言"白",则马之一性质之名,故抽象的也。抽象者,乃自一事物抽出其一性质之意。白之性质,得离白马或他白物之他性质而思之。顾吾人虽能思一性质之自身,然此性质于实际上决不能离事物而独立。故"白"之一语,或指心中之一概念,或指白物之唤起此概念者也。

形容词之为具体而非抽象,读者不可不知也。如云"此书有用"时,则吾人以"有用"之形容词应用于此书,故具体也;而"有用"之名词则为抽象名辞而示一性质。此区别至第五章当更论之。

就一具体名辞而发见其相当之抽象名辞,此亦练习精神之一法也。如具体名辞 Animal 之有 Animality 以为其抽象名辞,Miser 之有 Miserliness,Old 之有 Old Age 等是也(按:西文中同一名辞,其为具体名辞时与为抽象名辞时,其语尾不同。我国文中无此区别,故此章所论者,半不能应用于我国也)。但各具体名辞,不必悉有抽象名辞以与之相当。英文中具体名辞"桌"与"墨"皆有相当之抽象名辞,然"笔"则无之。但其有与无,实由言语史上之偶然,而由时代与科学之进步,抽象名辞亦时时有增加之势也。

顾具体名辞与抽象名辞亦时相混杂,而不易别其意义。如 Relation(关系),本两人或两物相对待之抽象名辞,而此等人、物,则谓之 Relative(关系者)。然在今日,吾人每谓此等人、物为 Relation,而当欲表抽象的关系时,则又造一新抽象名辞 Relationship 以表之。又抽象名辞 Nation(国民)在今日久作具体之用,而更造 Nationality 之新抽象名辞以示一切有国民之资格者。他如 Action、Intention、Extention、Conception 及许多抽象名辞,今日皆视为相当之具体名辞,而若与 Act、Intent、Extent、Concept 等无异。Production 本示人制造一物时之状态,今则与所造之物相混。通常所谓"一国之 Production"者,实一国之产物之意也。即辨学上之学语,如 Proposition、Deduction、Induction、Syllogism,皆本为抽象名辞,今则视为具体名辞而用之。如云 a proposition、a deduction、an induction、a syllogism 等,是可知混用抽象名辞与具体名辞,辨学家亦且与寻常人无异。此等乱用,实有害于言语之分别者也。

顾名辞中尚有他区别,即积极名辞与消极名辞之区别是也。积极名辞示一性质之存在,如"金类的""有机的"是。其相当之消极名辞,则示此性质之不在,如"非金类的""无机的"是也。消极名辞或为形容词(如上所述),或为抽象名辞,或为具体名辞。凡加消极的冠字(如"无""不""非"等)者,吾人恒视为消极名辞。然亦有无消极的形式而有消极的性质者。如"暗"之一语,乃"光"或"光明"之消极语,以示光之不在故;"化合物"之语,乃"原质"之消极语,以吾人以"化合物"之名加诸可分析者,而以"原质"之名加诸不可分析者故也。就理论上言之,则一切名辞必有相当之消极名辞,然言语上则未必能供给此名辞也。吾人得谓一人曰"蠹鱼",然无消极名辞以表"非蠹鱼",以此等言语吾人不感其需要故也。然新消极名辞之发明,往往过于所需要者,以吾人遇不常唤起之观念时,宁取惯用之积极名辞而加以消极的冠字,不必新造一语以增字典之字数也。

顾消极名辞之一部,亦有示某性质、某事实之存在者。如"不便"一语,固为便利不存在之意,然亦示劳苦之存在;"不幸"一语,明明为消极名辞,然亦得代积极名辞"祸患"之用;"康健"之消极名辞是为"不康健",然亦得用积极名辞"疾病"以表之。故吾人之以积极名辞或以消极名辞表一特别之观念,似全属偶然之事也。吾人所能断言者,则各积极名辞皆能有相当之消极名辞;而一切事物之不能应用此积极名辞者,皆得以此名加之。至今日言语上既有此名辞否,则不必问,而于辨学上可预想其存在者也。

至名辞之有消极之形式者,不必即有消极之性质,此又读者所当注意也。如"无价"一语,非价值之不存在之谓,而宁价值过高,不能测度之谓。"无量"一语亦然,非谓量之不存在,而宁谓量之过大也。"无耻之行"亦与积极名辞"可耻之行"无异。言语中之类于此者,吾人不难更发见之也。

吾人所尤不可不分别者,则表性质之存否之名辞与表性质之程度之名辞是也。"小"非"大"之消极名辞,以尚有第三名辞"中"在。而"大"之消极名辞实为"不大",以此语实括"中""小"二者言之也。由是言之,"可恶"亦非"可好"之消极名辞,以物尚有非可恶亦非可好而与吾人无关系者故也。吾人亦不能遽谓不忠实之行为欺诈,以忠实与欺诈间尚有居间之性质故。要而言之,则当讨论性质之程度之问题时,则能有中项在;至讨论性质之存在之问题时,则不能有中项。以此从思想之一大法则(见第十三章)出,不可强也。于程度之方面,吾人谓其两极之名辞曰"反对"。如"小"

乃"大"之反对，"可恶"乃"可爱"之反对是。于存否之方面，则吾人谓之曰"消极"，或曰"矛盾"。而自辨学上之视点观之，则一双矛盾之名辞中，何者为积极，何者为消极，吾人得随意命之，以各名辞无非他名辞之消极名辞故也（吾人得谓"不大"为"大"之消极名辞，亦得谓"大"为"不大"之消极名辞）。

辨学家于消极名辞外，有另立一类曰剥夺名辞者，如"盲人""死者"等是也。此种名辞示一物失其所固有之性质，或所能有之性质，或所常有之性质者。人有生而盲者，故彼未尝能视，然实有能视之机关。至一树一石，则决无有能视之日也。矿物不能谓之死，以其未尝有生，且不能有生也。故剥夺名辞，吾人用之于物之失其所能有之性质者；而消极名辞，则用之于本无此性质者也。此区别之能立与否尚未可知，要之，非紧要之区别耳。

此外又有绝对名辞与相对名辞之区别。所谓"绝对"者，谓与他事物一无关系之意也。相对之事物，其呈于思想中也，常与他事物相联络，故相对名辞实示一物之不能离他物而思之，或示此物之为全体之一部分也。如吾人不能离其子而思一父，离其臣民而思一君，离牛、羊而思一牧人。故"君""父""牧人"皆为相对名辞，而"臣""子""牛""羊"则其互相对之语也。就事实言之，则"父"不过谓人之有子者，"君"不过谓人之有臣民者，"牧人"不过谓有牛、羊者而已。名辞之表面上不与他事物相关系者如"水""气""木""石"等是。吾人思水时，不必有他观念伴之，树、石亦然。此通常所视为绝对名辞者也。

然一切事物，无不与他事物相对者。水之与其构成之之原质，树之与其生之之土壤，石之与其产之之山岳皆是也。且从思想之法则，吾人所以能思一物或一群之物者，不外使此物别于他物而思之。吾人非区别事物为"合死者"与"不死者"二种外，不能用"合死者"之名辞。"金类""原质""有机物"及他名辞亦然。吾人用此名辞时，亦示非金类、化合物、无机物等之存在。故自此点观之，则一切名辞皆相对的也。然辨学家所谓绝对名辞，则但谓一事物之于空间、时间及因果上与他事物无特别且明晰之关系者。吾人之立此区别，不外如此而已。

吾人既说明名辞中紧要之种类,读者苟能就各名辞而一考其种类,尤吾人所深望也。即当就名辞而考:

(一)此名辞果为独用语乎,抑带用语乎?

(二)为普遍名辞乎,抑单纯名辞乎?

(三)为集合名辞乎,抑分配名辞乎?

(四)为具体名辞乎,抑抽象名辞乎?

(五)为积极名辞乎,抑消极名辞或剥夺名辞乎?

(六)为相对名辞乎,抑绝对名辞乎?

从下章所示,则许多名辞有不止一义者,故虽同一名辞,有就其一义言之则为普遍名辞,就其他义言之则又为单纯名辞者。故读者当先选其一确定之义而考之,而不可阑入他义也。

第四章　名辞之淆乱

辨学中最有用之部分,无过于论名辞之淆乱者。此即论言语之意义之变化之部分也。夫欲正其思索,固不可不知名辞之性质,而名辞之中,其有明晰及纯一之意义者盖不多见。而当许多意义混于一言语中时,欲不陷于言语上之谬论难矣。试举例以明之。人亦有言:"刑罚,恶事也。"而从道德之原理,则虽出自善意,必不可为恶事;吾人此际如何而能避"不可施刑罚"之结论乎?进而考之,则"恶事"一语,此际用为绝不相同之二义:前者谓身体上之恶,即苦痛;后者谓道德上之恶也。谓吾人不可为道德上之恶,不必遽谓吾人不可加身体上之恶,以身体上之恶往往能防道德上之恶故也。

更举他种之谬论以明之,其形式如下。曰:"仁者不能不济人;然人之行为出于不能不为者,无功绩之可言;故仁者之行为,无功绩也。"此结论之谬误人人能知之。然其谬论之原因,唯存于"不能不"一语有二种之意义:于第一命题,吾人实自人之品性上而度其不能不然;于第二命题,则谓外界之势力使之不能不然。人愈知普通言语之意义之变化,当愈知吾人所用以交通及议论之器具之危险。故吾人不能不就此章之内容详论之也。

名辞之唯有一确定之意义者谓之"单义名辞"。其有二义以上者,谓之"多义名辞"或"淆乱名辞"。名辞之所以称为不淆乱者,由其以同一之意义应用于许多之事物故也。如 Cathedral("寺"之意)者,乃圣保罗、约克、明斯他等之公名。而此等诸寺不过同一之意义之例也。Church 一语则不然,乃多义名辞,以有时指礼拜之地(教堂),有时指一教派之全体,有时指僧侣之全体,以与俗人相区别,故视其用时之不同而其意义乃大异也。单义名辞之例,主于学语或术语中发见之。如"蒸汽机械""铁道列车"及种种之他术语,皆示一定之事物而有一定之意义。普通生活中之语如"面包""牛油"等亦然。就化学上之学语言之,如"养气""轻气"及若干之名,皆近代所创造,而其意义一定而不变。要之,一切科学无不有若干精密、确实之语,此皆单义名辞也。一人、一物、一事之名,亦往往有明确者,如"该撒""拿破仑第一""圣彼得寺""千八百五十一年之大博览会"等是也。

顾吾人虽能举若干之单义名辞,然多义名辞则尤普通者也。许多惯用之名辞及形容词皆属此种,亦谓之淆乱名辞,以"淆乱"(Ambiguity)之语出于拉丁动词 Ambigo,即惊骇、踌躇、疑惑之意也;亦谓之混沌之语(Homonymous),此出于希腊语 Omos("同一"之意)及 Onoma("名"之意)者也。在普通生活中,唯对故用多义之语以淆惑真伪者,始谓之淆乱。而在辨学上则不问其故意与否,凡用多义之语而陷于谬误者皆谓之淆乱之谬误或多义之谬论(见第二十章)也。

今当据瓦德博士之《辨学》而论言语之淆乱之种类及其原因。据瓦氏之说,则吾人得先分淆乱名辞为三种:

(一)字音之淆乱;

(二)字形之淆乱;

(三)字音及字形之淆乱。

前二者比之后者不甚重要,而亦不常陷于大谬。如吾人谈话时,则

Right(权利)、Wright(书写)、Rite(礼仪)三语,Rein(管辖)、Rain(雨)、Reign(主权)三语,Might(力)、Mite(小事)二语,均无分别也。又有因发音之缺点,而Air(空气)、Hair(发)、Hare(野兔)、Heir(承继者)四语亦不能分别者(在我中国如同、铜、桐、筒、童、僮、瞳等皆是)。

至字形淆乱而字音则否者,如 Tear(泪)之于 Tear(裂缝),Lead(铅)之于Lead(指导)是也(我中国语中如骑射之"射"之于仆射之"射",间居之"居"之于谁居之"居"是也)。此等淆乱皆不过一时之误解,故吾人当进而论第三种,即字音与字形二者之淆乱。吾人得由其淆乱之所自由生,而分之为三种:

(一)由相异之言语之偶同;

(二)意义之由联想而变迁者;

(三)意义之由类推而变迁者。

(一)第一类之淆乱生于异语之之混同。此等或自相异之国语出,或自同一国语之相异之语源出,而经若干年月后,遂有同一之字音与字形者也。如 Mean 一语,有时作"中间之事物"解,此出于法语之 Moyon 及拉丁语之 Medius,而又与英语之 Mid 或 Middle 相关系;有时作"卑劣"解,此出于安额禄萨克孙语之 Gemaene,即"庸俗"之意也。To mean 之动词则不易与形容词 Mean 相混,而又出于第三语源,殆与梵语之"思索"之动词相关系者也。

更举他例以示之。如 Rent 一语,或作"偿金"用,此自法语 Rente 出;或作"裂缝"解,即示撕裂之结果者,此又出于安额禄萨克孙语。而安额禄萨克孙语中,其以 W 或 Wr 始者,多模仿此语所表之动作所发之音。Rent 之语亦其一例也,出于拉丁语 Pondus(重量)之 Pound,与出于萨克孙语之 Pynlan(闭入)之 Pound,形声绝无所异。又如 Fell(小山)之与 Fell(兽皮)、Pulse(脉搏)之与 Pulse(豆类),皆同出于希腊及拉丁语,然其语源则全相异。又 Gin 一语,其作"系蹄"或"机械"解也,乃 Engine(机械)之略语;然其作"酒精"解时,则为 Genevn 之变形,而此地实为"初制酒精之地"也。

此种淆乱之重要者,往往得于文法中见之。如数目字之 One 则出于阿利安语源,而经过拉丁语之 Unus 而成此语;而不定代名词之 One,则法语 Homme(人)之变形,而日耳曼语中,则在今日犹用"人"字者也。

(二)然多义名辞中之最多者则为第二类。即一语本示一固有之事物而有固有之意义,然以他事物常与此事物相联想故,遂以此意义应用于他事物,而即以此语表之是也。如"议会"之言语中 House(议院)一语,或示议员集会之地,或示议员全体之一时集于此院者;Church 一语,亦本谓礼拜之地,由此而生种种之意义,或谓人之常礼拜于此寺院者,或谓人之持同一之教义而属于一教会(如希腊教会、罗马加特力教会等)者,或兼僧人与俗人言之,或但指僧人言之。此等意义,其去本来之意义固全相异也。

Foot 一语,其意义亦经过种种之变迁:其初本谓人与动物之足,但足之长短,人每用以测长短,于是变为度之定名;且以足常在物体之底,故有 Foot of mountain(山脚)、Foot of table(桌脚)之语。推而广之,吾人所根据之计画、理论等,亦谓之"足";又以之表步兵及诗之一行等。此等相异之意义,皆与其固有之意义相关系。现希腊、拉丁文中"足"之相当语亦有此淆乱,足以证之也。

Fellow 一语,又有许多变化及矛盾之意义。此语本谓人之互相从者,即"伴侣"之意义也。由是,对偶中之一亦得谓之 Fellow,如云"一履为他履之伴侣"是也;或但为"相等"之意,如云"狭斯丕亚无伴侣",即谓无与之相等者也;又由伴侣之意义而用以泛指一人,如"何等伴侣"(意为此何等人)是也。但尤可异者,则此语兼有轻蔑与亲爱之意。如一人而但谓之曰"伴侣",而出之以特别之音调,则大含轻蔑之意;如改其音调而又加以一二字,如"好伴侣""可爱之伴侣"等,则又为最亲爱之称。此外又有学术语上一定之意义,则如"校友""会友"是也。

言语之出于一语源而有许多意义者,Post 一语亦其一例也。此语本谓物之坚立于地者。如木、石之标是也。如 Lamp-post(灯台)、Gate-post(门台)、Sight-post(号标)等语,犹仍此意。但此物常用以记地之定点,如 Mile-post(里标),故更变而指此物所置之一定之地,如云 Military-post(兵地)、Post of danger(危地)等是也。故于罗马帝国时代,凡一定之地,预备车马以便旅行者,亦谓之 Post(驿)。自是以后,凡运送旅客及消息之制度亦以此名名之，欧洲之大部今日犹用此语，如云 Post-chaise（传车）、Post boy（邮童）、Post-horse（驿）等是也。至递信之邮政，二百年间所行于英国及各国者，吾人今日所用之 Post 一语殆多指此。由是生种种之语，如 Post-office（邮局）、Postage（邮税）、Post-master（邮政局长）、Post-telegraph（邮政电报）皆是也。其尤异者，则吾人今日又有 Iron Letter Post（街道之铁邮政箱），至是而 Post 一语又复归本来之意义。

上所举之语不过意义之最多变化者，但普通名辞之大部分无不皆然。瓦德博士于其《辨学》中谓"书籍""鱼""象"等语似为单义名辞，然读者欲知其多义固不难也。博物学家所说之鱼与常人所说之鱼，其意义固不尽相合，以常人于真正鱼类外，又以此语表介类、软体类及鲸类，即一切游泳动物皆以"鱼"名之而不问其真为鱼与否也。"象"之一语，在书肆中不以表大兽，而以表大纸，与通用语大异。"人"之一语亦然，有时用以与女子相区别，有时兼男子与女子言之，有时以指成人，以与童子相区别，又有时指仆御言，有时为夫之别称也。

（三）第三种之多义名辞则由类推得之。如云 A sweet taste（甘味）、A sweet flower（甘花，意谓美花）、A sweet tune（甘音，意谓美音）、A sweet landscape（甘景，意谓美景）、A sweet face（甘颜，意谓美颜）、A sweet poem（甘诗，意为佳诗），是时吾人明明以同一之语加诸相异之事物，而甘味之为物，决不能与诗相比较者也。然"甘"之一字，吾人苟漠然考之，则一切事物之可加以此名者，以其事物有一种特别之快乐，故而除与甘味比较外，更无术以描写之也。吾人就苦痛而谓之曰"钝锐"，就境遇而谓之曰"酸苦"，就一人之未来而谓之曰"光明"、曰"黑暗"等，皆是也。"辉煌"之形容词，本光之照耀之意，如云"辉煌之星""辉煌之金刚石"等是。及其类推也，于是有"辉煌之位置""辉煌之成功""辉煌之能力""辉煌之形式"等语。此等语苟非自物质上之印象类推，断不能解说之。吾人于第七章当进而论一切名辞之与感情及生存相关系者，其创造全由于此作用也。

第五章　名辞之二种之意义——外延与内容

辨学中之要求读者之注意,无过于此章者。吾人于此章中当论一名辞之二种之意义:(一)其外延之意义;(二)其内容之意义。此二者,名辞之大半皆兼有之。苟读者能知此二者之区别而记忆之,则于辨学之研究思过半矣。

名辞之外延上之意义,谓此名辞所得应用之事物;其内容上之意义,则谓此等事物所必有之性质也。欲举一例以明之。试问"金类"之名辞果有何意义乎? 则将首应之曰:金类者,非金则银,非铜则铁;不然,则必为化学上所知四十八种之一而有金类之性质者也。此等物质构成此普通之意义,即其外延上之意义。然吾人何故以"金类"之名加诸此等物质之全体,而不加诸他物质乎? 则将应之曰:以此等物质皆有属于金类之某性质故也。故吾人非先知金类之性质,则不能知何物质得应用此名,又何物质则否。据化学上之说,则金类之性质如下:(一)金类者简易之物质(原质),不能由某方法而分析为更简易之物质;(二)热与电之良导体;(三)有特别之反射力,所谓金类光是也。

此等性质乃一切金类所公有,而由此以与他物质相区别。故此等性质亦于他方面构成金类之意义,此即其内容上之意义,而与其外延上之意义相对立者也。

他普通名辞亦无不有二种之意义。如"汽船"之名辞,于其外延上包含千万艘之汽船,无论其中何船,皆得以此名名之。而其内容,则谓船之以蒸汽力行走者也。"君主"之名,得用于维多利亚、路易、拿破仑及夫一切以一人统治一国者。此等人名构成其外延上之意义;而统治一国之性质,则构成其内容上之意义。"动物"之名词亦然,其外延所示实包一切现在、过去、未来无限之动物;而就其内容上之意义言之,则不过物之有生活及感觉者而已。

顾外延与内容之区别,辨学家实以种种之形式表之。夫同一观念而得表以种种同意之语，此亦辨学之不幸也。如名辞之内容，又谓之名辞之 Connotation（兼示）或名辞之深度，其外延又谓之名辞之 Denotation（指示）或其广度。兹以表示之：

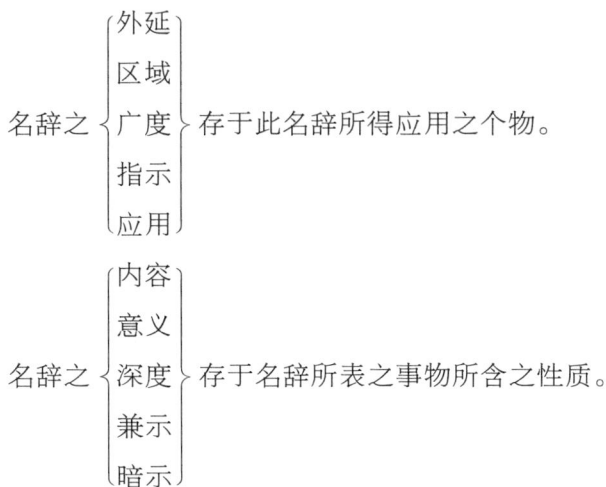

$$
\text{名辞之}\begin{cases}\text{外延}\\\text{区域}\\\text{广度}\\\text{指示}\\\text{应用}\end{cases}\text{存于此名辞所得应用之个物。}
$$

$$
\text{名辞之}\begin{cases}\text{内容}\\\text{意义}\\\text{深度}\\\text{兼示}\\\text{暗示}\end{cases}\text{存于名辞所表之事物所含之性质。}
$$

此等说中，唯 Denotation、Connotation 二语，近世辨学家穆勒约翰始多用之。所谓 Denotation 者，谓名辞指示其所得应用之物，如金类之示金、银、铜等是也；Connotation 者，即兼而示之之义，谓某种之性质，吾人用"金类"之名辞时所暗示者也。

当吾人比较相异且相关之名辞时，知此等名辞其外延与内容之分量各不相同。如名辞"原质"之外延实大于"金类"之外延，以此语之意义中含一切金类及非金类之原质故也。然就其内容言之，则较金类之内容为小。何则？金类之内容中，除其为原质外，又有金类所特有之性质故也。更比较"金类"及与"延展性金类"之二名辞，则所谓脆金类如锑、铋等明明不含于后者中，故"延展性金类"之外延更狭于金类。然就其内容言之，则于金类所公有之性质外，更加以能延展之性质，故较大也。白色延展性金类，其外延更狭于延展性金类，以其中不含金、铜故。由是，吾人于名辞上得渐加以形容词，以渐狭其外延之意义，而使其名辞但得表一金类而止。

读者于此可得外延之分量与内容之分量互相关系之法则，即一名辞之内容愈增，则其外延愈减是也。但其增减固非有精密之比例。如吾人以"赤"之形容词加诸金类,则其狭金类之外延也,较加以"白"之形容词时为甚,以白金类之数当赤金类之十二倍故也。又"白人"之名辞之外延广于"棕色人"之名辞之外延,然从其内容之增,而其外延必减若干,此又明白之事实也。

欲知此法则,不可不区别名辞内容之表面上之增与实际上之增。如吾人以"原质的"之形容词加诸金类,则仍不改其外延之意义。何则? 一切金类本皆原质,而原质的金类比之金类毫无增损故也。同时,其内容之意义亦不稍变。何则? 原质之性质本含于金类之性质中,而无俟分析言之故也。故一性质常属于一类之事物者,谓之此类之所有物,而一切名辞不能以其所有物增损之也。

吾人于此得窥兼指名辞与非兼指名辞之区别,即后者但指示一事物而不暗示其事物之性质。穆勒约翰以此区别为甚重要,兹述其语如下:

> 非兼指名辞,谓名辞之但示一主语,或但示一属性者;兼指名辞,则指示一主语,又兼暗示一属性者也。此际所谓主语,乃物之有属性者之义。如"约翰""伦敦""英国"等,乃但示一主语;而"白色""长度""德性"等之抽象名辞,则但示一属性。此等名辞皆非兼指名辞也,唯"白""长""有德"等之形容词乃为兼指名辞,以形容词"白"指示一切色白之物如玉、雪等,又暗示或兼示白之属性故也。故形容词"白"非属性之定语,而为主语(如玉、雪等)之定语。但以此定语加诸主语时,实暗示或兼示主语所有之属性(白色)者也。

> 一切具体的普通名辞皆兼指名辞也。如"人"之名辞,指示彼得、约翰等与无量数之个人。但其所以得应用于彼等者,以彼等皆有某属性故,故又暗示其有某属性者也。……吾人所谓"人"者,乃谓一主语,即某个人。而非谓构成人类之性质,故此名辞乃直接示主语而间接示属性。易言以明之,则指示主语而暗示或兼示属性者,此即兼指名辞也。

> 固有名辞。非兼指名辞也,即此等但示所呼之个人,而不暗示个人之属性。吾人得名一小儿曰"保罗",而名一犬曰"该撒",此等名

辞，不过用以使此等人物得为言语之对象而已。虽吾人之名之也亦有一种之理由，然其名实离其理由而独立。有一人得以其父名而名之曰"约翰"，一地得以其在河之口而名之曰"河口"，然约翰之人名中不示其与父同名，而河口之地名中亦不必示其必在河口也。如此地一旦为泥沙所淤塞或因地震而变其河流，则河口之名虽不副其实，固无改之之必要也。

穆勒约翰之言如此，然其言非无可议者。穆氏此际实混视名辞之辨学上之意义与其字学上之意义，不可不察也。夫人苟用英伦之名而知其所指示，殆无不略知此国之性质与其情状者也，故此际谓之兼指名辞亦无不可。人之知"河口"者，一闻其名，必唤起此地现在之情状，此等情状，谓非此名辞之所暗示或兼示，不可得也。如河流变于一旦，则此市必受其变化，而此名之所暗示者亦变，此时，此名不示一市之在河口，而但示其曾在河口而已。此外，固有名辞如"约翰""斯密"等，吾人苟不知其人，则此名似毫无意义。然但就此语观之，亦兼指其为邱顿人种中之男人；若更知其所指示之人，则此人之形貌、品性，未有不暗示于此名中者也。就实际言之，吾人唯由一名所暗示之特别的性质、形状始能认此名，不然，则此名实无一定之意义，而不能决其果指示何事物与否也。如"约翰""斯密"之名，不示吾人以约翰、斯密之性质，吾人如何能使其名与实二者相联络乎？盖彼之名固未尝书于面目上故也。

然此尚一未决之问题也。穆勒约翰固此学之大家，故读者不妨暂从其说，而谓固有名辞为非兼指名辞，而具体的普通名辞乃兼指名辞也。若抽象名辞则固无所兼指。何则？此种名辞，早指示事物之性质而更无兼指之余地故也。穆氏亦谓抽象名辞有时得视为兼指名辞，如"过失"之名，兼指属于过失之危害之性质是也。但"过失"一语而真为抽象名辞，则危害之性质只可谓其语之所指示之一部，然吾人之用此语也，往往视为具体的事物或具体的行为之陷于过失者。故视"过失"为抽象名辞时，则无所兼指；如视为兼示危害时，则已非抽象名辞也。但吾人此际不暇细论此事，读者姑从穆氏之说而谓抽象名辞大抵为非兼指名辞，但有时为兼指名辞可也。

第六章　言语之成长

由前章观之,则言语之淆乱凡有三种:一、由异语之偶同;二、言语之意义之由联想而变迁者;三、由类推而变迁者是也。顾言语之变化之出于第三原因而至今日尚在变化之途中者,吾人尤当精密考之,即研究言语之创造及扩张之道,乃辨学家之极有益、极紧要之事业也。而言语所以变化之二反对作用,得述之如下:

(一)概括之作用。由此作用,而一名辞所得应用之事物之范围较前为更广。故其外延增而内容以减。

(二)分析之作用。由此作用,而一名辞所得应用之范围为之更狭。即其外延减而内容增也。

第一种之变化其迹最为显著。即吾人苟发见无名之新事物与熟知之旧事物间有相同之处,则当表其相同也,自然应用旧名辞于新事物。如草之为物,吾人之所习见也。一旦见某物之形状、性质同于草者,不期而即呼为草之一种。如吾人以后常遇此新种,则此新种自当与旧种同享“草”之名矣;“炭”(Coal)之一语,其变化亦然。本谓一种之焦木,五百年前所用为燃料者。逮既用石炭后,其实既相似,遂取其名名之。其初尚别之曰海炭,曰坑炭;至于今日,二者共有炭之名,而又别焦木曰木炭。“纸”(Paper)之一语,本谓罗马帝国时代所用之巴披路斯(Papyrus)树皮,今则棉麻所制之新物质,可以供书写之用者,亦谓之纸(中国纸本以破布等制造,故其字从丝,今则竹、草所制者亦谓之纸)。Character(“特性”之意)一语之变化,亦甚有可注意者。希腊语之 Korakter,本谓雕刻所用之器,由此而联想所雕刻之记号及文字,遂移而用之。吾人今日所谓 Greek character(希腊文字)、Arabic character(阿剌伯文字)等,犹仍此意也。然一切事物无不有自然之记号,故 Character 一语,由之扩张而并示事务之特别且明晰之记号或性质,此最后起之意义也。

此等变化非自个人酿之,亦非以计画行之,而实由于用此语者之无意识的作用。然在科学之言语中，则其概括实以计画行之。如"石碱"一语，通常谓曹达与脂肪之混合物，然化学上则故扩其意义，以包括金性盐类与脂肪之混合物，于是有"石灰碱""铅碱"等之称。"酒精"之名，本谓普通发酵之产物，即葡萄酒之醇者，然化学家发见他物质之构造之与此相类者，亦以此名加之。吾人苟一观禄斯哥之化学书，可知其种类之繁复也。且酒精之种类，苟将来又有发明者，则其数当不止此。一切化学上之语，如"酸类""碱类""盐类""金类""土类""合金""以脱"等，无不经过概括之作用者也。

他科学中亦不乏此例。如"燧"之一语，本谓光学上所用凸面玻璃，然他种形式之玻璃亦有与燧同用者，遂扩"燧"之意义，而应用之于凹面玻璃及平面玻璃。他如"杠杆""平面""圆锥体""圆筒体""弧线""圆锥""曲线""三棱体""磁石""摇锤""光线"等，亦受同一之概括而扩其意义焉。

在普通言语中，虽固有名辞亦时供概括之用。如基开禄时，凡善为优者，名之曰"禄休斯"，此固一名优之名也。"该撒"之名，欧利斯该撒（罗马皇帝之名）之后继者皆承用之而若为罗马皇帝之徽号，后渐与"皇帝"之语意相合，迄于今日奥大利之"该撒"与俄罗斯之"沙"，其名皆从固有名词"该撒"来者也。虽"该撒主义"之抽象名辞，亦示该撒所立之一种帝国主义云。埃及王所建之塔立于法老岛者，其名颇洋溢。故在法兰西，灯塔亦谓之曰"法莱斯"，而英国则谓之曰"法老斯"。又自罗马有名大将君都斯法哀斯后，凡不欲使战争陷于危地者，皆谓之"法哀斯政策"云。

在科学中，虽单纯名辞，亦扩其意义以包括他事物。如谓恒星为"远方之日"，木星之卫星为"月"是也。故有谓一切普遍名辞，皆于人类进化之初期自概括之作用创造者，此亦一说也。夫吾人之理会概念也，较其理会个物时需更高之知力，故名辞始表个物，而后推而放之于其种类之全体，此亦自然之理也。澳大利亚之土人，常呼大犬曰"喀德利"，后欧洲人以马至，彼等亦以此名名之。奥塔海德之土人亦示此例。然此说尚有可疑者，则欲知一名之适于一个物时，必须有一种之判断。故分析之作用必与概括之作用同行于言语之初期，与其行于今日之言语中无以异也。

分析作用乃概括作用之反对，其重要之度亦略相等。此种作用，所以狭普遍名辞之外延，而使其名但为一个物之名，或但为原语之一部分之名者也。如是，吾人始得一定之名以表文化进步后之新事业及新观念。如 Physician（医生）之名，出于希腊语之 Physikos（自然的）或 Physis（自然），故其本意谓人之研究自然者，而研究人类身体之自然者亦自括于其中。然此语之意义至后日而渐隘，遂以之专称应用自然之知识于医疗者，而对研究自然科学者，则更加以 Physicist（物理学者）之新名。Naturalist（自然学者）之名，今亦限于研究生物者。Surgeon（外科医）之语出于希腊，本手工人之义，但在今日则唯医之用手术者始用此名耳。

此外，言语上之例亦正不乏。如 Minister（宰相或大臣）本仆役之义，然在今日则以之称一国最重要之人物；Chancellor（掌玺大臣）本谓僧侣或罗马皇宫之门者，然在今日则指最高之官吏；Peer 本同僚之义，然由言语之变化，今日则专指贵人言之。"牧师""女主""大将""船主"等，亦皆因此分析作用而变其意义。他若"电信""铁道""号旗""车站"及许多新造之言语，欲于吾人生活中寻其变化之迹固自易易也。

由此分析作用，于是昔日同意之二语间生若干之差别。夫同意之语，如"类"与"似"、"始"与"初"、"大"与"巨"等，固有同一之意义，然通常所谓同意之语不必尽然，而于其意义及运用中带差别之阴影者也。此际哥莱利忌所谓"区别"，斯宾塞尔所谓"分化"之作用实行于其间，而使同意之语之一专有一义，而其他专有他义。如 Wave 与 Billow（皆谓波浪）本谓物质上同一之现象，然诗人多用后语，而前语则往往用以表实际上及科学上之事实；Unduration 亦"第三"之同意语，此则学语上所专有，而以示波浪之进行于时间中者也。Cab 本 Cabriolet（驾一马之马车）之略语而有同一之意义，然在今日则专用以表雇车；又在阿美利加，则此语又但指铁道马车言之也。

夫一国语中而有许多同意之语，固此国语之辨学上之缺点，以吾人往往习于混视此等言语而不暇考其暗中之有无差别故也。而此缺点尤以英语为最著，以英语之一部自希腊、拉丁语出者，往往与其他部之自萨克孙、法兰西语出者有同一之意义。故同一之议论以萨克孙语表之者,若代之以他语(自希腊、拉丁语出者),则吾人似已证明此议论,此滑德来之所明示也。故语法愈繁复、愈变化,则用之者之雄辩力愈增。然吾人此时已入于种种虚妄(第二十章及二十一章)而不自觉矣。

于概括及分析之二作用外,许多言语由类推或譬喻之作用而广其意义,由是,言语大为增加或变化焉。此等变化亦存于概括之作用,何则?此语之所新应用之事物与旧所应用之事物间必有相似之处故也。但其相似之处至远且隐,宁可谓之类推,不得谓之同一,故此际一切言语皆以譬喻法用之。而"譬喻"之语,从其希腊语之语源观之,明示一语之自其通义出而用之于特别之计画也。例如治国者与操舟者之间有相似之处,吾人由之而得种种之譬喻,如谓首相居于国家之舵楼是也。Governor(统治者或巡抚)一语及其孪生语亦譬喻之所创造,以此语实 Gubernator(舵工)之变形故也。他如罗盘、极星、号旗、铁猫等与航海相关系者,亦用为譬喻之语。吾人又由调马之方面得种种之譬喻,如驱策、羁縻、维絷等皆是也。要之,凡一切日用生活上之语,殆无不用为譬喻之基础者。

此譬喻作用不独吾人今日以意识行之,凡表精神上之观念之语,殆皆于言语之历史上经过此作用而构成者也。"精神"(spirit)一语乃今日观念中之最纯洁、最无形者,然不过拉丁语 Spiritus 之变化而本示微风或呼吸者也。余如 Inspiration(神来)、Esprit(聪慧)及他语亦皆由此取譬,且各国语中之表心意或灵魂之语皆自"呼吸"类推之,亦一奇事也。Soul(灵魂)一语,其哥德语源本谓暴风或大风雨,拉丁语之 Animus 及 Anima(皆谓精神)当出于希腊语之 Anemos,亦"风"之意也。希腊语 Pnemos(空气或呼吸),其用于《新约全书》中也,亦为精神的存在之意;而英语之 Ghost(鬼神或精神)一语,其渊源亦如是也。一切精神哲学及形而上学所用语,示精神之动作及现象者,殆皆自譬喻来。Apprehension(理会或知觉)本伸手取物之意,comprehension(贯通或完全理会)则以手把诸物之意也。"外延"(Extension)本谓开展,"内容"(Intention)本谓屈挠,"说明"(Explication)本谓解放,"应用"(Application)本谓折合,"概念"(Conception)本谓搜集,"关系"

(Relation)本谓持归,"经验"(Experience)本谓通过,"一事物之差别"(Difference)本谓分别数事物,"思虑"(Deliberation)本谓称量,"阻碍"(Interruption)本谓分裂,"命题"(Proposition)本谓前置,"知觉"(Intuition)本谓观览。此等言语,如吾人欲列举之,恐更仆不能竟也。英语之"理性"(Reason)及"悟性"(Understanding),亦含物质上之譬喻;拉丁语之"知力"亦如是也。

一切感觉,亦与吾人以精纯无形之言语。如 Sapience(知慧)、Taste(趣味)、Insipidity(淡薄)、Gout(风味),皆从味觉来;Sagacity(敏锐),自犬之非常之嗅觉力出。唯视觉之为物最为精密高尚,故自此出之言语更为众多。如明了(Clearness)、鲜明(Lucidity)、暗昧(Obscurity)、模糊(Haziness)、明白(Perspicuity)等及许多他语,皆自视觉出者也。

吾人苟一观言语之由概括、分析及譬喻之作用而自一语源创造无数之言语,未有不惊且骇者也。马克斯牡列尔曾就 Spee(视之意)之语源示其一例。谓此语源为阿利安语中所公共,如梵语之 Spas,希腊语则颠倒其子音而为 Skeptomai。拉丁语之 Speecio,英语之 spy,皆同意也。下表之语皆从此语源出。如:Species(种类)、Special(特别的)、Especial(特别的)、Specimen(标本)、Spice(香味)、Spicy(有香)、Specious(明丽)、Speciality(特别)、Specific(分别的)、Specialization(特别化)、Specie(金、银等)、Spectre(幽灵)、Specification(条记)、Spectacle(眼镜)、Spectator(旁观者)、Spectral(幽灵的)、Spectrum(七色光)、Speculum(镜)、Specular(如镜的)、Speculation(思辨)皆是。若与他语源相联合,又生种种之语,而自此等联合语又得生种种之语。而英语中之自此语源出者,计不下二百四十六言云。

第七章　拉衣白尼志之知识说

吾人研究名辞时,不可不明知一名辞所要求之完全知识。吾人之用"君主""文化"等名辞也,实示吾心以某事物或某观念,而当用之之前苟力之所能及,必不可不有此事物或此观念之完全知识。顾完全知识存于何处？又此种知识之必要之性质如何？就此问题，数学家兼哲学家拉衣白尼志曾以一小册答之，即一千六百八十四年所出版者也。近世辨学书中多用此书之说。培奈斯文又全译之。拉氏原书颇不易解，故今日不尽遵其原书，暂从汤姆孙及赫弥尔敦二氏之解释而简明述拉氏之见解耳。

据拉氏之见解，则知识先有暗昧及明了之别，次有淆乱及剖析之别，又次有不完备及完备之别，又次有记号的及直观的之别。完全之知识，必明了、剖析、完备兼直观的也。于此数者中或缺其一，则为不完全之知识。今列之如下：

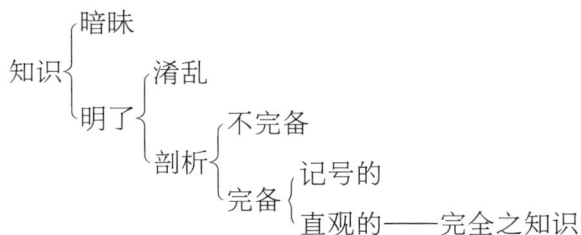

```
        ┌ 暗昧
 知识 ┤         ┌ 淆乱
        └ 明了 ┤         ┌ 不完备
                 └ 剖析 ┤         ┌ 记号的
                          └ 完备 ┤
                                   └ 直观的——完全之知识
```

吾人就一观念(或一事物之知识)而谓之暗昧者，以吾人不能以此观念再认此事物，又以之区别此事物于他事物也。若"蔷薇花"之观念则颇明了。以吾人能再认此花而又能与他花相识别故。吾人所有某友之观念亦然，以吾人苟见此友时能再认之而不疑故也。夫牧人由习练之故能对其一群之羊而一一有明了之观念，故能一一认识之。犬人能就各猎犬而一一知其名与性质，然在他人，则不过有猎犬之暗昧观念，不能一一分别之。故知识之暗昧与明了之别，不过熟练与不熟练之结果而已。然天下事物亦有不能有明了之知识者，如地质学家不能对沙石、石版石等而有明了之观念，以此种石之程度及性质有无限之变化故也。在生活之下等形式中，虽博物学家，不能有动物生活之明暸观念以与植物生活相区别，盖原生动物之当属于动物或当属于植物，吾人恒难断定之故也。

顾吾人虽能再认一事物之全体而不能区别其中之部分及性质，则对此物虽有明了之知识，尚未可谓之剖析也。人虽能知一友而区别之于他人，然恒不能言其所以知此友者如何。不习于绘画者，苟就日所见闻之物如马、牛等而欲画其大略，即可知彼之对此等物仅有淆乱之知识，而未有剖析之知识;若画家,则虽对其一肢之知识亦甚剖析。化学家之于金、银也,其知识不但明了而又剖析,以彼不但能识别二者,而且能一一述其性质故也。吾人之于象棋局也,实有甚明晰之知识。以吾人知其中有六十四方罫故。一切几何学上图形之观念,如三角形、圆形、平行四边形、长方形、正方形、五边形、六边形等,皆甚剖析之观念也。但吾人之说立宪政府或文明国民也,则但有淆乱之观念,以吾人所说立宪政府之性质,不必为构成此政府之真性质故。文明国民之观念亦然。故此等名辞不但无剖析之意义,亦几不能有明了之意义焉。

一切单纯观念如"赤色"等,其意义殆全无剖析者,以无论何人不能分析一赤色,且不能以言语晓之于他人故也。人之生而盲者,万不能以言语使之知赤色为何,吾人唯持一实际上之赤色物,始能定其性质耳。一切单纯感觉,不问其为声、色、嗅、味,无不皆然。故此感觉虽能明了知之,不能剖析知之也。

至欲说明拉氏所谓完备、不完备之区别,则更不易易。拉氏谓凡剖析观念之部分亦皆剖析,而可行最终之分解者,是谓完备之知识。此种知识一时不能举其例以示之,唯数之知识差近之耳。

故吾人若就一物而有完备之知识,不但当区别此物中之部分,并当区别其部分中之部分。吾人谓有象棋局完备之知识,以吾人不但知此局有六十四方罫,且知各方罫自相等之四直线构成,而此等线又互为直角故也。然吾人就一直线不能有完备之知识,以吾人不能加以定义,又不能分解之为更简易之物故。欲知识之完备,必吾人之知识分析至于无限而后可,此实不可能之事也。然从托姆孙氏之说,则知识之分析,苟足以厌吾人寻常之所要求者,亦得谓之完备。如一机器师而能知一机器之部分(轮与轴),且知各部分之功用、材料、形式及动作;更进而质之,则其材料之静力学上之性质与其形式之几何学上之性质,凡所以便此机器之工作者彼皆无不知,则吾人谓彼有一机器之完备之知识可也。然至问铁与木之何以坚、何以脆,油之何以能为平滑之用等,此等帮助不能望之于彼也。

吾人至此当进而论记号的知识与直观的知识之区别。夫"直观的"之本意,本谓由观而得者,故知识之直接入于感官者谓之直观的。吾人能由直观上知一正方形或六角形,至千角形之如何,则难由直观知之也。

今有一〇〇〇角形与一〇〇一角形于此,吾人骤视之,不能言其同异,而此等形亦不能完全呈于心中。吾人所以知之者,唯由其名或其记号耳。一切大数,如表光之速率(每一秒中一八六〇〇〇英里)及太阳与地球之距离(九一〇〇〇〇〇英里)者,皆唯由记号知之,而为吾人想象力之所不能及者也。

所谓"无限"者亦然。即吾人唯于知力上知有某物为感官之力所决不能驾驭者耳。吾人说"无"、说"零"、说"自相矛盾之事物"或"不可思索之事物",此等言语,已示吾人以此等事物决不能实现于吾心,更不能以感官知觉之,而但视为一记号而已。

吾人就算术及代数,大抵唯有记号的知识。何则?于二学之问题中,吾人不必步步使数目与记号之意义实现于吾心故也。学代数者,知乘二量之和与差,则其积等于此二量之平方之差,其记号如下:

$$(甲 + 乙)(甲 - 乙) = 甲^{二} - 乙^{二}$$

更证明之如下:

$$
\begin{array}{l}
甲 \ + \ 乙 \\
甲 \ - \ 乙 \\
\hline
甲^{二} \ + \\
\qquad 甲乙 \\
\qquad -甲乙 - 乙^{二} \\
\hline
甲^{二} + 〇 \qquad -乙^{二}
\end{array}
$$

此际之作用但以记号行之,即但用"甲""乙"二字从某规则而计算之,而不问此二字之意义如何。以后无论加此二字以何意义,无不确实,不必更返而计算之也。

几何学则不然。当其证明一真理也,必步步以直观的知觉行之。何则?吾人于几何学中实用某图形以为证明之具,而不得不问所要之性质果具于此等图形中否故也。如是,故代数学上以记号所示之真理如上所述者,得证明其可应用于直线及直线中所函之长方形,如欧几里得第二书之第五命题之系是也。

至直观的方法与记号的方法二者,其益孰多,亦有可言焉。后者为之甚易而应用之处甚广,然其明晰、确实,远不如直观的方法。故几何学上之真理虽已为代数学所证明,然此学之研究终为教育上所不可缺也。故以几何学的方法或直观的方法帮助天体之运动者,乃奈端氏特别之荣誉,而其后继者如莱额兰兹,如拉布拉斯,则唯借记号之助以说明此等运动而已。

凡数学上所视为真实者,得应用之于种种推理。何则?言语之为物,亦如甲、乙、丙,天、地、人之记号无异。故吾人虽不意识言语之意义,犹得以此等言语推论之。如吾人云"硒为二价原质,而二价原质得以轻气之二原质易置之",则凡不知化学者,虽不能解此等言语之意义如何,然亦得就此二命题而论断之曰:"硒得以轻气之二原质易置之也。"此种论断全属记号的论断。凡在普通生活中,吾人用一言语而同时不解此语之完全且精密之意义者,吾人不过有记号的知识而已。

学者之恶习无逾于以言语代事物之知识者。如吾人读博物学书而但知软体类、有孔类、担轮类之名,而无其明晰之像,则非徒无益而又有害焉。学者苟不实验而以自己之眼考察物质,则虽多读化学及物理学之书,其为益几何?何则?以彼于读书时但遇种种之新名辞,而此等名辞不过空虚且混杂之记号而已。由是吾人当善用感官以观事物之形式、性质及变化,而务使所用之言语不徒视为记号,而皆得呈于直观,如是,然后得免于谬妄也。柏庚曰:"吾人当观察事物之自身。"此语不可不察也。

三

伦理学（节录）①

1 伦理学序

余虽不肖，委身于心理学之研究者，亦既有年。常以伦理学其范围过广，不易研究之，必明心理而究行为之根本，明社会之理以寻人民结合之性质，察世界历史之大势，由之以定国民进步之方针。昔仲尼之说人道也，以五常七情为其心理的基础，同时说《春秋》，以明国家之历史的基础，示该人种盛衰之本末，而定社会伦理。若夫欧洲之伦理学，其类不一而足，然自大体上论之，则欧洲之伦理乃求其基础于道理，虽其中非无唱快乐说及同情说者，然彼等之所谓快乐，不过个人之快乐，或稍积累之者耳。或如壑婆斯氏偏于国家主义，求伦理之基础于国家之权力。且欧洲之伦理，与基督教关系甚多，故宗教与伦理之关系密，而社会与伦理之关系粗。即有豪杰之士，迫于实际之必要，于实践道德之上，欲改良社会者不少，然此本于欧洲有志者之意，必非自伦理之组织所收之美果也。然至近年，萨

① ［日］元良勇次郎著，王国维译文载于上海教育世界社出版的《哲学丛书》初集（石印本，1902）。本书摘选其中的"伦理学序"、上卷第一编"伦理学总论"和第二编"心之分解"之第一章"心之本质"。——编者注

尾尼之法理研究及孔德之社会研究，其影响之及于欧洲者不少，由之个人与社会之关系一变，而伦理之观念亦一新。如斯宾塞尔以进化论说明伦理，使近世科学与伦理之关系益密；又德国之实验心理学，一变心理之说明；又自经济、政治、社会等之研究而国家与个人之关系亦一变；自人类学及人种学上，知有人种精神或社会精神之一种之心理的社会现象。此等皆今日攻究伦理者所一一不可忽者也。

考之本邦之历史，古来有自然之道德，使人民守忠孝彝伦之社会的秩序，而其后儒、佛二教东来，而侵入人民之脑里，千百年间统辖其思想。且自欧洲之文明输入以来，科学之进步一盛一日，今农工业亦大改其面目，国政为立宪政体，而大显其功。当此时，惟于伦理主义婴壁固守，不务进步，欲与各国并立，以占宇宙文明之大势，岂不难哉？余有见于此，故不顾浅学，于日本古来之伦理思想中可采者采之，参考欧洲之科学的及社会的思想，以考究道德之原理。此亦今日之教育社会所不可缺者也。

本书始说《伦理总论》；次为《心之分解》，于此处说明精神现象，皆本于简单之冲动（余名之日情）者，以示视精神与物质互相隔绝者之非，而二者同为天然力者也，且正古来所存道理之观念之误谬；终为《伦理之分解》，论正义之观念，不足为绝对的伦理标准，而伦理之标准在情之性质，恰如上下之标准，自水之下流性定之者也。于末章所谓"至善"，可视为与最大福祉同意，概论其性质，以终本书。此为人伦之心理的基础，若他日有暇当论社会结合之理，以补本书。

一、书中所谓《心理学》某章者，拙著《心理学》之意也。

二、著本书时，自法科大学教授、博士穗积陈重，文科大学教授、博士井上哲次郎，同教授中岛力造，同讲师高津锹三郎，工科大学教授、博士真野文二诸氏，受种种之批评，所益不少，附记于此，以鸣谢云。

明治二十六年六月，著者识。

2 第一编 伦理学总论

目的与手段 伦理学者,最重要之学,与人生有直接之关系者也。如历史、地理、物理学、数学、文学等,虽各有必要,然无如伦理学之切于人生者。夫万物各有秩序,有可为手段者,又有可为目的者。目的者,希望之的;而手段者,达之之道路也。而欲达一目的时,必先求达之之手段。故吾人欲成一事,先定其所为之目的,而后求达之之手段为常也。然不计手段而遽定目的,则不论其目的之高尚与贵重,或不能发见成就之之手段。此所谓可言而不可行者,其高尚之目的不过徒存于空想耳。故定一目的而欲成就之,不可不考其手段之有无。必有手段而始得全其目的,则目的与手段,不可论前后也。非必先定目的而后求手段,或先计手段而后定目的是也。

目的有种种:商业以卖买物品、计社会之便利为目的;农业以生产物为目的;工业以制造物为目的;又法律以保护人之权利、防遏社会之非行、使人对国家及各个人及自己各尽其当为之本分、以完全人生为目的。至伦理学之目的,则裁制人为活动之全体,不可与农业、商业或法律之目的并称,实统辖此等而使此等之所为不逸于伦理之范围外者也(禄衰尔云:"自经济上论之,正直蓄积最多之财货而善用之,可谓最有福祉者矣。"则经济在伦理之范围内明也)。而达目的时,必不可无手段。若以交易物品为目的乎,则非由相当之方法而区别货物之种类,则不能为交易。若欲以机械织布乎,则不可不准备蒸汽机及以外之机械。若欲主宰国家,则不可无适于其国家之制度、法律。此皆达其目的之手段也。而其手段不可不与其所欲达之目的适合,且得实地应用之。例如国之法律,虽不可不适合于法理,然不可不察人民之习惯,而使得适用于其社会。伦理亦然。抑伦理法者,使个人之生活及国家之生活完全之手段,故一面当与理想之人民及理想之国家吻合,一面当使得适用于此不完全之人类也。

目的之价值　凡手段者,达目的时之所必要。然毕竟有目的,而其必要始生,故手段之价值,自其手段之适于达其目的与否而定者也。故自理论上考之,手段之价值关于目的,而目的之价值与他无关系,有绝对的价值者也。

目的之阶级　目的有种种之阶级。今假定有甲、乙、丙三种之目的,甲最高尚,而乙次之。而达其中最高尚之目的,虽为世人之所欲,然以其手段有限,必不能如其所欲。不得已,不得不以达乙之目的为满足。或乙之目的亦无达之之手段,则不得不以丙之目的为满足。则凡事于手段所能达之范围内定其目的,而以达其中最高之目的为务者也。

伦理学者,目的之学也　由前所述,则目的与手段,实践上非可轻重者。然由理论上观之,则目的之比手段更为重要也。而伦理学定人生之目的之学,至历史、物理学等之科学,则全于人生之进路求必要之手段之学也。此伦理学之所以为最重要也(雅里大德勒曰:凡此等重要之术之目的比他之低目的更重要。何则?后者为前者而存在故也)。

伦理学与各科学之关系　伦理与他诸种之科学,有如何之关系乎?伦理学虽与他学有相类似者,然又有一种之特质,与他学大异。抑吾人精神上之生活,皆本于经验,即谓人为经验之所结合者,无不可也。易言以明之,人之精神生活,实可谓自经验所得之观念之集合者也。而其观念,得大分为二种:关理论者与关实践者是也。如物理学、纯粹数学、生物学、历史学等,皆搜集关理论之观念,而于其中发见各法则,以其法则为基础,由秩序以组织科学者也。此等科学中,虽有种种之别,然概而言之,则此等科学有一种之特质,即以广察外界之事实,而发见其中之法则为目的是也。夫然,而此法则非有变更此等之事实,或强使事实从之之势力,唯就外界活动之方法,集其相同者,而于精神上定为一法则,而与以一名称耳。试观重力之法则、原质点化合之法则、势力不灭之法则等,皆由近世科学之进步与其发明者之智力之发达而生者,其及于社会之进步之影响虽大,然断无以重力之法则变天体之运行,或以原质点化合之法则变其化合者。其他物理、历史上一切之法则,皆搜集许多之事实,而自其中抽象之者,一以满足吾人理性之欲望,一以应用之于人事界,而定社会实业之理论的基础者也。然伦理则反是,乃实践之事,以先定法则,而使行为适合于此为务者也。

伦理研究之材料 研究伦理学之方法,与研究各科学之方法虽无所异,然在此学,则以发见法则为一手段,而以实行自其研究所得之法则为目的,故其有实践的之性质,此所以大异于他科学者也。而吾人虽研究伦理学之基础,如精神现象、社会现象,然精神现象之科学的研究属于心理学,社会现象之科学的研究属于社会学。伦理学以此等现象为人事发达之手段,定人事界进步之终极,而以达此为务者也。然现今之心理学及社会学尚幼稚,而未足为伦理学之基础,则吾人不得不研究心理及社会现象,以为伦理学之理论的补助也。

伦理研究法 知伦理之目的之方法,学者之说虽甚错杂,然得分之为三种:第一,主张先天知之者;第二,以为非先天知之,而依自己之经验,以现于其心之现象为材料,而自省的定之者;第三,以为广集许多之思想而归纳的定之者是也。

第一,先天论。先天知其目的之说,非全不可,然吾人有当注意者。据此说,则人当有先天区别善恶之力,即知其善而为之,则心觉快乐;知其恶而为之,则心感不快乐。此等判断力及感能,并称之曰良心。而良心之是此非彼也,往往有误。又有甲之所是,而乙非之者,于判断善恶时,各人之所见大异。故良心之判断,不足为伦理之标准也。然一旦善恶之区别既定,则尔后以为善为快乐,以背之为不快乐,此人类中普通之情,而于小儿精神之始发达时,既若有此感情,即未开人种中亦见之。然则除判断不论,唯指伦理的快不快之感情谓之良心,则此良心固非自我等之经验所得,而实存于先天者,吾人之所信也。

良心要补助。良心者,喜为善而憎为恶之感情。则判断此善彼恶等,良心之所不与也。而伦理学上之善恶,人人之判断不一,此自精神发达之状态及过去之经验之差异而然者也。于是生一疑问,即甲之判断适于人性,乙之判断适于人性乎,抑无适于一般之人性者乎?此等疑问忽往来胸中。若如此,人人之判断不同,果以何为道德之标准乎?能说明之者非良心,即智力之判断是也。故良心非在行为之先而制裁之者,乃次行为而发之感情也。虽发于前之感情,往往为记忆,而于行为之先奖励或谏之。然此亦非可为标准者。判断善恶时,必不可无智性之补助也。

良心者,虚形也。然则由智性之判断而定此善彼恶后,良心始得为其作用。幸而智性之判断正,则良心使人为善;若智性之判断不正,则良心本其谬见,不得不使人为恶。由此点观之,则良心者不过虚形(谓不能自判断善恶)之冲动的性质耳。

良心固有之价值。若以良心为包含判断力乎,则其判断往往有误,焉能为善恶之标准!若以良心不过虚形之冲动的性质乎,则如前所云,无判断善恶之力,故又不能为善恶之标准。果然,则良心终不足为善恶之标准乎,抑善恶有主观、客观之别?主观的善恶,就主观的活动上言之,而甲之人认为善之观念,掌其人之意志时,则名其人之心曰善;其人认为恶之观念掌其意志时,则名其人之心曰恶。客观的善恶,就人之行为上言之,而谓社会之舆论认为善或认为恶者,即由此生四个因数(用数学之比喻):善心、恶心及善行、恶行是也。而兼有善心与善行者,谓之善人;兼有恶心与恶行者,谓之恶人;其兼有善心与恶行者,或兼有恶行与善心者,皆谓之不完全之人。而良心只于主观的善恶为其标准者也。由此观之,良心虽为德义之基础,其生而既存在欤,或虽存于先天,必俟经验之帮助而始现出欤,尚待心理学上之研究;而其及于客观的善恶之影响,唯由间接,且为道德基本之一部,余所不容疑也。

良心与经验。由此观之,人性固有之良心不过虚形,而此良心在今之人类,恰如先天所固有,然或以为无非自先祖以来之经验所得者也。然良心虽由祖先之经验而起,其经验决非偶然起者。盖其起也,亦本于精神固有之性质。自此点考之,则良心可谓有先天的性质者也。然必俟经验而始现,即可谓先天之性质与经验之结果也。此良心所以包含先天的要质及实验的要质也。

第二,自省法。以个人之精神现象为材料,而自省的定之。此论与第三论法其类虽异,然其论甚不完全。论者或曰:精神之现象中得直接观察之者,只自己之精神上所现者;至现于他人之精神中之现象,不得直接观察之,故取现于自己之精神者,以为研究之材料足矣。此论非无一理,然实验自己精神中之现象,次第积经验时,则我等之心情自然发达,于自己之行为裁制上大有势力。然欲研究伦理上之学理而论定之,此不过其一部之补助耳。若由之而断定大理论,则非其事之抽象的而远于实用,则独断的而不足为一科之学理也。

论者又云:伦理之大目的虽如何远于实用,若不于主观上定之,则于研究实用之伦理时为大不便。此大目的固自不可不一定,设以宗教为伦理之基本,则当选何宗教乎? 又于最大福祉或国家之完全生活及宇宙之调和等之主义中,果选何主义乎? 然退而考之,欲论究此等之是非,倾吾人之生涯以供之尚有所不足。盖古来之贤哲论之,至今尚未一定故也。故吾人不得以唯假定此大目的,而搜集历史上、社会上所现之事实,以归纳的方法研究之。自其近于实用者,以渐渐进步,此吾人之知识发达上一般之法则也。

英雄崇拜。观古今之历史,科学之进步尚浅时,无以归纳的方法论定学理者。所谓英雄崇拜者大行,英雄起,则举世无不敬服之。不但敬服其品性而已,即英雄之独断的思想亦敬服之。此不能自为自省的研究,而依赖英雄之自省的研究故也。故当其时,大人之独断裁制人心,恰如现今之学理裁制之无异。此于物理学、政治学及精神上之学莫不然。然因科学之进步,如物理学、天文学等,其易于以实验研究者,渐以归纳的研究之结果排除昔时大人之独断的理论,遂至归纳的研究所得之学理渐侵入人心,于是英雄崇拜之风气稍失其势力。然如政治社会及实践伦理等难于以实验的方法研究者,则英雄崇拜之习惯排除之不易。此一由英雄崇拜之念发,一由人民之精神不活泼而起者不少。盖不自研究深远之学理,而但采用英雄之成语,劳少而得真理易故也。殊如伦理学,于世界各国无不与宗教相关,其所崇拜之英雄视为与神有直系之关系,故英雄崇拜有与神祇崇拜相淆者。然观现今欧美之状态,由诸大家之研究,科学之进步日速于政治社会,英雄崇拜之时代渐去,而将迁于实验的时代。反而察我国之状况,则由既往之事,国民尚不遑自研究真理,唯采用西洋人研究所得之结果,以大养成科学的思想耳。抑考本邦之历史,虽有日本固有之德,然自孔孟之教传以来,英雄崇拜之习惯遂使人民崇拜孔孟。于是孔孟之言不论善恶,一概认为真理,以裁制人之行为。经千百年,今日其习惯尚未脱。若英雄崇拜主义,今以后尚依然威服人心,则吾人欲改良今日社会之道德,似不若阐扬大人之教理以教化人民。然于欧美各国,英雄崇拜之风因科学之进步而其范围渐狭。于我邦人民中,科学之时代亦将渐起而代之,且与外国之交际一繁一日,则不可不广察人民之思想,参考科学、哲学,以作国民伦理之基础也。

第三,科学的方法。搜集许多之事实而归纳的研究之,即视伦理与他科学同,以观察及归纳之方法定其理论之基础,此余之所最重置也。

夫人之精神现象,于心理学名曰主观的现象。而一个人之精神现象,只其人得直接观察之;至他人之精神现象,虽不得而直接观察,然亦有种种之方法,得间接推察他人之精神。今述其方法之大略。第一,见颜色、举动以推察精神之现象(元良氏《心理学》第二十一章《表出篇》)。第二,言语、文学、风俗、传说、宗教、美术、建筑等,皆人民之精神活动之结果,能表出人之精神者。此皆得客观的观察之,且得用归纳的研究法者也。而由此等方法,研究人民之伦理的性质,其所得之结果,即可为伦理之基础也。

人民之思想与伦理　自前述之研究所得之结果,果何如乎?无精神之现象,其因而起者有二:曰外官之刺激,曰在身体中生理的刺激是也。而当精神之现象,刺激动神经而现于外部也,有发于颜色举动者;又其行为有现为建筑、文学、美术者,而其建筑、文学、美术等再反射而感化他人之精神,得稍变更其人之精神活动者也。故文学、风俗等,皆人为之结果,而表出作者与其时代之精神者。然亦由此等之反射,而感化人民之精神。则搜集此等事实,而归纳的定之,与其谓之伦理法则,宁谓之表人民精神之倾向者也。故其中反于伦理法则者，往往有之。或因精神发达之不完全，于伦理上生种种之变态，然其中一般人民之心之所向，自符合伦理之大目的。故辨别其适于伦理与否，尚不可无他标准也。

伦理之标准，先视人为完全之物，所谓理想的人类。想象其为如此如此，毕竟本于主观上之理想，故有唱导伦理当求之于主观者。然一个人或数人之理想，不足以为一般之伦理。一般之伦理所不可缺者有二：其一主观的要质，即伦理主义也；其二客观的要质，即研究人民之心情，而知其舆论是也。

自由意志　泰西伦理学者，多以人之行为由自由意志制裁之，故人而若无自由意志，则无伦理的价值。由此论，则自由意志与伦理学不可相分离，若自由意志而灭亡，则伦理学亦灭亡。然及今日，统计之术渐行，于是得研究社会活动之大势。虽此术尚幼稚而未足视为一科学，然自此术所得之结果考之，社会之法则似有一定之法则而活动。故科学家之所期，在因统计术之渐完全而社会活动之大势亦当明白，遂发见社会之一团体必有自然法，而各个人之行为必符合于此。此实泰西科学一般之倾向。而欲于一个人之自由意志外发见更广大之法则，例如社会进化法、社会调和法、人种之生存竞争等是也（统计学家有两派：法及德派是也。奎台列、拔克尔为法派，拒绝自由意志；特禄皮希代表德派，以自由之动机、感情等为材料而统计之）。自此点考之，伦理学如动物学者，集许多之动物而研究动物之习惯；又如人类学者，搜集古代之风俗及遗物而研究未开人之风俗。不论人品而唯研究人之精神之性质，实为伦理学之基础也。又建筑学者研究物体之强弱，医者研究生理学，农业家研究地质，工学者研究金类之性质，伦理学者亦不可不研究人心之性质。故自此点观之，伦理之研究与他科学之研究特无差异。

伦理学识与伦理法则之关系　于以上诸点，伦理学与他科学虽无所异，然伦理学之本领尚在他点。抑学有三种：事实之学，修整之学，理想之学是已。从其种类之异，而其学识之性质亦不同。即一、属事实之学之学识，即知事实之存在是也。例如历史家知历史之事实，动植物学者知动植物之事实,物理学者知物体运动之法则等。故不问事之善恶适否,唯以知之为事者也。二、修整学者,即应用学之谓。如应用生理学、药物学等之学理于医术者,谓之医学;应用力学之学理于工事者,谓之工学。然则修整学之知识,不但通晓事实学理等,且须应用之,而发见他学理及知助人力之方法也。故修整学之知识不但事实之知识,且于应用学理时不可不知手段与目的之关系,且不可不选适于其目的之手段。例如欲达甲之目的时,知乙之手段适之;欲达丙之目的时,知丁之手段适之,此修整学之知识也。三、理想学之知识,其性质与前二者大异,以其性质但为想象上之物,不能名之曰知识;即欲名之曰知识,则名之曰想象的知识为至当也。想象的知识者,想象之一种,即构造的想象。而吾人欲为一事,当先思适当之手段,自想象而悉构造其细目,以为执意之准备。如斯先执意而发之想象,即行为之规则,而想象的知识也。故理想学不但如修整学当知乙适于甲、丁适于丙而已,必知甲之目的符合于理想否,乙之手段适之否。若甲符合于理想,则当断然守之,又不可不选适当之手段以遂之。此理想学之知识也。以上三学之知识,互相分别如此。然实际上此等知识互相混淆而相为助,故分而论之甚难,唯由各人之性质异。故或谓甲比较上多事实的之知识,或谓乙虽知目的与手段之关系,然不知何目的适于人性之理想,又或谓丙多理想上之知识。此虽各以其所长论之,然甲、乙、丙无不各备此三知识,必三者相俟而始得完其性也。且人事界之现象,自目的与手段之关系而成链锁,恰如物质界有原因结果之链锁,故目的之上有目的,又其上又有目的,其继续不知所止。又目的之链锁,其类不一而足,因社会之事实复杂,此等链锁日增其数,然一方有结合力以辐凑此等之链锁。目的之链锁复杂如此,故吾人之所谓目的者,或为以上之目的之手段;或甲之所谓目的,于乙则为手段。故目的与手段全为相对的之物,自一方面视为目的者,自他方面视之则又为手段也。

以此观之,吾人之行为,自主观侧面视之,虽有无上之理想以决行之,然实际上吾人之理想尚为他目的之手段,故不从主观之独断,而与客观世界之活动法符合,与人类一般之利害相调和者也。易言以明之,吾人理想之知识,即可为吾人行为之法则也。此伦理之学识所以与伦理之法则同一也。

伦理法实行　上所陈述,凡属伦理理论之研究。而欲实行既得之伦理法,不可不研究意志之性质,其详细见《心理学》第二十二章。要之,意志者,活动于精神中之观念刺激神经,而生身体之运动。而其观念之种类异,则其所惹起身体之运动亦异。观念粗暴于内,则身体之运动亦粗暴;观念静肃,则身体之运动亦静肃。身体者,观念之机械,故有意活动,全由观念之如何而异其性质者。观念先定,而身之活动从之者也。自此点考之,与科学之法则全异。盖于科学事实先存,而后研究其活动之法则,故发见法则即其目的也;于伦理则法则先定,而后生活动,则应用法则即其目的。如国法诸规则及伦理法,其所关在执意,搜集事实而发见法则为一手段,先定之而后使人之行为从之者也。如建筑、机械之构造及工业、商业等人事的活动,亦皆先法则而后实行。故在此等学,法则为手段,而实行其目的也(穆勒论术与科学之别,以伦理学为术)。

实际的伦理　凡伦理最上之目的,万世不易,而为抽象的之物。此实纯粹之理想,而人类所不可企及者也。然就实际之行为,吾人所怀抱之伦理理想决不然,以其理想应吾人之精神发达之度而生长,故比较上不甚高尚。概而言之,其程度比抽象的理想甚低。而当其实行之也,即理想之低者,因其手段之不完全,不能尽行之,更低下其程度,始得为实践的伦理者也。然实践的伦理,不但为教导愚民之手段,实须进步而与人民精神之发达共渐渐进者也。盖伦理不但于反面当裁制人之行为,且须冲动精神,而为正面的进步之导子也。

伦理法之伸缩　人之性质有种种,国异则其开化之度亦异,固不俟论。又虽在一国中,亦有贤愚之别,而其伦理上发达之度大异,则统一此等之伦理法则,非易易也。且人民皆进步之物,伦理法不可不应人民文明之度,而为之先导者,此亦可谓难矣。然则伦理法一面当适于理想之国家,而为万古不易之物;又一面当适用于千差万别之人心,而得制裁之。故伦理法者,跨两面以满足人之德性之法。行于彼国者非可用于此,宜于古者不必宜于今,则此实践之法则,不可不因国异时异而变其形,与人民共进化。然不可无贯彻其中之一主义。此主义万古不易,而得自由伸缩者也。

科学法则之价值　一般科学研究之目的,与人为的现象研究之目的之间大有差异,如前所论。今就其研究所得之价值一言之。夫由归纳所得之科学的知识,即科学之法则,非有绝对的价值者。何则? 于过去之经验上,其法则虽无不便,然此后若发见新事实,则前之法则或变其形,不可知之事也。或即不发见新事实,然发见包含小法则之大法则,则前法则或反为此一大法则之附属。例如刻白尔就地球之环太阳,发现三法则;然至奈端氏出,发见重力之法则后,则刻白尔之法则不过奈端法之附属耳,此最著之事也。故科学之法则,于应用其法则而得统一知识时,或事实之不能应用此法则者甚少时,则可谓之科学之法则,或假定之为真理,然固自非绝对的之物,唯谓实际应用时,此法较彼法为有价值耳。

伦理法则之价值　关一个人之行为或社会上之活动之法则,既如所述。与科学之法则,其性质大异。然则如何而得判断其法则之价值乎? 科学之法则得由其单一之度与其得应用于事实之范围之大小,而定其价值,然人事上之法则决不如此。盖人事上之法则虽与他法则并无稍似之处,然此乃裁制行为之法则,其性质自与他法则不能不异;且就其价值言之,诸说亦不一。夫世有价值最高而万世不易之法则与否,穷古今哲学者之思考,尚未能定其说。即令有此法则,此不过抽象的观念,而离实际甚远。至欲应用之于实地,则见解人人殊,而其状态亦随之而变。例如博爱,或如汗德之无上命法等抽象的之法则,若应用于实际,则由人民之性质、教育之程度、古来之习惯而大变其状态。又其为状态也,亦甚繁杂。同执博爱主义者,至其实践时,甲用此法,乙用彼法(无君臣父子、内国外国人之别、一样爱敬之,得视为真诚之博爱;又于人伦之上定次序,自视以及疏,亦得之博爱。两说相冲突明矣。故博爱主义不能直为实践伦理之标准也),而彼与此皆不能谓之误,唯其应用时,其利害及价值有小大之差耳。

今以国法喻之。今发一法律,而却知其法律实际有几何之价值,则非积多年之经验不能判断之。于理论上比较甲法律与乙法律孰优孰劣,固自易易,然于实际上定其优劣则甚难。伦理法亦然。若于一个人之理论上认为真理,而其实行之于人事界也,复以一个人之势力行之,如往昔伦理家之所为,亦不甚难。然今日英雄崇拜之时代既去,而为科学之时代,一个人之势力衰,而舆论之势力代之而发达,则实行伦理之方法亦不可不异。即当诉之舆论,以察社会精神之所向,应之而定伦理之细则,以统御人民之行为,且使之发达者也。然其法则之价值欲于试验上定之,要多年之经验与忍耐,然则参考诸科学与诸大家之说,杂以自己之理想,察舆论之倾向,以构造一案而发表之,以待世之批评,此诚今日吾人之所当为也。盖假说之价值之大小,由其法则之统御人民之行为且使之发达之力之如何而定,故伦理法则亦不能有绝对的之价值,由其功绩之大小而定者也。又其法则必非唯一之物,往往有数主义法则而并存,而相竞争,其价值大者遂压倒小者,而由如此所生之结果归纳之,可更发见完全之理论也。

3 第二编 心之分解

～～ 第一章 心之本质 ～～

心之现象,其数多而类各异,然分解之而推究其最单一之要质,皆可归之于感情或感情之关系。

就心之说明之诸说

抑"心"之一语,有用为绝对之意味者,有用为相对之意味者。如唯心论者所谓万物皆备于我,以宇宙之万变皆为我心之变形,此用于绝对之意味者也。而用于相对之意味时，又有二种之别：一心对物质而言；一如儒者之所谓心，对性情而言者也。此章所论，非唯心论者之所谓心，又非儒者所谓对性情之心，即指对物质之心而言之也。其心之性质虽深远，然与物质区别，则心者有识之物，而物质者无识之物也。假令此说不误，更得分识为二：外物刺激外官而心反应之，所生之现象谓之知觉心象，此客观的现象也；本于知觉心象之再生之诸现象，及本于身体之生理的状态之诸感觉，总称之曰主观的现象。而识者，其主观、客观两现象之总称，而其性质为结合的也（《心理学》第三章）。夫然，而识中之现象有种种，心理学者通常分之为三大部，谓之知性、情性、意志。然此区别不得谓之一定。自海尔巴脱以来，心理学上异说百出。心之原质，在脑之细胞乎？或又有一种灵妙之力以为之原质乎？若果有灵妙之力，则此力果何如乎？心理学上此等之问题，不能由实验定之，故多为假定说。然则此假定说，彼亦假定说也，假定说中以何者为可乎？无他，即以最简之说说明最多之事实者即是也。今于下记心理学之沿革，而示现今心学者之倾向。考之古代，希腊古时之说不详，然"奴斯""普斯克""苏慕斯"等语，殆用为同意，而示心之现象者也。鄂模尔以"普斯克"之语，示若精气之生活力，其气出身体后尚存者也。"苏穆斯"即今日吾人之所谓精神，即思虑、知识、感情、欲望等，凡始于感觉而终于身体之运动者也。就"苏穆斯"之说亦不一，有云与身体共亡者，又有云不亡者。"奴斯"之语，据柏拉图之说，则天地之理也。自大体言之，"普斯克"今日之所谓心理的，而"奴斯"今日所谓哲学的，有此区别耳。德谟吉利图以心与物体皆由质点之集合而成，而心之质点比物之质点细微。自中古宗教问题之盛，有证灵魂不灭论之必要，于是研究心理之宗旨，在证明灵魂之存在，不关身体活动之有无。盖宗教大关于来世之事，故死后必要灵魂之存在也。据中古欧洲所行之说，则灵魂者有实体之物，而自具能力，以为种种之活动。故身体虽死，而灵魂则存。现今之心理学者中，虽非无以心之本体为灵魂、心之作用为灵魂之能力者，然不过数人，如萨黎则以心之本体在心理学研究之范围外，故不论之。据海尔巴脱及海尔巴脱派之说，则心之现象皆为观念，而指许多之观念所组织之聚合体谓之心。芬德以感觉为心之最单一之现象，于兹有质量及调子（谓快、不快），而以此感觉及感觉之结合说明一切心之现象。芬德之所以与海尔巴脱异者：海尔巴脱以为心者，自情绪意志凡一切观念相互之关系成，然芬德以为感觉中既有感情（谓快、不快）及意志之萌芽，故感情不但不归于观念之关系，自时之次序言之，则可云先有感情，而观念后发达也。德人和尔维志于一千八百七十二年、七十五年、七十八年，三次出《本于生理之心理分解》一书，论心之现象皆自感情成，大惹世人之注意。海甫定以识为心之基础，以感觉、观念、感情、意志等皆为心之材料，非如芬德、海尔巴脱等。以其一为他现象之原子者，然其一为最原始者，此即意志也。培因分感情为感觉及情绪，自单一之感觉、感情、执意（综合此等之感觉、感情、执意之理由，彼等未尝分解，而但混示之）之萌芽，以说明心之诸现象之发达，且谓感情有物界、心界之两面者也，而又由感觉之结合说明心之诸现象，与芬德无甚大异。然其所以异者，芬德重自觉，以自觉的联合（自觉的联合者，谓观念联合之一种，由自觉之作用结合之者也）为最要；培因则不特重自觉，皆由感觉之结合，以说明心耳。至近年牟斯塔尔堡之书出（《实验心理学材料》），分解心为识与感觉之二，谓识在中心而不变化（例如伦理法），而感觉则时时变化。此论大兴起学者社会。概而言之，在古代以心为别有实体，其活动与身体之活动虽非全无关系，然得独立者也；至近年心理学之进步，一变其学说，昔时视为形而上学之心理学，渐有为科学之一部之势，而心之活动与身体之活动，有不可离之关系，以此为其活动之基础，故离身体外别无心之实体。夫然，而就现象之上论之，心以识与感情为其现象，研究其现象以发见实验的法则，虽纯似科学的研究，然而有不足之处。夫心者，对物质之现象，而其活动亦与物质有不可离之关系。而现今物质学有科学的性质，远胜于心理学。则欲使心理学为一科之科学，必不可不于物质学求其基础，此精神物理学之所以必要也。实验心理学者之所见，大略如此。然其说则人人不同，抑关心与物质之关系之诸说，有下五种：第一，二元论，以心与物质为二独立之实体；第二，一元论，内又分为三种：唯物论、唯心论、一元二面论是也；第三，多元统一论，此本书所采之主义，以其统一之故，亦可视为一元论之一种。其详见第五章。

就身心关系之问题，古来无一定之说。又现今之心理学者中，其说亦不同。然彼之二元论、唯物论、唯心论等，于心理学研究上，其影响极小。若欲使心理学为一科学，则于一元二面论或多元统一论之中，不可不择其一。而余所以以统一论优于一元二面者，其理详于第六章（《原因与结果之关系及自发》篇）。然则今假定统一论为至当，以研究心之性质。

识之性质

心之现象虽庞杂，然大别之为识与感情之二。现今之心理学者中，皆以识为心之现象中所不可缺者也。无识观念之语，有谓其语自相矛盾者。据其论旨，则以识之有无为心与物质之界：识中为心，识外为物质。此区别虽明，然尚有当注意者。有我识与他人之识之别，以我识中为我心可也。至他人之识，则在我识外，而吾人所终不能知，然此决非物质，故不能以我识定心物之界。故当离自己与他人之区别，而以一般人类之识为其界限也。又吾人之心之活动，变化不绝者也。或思此事，或想象彼事，或有觉醒之时，或有睡眠之时，故虽一人之识，亦随时而变化，故欲定其识之范围，不能以此时或彼时之识为标准，而当以自过去之经验所积累之全知识论之，然则不可不以人类一般过去之全知识为其范围也。培因之所见亦如此，氏曰："分人类之知识经验即识为二，通常谓之物质及心。哲学者则用外界、内界，我、非我等之语，然以主观、客观之名称为至当。"以此观之，识之意味广大，而包含主观、客观之全知识。故由表识之动力的关系论之，必与心之活动相伴；然自识之形式上论之，以识之范围之内外别为心界、物界，非至当也。

抑识之性质，自心之活动而抽象其形式者也。而其对感情之关系，识虽为感情活动之界限，限制其活动，然固自形式的之物，而非制裁之者，恰如空间之于物体运动也。夫空间为虚形，识亦有其固有之形式。其性质庞杂和合，得以一而异、异而一或非异非一等语表之。纯粹之识（《起信论》曰："所谓不生不灭与生灭和合，非一非异名为阿黎耶识。"）之形式，可为论理学之基础,而吾人之知识,不能出此形式之范围,而表于空间者,名之曰客观的现象,表于识者,名之曰主观的现象。故识之形式庞杂和合,虽全属主观,然论其范围,则跨心物全体者也。

此心理学者之论识。一自表现之动力的关系论之,以识定心、物之界;一自形式上论之,以识为包心、物两界者也。今以物理学上之比喻说明之:物理学有绝对运动、关系运动之别,一物体对他物体言之,虽为静止,然对宇宙考之,则与地球共运动者也。唯识亦然,即就我而考我之识,则我识不问主观客观,包含一人之全知识,此自形式上言之者也;然自我考他人之识,则我识中绝无他人之识,唯就其活动之上所推究其有识耳。然木石水土等,其活动与人类大异,故世人谓之无识,此自动力的关系言之也。

然而自我论我识复有二种之别:第一,关客观的世界之事;第二,关主观的世界之事是也。而客观的世界其范围广大,其中唯仅少之事物为知觉心象,而现于我识中,其他皆在识外也;在主观的世界,其一度为知觉心象而现者,其印象留于识中,后再生而或为想象,或为思虑,即现在不知觉之事物,由心象之代表,为记忆心象而现于心中,而与知觉心象或结合或反应,或自过去之经验推究未尝经验之事物而思虑之,或想象之。而此推究的思虑或想象果符合于实物否乎?则由下方法定之:甲、与过去之经验不相矛盾;乙、由实验试其正否;丙、质之他人之经验。此三法是也。以此观之,知觉之范围极隘,记忆、心象之范围,比之稍广。又推究的思虑及想象之范围,更为广大。然此等皆自我观我识者,不过万有存在之小部分耳,今转使他人观我识,则在我识外之物界,或当在他人之识中;又在我识外之我之精神活动,于不识不知之间现于举动,而为他人之所认者也。

抑无识观念之存在与否,非无异论。然现今之心理学者中,多认心之无识活动,例如一般感觉或有机感觉之无差别者,即是也。又或一度黾勉为一事,几度之后,则为习惯,而得以无识为之。而于心之生活,此有机感觉及心之习惯,实重要之物也。欲自我识之差别上考我之无差别感情,而以在识域(识域之说明详于第八章,而此处所谓无差别或无识之谓,非绝对的意味,而只最小差别之谓耳）以下者,名之曰精神活动,其可否不无可疑,然自他人观其动作或反省自己之动作而推察之,则有无差别感情,而于心之快不快及对人之宽大与否有大影响,不可疑之事也。身体肥满强壮,而有机感觉完全时,其人不自知快乐之所由来而感快乐,其接人温而且宽;身体柔弱屡有疾病者反之,其感情常不快,接人之情或过或不及,又动则有失和之势。又心之及于身体上之影响,亦不少。《传》云:"富润屋,德润身,心广体胖。"旨哉是言! 必身心相俟,始得全其德也。以此观之,对我而观我识,则识为心之主观的状态,以庞杂和合为其真体。其中所现固自庞杂,然分之为客观的现象即物界、主观的现象即心界,而问得应用识之形状之范围,不过物界、心界之一部分,而在其范围外者实多。

识与感情之区别（情与感情屡同意用,然区别之,则情其本体,而感情谓其发动也）

识虽跨心、物二界,固自为主观的形状,则其发达也,必与心之发达相伴。然识非生心者,表所谓知性之现象,与心同时生者也。今欲定心之性质如何,当溯其发达之原而考之。下等动物中有心情之最简单之萌芽者,是为阿弥巴。盖阿弥巴,简单之动物也。何故以阿弥巴为最简单之物欤?最简单之原形质,无心情欤? 又植物无心情欤? 此等问题,心理学者之所答,殆可谓一定,即以收缩纤维之存在,为心情发达之本原。有收缩纤维而运动,或反应外物之刺激,则感情自在其中明矣。已有感情,则不能无多少之差别,即不能无此快彼不快之感。然在阿弥巴,识之差别最微,殆近于无差别,故与吾人所认之快不快,异其状态,唯于反动之上,视此反动为快感之结果,彼反动为不快感之结果耳。吾人睡眠中,不知不识为肢体之运动,其本于快感与否,得旁观而判断之。海甫定以其无差别,此快与不快之识之故,名此简单之冲动,曰意志。余所以名之曰感情者,其理详于第二章。更考其感情之所以发此,自物质发生者欤,抑他有力而与有机体共生者欤? 于形而上究其理,心物同一元乎,或有多力之存欤? 此形而上之问题也。就事实之上考之,物界有多力,心界亦有多力,彼等相互之间,有统一的关系。不然,则实验心理无存在之理也,自以上所论心情发达之次序考之,感情之发达先于识之发达明矣。又就吾人心情活动之上考之,无识感情于人品之上大有影响。又于差别的活动,识不过形式,而其活动者心象也,心象之所由来,感觉也。而感觉之性质,本于感情,详于第七章。如佛教以识的差别,皆为妄念。故离妄念,即入真如,然真如有如实空与如实不空之别。《起信论》曰:"复次真如者,依言说分别,有二种义。云何为二? 一者如实空,以能究竟显实故;二者如实不空,以有自体,具足无漏性功德故。所言空者,从本以来,一切染法不相应,故谓离一切法差别之相,以无虚妄心念故。……若离妄念,实无可空故。所言不空者,显已法体空无妄故。即又真心,常恒不变,净法满足,则名不空。然则如实不空者,非寂灭之谓,有无漏性功德。又真心常恒不变,净法满足,此大慈悲之所存。"此于知情三者中当何属,其为情性明矣。由此观之,该教以情性比识为高尚也,海甫定有言:"识的生活,虽禁止不随意冲动而发达,然至其终极之倾向,亦不外运动。一个人之识的发达,自意志(广意味,与本书所谓情同)进意志(狭意味),而此个个之发达,虽或倾于一面,或互相冲突,然常有一种不明之冲动力(一个人即无之,则在一人种),行于冥冥之间,以统御之,以保其调和。"伦理学及美学,以此调和为人生之最高模范,亦宜哉! 又《孟子》曰:"人性之善也,犹水之就下也。人无有不善,水无有不下。"此皆示有冲动,即超绝心之识的活动之自然力者也。此力或感于他人之情,或动之,则谓之感情亦宜。概括以上所论而言之,感情之发达最早,常于吾人之生命中,为心之无差别的基础,又于最发达之心中,情优于理也。

抑在柏拉图之时代,无今日吾人所用"情"之一语,故比较之颇难。然柏拉图论感觉之迷人及其不可恃,而主唱意象(即《心理学》第八章之所谓观念)。所谓意象者,乃无上不变之大理,故不能为活动之原因也,而于《斐特拉斯》(柏拉图所著书)示美之意象发达之次序,曰:"初见人类之美,对其人而发爱情,渐自对一个人之爱扩而为博爱,终达理想之美。"然则此美者,始自吾人所谓情性,抽象之而进而益高尚者也。然柏拉图不以情为最重要,又自欧洲之哲学史考之。欧洲学者中,多以智为第一,虽壑婆斯、卢骚等甚重感情,然至汗德,而心理学者渐以情绪与智意并视。至孔德以情绪为最高尚,然其意味,非以情绪为心之本体,唯视为精神活动之主眼耳。又功利学派一般重视感情,现今之经验派,即芬德、海甫定、培因、斯宾塞尔、斐斯克等,最近本论之意。禄崔则名法则之境界曰形之境,名感情之境界曰价值之境。

性情心意论

于支那就性、情、心三者之关系,颇多异论。朱子之论性、情、心也,曰:"性即心之理,情即性之用。今先说一个心,便教人识得个情性的总脑,教人知得个道理存着处。若先说性,却似性中别有一个心,横渠心统性情语最好。"又曰:"合性与知觉,有心之名,则恐不能无病,便似性外别有一个知觉了。"(《朱子语类》卷五)

在支那学者间,非不论下等动物之性,然未有吾人之所谓进化论者,故不以此为人类之心之根本。然则论人之性,特只就吾人所经验之人性论之,则自遗传而存于小儿之心中之性,与情质之性无由区别,因之彼此相混,亦所不能免也。例如就彼之性善恶论考之,有性善情恶之说,则董仲舒、荀悦及李翱之说也。又贺玚曰:"性之与情,犹波之与水。静时是水,动则是波。静时是性,动时则是情。"(《礼记注疏》第五十二《中庸》)韩退之曰:"性也者,与生俱生也。情也者,接于物而生也。"朱子曰:"未动则为性,已动则为情,所谓心统性情也。"(《语类》第五)此皆区别性与情,而以为性静,而情则性之发动者也。王荆公曰:"性者情之本,情者性之用。故吾曰性情一也。"张子曰:"心,统性情者也。"此等皆大同小异,而性情一之论也。孟子之所谓四端,亦即性情一之说欤?(顾炎武曰:"孟子言性,专以其发见乎情者言之。")盖孟子言性,虽用心或仁义之语,然非以性情为异物故也。而自吾人之论点观此等性情论,则如下。就心之最单要质,即情质言之,可谓之性情一,而此性善也。然小儿之性,包含遗传所得之习惯,故合其习惯而名之曰性,谓其活动者曰情,则可区分为二,而此性兼含善恶者也。以上所述之性情论,概而言之,性与情之关系或区别之,或同一之,不大相异。问于知、情、意三者中当何属,其当属情性明矣,知性不过其作用耳。朱子论情意之别,曰:"情是会做底,意是去百般计较做底,意因有是情而后用。"(《语类》卷五)以此观之,所谓意志者,亦有情性而后活动者也。据以上所述朱子之论,心者总名,而性者心之理(心之本体之意欤),情者性之用。而比较意与情,则曰:"情又是意底骨子,志与意都属情。"(《语类》卷五)如以朱子为宋儒之代表者,则宋儒之说心,以情为心现象之基础,不可疑之事也。

四

西洋伦理学史要(节录)①

1 第一篇 伦理学之概观

就伦理学之性质及关系,各学派之说不同,自有教育者观之,则其意味甚为广漠,故欲下一定义而使人人易喻,颇不易易也。故于开卷当略述伦理学之异说,及其与他学之关系,如神学、政治学、心理学等,而后断定之,再述此学之分类,而以求中正之见解及概括之知识为务。

伦理学之语源出于希腊语之哀西哥斯,其意本谓此学论人类之德与不德之性质,而无关于知力。雅里大德勒之伦理学,实研究此问题者也。故从雅氏之见解,即希腊哲学一般之见解而又广行于后世者,则伦理学研究之事项皆总括于一念之下,即何谓人之至善,何者为人所可欲是也。而此至善,实由人之理性上选择之而求索之者,决非他目的之手段,而但有自己之目的者也。所谓人之至善或人之所可欲者,此二"人"字即伦理学之事项,所以与神学之事项相区别。何则? 神学者实研究绝对之善或宇

---

① 原著名为 *Outline of the History of Ethics*,作者[英]西额惟克(Henry Sidgwick),王国维译文连载于《教育世界》1903 年第 59—61 号。本书摘选其中的第一篇"伦理学之概观"和第四篇"近世之伦理学"。——编者注

宙之善,故从神学之广义而言之,则但有最终目的或至善之思想,而于实现此目的时,则一切宇宙之进行皆其手段也。但于神学中,人类之与此目的或至善相接与否,非必要之思想耳。故伦理学与神学之区别自非甚显,在柏拉图之学说中,伦理学与神学之说相合,即在各哲学系统中,亦非全相分离者。彼等谓宇宙有最终之目的,即最上之善,而人类之善,或谓与此普遍之善相同,或谓包括于其中,即或以为与此同,或以为由此出也。

从上文之定义,则伦理学犹与政治学无区别。何则?人既为国家之一民,则政治学亦研究人之至善及其福祉者也。故若就伦理学之广义言之,至少亦必包括政治学之一部,即研究国家之最终目的或至善,及政治上制度之善恶之标准者也。虽狭义之伦理学,所谓个人伦理学,即研究个人之至善或福祉,而得由个人理性之能力达之者,亦与政治学有不可离之关系。即由伦理学上言之,则个人必为政治社会中之一员,凡所谓个人之德性者,实现于其与他人相处之时,又其快乐及苦痛,亦必导源于社会之全体或其一部。故无论或以德性,或以快乐为个人之至善时,必求此至善于社会之福祉,而决不能求之于个人索居之生活也。故个人伦理学亦含政治学之成分。又自政治学上言之,则大政治家之所期,无非欲增进各个人之福祉,故研究福祉必为政治学之一部。然今若但考个人之善之原质及形状,凡得由自己之理性或他人之动作达之者,而不计及政府之构造及其作用有相同之目的,此即伦理学之所以异于政治学,而当于下文述之者也。

余既下伦理学之定义如上,然伦理学犹与他学有特别之关系,即心理学是已。人苟一度反省,则知人类之善决非存于外界及物质,如财产之类,又决非存于身体之强健,盖征之吾人之经验,则富而寿者,虽恶人固亦有之。又常人之判断善恶也,恒视其动作之外界之结果,然自有识者观之,则此种判断固浅薄而多误也,惟动作者之心意之某状态,注意之某性质,及其企图、动机、气质等,实为善行之根本。又自其外界之结果分析之,则吾人所断为善或恶者,实其人或他人之感情所生之结果,或人类之性质及意志所生之结果也。故一切伦理学派,皆以为彼等研究事项之大部,实在人生之心理的方面,快乐论派及德性论派皆承认此说。故欲说明此两者之思想,以成明晰完全之系统,势不得不入于心理学上之研究。故虽谓伦理学上之概念即心理学上之概念,亦无大误也。但善恶、正不正之各种反对观念,心理学但论其如此如彼,而不论其当如此不当如彼,此其所以与伦理学区别者也。

善恶、正不正之二反对观念,常视为同一之意味,如吾人说善行与正行、恶动机与不正之动机之时是也。然吾人所谓人类之善,实兼指其兴味与福祉而言之,非特谓其正行与其义务也。所谓最终之善,不为他目的之手段者,其意味亦然。夫人莫善于践其义务,苟能践之,则能增其人之兴味及福祉,此人所深信而不疑也。故自科学上之证明言之,义务与福祉二者实有不可离之关系。然此二者之概念,人决不视为同一,近世学者于是求之于信仰,谓义务但义务耳,其起源深邃而不明,非由爱己之心计算而来者也。于是吾人于伦理学上得特异之概念,即谓义务者,道德之法典也,其固结于人心者深,而人自从之,而决不计及自己之兴味,至义务与福祉之关系,实由伦理学上之视点言之,而非人心所本有也。于是伦理学之研究与神学相连结,盖视义务为上帝之法典,其结果自不得不如是也。且由此而伦理学与抽象法学亦有亲密关系,盖若理性认此法律为确实,而不必赖司法之制裁,则此种自然法律自必为道德法典中之一要质也。此派之伦理学为近世之新说,而与古代希腊之哲学相对立,其由彼而入此也,实主由基督教之势力,然所负于罗马法学者亦不少也。

在基督教会中,于其初期,谓人之知道德之法则也,实由天启而不由理性,故自不得不视之为上帝之法典。迨哲学之研究导入于伦理学,则此法典中之二原质始较然以分。其一,基督教之原质;其他,为人之理性所能认识者,此人之所固有,而无待于天启者也。而此第二原质之理论之完全,实由于理论法学之发达,即在十二世纪,罗马法律之研究极盛,由罗马法之研究,而自然律之思想深浸润于人心,由此思想而知道德中第二之原质决不必依赖于天启,而自然律限其能由理性知之者,及整理人间外部之行为者,即与道德合一也。

　　道德能力之渊源之问题，自与此自然论相连结，而占近世伦理学之大部。若统辖人生之法则，但视为人之知真善之能力，则研究此能力之渊源，却如几何学者之于知空间能力之渊源，初无研究之必要。然若视道德能力为良心，即承认此等法则为人之固有，不计及自己之兴味而自从之者，即人之心中若有一立法者存而要求无上之权威，则此要求之当否势不得不研究之，而其当否之说明必求之于道德能力之渊源，固自不难知也。于是研究小儿与野蛮人之道德之状态及灵魂之生长者纷然而起，而视此近世伦理学必要之指导也。

　　由伦理学之自然论，而自由意志之争益盛。夫普通人民但知善之为善，而得由有意之运动达之，初未计及己之能自由求自己之善与否也。然若以彼之行为比较之一法典，而谓破此法典者有罚随其后，则彼之力能从此法典否，必为一问题。如彼之力实不能从法典，则处之以罚亦未免不当矣。

　　今总结上文而言之，则伦理学之事项：一、就个人之方面研究人类之善与福祉之成分及状态，而主考察德性及快乐之普通之性质与其特别之种类，及其实现此目的之手段。二、研究义务或道德法则之原理及其最要之条目。三、有时研究承认义务之能力之性质及渊源，及智力之一部之现于人之动作者，与其与各种欲恶之关系。四、兼论人类之自由意志之问题。故论普遍之善，即包括人类之善或同于人类之善之普遍之善时，及视道德为上帝之法典时，则与神学相关系；若视个人之福祉限制于社会之福祉时，则与政治学相关系；若视道德为自然律，则又关于法学。且伦理学之各部，至少必属于心理学之一部，至论道德能力之渊源及自由意志，则全心理学上之事也。若心理学与形而上学区别，而视为实验之科学，则论自由意志时，又与形而上学有大关系也。

　　余将示自希腊至今日伦理上思索之经路，而尤注意于近世英国思想及势力之所及。

　　道德之语，通常视为与伦理之意义相同，余于此书中亦然。

2 第四篇　近世之伦理学(殊如英国之伦理学)

当中世之思想之变迁而为近世思想也,吾人每联想柏庚之名,彼于《学问之进步》一书,述道德哲学之大略,其中颇含公正之批评与丰富之见识,学者所不可不读也。然柏庚之大事业在改革科学之方法,至其伦理学则尚未具系统,而英国伦理学之由天启的神学出而为独立之科学也,实由于霍布士与反对霍氏之说者始。而霍布士之思想与柏庚无甚关系,霍氏之思想实本于当时流行之自然律之见解。盖中世之学者,自研究基开禄之遗著与罗马法律,而得自然律之思想,宗教革命以后,欧洲政治上关系一变,益助此思想之发达。当是时,此思想亘于伦理学、政治学之二方面,至虎哥氏出始区别之。彼谓自然律之原则得应用于万国之交际,然又谓自然律亦为伦理上之概念,此彼与当时学者之所同也。彼谓自然律者,理性之命令也,即由人之合理的及社会的性质而下道德上之判断者也。故从虎哥及当时学者之思想,则自然律乃神法之一部,而根于人之本性者,即人有社会性与服从法律性,其所以异于禽兽者即在此也。此自然律如数学之原理然,虽神亦不能自变之,此得由人之性质演绎而知之,又得由人类社会之承认此律归纳而得之者也。昔罗马之法学者,谓自然之法律寓于现行之法律中,离现行之法律,则自然律不能存在。然亦谓自然律有时得代现行之法律,又得为现行法律之标准而导其进步者也。又从此等法学者之说观之,则似人类未有法律之前,有服从自然律之时代。斯多噶派之巴西图尼谓此时代即神话上之黄金时代也。至中世纪之思想家,遂以此思想附会于《创世记》,于是自然之国家之思想大行于世。然此国家之思想,乃社会的而非政治的(即谓此国家中无上下之别,但有家族与个人耳),而此国家中所以禁止人之侵害他人之生命及财产者,与使子弟从其父兄、妻从其夫者,及使人不畔其契约者,无一不由于自然律。虎哥由此思想,而谓自然律得应用于万国之交际,以决定其权利及义务,盖以各民族虽独立,然在世界上则不过自然国中之一单位,而与他民族互相关系故也。而于自然国家中,个人之自然之权利未能完全实现,与今日各民族之自然权利无异,而苟有破根原之权利者,则个人有争之之权利,此虎哥氏之所特许也。

虎哥氏之自然权利说,未几而广行于欧罗巴,于是有重要之问题起,即一、人之服从自然律之究竟原因何欤;二、自然律之合于人之合理的及社会的性质存于何处乎;三、人之性质之为社会的其意义何如是也。

霍布士首起而答此问题,是为英国伦理学之祖。彼之心理学,唯物论的也。彼谓人之感觉、想象、思想、感情皆身体内部之运动之发现,而快乐乃运动之增进生活力者;苦痛,运动之障害之者也。由霍氏心理学之系统,谓由身体所起之冲动,其目的在于保存自己,遂谓人类一切之冲动皆自爱的也。故由霍氏之伦理的心理学观之,则各人之体欲及高尚之欲望,自趋于保存或助长自己之生命,即求快乐而避苦痛是也。彼区别本能之求乐与理性之求乐,又谓一切非自爱之感情皆出于自爱,彼谓恻隐之心非出于爱人,实由想象此祸之及于我身,而怜人之遭此祸者也。美之为物,吾人所视为超然利害之外之快乐者,彼则谓快乐之预约也。彼又谓人之不求现在之快乐者,乃求权力以为得将来之快乐之手段,所请慈惠之事皆是也。人之社会的性质,不过欲与他人协力,以得自己之便利或得名誉而起者。故一切社会实为利与名耳。又人之需相助也,固无可疑。小儿需他人之助以生以长,而成年者助之。然人若但有此需要,而此外一无所恐惧,则彼等之所求者,恐宁在各人之领地,而不在社会。其成社会而承认社会之裁制与责任者,宁出于互相恐怖也。若有疑此非社会性者,曷不观己之动作,视其同类为何如人乎? 人旅行时必携刃,睡时必闭门,而一切法律及官吏皆所以防人之互相侵害者,人苟有社会性,则此又奚以为乎?

然则此自爱的非社会的动物之相处,以何行为为最适乎? 自其始观之,人之有意的动作皆志于自己之生存及快乐,而不志其他,此目的乃自然(人情之义)之所定，而示其手段者则理性之作用也。故吾人若问个人何以遵守社会之法则(即道德)，则其答之也无他途，曰："唯为自己之生存或快乐之手段而已。"此乃什列奈克与伊壁鸠鲁派之旧说。霍布士说之特色不仅在此，彼谓道德法则之存立，必由于众人之遵守与否，而其遵守之也，必由于政府之干涉，决非人类之自然之情所能达也。今有人互为契约，若疑他人不能践此约，则己亦必不能践之，欲去此疑，非国家有不践约之刑不可。故社会行为之法则不过假设的，必有公共权力以使人人奉此法则，始得谓之为实际的也。故夫一切命令的及禁止的之法则，皆得括于一公式之下，古圣哲所谓"己所不欲，勿施于人"者，此乃自然中永久不变之法则。盖人虽不必于其动作上实现之，然人苟为理性的动物，则自必以实现此之为务。何则？此等法则乃达平和之唯一手段，而求平和者乃根本之自然律也。至求平和而不得，于是不得不用战争之助。故一、个人之盲从道德之法则，以自己为牺牲而供他人之利益者，与二、他人遵法则而己独不遵之者，此即于可平和之时而求战争，皆反于自然之目的者也。顾所谓自然之国家之状态又何如？如未有政府之前，人但生存于自然之国家中，或政府离散之后，人当复归于此，则此国家实脱于道德之范围，而亦危险之甚者也。当此时，人为保存自己之故，不但视各物为自己之权利，且视他人之身体亦为自己之权利，故在此国家，无正与误、义与不义之可言，而此国家又战争之世界也。惟人之理性鉴于此种国家之不利，于是有真正之国家出。此真正之国家，或造端于宪法，即人民互相约束，而服从一君主，或造端于势力，即劣败者之服从优胜者。此二者虽不同，然君主之势力不可不神圣而无限也。盖君主者，实从自然律而求人民之善，保护各人民而使不相侵害，故其命令即为人民之正误之标准。此霍布士学说之大略也。

当千六百四十年霍氏之书之出版也，世人皆以为有害之逆理论。然不问其有害与否，实英国伦理学说之渊源，而后此数十百年间，凡由哲学的根本上说道德者，皆由反驳或说明霍布士之说而起者也。由伦理上之视察点观之，霍布士派亦分为二，此二派之相合，唯在霍氏之政治说，其理论的基础乃利己主义，即各人之所志在自己之生存或快乐，此乃自然的且合理的也。至其实际的方面,即决定特别之义务时,则谓社会之道德全依赖于法律及制度。故自一方面言之,则个人之善恶乃对其欲恶之目的而言之,自他方面言之,则又为君主之所决定也。此第二说乃霍氏以后第一期之学者之所力攻,开姆白利忌大学之伦理学家及喀姆培尔兰,其主要者也。由前者之说,则道德者不但为一法典,乃正误及善恶之智识之一团,而离立法者之意志而独立,后者虽满足于道德之法律的见解,然欲由自然律之本于最高之原理,即理性上认众人之公善之原理而证明其确实,而谓此等自然律乃全由于神之制裁出者也。

当十七世纪,开姆白利忌大学有一群之学者,名曰开姆白利忌之柏拉图派,彼等由新柏拉图派,以上窥柏拉图之学说,又同时受特嘉尔之新思想,而欲合自然神学及教会哲学为一,哿特瓦斯其最有名者也。其所著《永远不变之道德》一篇,其宗旨在示善恶之区别不由神或人类之意志,此不但反对霍布士善恶定于君主之说,亦反对中世之哲学者所谓一切道德皆存于神之意志及希望者也。故从哿氏之说,则善恶之区别乃有客观的确实性,而得由理性认识之,实无异于空间之关系与数之关系也。即善恶之知识,其由神而赋于人固无可疑,但此乃由神之理性出而人分有之者,非但由其意志而已。故伦理上之真理无异于数学上之真理,非关系于个物,而实关系于物之明了及普遍之性质,此即永久及不变之精神(谓神)之所存在,即其存在不能离物之性质也。故伦理上之命题,其指示人之行为之方向有普遍的确实性,与几何学上之真理无以异也。然哿氏不计及霍布士之对待论中亦以自然律为永久不变之物,且其谓霍布士主义不过普禄塔哥拉斯之对待论及莫破质点论之复活,亦未见其透切也。彼之攻击霍布士之要点,用所谓以敌破敌法,即谓霍布士之唯物论中已包含客观的物质世界之意,而此世界非受动之世界,而实人人共具之自动的智力之世界也,故谓人人无道德上之知力者,乃自相矛盾也。

哿特瓦斯之直觉论尚未与伦理学之原则以系统的叙述,而补此缺点者,实同派之亨利模阿其人也。彼作《道德表》(其数二十三),谓此表之真理甚易知也,其中亦不全拒利己主义,谓善者由其性质及时间之长短而有区别。由性质上言之,则高等之善为善,而次之者非善也,然乏于善者犹胜于有恶。由时间上言之,则未来之善恶与现在之善恶无异。由此观之,然则霍布士派与近世柏拉图之争论,不在此种之原理,而在使个人之自献于社会之原理也。如基督教经典中所示正义之原理,曰"以己之所欲受者施诸人",又曰"使人各享其所有,而无或侵害之"。又如模阿所述博爱之公式,曰:"如使一人享其生而乐其生,则为一善;则使二人享其生而乐其生,其善惟倍,使千万人享其生而乐其生,其善亦千万倍。"此数理上所必然者,而霍布士之说亦无异于此。其言曰:"利于寡者,不若利于众。"此实与模阿之言若合符节。惟使个人从社会之原理,而反对其自然之欲望与一己之利益者,其动机为何,则尚依然未决也。对此问题,哿特瓦斯与模阿二氏皆未有完全之答。模氏于一方面论之曰:"此等原理乃所以表绝对之善,而可谓之曰知性的,因绝对之善之精髓及真际,唯得由知性决之或知之故也。"由此推之,则彼所谓知性者,当有决定意志之力,而人既为理性的动物,则当实现此绝对之善而不顾其他。模氏下"德"之定义,亦略示此意,曰:"德者乃灵魂中之知力,克制情欲而求最善之动作者也。"然此却非模氏之真意。彼谓绝对之善虽由知性发见之,而为善之乐则非得由知性知之,而宁由他种之能力。彼谓之善之能力,所谓善行之动机实存于此乐,伦理学即使人之生活安乐之术,而真正之安乐乃自德行之感觉所导出之快乐(即为善之乐)也。要之,模阿之柏拉图主义,其论道德之渊源无异于霍布士之快乐主义,唯彼谓感情之为善行之动机者,唯有德者能感其乐而有必为之意也。

模阿说爱人如己之原理与善之能力,虽与基督教之言相合,然其分类诸德性也,实用柏拉图与雅里大德勒之思想,就此点观之,则彼之系统明明与喀姆培尔兰相异。喀氏之《自然之法典》虽与模氏之书同用拉丁语书之,然其思想则全近世的也。彼之思想奇特而丰富,其所贡献于伦理上之材料亦不少,然其叙述冗长,而言语暧昧,故其书甚不易解。然以众人之公善为最上之目的及标准,而谓一切规则及德性皆当属之者,实自彼始。彼之所谓根本之原理及最上之自然律如下,曰:"各人对众人最大之博爱,即各人及众人最大之快乐也,故公共之善乃最上之法律也。"而善之一语,不但包含快乐之意,又包含完全之意味,而此完全之意味中又包含道德上之完全之意,即德性之意。故彼之学说终陷于论理学上之循环论,不能由善之概念而演绎特别之道德律。然彼之说最上原理,其意原不在此,而宁在与通常之道德以基础及系统也。夫此原理既视为一法律,则不可无立法之神,又视其奉法与否而加以制裁。而喀氏之说制裁也,谓有内外二种,以酬德而罚不德,而谓道德上之义务存于此裁制之力之及于人之意志,其说与功利派同。然彼谓此等自爱之动机,于人生之初期固不可少,然有理性之人间,常由此动机而入于高尚之动机,即爱神及神之名誉及计公众之善是也。而彼说个人之善及一般之善之关系,与此二者之共动而决定人之意志之状态,其说不一,故欲结合之而成明晰之系统,颇不易易也。

当喀姆培尔兰之著述之出版也,洛克之《人间悟性论》早已脱稿。然洛克之说久为人所误解,盖知识论上之本有观念说(洛克大驳此说)与伦理学上之直觉说,说者易视为一,遂疑首唱经验论之洛克必反对伦理学上之直觉说,此则大不然者也。夫谓理性所认识之道德法则即有使人遵守之之力,而不必俟其知遵守与否之结果如何,此说固为洛克所不取。且洛克之旨,谓善恶不外快乐及苦痛,或致快乐与苦痛之具。又谓道德上之善恶,不过吾人之有意动作之合于某法律与否,故善恶之名实由立法者之意志及势力而出者也。此说固与霍布士之说无以异,然彼亦谓伦理上之法则虽非生而固有者,然全离政治上之势力而独立者也,此全与反对霍布士派之学说相合。而伦理法则之总体,彼视为上帝之法律,不但与国家之法律相区别,亦与人类之意见异,此必出于神意而又有完全之赏罚者也。彼谓由吾人所有上帝之观念观之,即上帝既为无量智、无量力、无量善之神而造一切万物,人亦其所造物之一而必依赖于彼。又由吾人自己之观念观之,即人既为理性的动物而自觉其义务,则道德之为物,实本于自证之原理,而可置诸证明的科学中无疑也。正误之标准实由此自证之理而得,故伦理学上之结果如数学上之结果,实为不可争论之事实也。且洛克视上帝之善,谓不外与人以快乐之性质,由此推之,则人间动作之标准当在公共之快乐。然洛克自身未尝明用此标准,其《人间悟性论》与《政府论》,虽隐示功利论之倾向,然未尝明言之。彼之自然律之概念,近出于虎哥及其弟子普芬陶甫,远出于斯多噶派及罗马之法律学者,然其所自改正之处亦复有之。凡伦理之原理,即:一、一切人类其始本自由平等;二、苟自己之生存不受侵害,则宁助他人而不加之以损害;三、契约之当守;四、为父兄者于子弟未成熟之时,有管辖之之权利及教养之义务;五、地球上之财产其初本为人所公有,但既杂以个人之劳力,则变为个人之财产。自洛克观之,此等原理若理性的动物而一考人类之关系及人与上帝之关系,则易明之,而不必有公共之快乐以为其最上之目的也。彼谓上帝造人而与以同一之性质及能力,故当视彼等各为独立之人,又上帝既造人,则人自不可不保存自己及他人之生命。彼非不谓道德之法则在增进众人之快乐,然此思想于彼之学说中非甚重要,故若视彼之见解为功利论,然亦不过默示此意,而未尝以此为标帜也。

洛克之《政府论》出版后,越五十年而克拉克氏始谓伦理学上自证之命题不异于数学,而欲置道德于可证的科学中。但彼之思想由哥特瓦斯出,而不由洛克。彼反对霍布士及洛克之说,谓人既认识伦理上自证之理,则其理自有充足之力而使人由之,不必计及快乐与苦痛也。克氏讲义之宗旨在证明基督教之教说,而一面谓人对道德有永远不变之义务,此实由于事物自身之性质,一面又谓人若不信灵魂之不灭与未来之赏罚,则虽以外界之势力使尽其义务亦不能也。彼谓道德之规则,其附于人也,全离上帝之赏罚而独立,又同时谓此等规则乃上帝之法律,其遵奉与否必有完全之上赏罚随其后。此二命题,自克氏观之,必互相连结,盖由正义之附于人心推之,则上帝之必由正义以赏善而罚恶无可疑也。对第一命题,克氏之说可由便宜分之为二问题,即一、道德之自证及不变的原理何欤,二、此道德之原理与个人之意志之关系如何是也。彼谓种种不同之事物之间,有种种不同之关系,此关系非他,实必然及永远之关系也。于是各事物及各事物之关系有适不适之别,如某人适于某事而不适于他事,此全由事物之特色及其人之性质而定者也。而此适与不适，苟一思其关系，即可由直觉明之，与数学上之各量之等不等相同，道德之原理即由此而得。彼于是列举自证之四德：一、对上帝之信仰，二、对同类之公道，及三、博爱，四、对自己之义务是也。于第四德中，彼于义务之观念包含自营及自制之意，又其说信仰之规则，不能精密用数学上之推论，唯于公道及博爱之二规则中，括尽社会上之义务，而数学上之推论得应用于此。其公道之规则曰："人之加诸我者，得判断其合理不合理，我之加诸人者，亦当受同一之判断。"此全与数学上之公理相似者也。其博爱之原理亦然，曰："无论自己及他人之善。善之大者必胜于其小者。"此实与模阿之说略同。至其对第二问题之说则颇不明晰，而一方说理性的动物其行为必从道德之真理，一方又认自爱之事亦为合理，故爱人与自爱之调和遂不能由数学上之推论说明之。故道德与意志之关系如何之问题，由克拉克氏之说，不得谓之完全之答也。

其不由理性而由感情上说明自爱、爱人之调和者，谲夫志培利是也。彼于其德性及价值论，攻霍布士之以利己主义解释人生之善，彼谓此种解释，如人而可以离群索居，则此解未始不正当也。何则？人若为离群独立之人，则彼之一切冲动及气质，能调和而得自己之福祉时，则余亦必谓之善无疑也。然人人之所以为人者，必为社会中之一员而与社会相关系，故必彼之气质及冲动能调和以增进社会之福祉，始得谓之曰善。且余之所谓善者，非但彼外部之动作便益于社会之谓，必其彼之气质中自有增进社会之福祉之倾向，始得谓之曰善。如霍布士之所谓道德之民，苟脱政府之裁制，即不能无害于众，如此者不得谓之善。善也者，乃谓感情之动物有非利己之爱情，而其爱情之对象即为社会之福祉是也。然谲氏不谓此社会的感情必常为善，而构成人生之善者更无他种之感情也。真正之善存于自爱、爱人二感情之调和，各得其固有之分，而无害于其他，而以增进人类之福祉（兼人己而言）为唯一之标准。如此，故谲氏之学说之宗旨，在证明此二原质之调和，不但增进社会之福祉，即个人之福祉亦存于此也。谲氏又分冲动为三类：一、自然的感情，凡慈爱、喜悦、善意、同情等皆是；二、自

爱的感情,凡爱自己之生命、愤他人之损害肉体之欲及一切欲望等皆是;
三、非自然的感情,此不但指恶意而言,凡一切迷信、恶俗、放恣之欲及私
欲之逸于正轨者皆是。此第一类之感情乃个人之快乐之渊源,盖精神之
快乐高于肉体之快乐,而此第一类之感情乃与精神以无限之满足者也。
一、博爱之感情之自身之快乐;二、由见他人之快乐所得同情之快乐;三、
由他人之爱敬所得之快乐。彼谓人生中此类之感情实占其大部分,而有
此感情者自得一己之福祉,无此者反是。此自然的感情虽志于他人之福
祉,而若忘自己之福祉,然实导之而入于自己之福祉者也。至自爱之感情
则志于个人之福祉,然唯限制于一定之范围内,始得增进其福祉。彼列举
忿怒、淫恣、贪婪、好名、懒惰等之苦痛,即爱生命之心过其程度时亦然。
要之,此感情之过度,其损害自己之福祉之程度与损害社会之福祉无
异也。

至于非自然之感情,则于调和之精神中不可不拒绝之,因此种感情无
与于社会与一己之善故也。或谓恶意之生也,似有快乐伴之,而满足此恶
意时,似亦为构成个人之快乐之一原质,然此见解乃大误也。彼谓慈爱与
亲切,其自身本快乐也,而行之之后但生满足之状态;至仇恨嫌恶之念,其
自身本苦痛也,行之之后,除满足此念外,别无他种之快乐。而其快乐愈
强,则其生此快乐之状态之苦痛亦愈甚,如于此再加以他人之恶意之苦
痛,则其苦痛达最高之程度明矣。吾人于是再达上文之结论,曰:各感情
之调和,其能增个人之福祉,实无异于其增社会之福祉也。

以上所述,吾人尚未及伦理的感官之说,此乃谑氏学说中之要点也。
此说虽甚重要,乃谑氏学说之顶点,而非其基础也。彼谓人莫不有伦理的
感官,盖理性的动物之感情之对象,非外界之事物,而自己之动作也。凡
恻隐、慈爱其反对之诸感情,由自己之反省而为感情之对象,故由反省之
故又生他种之感情,即对诸感情之感情。自彼观之,凡理性的动物断无缺
此伦理的感官或反省的感官者,而此感官与善行以附加的冲动,而自爱与
爱人两感情之不平均者,得由此感官以补益之而改正之也。此伦理的感
官之作用,如不损害之,则得与理性的判断相调和,而此感官虽或因习俗

与宗教之故而稍失其作用,然终不能剿灭之也。

　　自谴夫志培利之书出后,于英国伦理学史上开一新纪元,曩日理性之说全坠于地,而代之以经验的研究,即观察人类之冲动及感情之实际的动作是也。但此经验的心理学,前此之学者亦未尝不留意于此,模阿曾效特嘉尔而考察人之情欲,洛克之《人间悟性论》中,其倾向更著,然以心理学之经验为伦理学之基础者,则自谴夫志培利始。谴氏之说至赫启孙而成一完全之系统,又由赫氏而影响于休蒙之伦理说,如此而与末期之功利论相连结。白台尔之说,其大旨亦本于谴氏,然其所改正加入者亦不少。其在他面,则谴氏伦理上之乐天观与当时之自然神学相同盟,而诋基督教之形式,故其说为正教之神学及严肃之自由思想家所不许,孟台微尔,其反对者之一人也。彼非道德学者,而宁唱非道德学者也。彼谓德性之为物全属人为,然彼不谓裁制情欲之无用,又不能谓道德乃政治家驯服愚民之具,彼之意盖谓道德非人之自然之性所本有,而自外赋之者。此乃当时流行之思想,得由比圭黎及白台尔之著述中推测之。

　　白台尔之人性论虽本于霍布士之心理学,然其说不但异于孟台微尔,亦与霍布士不同,盖除去霍氏放恣之说而再建设之者也。由霍布士之说,则人之自然之状态在保存自己,而非道德的非规则的也。道德之法则,乃达平和之目的之手段,而平和者又达保存自己之目的之手段也。由此观之,则霍氏之所谓道德乃人为的物,而其实现必存于社会之契约。然自一方观之,人苟为理性之动物,则此必附着于人心者也。而当时流行之伪神学,谓一切自然的皆合理的(理性的)也。故若以利己主义为出于自然,则其结论虽不至倾覆世之平和,然其与危险于社会之福祉者不小。故白台尔反对此说,而说良心之势力,彼之反对家则皆以此为出于人为者也。其初彼从谴夫志培利之说,谓社会的感情,其出于人性之自然,与由保存自己之感情出之情欲无以异。然彼更进而复活斯多噶派之说,谓快乐者非自然的情欲之第一对象,即保存自己之感情其对象亦非快乐,快乐者不过此等情欲达其目的时之结果也。于是吾人须区别一般之欲望,即利己之欲望求自己之快乐者,与特别之情欲,即其对象非快乐,但充此情欲时则得快乐者。此第二种必与欲得自己之快乐之念相异,如饥饿之对象在于得食,而决不在于滋味之快乐,故精密言之,则其为非利己,实与博爱之心无异。盖如谓此等感官之快乐为利己之心之所趋,则慈爱与同情之快乐亦当如此也。且许多身体之欲,往往与利己之心相冲突。由此观之,则身体之欲之非利己心之形式明矣。故人之为情欲之牺牲者,吾人每谓其非出于自然,而宁以抑制此暂时之情欲为自然之性也,如此而自然之利己主义变为心理学上之妄想。盖一、人之本原的冲动,不能遽谓之利己的,盖此等冲动非直接志于个人之快乐,其中有志于社会之福祉者,与志于保存自己者并行;二、人非自制,不能行真正之利己主义故也。故利己者同时又为自制者,而合理之利己心不但当限制他种之冲动,亦限制利己心之自身。盖快乐者乃各感情之总合,若利己心而偏胜,则必弱他种之感情,由此而减利己心所志之快乐故也。

故论人性之实际的方面,则白台尔之见解实比谑夫志培利为明晰。由谑氏之说,则人性者乃诸感情之一系统,而互相平均且调和者。由白氏之说,则此系统中之某部分乃自然有管辖节制之权,其他部分则自然服从其节制者也。至就第二部分言之,则凡属于人性本来之构造,而其作用有正当之范围者,白氏与谑氏皆谓之自然的,即害人之感情亦然。其中又分为二种:一、本能的忿怒,即自卫之心之对仓卒之损害而起者;二、有意的忿怒,此种忿怒若善限制之,亦于社会上有用,且宁为执行正义时之所不可缺也。故忿怒之出于此者,不必尽怀恶意以对他人,虽嫉妒之情亦出于求胜于他人之意,但对此目的而用误谬之手段耳。要之,吾人一切自然之情欲,对其直接之目的,皆得与其自爱及博爱之心相区别,然于正当之范围内,皆能增进个人及社会之福祉也。

动作之自然之渊源,其须节制也如此,而就此节制之原理,白氏之说颇有不易解者。彼于其《第一训诫》中,谓此种节制之原理凡三,自爱心、博爱心及良心是也。前二者节制对自己及社会之善之感情,良心则节制一切而在最高之位置者也。但细检白氏之说,则其所谓博爱者,非以一般之福祉为对象,而宁视为对特别之个人之爱情也。如孝友之情,其目的在于他人之福祉者,即谓之博爱可也。若博爱之情,即以人类一般之福祉为对象,而在一方面与特别之爱情异,在他方面又与良心相区别,则其存在人心与否颇为可疑。然当彼著《训诫篇》时,亦袭谴夫志培利之说,即谓行为之以社会之福祉为目的者乃良心所嘉。彼于是谓人类一大社会也,吾人于此社会中必与他人相关系,于是有社会之公共目的或公共福祉,而各人皆有增进此福祉之义务,此乃道德之总计也。然彼未尝分别平静之爱他心与平静之自爱心同为节制之原理,如赫启孙也。

故细检白氏之说,则良心与合理的自爱心乃灵魂中之最有势力者也。而察其真意,谓从理论上之关系观之,自爱心非自然附属于良心者,彼谓二者皆独立之原理,如有所偏重,则非合于自然者也。良心与合理的自爱心乃人性中最高之原理,两者决不至相冲突,万一冲突,则良心不得不稍让一步。何则?利害之观念乃一切观念中之对吾人最亲密最切要者故也。道德虽出于求正善之情,然一默思之,则此等不过有益于吾人之福祉者,否则亦须不反对之,故彼说之究竟,与谴夫志培利同在个人之兴味。如问之曰:"吾人之对德性有何义务乎?何故吾人必不可无德性乎?"则彼将应之曰:"此自爱心之所使然,而全在个人主义之立脚地者也。"然彼于他方面又改正谴氏之说,而认良心之权威。盖彼见此世界中福祉与德性之间,不必有一定之关系,其良心说正所以救此怀疑者也。彼谓人苟承认良心之自然的权威,则知义务之当重远过于人间之利害。盖良心之所命令最明晰而确实,而计算自己之利害时,则仅达或然之结论,故如两原质而相冲突,则确实之良心,其胜不确实之自爱心,自无可疑也。

白台尔之伦理说乃防御的乐天论。又彼谓吾人心中之二原质必相调和而不相冲突,此可信者也。若不认此说,必证之以反对之事实,此不能由个人主义之不确实之计算证明之也。彼又由良心之命令而证德性与福祉之合一,以解世人之怀疑,此白氏之说之要旨也。

白台尔之节制之原理说,为伦理学史重要之思想,近世英吉利与古代希腊之伦理学之差异,至此而益明。盖白氏之公式,所谓从自然而生活者,实出于希腊之斯多噶派,而其人性为各感情之秩序的结合说,则出于柏拉图也。但柏拉图与斯多噶二派及希腊全体之哲学,谓人性但有一节制之能力,名之曰理性。然近世之伦理学则分之为二,谓之普遍的理性及个人的理性,或谓之良心及自爱心。此二元论于克拉克之说中已见其萌芽,至谴夫志培利而稍显,而白台尔之完全之区别,已稍示于瓦拉斯敦之《自然宗教》中。此书始分别道德之善与自然之善,谓二者皆理性所追求与研究之目的,而二者之调和宁为宗教上之信仰之事,而非道德上之智识之事也。瓦氏谓道德上之恶,由于实际命题之矛盾,其说近于克拉克而稍远于白台尔。但彼谓福祉或快乐乃可欲之目的,而一切理性动物之必志于是,而为节制之原理,则全与白台尔自爱之概念相同。彼又比较苦乐而创道德的算术,以计福祉之分量,则又为朋萨姆之先声也。

然白台尔之二元论尚非完全之说。彼谓自爱心之合理乃不待说明而自知者,盖人为理性的动物,故自能反省其自己之兴味或快乐,至于良心之合理则与此稍异。彼承认克拉克之说,谓道德之原理乃合理的公理,与数学之公理无异。又谓动作中有道德上之适合,乃在一切意志之前而决定神之行为者,道德上之义务实自此出,所谓不德者即反对事物之自然与理性者,而与干犯吾人自己之自然与理性异焉者也。然彼仅从心理学上断定良心之命令,而不说明此命令谓自证之公理,于是渐认良心力与博爱心之间不能无差别。故白氏之伦理说中已包含直觉论与功利论之争,此于后日伦理学史上占大部分者也。谴夫志培利氏以前之伦理学者不知有此差别,即白氏之《训诫篇》中亦然,惟其《第七训诫》及十年后所著之《德性论》始明示此区别。彼于此书中言良心之所命令不必与博爱同一,即吾人所最嫌恶之不义、邪淫、残杀等,于某事情内不但不致一般之不幸,却有致社会之福祉者,至是而良心直接所指示之事项,与以一般之福祉为根据之事项相分。

由此观之,白台尔不认德性与良心之合一,其说稍与谴夫志培利殊。其发展谴氏之说而组织之者,则赫启孙是也。彼于《德性之观念之渊源》一书,视德性与博爱心为一物,又其遗著《道德哲学》之系统中稍变其说,而大发展谴夫志培利之见解,又加以心理学上之分析,而谓平静之博爱与平静之自爱心与骚扰之情欲（即热心与私欲）相区别。彼谓伦理的感官有节制之作用，其说与白台尔同，然彼谓亲切之爱情乃伦理上之嘉许（谓伦理感官之所谓嘉纳）之重要之对象（白氏谓道德能力之对象乃动作而非受动的感情也），而平静及广博之爱情，较之骚扰狭隘者尤可嘉许。故无论其为博爱之善意，或为爱此善意之观念，其气质最优者得最高之嘉许，此二原理必不相冲突，故不必定其孰为最高，此二者实并行而不悖者也。至嘉许之第二对象，则对某种之能力者，如公平、诚实、勇毅、名誉心等，其更低之对象，则对科学技术及身体之能力等，此等嘉许非真正之道德的，乃势力的感官而非伦理的感官也。至平静之自爱心，其自身非道德上之嘉许或非刺之对象，其动作之出于自爱而不悖于博爱者，自伦理的感官观之，乃全无关系者也。彼又同时分解福祉之原质，以示算计私益者常与伦理的感官及博爱心相合。赫氏之主张谴氏之公善、私善之调和说如此，然谓博爱之感情中全无利己之兴味。谴氏则虽谓此等感情非出于素朴之私欲，然其论由此等感情所得之快乐时，亦尚不脱利己主义，即谓此快乐之报酬即博爱之动机也。赫氏则谓此等快乐，其为博爱之动机虽无可疑，然此等快乐非由欲望直接而得，必由希求他人之福祉之欲望即非利己之欲望间接而得者，此即示与求快乐之欲望相异者也。彼谓人之将死者，辄希求所爱者之福祉，此足以证爱情之非利己的感情也。

　　然则爱情既为嘉许之对象，吾人如何由此而演绎道德之规则以律动作乎？夫一切动作之自博爱心出，而足致一般之福祉者，其足当吾人最高之嘉许固无可疑，但其不如是时如何？赫氏欲答此问题，先区别形式之善与材料之善。其动作之致社会之福祉，而本出于无心者，谓之材料之善。其动作之出于善意者，谓之形式之善。赫氏于此点，则自谴夫志培利之见解转而入后世之功利论，彼说动作之材料之善时所用之公式，即谓至善存于最多数之最大福祉，至恶存于最多数之最大苦痛，此后日朋萨姆之重要思想也。故彼说外界之权利及义务时虽未精密，然与巴兰及朋萨姆相似，但其所异者，彼以动作之动机，与其在普遍之快乐，宁在个人之快乐耳。彼又以政府之成立出社会之约束，而人所以有服从政府之义务者，其源亦出于此,此其尤可注意者也。

其由政治的功利论而进一步者,则休蒙是也。彼谓吾人若溯政府之渊源于茂林沙漠间,则所以使民人相集者,实不外社会之契约,而使众人服从于一人之命令之下。但吾人今日对政府之义务,非本于古代蛮人之约束者。从历史上之所示,则一切历史上之政府皆起于僭夺及征服,即间有起于契约者,乃例外之事,且或杂以诡计与暴力,而非真正之契约也。夫古代之政府,其出于人民之契约无疑,然人民并不以为由契约而后有政府,又不以为彼等得随意破坏之,既一度立此政府,而复欲反对其政府之主权者,固彼等所不许也。人民之忠于政府者,其根柢非出于守契约之念,即出于此,而要非真正之根柢也。休蒙以为忠节与守约皆出于同一之根柢,即对社会之兴味及必要是也。吾人对此二德之义务,实存于其对社会之利用,此即休蒙之说之所以大异于赫氏者也。由赫氏之说,则以最大福祉为材料之善之标准,然彼从谔氏之见解,谓伦理的嘉许之对象不在动作之结果,而在人之气质。彼虽置博爱心于第一位,然不以为唯一之德性,而又历举他德,凡伦理的感官及势力的感官所嘉许者,如诚实、勇毅、聪明等,则休蒙所以包括对一切功德之嘉许心,而归之于一普遍之原理者,此又自然之势也。哿特瓦斯、克拉克等以此原理为理性,休蒙则反对之,以为正确之理性或判断固吾人动作时所必要,但理性之为物,决非能生道德上之嘉许或非刺者也。凡罪恶之精髓,决不存于理性所发见之关系,如吾人以负义者为罪恶时,其非刺之根据不在于善恶之反对,不然,则自恶而迁善者,吾人亦当非刺之故也。凡吾人由理性决定某动作之形态及结果时,其中不能发见新事实或新关系,其由考此形态及关系而感嘉许与非刺之情者,与对自然之美同。夫自然之美虽存于其部分之比例关系及位置,然其美恶非存于各部,实存于全体,自其全体呈于吾人之目前,而使吾人起高尚之感情者也。

然则此伦理的嘉许之根源果为何种之感情乎?哲学家多以其根源为存于自爱,但休蒙以为人苟试验吾人道德感情之作用,则此说之非自不待言而明也。夫古代及异邦之人,其动作之合于德牲者,吾人往往嘉许之不置,即敌人之忠勇,亦往往得吾人之嘉许,此其结果虽或出于特别之兴味,然对他人之祸福之感情为人类之性质之原理,要之无可疑也。除此以外,吾人实不能发见更普遍之原理,故凡一切嘉许之加于吾人所谓功德云者,皆得由此同情以说明之也。休蒙用归纳法以研究各德性而立此说。彼谓对公福及公利之反省,乃伦理的嘉许之唯一渊源也,如吾人见守信、正义、诚实、清廉及各种德性而嘉许之者,实出于公利之念,与公忠之义务之出于公利之念者同。彼分析正义之一德,以为正义的法则之所以必要者,实存于保人心之冲动之平均,及人类之特别之状态也,如人类状态一变而或为纯爱之人类,或为纯欲之人类,则正义之德归于无用,而亦无必行之之义务。且吾人细察国家之法律,即所以维持正义而决定财产者,其唯一之渊源与证明亦唯公利之念而已。试举例以明之。夫由人之技艺及劳力所得之财产必为己有,而得遗诸子孙及亲属,以奖励人之有用之事业,一切契约必力守之,以保人间相互之信用,而增进人类之福祉,此等人人所承认者也。然若离公利之念而考之,则天下之至奇而最戾于自然者,孰过于正义或财产之法律乎?凡一切民法之变更,即推广、限制、增损、改易自然的正义之规则,而使合于社会之便益者,除利用之观念外,亦别无他法以说明之。休蒙自谓彼之学说中唯有一事可致疑者,即吾人非刺不义时,未尝计及不义之恶果,然此或由教育与习惯而来者也。彼又谓吾人之嘉许及非刺,亦有时由观念之同伴而逸于利用之原理外者,然其由来则亦出于利用之观念者也。

然由休蒙之说,则利用之原理虽为许多德性及对他人之功德之唯一根本,然非道德感情之唯一根本也。今有他种之德性,如喜悦、恭敬、节俭等,决非有利用之性质,而亦得旁观者之嘉许者,此由此等德性所赋于有此德性者及他人之快乐,经旁观者之同情而嘉许之者也。即极利用之德性,如博爱之心,其为人所嘉许者,亦半由于直接之认许(不计其利用)。今以例示之,如吾人见人尽力于他人之事,而过其当然之度,则相谓曰此人过善,此等博爱实与利用相反,吾人自不能不加以非刺,但于此非刺之根底,实暗示尊敬之意。且利用之念,为伦理的嘉许之渊源者,不必尽指公利。

休蒙本来之学说，大抵研究直接有益于有此德性者之德性，彼谓世界极严肃之人，常谓德性为虚车，然彼对谨慎、勤俭之诸德，不能自拒其嘉许之意。然此等德性自吾人观之，无非以增进有此德性者之福祉，故彼嘉许此等德性者，实足以示起疑非利己的同情之不存在者也（谓人唯有利己的同情）。

　　休蒙视道德的能力，为思考的而非动作的如此。彼未尝作外界之义务之图形，如赫启孙，又未尝谓道德感情所嘉许之一切德性中有高下贵贱之别，又对德行之非利己的性质，休蒙之见解实未十分明晰也。其当注意者，休氏早年之著述不认平静及普遍之善意之存在，此即赫启孙所视为最高之动机者也。彼谓人性中无对人类全体之爱情而不与自己相关系，故对社会之博爱及计人类全体之福祉者，不足为正义之固有之动机也。然彼晚年之著作不再主此说，其说伦理的嘉许时，以为出于博爱，而谓博爱之感情中有非利己的原质，即饥渴、名誉等心亦然，其说与白台尔同。然彼于他方面，又谓道德感情除与人以苦乐而构成吾人之祸福外，不足为动作之动机。且其学说中更有矛盾者，即彼力言理性非动作之动机，只有管理自肉欲及习惯来之冲动之作用，又除动作者自己之兴味或福祉外，吾人无对德性之义务。然彼又谓一切义务同时亦为个人之兴味，此其学说之结论也。从休蒙之学说，则道德的意识不过一种快乐的感情。然休蒙对此问题尚未有完全之答，盖道德感情之精髓，如存于对他人之快乐之同情，则德性以外之事物，凡足使人快乐者，何为而不为嘉许之对象乎？此问题休蒙之所不能答也。且其伦理的嘉许之概念亦非明晰，彼之所视为德性而足当伦理上之嘉许者，不但举道德上之美质，又杂以知性上之能力，故道德感情之性质尚有须说明者。而解释此问题者，休蒙之友亚丹斯密其人也。亚氏于其道德感情说中，谓一切道德之感情皆得分解之为同情，与休蒙之说合。又谓同情以外别无伦理的感官。又休蒙之所谓同情之快乐之出于德性之善果者，此说也，彼亦不反对之。彼谓人若为精密之考察，则知吾人所嘉许而以为德性者，不外有用于自己及他人，或为自己及他人所认许者也。顾彼虽认上帝调节吾人嘉许之感情，而使益于个人及社会，然彼谓此感情，其本源实非由利用之知觉出者也，虽利用之知觉能强此等之感情,然吾人之对谨慎、正义、博爱诸德而嘉许之也,其认许之原质,常为嘉许之感情之大部分,且谓除利用之知觉外,吾人别无嘉许之原因,此又不能持之说也。由吾人之考察观之,则一切德性之利用,不能为嘉许之第一原因,而嘉许之感情中常含合宜之观念,此全与利用之知觉异焉者也。

此合宜之观念,乃吾人之道德的判断中之最紧要而最普遍者。自其初而言之,则此等判断常对他人之性质及行为而发者,当此际合宜之观念之最简单之形式,乃出于直接之同情者,即旁观者设身处动作者之地位而所感之情是也。夫自己之感情与他人之感情谐合者,必生快乐,虽感情之惹起同情者,与所惹起之同情皆为苦痛,然两情之谐合则快乐也,此谐合之状态乃一切嘉许之要质也。故嘉许他人之感情,与对此等感情之同情实为一物。凡人之对我之忧乐而寄同情者,实以我之忧乐为合理故也。故一旁观者对他人之感情,而其同情不能企及时,则訾之曰"过度",或不达其同情所期之程度时,则訾之曰"不及"。然世事亦有为吾人所嘉许而不出于同情者,此由于吾人不注意于其事物故。如吾人沉默时,亦嘉许他人之滑稽及巧笑,此由吾人平日常与此等感情相谐合故也。而感情之相异者,其合宜之度亦相异,而其对旁观者之同情有过与不及时,决不为其所嘉许也。

欲得感情之谐合,旁观者观动作者之感情时,与动作者之自表出其感情时,均不可不为若干之用意。故凡自克自制之德,使人惊且喜者,吾人谓之曰可敬之德性。至可爱之德性,如博爱等,亦存于其德性之美质之程度,使他人之同情惊喜者也。然旁观者所以对此可爱之德性而生同情者,不独由于博爱者之感情,一、由于博爱心之所与于他人之快乐,二、所惹起之感谢心是也。

此同情之最终作用,即吾人对他人之某行为而视为功德之心之所起也。吾人对某事而颂其功德者,由某事为感谢心之对象,即吾人立旁观者之地位,而对某事所惹起之感谢心而生同情故也。然吾人苟不寄同情于某事之动机,则亦无对其所惹起之感谢心而寄同情之理。故功德之感似为一混合之感情,而出于二相异之情绪者,一、对动作者之感情之直接的同情,二、对受动者之感谢心之间接的同情,而以第二者为尤要。不功德之感亦然,乃出于对动作者之感情之直接的不同情,与对受害者之忿懑之间接的同情者也。此同情之感使吾人嘉许或欲罚不正之行为者,乃正义之感情之第一原质,而因欲保社会之秩序,觉此等处罚之重要者,仅此感情之第二原质耳。

吾人对他人之感情及行为,其判断之也如此,至对吾人自己之行为之判断,则更需他原质以说明之。在良心之作用中,吾人常分自己为二人,而自居旁观者之地位,以判断自己之行为。在真旁观者,其嘉许与非刺也往往易误,因彼对吾人之动作及动机无完全之知识故也。但吾人受不当之嘉许时,常生不完全之满足,而受不当非刺时,亦借所设想之公平之旁观者以自慰藉,于是求为可嘉许与惧为可非刺之心油然以生,此二者全与求嘉许与惧非刺之心异焉者也。然吾人之对谬误之非刺而易为所动也,甚于对误谬之嘉许而生满足,盖谬误之嘉许不难由公平之心知之,而对谬误之非刺无相同之方法以祛之故也。故理想之旁观者,即在我胸中之他人,有时为我胸外之他人所淆乱,虽胸中之他人,有时因有胸外之他人批评其侧而自觉其义务者,然若真旁观者之批评或不公平,而公平之旁观者(即良心)其位置稍远时,则吾人道德感情之合宜的性质亦易于破坏也。

且吾人胸中之他人,有时因内界之情欲之势力而背于真理,与其由他人之见解而失其公平之意见无异。但对此自欺心,则道德之普遍法则乃其最有价值之救济法,而此普遍法则非本来之直觉,而得于吾人嘉刺时之经验发见之,而吾人敬此法则时,即所谓义务之感也。亚氏谓尊敬此法则之事,乃唯一原理而一切人类所得由之以指挥其动作者。然此说与其平日之学理实不能调和。盖彼固谓一切德性所谓普遍法则者,实散漫而不精密,而指挥吾人之行为,实由感情而非由公理故也。然彼又谓正义之法则乃最精密者,而决定吾人外界之行为。彼更而谓道德之普遍法则可视为神法,又谓公平之旁观者之忠告即心中之声,吾人苟注意于此,决不为其所欺罔。要之,彼之学说对此等结论,尚未有确乎不可动之意见也。

休蒙及亚丹斯密之学说为近世功利学派之先导，而趋于道德感情之渊源之研究。然二人皆不注视道德感情之复杂之方面，又不能认此等感情与简单之同情异，盖此本心之作用之化合物，不能分解之为同情之单一之原质故也。于此点，赫德来氏说明之方法，实有非休、亚二氏所能比者。彼之《人间观察论》与休蒙之《道德原理论》殆出于同时，彼说之重要，在应用联想(观念同伴)之法则，而说明人间复杂及高尚之感情。彼谓一、想象，二、野心，三、自爱心，四、同情，五、爱神心，六、伦理的感觉，此等感情之快乐及苦痛，皆出于感觉之快乐及苦痛，因联想之反复与结合而生者也。夫英国学者中视联想为精神现象之一要质，决非由赫氏始，如洛克、休蒙等皆已见及此。又迦氏谓博爱等之感情本自自爱心出，由联想之势力而成者也。但完全应用之于伦理的心理学而成一系统者，则赫德来之书始发见之。彼之于联想也，不视为精神现象之混合物，而视为其生产物，与化学上之化合物非各原质之混合而别为一物无异也。彼之学说全为心理学上之说，而视身体与精神互相并行，而非有所轻重，而在身体中，由感官之单一之振动而生脑髓中复杂之振动者，其在精神中，则由感觉之反复而生感情及观念，此似单一而实复杂者也。而上述六种之苦乐，其在后者较在前者为复杂，因后者需前者结合之作用，故伦理的感官之快乐，在其最后即最复杂者也。此等感情生长之最初之状态，主存于言语上之联想，即小儿时所闻一切加于德与不德之批评是也。由是而加以由自己或他人之德性所得之满足心，社会心与博爱心更加入之。又由一切德性之互相适合，且合于世界之美丽秩序及完全，于是生审美上之快乐，又加入之。且由希望践行义务之酬报，于是理想的快乐与义务之观念相结，至终而宗教的感情又加入之。至苦痛之方面，其复杂亦然。

赫德来之感觉论，断非重视肉体的快乐者。彼谓肉体的快乐为一切感情之根本，此即其卑劣之原因，盖视自然中之次序，其先行者必较后出者为不完全故也。故由自然及人工之美，及科学所得之想象之快乐，乃吾人智性的快乐之第一级，而常为更高之快乐之预备，此即其所以卑劣也。要而言之，人断无以感性上之快乐，即想象及野心之快乐，为其最大福祉之对象者,而此等快乐之完全之量,唯附属于同情、敬虔及伦理的感官而后得之,此其重视宗教及道德之说,可谓立于利己主义之基址上者也。然赫氏又谓若以自爱为追求之第一目的,则易于消灭爱神、人之高尚之快乐,故吾人理想之目的,虽此生中所不能达,然当使自爱之心附属于高尚之感情,而渐达于完全无我之域。故合理的自爱心,能于此心之全灭时得十分之满足,盖爱神及人之快乐不与劣等之快乐相似,而无过度之危险,并不互相冲突者也。且信仰及博爱二者互相助长,吾人所以不可无无限之博爱者,正以神之博爱无限之故,且吾人非达神之地位,其博爱亦不能无偏重之弊。又谓同情之快乐虽为伦理的感官之大原,然亦因伦理的感官而更增进者也。

赫德来之实践论与谴夫志培利及赫启孙之说相合如此,且彼极言博爱为吾人所追求之第一目的,而使吾人一切动作,视力之所及而生最大之福与最小之祸,此乃社会之行为之法则,而无限的博爱心所指示者也。然彼虽示此法则,未尝如后世功利派之所说,盖彼谓计算吾人动作之结果,其事至难,故此普遍之法则外,吾人不可无特别之法则。此等法则除从《圣典》外,如考自己及他人之伦理的感官,博爱之次序,先亲而后疏,先博爱及宗教上之人而后及他人,诚实及服从国法等是也。此等附属之法则,吾人于有思考之余暇时必当从之,若事变之猝起而不及思考者,则道德的感官乃吾人唯一之指导也。但此等公理互相冲突时,其决定之之方法如何,又伦理的感官其根本如何,皆彼所未及明言者也。

概言之,赫德来虽热心于决定人生之法则,然其兴味实全注于心理学,尚未应用之而作人间生行为之标准。故彼之学说,蔽以浅薄之乐天观,尚未触人生问题之难解处也。亚丹斯密之著作,其欲由心理学上之分析而建设伦理学也,亦蹈此病。要之,此时英国之伦理思想,其公共之倾向常在心理学,而非真正之伦理学。休蒙亦然,彼虽明言道德上之区别之真实,然细检之,其意不过谓人间对自己及他人之性质而有好恶之情耳。盖自谴夫志培利以后,伦理学者之思想,其观察及分析人生之感情者盛,而伦理学上之根本问题,即何谓正行及何故某事为正行之问题,自不得不置诸脑后,此于道德上亦不无危险者也。盖道德法则而若失其固有之势力,则将随人而变,与光色、兴味等无异。且如休蒙所谓动作之目的非理性之所与知,则人将谓理性并无服从道德感情之义务故也。于是反动之态不一而足,以反对伦理学之消化于心理学,此又必然之势也。而此等反动必起于前此之二派中,即二派在克拉克及喀姆培尔兰时互相融合者,至白台尔、赫启孙而已有反对之势,即一谓道德的原理乃人人所共许而有客观的确实性者,此乃伦理上真理之一团体也,一谓利用及快乐,昔日休蒙所视为道德感情之渊源者,乃道德最上之标准,而道德感情由之而被判断及矫正者也。前者普拉衣斯、李特、斯台滑德及一切直觉派皆从之,后者其见解及议论虽不一,巴兰、朋萨姆皆属此派,而应用之于伦理学及政治学,即在今日犹盛行于世,所谓功利派是也。

普拉衣斯著《道德之大难题》,刊于千七百五十七年,先亚丹斯密著作出版者二载。彼谓道德观念由直觉真理而得,即谓由悟性之作用而直知事物之性质。此说可视为智特瓦斯与克拉克说之复兴,然其间自有差别,不可不注意也。第一,彼谓正与误之二概念乃单一之观念,不能下其定义或分析之,又谓正、适宜、义务、责任等之概念其意相同,至如克拉克、瓦拉斯敦视伦理学之真理与数学或物理学之真理无异,其说易入于纷乱,不可不力避之也。第二,谓道德意识中之情绪的原质,谑夫志培利及其学派实专注目于此,此虽与知性的直觉相伴而起者,然实附属之者也。故从普氏之见解,则正与误乃动作之客观的性质,而道德上之美恶乃主观的观念也。彼谓感情者,半由于理性的动物对正误之知觉所生必然之结果,半由于感官或变易之善感性,故理性与本能(或觉官)互相为用,以成对德性之冲动,然其中理性的原质最为根本且有力者也。普氏又从白台尔之说,谓人于对动作者之功德或非功德之知觉力外,又有对其动作之正误之知觉力与之相伴,而前者之知觉力不过后者之知觉力之一种,故知人之有功德者,与知其人之正行一也。彼与李特皆谓动作者之功德全存于其计划,即其动作之形式,故无心之恶断不足责,其故意疏忽而致忘其真正之义务者,则真可非刺者也。至论德性之目的物之为何,则普氏之说较之模阿及克拉克二氏甚为散漫,因彼反对谴、赫二氏之说,故其争论之位置甚为复杂故也。普氏之所最明言者,则谓博爱之原理外,更有最上之道德原理。彼不谓人之对博爱之原理及合理的自爱之原理初无行之之义务,而力言两者皆为自证之理,盖凡事理之明白而无疑者,无过于求自己或他人之福祉。然彼从白台尔之说,谓勇毅、诚实、正义诸德,不必详计其关于福祉与否,而自有行之之义务。又括吾人对此等义务之意识,而成真理之一组,此白台尔之所未尝为也。彼由此谓判断道德者,非理性而宁在常识也。故彼说诚实之义务时,不精密示其为自证之理,而求诸常识之道德心,其说正义也,亦若以罗马法学之原则为法律上之真理,故彼于伦理学之方面上已为李特之常识哲学之先导。要之,普氏当谴夫志培利、白台尔说人类之性质中有非利己之原质后,独谓正行之所以当选择者,正以其为正行故,又谓动作之偏于气质之性愈甚者,愈失其伦理上之价值。此其言较之哥特瓦斯及克拉克,尤为勇毅而明晰也。

就此点言之,李特于其《人心之动作力论》(一七八八年出版)之结论,更与常识相调和,谓人之所视为正之观念,若无几分之势力,则其动作自不能为善。此说半由彼之伦理的心理学较普拉衣斯为精密,而从白台尔之思想故也。彼与白氏共认一、动作之合理的及节制的原理,及二、非理性而需节制之冲动,以此二者区别为根本之区别。又同时谓后者虽非理性,然亦出于自然,而其动作亦有固有之区域,以增进个人及社会之福祉,又于人类助长其合理的原理时所不可缺者也。此动作之非理性的原质中,彼分之为二种:一、机械的本能或习惯,此中并无意志、企图及思想之作用杂之;二、动物的原理(其中亦含慈悲、公心诸德,而禽兽中所不能有者),此与意志共动,而决定所向之目的者,但其中尚无判断及理性之作用耳。人之动物的原理,李氏历数之如下,较之白台尔之说甚为精密,即甲、肉欲,即循环而与不快之感觉相伴者;乙、欲望(狭义),其中以势力欲、名誉欲及知识欲为最著;丙、感情,即对他人之情、博爱与怨恨皆是也。而博爱心之普通之性质,乃可欲之情,而希望其对象之善;怨恨心则反是,包含烦恼及纷扰,而希求人之害恶者也。彼又从白台尔之说,而谓无心及有意之愤怒,于其固有之范围内,非不合法及便利,以此与一切本原的及自然的冲动相同故,至后起之欲望则不然,此非徒无益而又有害者也。至其说节制之原理之二元论,亦从白台尔之说,谓计自己之全体之善(即白氏所谓自爱)与义务之感(白氏所谓良心),二者皆合理的原理,而同时共动,得以理性之一语括之。彼反对休蒙之说,而极言第一原理之合于理性,谓全体之善(其中含完全及快乐之意)之概念,唯理性的动物(谓人)有之,此超绝一切特别欲望之对象,又以过去及未来之事比较现在之感情者也。且谓理性的动物既有此全体之善之概念者,自不能无此全体之善之欲望,而此欲望自能节制一切之情欲者也。至其对道德能力之说,全与普拉衣斯之说相合,谓道德能力全为智性的及自动的,不但知觉道德上之义务或正理,且命令意志而使践行此正理者也。二氏皆谓对动作之正与误之知觉,必与对动作者之功德与非功德之知觉及特别之感情相伴。但普氏说此感情,以快乐及苦痛为主,与见自然之美丑时所生苦乐同。李氏则谓此感情乃有德者之博爱、嘉许、同情之感情,与不德者之反对之诸感情是也,而人若于自己之动作加以道德的判断时,则此可乐的善意乃一切人类快乐中之最有价值者也。李氏谓人之道德力,其生而有者不过其萌芽,必由教育、训练及习惯之力,然后能达道德上之真理。彼非如普氏说伦理的感官,彼谓道德之本原非感情,非概念,而最上之真理也。然于此有一重要之问题,实彼之所未考及者,即道德上之推理之前提为普遍的判断欤,抑特别的判断欤之问题是也。李氏于此未有决定之说,彼时谓伦理学上之方法乃演绎的(普遍的),然又谓此动作为正,彼动作为误,此等判断乃本源的判断,则又似视道德之推理之前提乃特别的判断也。

李特于伦理学上所立之科学的方法,非有实践之价值,盖彼谓人欲知行为之正误,但听良心之命令已足故也。故彼虽由演绎法而作一原理表,而述常识之道德,然决未可谓之完全也。彼述对一切德性之公理,谓一、行为中有正有误,而二、其正误但限于有意之行为,三、故吾人当自知其义务,而四、务不背之。此等公理外,尚有根本之公理五:第一,乃合理的自爱心之公理,即谓吾人对自己之利害,两利相权,当取其重,两害相权,当取其轻;第三,博爱之公理,用斯多噶派之公式表之,曰世无为自己一人而生者;第四,公理但形式的,曰正与误无论在何时何地,自人观之,正者皆正,误者皆误也;第五,宗教上之义务也。独第二公理,似可为社会义务之标准,曰自然之心,见于人之构造,故吾人之动作,不可不体此心。然吾人若应用于实践上,则自不难知其不能悉合也。

故欲以此等公理化良心之命令为诸方法,其不能明矣,而其缺点又不能以彼之正义说补之。彼力攻休蒙之说,而谓一、正义者,所以拒种种不法之行,即损害人之生命、家族、自由、名誉、契约等,正义之心乃由直觉破坏他人之自然权利之恶而起者,未尝计及社会之福祉也;二、财产之权利虽为后起之权利,而非自然之权利,然此乃生活之自然权利必然之结果,即生活及自由之方便,而劳动者所应有之权利也。然其正义之公理未为精密,未可谓能离社会之利益之观念而说明此等权利也。

吾人如观李特之高弟斯台滑德之学说,则其叙述伦理学上之原理也,亦陷于同一缺点。彼之《人间自动力及道德力论》,包含白台尔及李特之见解,亦间出入于普拉衣斯之说,其说较前数氏之说颇精密而有系统。又其伦理的心理学亦颇稍有进步,然其所加入匡正者甚少。彼极言正义之义务与博爱异,然其下正义之定义时,亦不离于无偏党之概念,此实与功利派及他派之说无以异也。彼后日又谓公平之德乃正义之支流,其公理如下,曰:"劳动者当得其劳动之结果。"人之财产之权利实于此原理中发见之也。其他原理为彼之所论及者,即诚实及践约之原理。而彼论述此等原理时,谓人心中于计算功利之念外,自有爱真理及好善恶恶之情,然此等原理如彼之所说,尚未有实践之价值也。

以此观之,李特及斯台滑德二人欲由自证之原理而演绎道德之法则,其所贡献于伦理学者尚少,即徽伟尔之说亦然。彼之学说所以异于苏格兰之前辈者,实由其大受汗德之影响之故。彼谓自爱心非一独立之原理,又谓离于义务之福祉,非个人之合理的目的也。道德的理性乃最上之物,而现于五最高原理,博爱、正义、真理、纯洁、秩序是也。此恰与法律之五大分类,即生命、财产、契约、婚姻、政府相当。而第一、第二、第四之三原理,节制人类之三动机,爱情、精神欲及肉体欲是也。此表之外,又加以道德上之热心及计划之原理,其系统亦略近完全之域。然吾人细检之,则知秩序之原理即服从政府之原理,并非指专制政治而言,盖彼之所说,务依英人之常识以立言故也。又正义之公式曰:"各人当有己之所本有。"其语意亦颇广漠。徽氏谓此公式得由现在之法律解释之,然彼又谓此公式得为判法律之正误之标准,此说实自相矛盾也。至纯洁之原理,曰:"吾人下等之性质,当受治于高等之性质。"亦无甚精意。要之,吾人欲于徽氏之学说中求根本之直觉,而与计算福祉之念异者,则除真实之原理外,无一足以当此说也。

伦理学上之直觉论与功利论之争,虽始于白台尔及李特,然至十九世纪之中而盛。如彼等之争论专在义务之说,则伦理学上之原理自当益入于完密,然其所争者不但义务之说,兼及于小节,故其说甚为复杂也。巴兰及朋萨姆谓义务者不过由人之从道德法则与否所生之苦乐之及于意志之结果,又从赫启孙之说,谓一般之快乐乃此等法则之最终目的及其标准也。彼等用苦乐之说以答道德上之重要问题,即何谓正行及如何而吾人必为正行之问题,其说甚为简要,故人多信之,然非有论理上之结合,于简要之中仍含矛盾之见,故近日伦理学上之论争,其混杂颇不少也。

巴兰之系统之特质不在建伦理学上之原理,而在求此等原理之条件,彼之学说实出于塔开尔。塔氏谓各人之自己之满足心,精密言之,各人之希求满足之心,乃一切动机之渊源,而与一般之善相连结,一切行为之规则及名誉之感情皆从此出。而又从自然神学说明之,彼谓吾人之好一物者,以其物之满足他人之欲望之故,而伦理的感官及博爱心,吾人不过视为仁爱之快乐,其所以为之者,实由其好之故也。但人之自己之福祉,即快乐与满足之全体,乃其动作之至高目的,而满足或快乐于其程度虽不同,然其种类则一而已。如人之好听音乐、视美色、食美味、行善事,或计一般之善时,无一非满足与快乐,而皆得谓之曰快乐之量。于此可发见后日巴兰氏功利论之特质,即巴氏谓:一、计快乐时,全属分量上之事;二、道德法之标准,在一般之快乐;三、个人之快乐,乃各事之动机;四、伦理之动机与法则之关系,在全智全仁之神之意志。然塔开尔之以神学连结个人之快乐与一般之快乐,此巴兰氏之所避也。塔氏谓人无自由意志,则恶善之报应人所不宜受也,神性之公平常与人以平等之福祉,故吾必从神意之所命令,增一般之福祉,以增自己之福祉也。

但巴兰氏之伦理学上之见解,更得由迦氏之学说中发见之(在巴氏数十年前)。迦氏谓德性之观念乃从生活之法则,而使一切人类之动作各计他人之福祉,此人之义务也。义务者即谓某事当为,某事不当为,以得快乐而避苦痛。完全之义务乃各人各事所同,唯由神之权威而生者也,故神之意志即德性之标准。盖自神之性质观之,则其所以造人类者,其意不外使之快乐,故吾人之行为亦当计人类全体之快乐,而人类全体之快乐即德性之标准也。

但筑伦理学完全之系统于此基础之上者,则巴兰之《道德哲学及政治哲学之原理》一书是也(一七八五年出版)。彼谓义务者,乃由外界之命令所与吾人之动机所生者也。道德之义务,其命令本自神出,而其动机存于死后之赏罚。神之命令得由《圣经》及自然之二面发见之。然《圣经》非教人以道德,宁示道德之例,而又加之以新裁制之力者也。唯观于自然,则知神之意志在于欲增其所造之物之福祉,故彼之判断道德之方法,专在计行为之对一般福祉之结果何如也。顾吾人之所谓罪恶者,亦有时与人以快乐之结果,此事实乃反对此方法之最有力者也。彼对此攻击,于是但说立法时一般法则之必要,而计算特别动作之结果之困难得稍避之,如此而其功利论的方法得免于白台尔等之所讥,然其说尚未可谓之完全之方法的也。

至功利论之统一明确而有完全之方法者,则朋萨姆之说实远出巴兰之上。彼由苦乐之结果而论人之动作,即务离常识所谓是非之势力,而但记述此等结果之如何,以断其动作之善恶者也。夫此等结果得由经验上决之,故朋氏之政治及道德论皆立于经验之上。彼意谓无论何人,于自己之对饮食、男女、财产、势力等事同情,恶意及个人与社会之善意等,莫不附以快乐之价值,其反对者即为苦痛,与劳动及疾病之苦痛同,而他人对此等之苦乐之程度亦得推而知之。故若一切动作而决定于快乐及苦痛，且得由此标准判断之，则法律及个人之行为术皆当立于简明之经验上。故吾人若欲研究动作之善恶，当先考此动作之影响于动作者及他人之兴味，而计算此动作所生之苦乐为必要也。其始先考此等感情（即苦乐）之强弱及久暂，及其确否，但所谓强弱者非性质之别，而分量之差别，盖快乐之性质一切相等，斗草之乐与诗歌无异。次考苦乐之丰啬与纯杂，即其感情之趋向入于同类之感情，而不入于反对之感情否是也（朋氏计苦乐之标准时，尚举远近之一例，然此可括于确否中，故不述）。如吾人总计此苦乐之价值，则得断定动作之倾于乐者为善，倾于苦者为恶。以上就个人之动作论之者也，至动作之与社会相关系，而及于社会之兴味时，则其苦乐之广狭又不可不计也。朋氏于各道德上之判断，虽不敢望用此标准，然谓人之判断愈近于此标准时，则其判断愈精密也。

吾人由此以决定吾人之动作，则其动作之趋向自入于最善。然次所当研究者，动作之动机为何物是也。欲答此问，吾人当自种种之视点而汇记各种之快乐及苦痛，而视为有力之原因，用朋萨姆之语言之，即所谓行为法之制裁是也。彼谓人因欲求自己之快乐，与欲避自己之苦痛而服从法则：一、自然之进行，即自然中因果之法则，不为人及神之意志而变者；二、官吏之动作，即执行君王之意志者；三、社会之动作，用朋氏之学语，即所谓物理的制裁、政治的制裁、社会的或伦理的制裁是也。此外彼又说宗教的制裁，此使朋氏之学统稍失之混杂者也。然彼之所谓宗教的制裁者，非历数宗教上之希望、恐惧，而唯指宗教上之动机之实现于人心中者，亦如他动机然，得观察之且量度之者也。彼未尝借全能全仁之上帝，以结合个人之福祉及一般之福祉，如巴兰之所为，然研究彼之学说者，至此而遇大问题，即道德法之制裁如何而能使人计一般之福祉乎？此问题于其及身所出版之书中，尚未有完全之答。彼之最早之著述，谓人之行为之动机常存于自己之福祉，而人虽对苦乐之结果有完全之智识，未足为计一般之福祉之动机。又彼之《立法及宪法论》，谓若不改刑法，则某种人之兴味常若与其同胞之兴味相冲突。由此观之，则立法之系统若不完全，则人不能由一般福祉之进步而得自己之最大福祉明矣。然其稍后之见解,则又实际之利他主义也。彼不说谓世之秩序之不完全,而个人与一般之福祉不能无所冲突,但谓个人之福祉之域愈大者,即所以增进一般之福祉也。至其死后所出版之《义务论》,则谓由经验上观人生之实际,则知行为之增进一般之福祉者,常与增进个人之福祉者相合,而世所谓不德,实可视为误计人生之事变者也。彼谓个人之动作时固有之目的,乃个人终生之最大福祉,而又不畔于最多数之最大福祉者,此即伦理学上正误之标准,苟善求之于经验,则两者之冲突得由此调和之,殆可视为朋萨姆晚年之定论也。然视社会之实际之状态,则欲由经验上以调和自己及一般之兴味,虽非不能,亦至难之事,朋氏之学徒皆不敢由此说弥缝其系统之罅隙,亦无足怪也。彼之学徒之一派,如约翰奥斯汀等,仍返于巴兰之位置,而求功利之渊源于上帝所立之法典。又如额禄德等,稍狭小其说,谓人之对一般福祉之义务,唯限于互相利益者。穆勒则与此二派相反,而力言个人之福祉当附属于一般之福祉,而功利论之普及于伦理学及政治学上者,则穆氏之功绩殆非他人所能望其后也。

穆勒于其《功利论》之一短篇中,欲明一般福祉为个人之最终目的,其说稍复杂而不易解。彼始从休蒙及朋萨姆之说,谓此最终目的之问题不俟证明,而人苟考察之,自能使人之智性承认此功利之说。此等考察如下:一、各人之所欲者在其自己之快乐,而快乐之愈大者,其欲之也愈甚;二、所谓可欲之物,即人之实际所欲者,此唯一可证之事也;三、故各人之快乐,即其人之可欲之物或善也;四、故一般之快乐,亦一切人类之总和之善也。如人类之总和,若有大意志之作用,则此等考察能使其意志之所向在于一般之快乐无可疑也。盖然在个人,则欲由此等考察而以一般之福祉为其行为之标准,以代其一己之福祉,则颇不易易。然不全立于此说,当其答义务之渊源之问题,彼全用朋萨姆之制裁说,即谓人之所以志于一般之福祉者,实所以求一己之快乐之说是也。彼于此等动机之中,特举朋氏所未尝说之一制裁,谓之万人一体之感情,此使个人之目的与他人之目的相调和者也。此感情于人类之大半,其强度常劣于爱己之感情,亦有全无之者,然在有道德者,则若以为无此感情,于彼似为不善,此信仰之情,即最大福祉之道德之究竟的制裁也。而穆勒谓彼等信无此感情似为不善时,未必信彼等自己福祉与一般之福祉共增,而在今日不完全之世界,人宁须牺牲其自己之福祉,然后可得一般之福祉,但彼视此等有意之动作,不计自己之福祉者,即实现此等福祉之最好计划,此实使人超绝于人生之境遇之外,而使彼得免于过恶之苦痛者也。

于此学说,古代斯多噶派与伊壁鸠鲁派之说互相融合,盖于伊壁鸠鲁取个人之至善之定义,于斯多噶派发见所以达之方法,而结合之而为一,以反对朋萨姆者也。彼谓各种快乐非独有分量之别,且有性质之别,而欲以此说调和常识及功利论,其说之利益即存于其说之统一。盖若不说快乐之性质之区别,则既以最大福祉为人生选择之标准,何以有时而选小量之快乐乎?彼谓所以选择此等快乐者,其分量虽小,其性质则优。然穆氏虽于功利论中加此新论,未尝证人之得一己福祉者,常存于志一般之福祉,即此等证明,彼亦未尝企图之也。

要之,完全之制裁说,朋萨姆及穆勒之功利论,非舍其经验论之基础,殆不能完全答之也。功利论者常由用种种之说以答此问题,然其所说之制裁,皆不得谓之完全也。一、谓人之所以以一般福祉为其最终之目的者,或由宗教之感化,或由无私之同情,或由其良心作用之合于功利的原理,或由以上之理性或他理性之结合;二、一般福祉得视为一法典,虽不必绝对从之,但限个人之兴味与社会之兴味相合时,自不得不从之;三、此一般福祉又得视为一标准,人之自身虽未尽合于此,然尝由之以是非他人之行为,如此道德得视为补助法之一种,而由舆论支持之,此起于文明社会中,而即以表社会之兴味者也。

由此第三说,而伦理上又起一新问题,即个人之福祉与一般之福祉之关系是也。即如一般福祉为道德上最终之目的,则伦理学者及教育家欲使博爱心为个人动作之动机,即使其社会的冲动发达,以偿其个人的冲动,宜达如何之程度乎?对此问题,朋萨姆之见解如下,曰:“自爱之情譬诸五谷,博爱虽有价值,不过如食后之果物而已。”至穆勒之学说则不然,彼受法人孔德氏之影响,而谓非利己的社会性乃一切有用于社会之事业之动机,虽卫生学之教训非全立于慎疾之基础上,而亦由于思吾人若不健康,则不能尽社会上之义务故也。然彼于一方面又谓道德上之非刺与道德上之颂扬异,而但限于行为之害他人与妨自己之福祉者,此等舆论(颂扬反非刺)之势力,自穆勒观之,乃社会上干涉之形式,社会用之以保护自己者也。彼谓人之损害自己者,能由同情及兴味而影响于他人之与彼相亲密者,且社会亦蒙其小害,然非有一定之损害及于个人及社会者,则可任以自由。例如国民之好饮者,吾人不必非刺之,然一旦因饮酒而不能偿其所负之债,又不能养其家族,则真可非刺者也。若巡捕饮酒而忘其义务,则亦可非刺者也。

如上所述,则穆勒思道德感情苟节制之,其作用得增进一般之福祉。然彼未尝谓道德感情与同情及合理的博爱心本为一物,而宁谓德性之为物,若非其自身有可欲之性质,而人心不计其利用与否而自爱之,则利用之原理亦不能存。此爱德性之心虽非人心之本质,然亦出于自然。彼于是以感情及观念之联想法则说明之,此即赫德来所应用于精神物理学,以说精神现象之发达者也。穆勒谓此法则其作用有二途,不得不区别之。谓德性之最初之状态,不过视为使人得非道德的快乐与避非道德的苦痛之具,由联想之力而渐视为快乐之直接渊源,如违其法则,则生悔恨之苦痛,于是在道德进步之人心中,德性遂为欲望之目的,而不为他目的之手段也。如此则德行之执行,不过求自己之最大快乐之特别状态耳。然穆勒更进而言既得此爱德之习惯,则爱之之心有受苦痛、舍快乐而不悔者,古之英雄与殉教者甘牺牲其自己之福祉,以增进他人之福祉者,为此故也。如贪鄙之夫,其初求财货,本以图安乐,既而以安乐殉其财货,亦由联想之力使然。而道德感情至其终而得如此之势力者,穆勒谓出于多且杂之原质,其化合之感情与此等原质之和大异,此又与赫德来之说相合者也。且普通之人民,其道德感情亦半出于人为,培因氏所谓由政府及教会所施良心之教育是也。然道德感情之由人为法而生者,易流于逆理及损害,而道德感情之合于功利论之原理者,乃由自然之渊源出。如人类之社会感情,乃二原质之化合物,一、对他人之苦乐之同情;二、与他人共利害之心是也。至特别之感情与正义及不义之观念相结合者,穆勒谓为愤怒之感情,由同情及合理的自爱心而化道德的愤怒者也。盖不义之行,其损害不但及于受苦者之一人,而且及于社会(吾人亦包于其内),故人人思所以罚之也。至培因及其学派之联想心理学,其说道德感情之起源也,与穆勒之说略同。彼等皆谓合律之个人,由联想之作用,而其自己之兴味得与社会之兴味相调和。故由功利的原理观之,普通之人民之良心,于计算行为之功利之困难且不确实时,虽非正确之先导,然其用正不小也。

然此良心之联想说,犹为今日争论之点。直觉派之学者首攻击之,谓良心而若自最初之感情导出,则其权威全坠于地。彼等最有力之论难,谓小儿之良心,似尚未有余裕之时间得以联想而生之也。然在今日,则得应用生理学上之遗传论于心理学上,以驳前说。盖由遗传之说,则父母因观念或感情之联合,而于精神或脑髓上所生之变化,得遗诸其子孙,故今人之道德感情及他能力之发达,得于人类之历史以前之生活求之,而其为导出之说仍无以异也。且在今日,此遗传论常与达尔文之自然淘汰说相联合。由达氏之说,则各种生物在其进行之途中,由外界之境遇而渐增其器官能力及习惯,以保其个物及种类之生存。此理论始于道德感情发达史上与以生物学的原质,虽不能与联想论之旧心理学相调和,然谓感情之倾于保存人生者生存,而其反对之者灭亡,亦足再纠正联想说者也。

自达尔文之说出,而生物学的进化论之思想大行于世,其影响之及于伦理学上者亦非浅鲜。此进化论不但变更道德感情之联想说,亦唾弃朋萨姆之决定动作之善恶之标准及方法者也。其初代最大快乐之标准,以生理学上之概念,即所谓人类社会之保存,或人类种族之保存。更扩而言之,即所谓生活之分量之保存,此较之最大快乐之标准更为客观的,而为人生之唯一目的,一切行为及性质皆得由之以判断之者也。次代经验之功利论,而从生物学及社会学之法则而演绎道德上之规则,此第二研究法可谓从科学之基础上而立道德者也。

于演绎之途中,此目的之可为道德之科学的标准者,进化派之各思想家其说亦不一,至其说此客观的目的与快乐之关系时则更不同。许多进化论者谓福祉或快乐,不过人生之最终目的即保存或增进生活之度之伴侣,而非于科学上有量之价值者。如进化论之大家斯宾塞尔则力排此说,以为苟察一切生物之动作,则知生活之分量,自其纵与广两面量之,其各动作之向此目的者愈调和,则生活之程度益发达,故动作之倾于保存生命者为唯一之善,而彼于生活之概念中,实预想一愉快之感情,彼虽不言人常倾于此感情,然谓动作之导生活于最大之分量者,即导愉快之感情于最大之分量者也。彼之所以为此说者,实由其知伦理学之系统不指实际之人生,而但关系于理想的社会之合理的行为者也。彼谓凡合理行为,在此理想的社会者,必生纯粹之快乐,而不杂以丝毫之苦痛,而行为之结果其纯粹如此者,然后得谓之绝对的正,其行为之与苦痛相伴,或有苦痛之结果者则误也。伦理学本说绝对的正之真理,而此等真理断不能直接与人生实际之行为相关,故绝对的伦理学之推理,乃论理想的社会中之动作与其结果之必然之关系,又从必然之原理而演何行为有害,何者有益者也。至论实际之人生者,谓之相对的伦理学,此由经验而研究绝对的伦理学之法则,如何而可以应用于此处或今日之人类者也。

进化论者斯台芬亦以快乐为合理的行为之最终目的,而唾弃朋萨姆之方法,谓社会的有机体之保存,乃道德之科学的标准,此与旧功利论之所说其差别甚小。夫一切伦理学者,无不以保存社会为唯一之要件,殊如功利论者,尤以此为道德之必然的作用。但此外尚有争论之问题,即吾人何为以人类之保存自足,而不求更可欲之生活乎?即福祉之概念何以而减为保未来之生存之概念乎?如吾人断定此问题,则他问题又接踵而起,即由今日社会学上之智识,如何而能使社会有机体保存之标准应用于道德上,而立科学的伦理学乎?此伦理学上可注意之点也。

故斯宾塞尔及斯台芬之伦理系统中,其对人生与福祉之关系之乐天观迄于何点,实未易断定之。今日之研究生物学及社会学者多持此说,即谓人生日趋于快乐者也。此说之正确与否,常为深邃之议论所攻击,此半由于德意志之厌世哲学之势力,当略述之于卷末。厌世论者之主要之见解：一、谓欲望之苦痛与无厌之状态乃人生中重要之原质；二、苦痛之度比快乐无限大，而生物之苦痛尤大，生物中又以人生为最甚；三、人类之大半因防御现在之疾苦，其所费之劳力虽巨，而其效仍不完全是也。此独断的厌世论于英伦尚不多见。然谓人民之平均之福祉，虽在文明社会中，其程度亦甚低，故现在仁爱之宗旨，与其增生活之分量，宁增生活之性质，此则今日普通之意见也。

　　如上所述，经验的功利论与进化的快乐论等之论争，全出于同一之根据地，即视人生为动物界之一部，而评人生之善恶之原理得应用于此动物界之全体。此等思想为近日新思想所攻击，即谓人为理性的动物，而其善全存于自觉，有此自觉与否，即人与动物之一大区别也。此说出于德意志，其在英国则于额林之《伦理学序说》中始见之。由额林之说，则各人之目的或至善存于其人之能力之实现，而人者乃许多自觉的物（鬼神或人物）中之一，而唯一之神即唯一之至尊，由世界之存在所表示者，于此而再现其自身者也。此等鬼神及人物，其视自己也，若为一联合之智力，而与自然之世界即此联合之智力所构造者相区别。彼之生存由一方面视之，若为自然中之一部，然非徒自然的，故不能由自然律知之。且以彼之自身与自然相区别，故彼不能于肉体之欲望之满足或生灭之快乐中，发见其真正之自足或真善，彼之真善必永久不易，而实现于自觉的生物之社会的生活者也。然非其能力实现之后，不能知其能力之为何，而今日之所实现者特其一小部分，故完全之叙述，今日之所尚不能也。但其叙述之一小部，得由今日之道德法典中发见之。此小部虽不能视为有绝对的确实性，然确实性亦尚无量，而除行为之最善之欲望，即道德之渊源外，与一切互相冲突之冲动异也。其中一无量善，即为善之意志。如吾人自问对真善之意志现于何所，则将答之曰："当从希腊人之德性分类法。即对真善之意志亦现于艺术及科学，不徒道德上之诸德性而已。"而此善意，即欲知何者为真、何者为美之欲望，及忍苦痛、拒诱惑之意志是也。又此真善之观念，不得区别对自己之善及对他人之善，又不得为争论之对象。然此说如何而能与前说相调和，即与科学及艺术之能力之实现得包括于善之观念中之说相调和,则彼之所未尝明说也。

余于此篇叙述英国自霍布士以来至于今日伦理思想之发达,然尚遗漏伦理学者所怀之一大见解,即自由意志之问题是也。其遗漏之之原因,实因许多作者多不论此晦涩之问题,或减小其伦理学上之价值。此第二研究法与余之见解正合。而人之对此问题也,有三见解:一、人之对诸动作之选择力不受动机之影响,或反对相冲突之动机之合成力者;二、选择理性之命令与肉欲之命令之力;三、合理的动作之不被动于强冲动力之性质,即中世神学者所谓无人含罪恶之说也。此自由之第三见解,明明与第一、第二相异,此伦理学上之理想,而要非人之意志所本有也。第一见解又与第二异,非伦理学上重要之件。即从第二见解,则人之意志之自由亦非考窍何者为彼所应为时之要质也,此不过讨论罚人之过恶之为正义与否时,须知其有为善之力否耳。然论报应之正义与自由意志之关系宁为神学之问题,而非伦理学之问题,故自霍布士以后至于休蒙多存而不论,洛克之定业论亦然。虽克拉克之说人多视为非定业论,然彼之说乃形而上学的,而非伦理学的。谴夫志培利及感情派之伦理学者亦不论此,细心之白台尔务于实践哲学上,排除此纷纠之说。此问题之复兴,则在李特及苏格兰学派,此由于休蒙之学说之反动而生者也。彼不特谓自由意志在常识之信仰中占重要之位置,而亦视为伦理学上之要点,而与赏罚之判断不可离者也。彼由两论以证自由意志,一、自动力之一般意识;二、责任之一般意识是也。彼始谓吾人信意志之自由,此有普遍性及必然性,而必为吾人之构造之结果也。设若谓此说为虚伪,则已对上帝为不敬,而即怀疑论之根本。彼谓自动之观念但可应用于人之意志耳,若人不由意志而由外力动作者,直谓之非人可也。或谓人之动作由动机之强者决定之,此又不然,盖动机之强者,吾人虽觉抵抗之不如顺受之之易。然吾人亦时时得抗之,此即意志自由之一证也。

自由意志之说,更得由责任之观念证之。凡过之出于人之势力之外者,则不当受其罚;人之因非常之痛苦及惊骇而不得不为损害之行者,则末减其罪,此吾人公共之意见也。然吾人虽承认其抵抗力之制限,而于此制限之中又默认其自由,如一切动作而皆为必至之事,则吾人之判断行为时,何为生故与误之区别乎?

李特及直觉派皆持自由意志论,唯受汗德学者之影响者,则谓意志之自由与否非吾人之能力所能知,论之者必陷于二律背反之误,而独论义务及报应之意识。至功利派则全与直觉派异,彼等皆所谓定业论者也,彼等不但谓自由意志说难与科学上之因果律之普遍相调和,且驳击责任及报应之说,而与此等字义以新意。盖由定业论者之说,则刑罚者所以处有意之损害,虽加损害者其事亦多出于不得已,然其不得不罚者,乃所以防将来之损害也,故刑赏与非刺,亦所以补助正行之动机者也。然此等定业论者,其言亦有时得与自由意志论相调和,即彼等谓因疏忽而致损害者不得不罚,因其怠义务出于有意故。又吾人虽不能恕谋叛或暗杀之罪,然或因其爱国之故而稍宽大,此又与李特之说相似者也。

以上予既叙述英国伦理学说之进步,而未述其与他国同时之伦理思想之关系,此叙述法似最便利,盖自霍布士以降,英国伦理学全发达于本国,而不受外国之影响。特嘉尔之物理学及心理学,虽盛研究于英国,又其形而上学之系统亦为洛克之先导,但特氏之著述尚未触伦理学之本域内,克拉克之与斯披诺若及拉衣白尼志之争论,亦限于形而上学之方面。故加特力教国之法兰西,其于学问上贡献于我英国者虽多,然决不在伦理学之方面上,如阳珊尼斯德与耶休斯之大争,自吾人观之,则全无兴味者也。唯十八世纪之末,法国之革命哲学一渡海峡,然其影响之及于伦理思想上者亦不甚著。卢骚之自然主义亦一度盛行于英国,且使英国之旧民约说发展而动于革命之方向。然英国学者虽受法国之影响,仍从英国思想之旧路,而欲建平等、自由之社会于伦理之基址上,如直觉派之普拉衣斯、功利派之普利斯德黎等皆然也。唯朋萨姆之说,则其要质实自法国输入,即从海尔微鸠斯之说出,而亦朋氏所自认也。海氏谓人类唯为自爱心所管辖,所谓道德上之判断者,不过社会对公共兴味之公断也,故于一般福祉外置德性之标准,或但教人以义务而责其不德,皆无用也。道德学者之功用,不外使人知德性与福祉之为一物,故自然及人为之教育虽使人互相怜相助，然自爱心之受合法的之制裁者乃道德之原动力，此即朋萨姆之学说之所由出也。

而穆勒之功利论亦受孔德之影响。孔德谓人类之进步存于其人类之属性之胜其动物之属性，而人之社会的感情乃人类之属性中之最高者，故孔德以人之博爱心及为他人而生存之习惯之发达，为实践上之最大标准，不但增进人之福祉而已。彼虽谓人之动作之感情及习惯愈倾于利人主义者，其快乐亦愈大，然彼之说不从利己主义论出，而却以自献为道德上之理想，此说与朋萨姆之人类生存说为正反对。穆勒之新功利论，志在于此二说之两端间取其中庸者也。

孔德以皈依人类之说不但为道德之原理，抑亦宗教之原理也，然此说不大行于英国，唯其所说科学之方法，殊如社会学之方法，其影响之及于英国之伦理思想上者不少。盖据巴兰及朋萨姆之功利论，则行为之法则，无论道德及法律，皆一定不变也。朋氏虽承认气候、人种、宗教、政体皆与人以种种之影响，而谓立法者所不可不计之，然其自己之社会构造说却不用此考察，其学徒皆以道德及法律乃人类所公共，而无时与地之差别者也。孔德之社会学说则不然，谓伦理学及政治学乃实际应用于社会者，故其学说中社会进化之法则占重要之地位。彼谓人类之进步必经许多之阶级，而于各阶级中，其法律、风俗、习惯各不同，此必然之理也。故欲知今日之人类，不可不知历史上过去之人类，不由历史而以抽象的方法建立道德上及政治上之理想者，其无效必矣。凡法律及道德之改变，其势力全决于社会之动力。此见解不但广行于其学派中，凡今日有教育之人皆深赞之者也。

德国哲学之影响之及于英国伦理思想上者，与法国之哲学无异，仅近日之事耳。在十七世纪，普芬陶甫之《自然律》一书，述虎哥之说而稍改正之，以与霍布士之新说相调和，奥斯福德大学及他处多诵习之，洛克亦以此书为绅士之教育所必要。然以后德国伦理学发达全在英人眼界外，伏尔夫之哲学系统，英国最有名之学者亦不知之，汗德之伦理说为英国伦理学家所精研，亦仅五十年内之事耳。彼之伦理学说之根本见于英人之书，则在十九世纪之初,即哲学者而兼诗人之哥列利忌是也。嗣后徽伟尔及他直觉论者亦明示汗德之影响,于是四十年来,英人对德国学说之兴味益增,汗德之学说遂普及于全国。凡今日之伦理学,其不述汗德之说者,几视为不完全之著作也。

汗德之说之最与英国伦理学者相似者,则为普拉衣斯,而汗德之在欧洲近世伦理思想中所占之位置,与普拉衣斯及李特之在英国略同。汗德谓人为理性的动物,故不可不践理性之规则,所谓无上命法是也。彼谓动作之不出于善意者不得为善,而此善意必与自然之性(即气质之性)异。故义务但为义务耳,其践之也,必因其为义务之故,而非有异于其他。此与普拉衣斯之说相合,然其说亦有较普、李二氏更巧者。彼谓人对自己之有德之动作虽觉其乐,而对违犯义务时虽觉其苦,然此道德上之快乐不足为动作之动机,何则?此等快乐不在承认义务之前,而在践义务之后故也。又从普氏之说,而谓正企图与正动机不但为正行之不可离之原质,且亦为此等动作之道德上之价值之标准也。彼又进而谓义务之法则非可分离者,而得由一普遍之原理表之,此英国伦理者所未尝梦见也。其证明如下,即理性之命令乃一切理性的动物所同,故吾人若不与意志以普遍之法则,则不得为善。吾人于是得无上命令之根本原理,其言曰:"汝由格律律动作,此格汝能使之为普遍之法则。"汗德以此为一切义务之标准也。

汗德之学说中又有一重要之特质,即其义务与自由意志之关系说是也。彼谓吾人由自己之道德意识而确信吾人之自由,即吾人以正行为吾人所当为者,正以其为正行之故,而非以吾人嗜之之故,此足以知吾人有合理的意志者也。即吾人之动作非由苦乐之感情之刺激决定之,而但决定于理性的真我之法则,此理性之实现或合理的意志之实现,乃义务之绝对目的。吾人于是得实践之新根本法则,曰:"动作之对汝自己或他人者乃一目的,而决非手段也。"而此自由之概念,又使伦理学与法相连结,即法学之宗旨在实现人之外界之自由,而使人人无相侵害,伦理学之旨在反对自然之性之目的,而使追求理性之目的以实现内界之自由者也。如吾人问理性之目的之为何,则汗德将答之曰:"一切理性的动物,其自身即为理性之目的。"此决非明晰之答也。吾人或以一切理性的动物之理性之发达为理性之目的以解释此语,然非汗德之真意。彼谓各人当养其自然之能力与道德之气质,以为理性之最完全之器械,然彼谓他人之完全,非自己之目的也,盖以他人之完全为自己之义务。此语中已自相矛盾,何则?他人自能以自己之完全为自己之目的而有实现之之义务,且又他人所不能代为者也。然则他理性的动物遂非吾人之目的乎?汗德曰:"有吾人对他人之目的,非其完全而但其福祉。"即人但能助他人使达其自然之性所决定者,而不能助其达理性之所决定者也。此以他人为目的之理由,存于彼之自己之目的(自然之性之目的)之概念,其有影响及于我者,则我亦当以彼之目的为我之目的。汗德又谓求一己之福祉不得谓之义务,何则?福祉者乃自然之性之目的,而非理性之目的故。然各人既各求其自己之福祉,且求他人之助彼,则他人之福祉亦必为伦理上之目的。何则?彼不践助他人之义务,则不能要求他人之助彼故也。此于义务中屏除个人福祉之说,似与白台尔及李特之说相反对,然汗德之至善说则又与二人不甚相异。彼谓人之践义务虽以义务自身之故,而非视为达福祉之手段,然无福祉之希望,则亦不能合理而践之,故人之至善非德性,非福祉,而为福祉与功德相应之道德世界也。汗德以为自理性观之,则吾人必属于此世界,而此世界由全智全能之神统辖之,如无此世界,庄严之道德不过为钦仰之对象,而不能为动作之渊源,此汗德之对上帝及未来之信仰之所由来也。但在汗德,此信仰仅存于伦理学之方面,盖由汗德之形而上学,则自然之世界为吾人所知者,不过外界之印于吾人之感性之复杂之印象,由吾人之自觉力而结合为经验之世界也。至物之本体之何如,则吾人既不能经验之,自不能有此知识。然由吾人道德意识观之,则知吾人必当属于超感世界,此世界状态虽不得知,然知吾人决非徒现象而亦为本体者也。故上帝及来世之有无,虽不能由理论知之,然于实践上必以此为假定,然后得说明实践理性之无上命令力也。

当汗德之未殁,哥列利忌已研究其著作,彼在英国为德国思想之代表者殆数十年。然当哥氏之始研究汗德也,汗德之后继者斐希台、希哀林、海额尔等各出其说,于形而上学放非常之光彩。斐希台之主观的唯心论与希哀林之客观的唯心论虽皆自汗德出,然亦有与汗德之说大不同者,而哥列利忌之所述汗德之学说似自希哀林出者,故非汗德的而宁为汗德以后的也。然此限于形而上学之方面,至哥氏之伦理学说则纯粹述汗德之说,又迨海额尔之说之行于英国前,于英国伦理思想中亦不能发见斐希台、希哀林之学说之迹,此书所以略此二人而但述海额尔者,盖以此也。

海额尔之伦理论亦与汗德之说有异同。彼从汗德说,谓义务或善行存于人之理性的意志之实现,而此意志乃一切理性的动物之所通有者也。但汗德谓此意志之内容得由各人赋与之,而为主观上之物,海额尔则谓此普遍之意志乃现于社会之法律制度及道德,而客观上之物也。故彼不但拒斥求快乐之自然性,且谓个人之良心与社会之常识相冲突者不但无益,且一切罪恶之根源也。何则? 个人之道德之精髓存于其与家族、社会乃国家之关系,此等体制乃实践之普遍理性之最高之发现也。

海额尔之学说其见于今日英国之伦理思想者,如上所述之先天论是已。然其研究人心及社会之历史上之发达,其影响之及于英国者较其伦理学说为著。盖从海额尔之说,则宇宙之精髓即思想之由抽象而进于具体之行程也,知此行程,然后能解释欧洲哲学之进化。彼又谓人类之历史,乃自由灵魂之经过种种之政体而必然之发达之历史也。其始为东方之专制政体,此时自由独君主所有耳;其次为希腊、罗马之共和政体,其时某种之人民立于奴隶之上,而得其自由;最后为今日之社会,自由之为物遂视为各人之自然权利。其说如此,故彼之《历史哲学》与《哲学史之讲艺》遂波及欧洲之全土,而今日历史的法则之盛行于各实践之学问者,其被海氏之影响实非浅鲜也。

如前所述,今日英国之伦理思想中,人生上之厌世观与进化论派之乐天观互相对峙,而在德国则汗德以后之唯心论亦颇与进化论派之乐天观相若,与叔本华之厌世观相反对。叔本华从汗德之说,谓客观的世界吾人之所经验者,不过人之感性之所造,而使合于经验之人之心之法则耳。但其所以异于汗德者,则其物之本体之说也。彼谓意志者乃一切生物、无生物之极内部之精髓,此意志之真性则欲使自己化为客观之冲动力是也。此在无机界则为机械力与化合力,在有机界则由下等之生物而渐升于高等,至有脑髓、有意识之生物而达其最高之度。此意志之现于生物界者,得谓之曰欲生之心,而此欲生之心乃一切动物之最深邃之精髓也。但此欲生之心必不能满足于今日之世界,而不满足之生活即苦痛之生活,虽或得一时之满足,然不过暂离苦痛之状态,而非正面的快乐也。又此苦痛之生活至人类而达其极,此由人类之意志之发达最著故,而苦痛又由知力之进步而益增,此自然之势也。故哲学之义务在使人灭绝其意志,一切道德皆可于此中计算之。其灭绝之阶级有二。其最低者为通常之德性,即视人若己之仁爱及同情是也。但此等通常之德性,尚不离乎欲生之念。意志之完全之灭绝存于涅槃之境界,即脱离人生幻妄之快乐,虽传种之冲动亦抑制之是也。

叔本华之厌世观本于其意志论,此实由观察人生之经验而得者,但此人生之苦痛之经验的证明,至赫尔德曼而更明确。彼虽多创见,然可视为叔本华之弟子,盖彼谓现实之世界乃无意识的意志之不合理的动作,与叔本华之说同也。赫氏虽弃叔本华之一切快乐不过苦痛除去之状态之说,然谓快乐之由除去苦痛而生者,其数实多于正面之快乐,而其量亦比所除之苦痛为劣。又谓由感情之持续而神经疲乏者,其势常增苦痛之苦,而减快乐之乐。又谓人之满足其时甚暂,而其不满足之状态常与欲望相终始。彼列举人之情绪如嫉妒、憎恶等乃纯粹之苦痛,又生活之状态如健康、幼壮、自由等,不过表某种苦痛不在之状态,劳动、婚姻等亦不过择小苦痛以求免大苦痛而已,至财产、势力、名誉等实幻影耳,视为真正人之目的误也。其他冲动之使人动作者,如饥饿、慈爱、怜悯、野心等,其所得之苦痛常多于快乐,若并自动与受动者之感情计算之,则苦痛更多。唯科学及美术实使人享纯粹之快乐,唯享此快乐者实无几人,而此仅少之人中,又因知力之高尚而得他种之苦痛。赫氏由此等考察而达最终之结论,曰:"苦痛之在此世界实远多于快乐,此不独人类之全体为然,即境遇最佳之个人亦复如是。"彼更进而谓福祉之进步更无望于未来之世界,而宁增其苦痛。

何则？科学之进步其增进人之正面的快乐者盖少，而自科学所得之苦痛，人不得不益讲防御之方法，于是其苦痛遂有加而无已，此人类之知力及同情之发达必然之结果也。于是彼之实践的结论，不但如叔本华之说，灭绝其自己之意志，且谓人人当进而向世界进行之目的，即一切存在之涅槃是也。

五

心理学(节录)[①]

1 第一编

~~~ 总 论 ~~~

心理学之研究问题者何?　　心理学,研究所谓人者也。夫人有身体,有精神,而精神恰如海中之孤岛,以无意识之物质世界围绕之。各人之精神互相孤立,而其作用只现于心中,不能使他人直接知其实际,唯由外面之徽号现其一部分耳。则见颜色之如何,而知其人之喜怒哀乐,非直接知精神之状态,唯不过由徽号与推理而察内界之心像而已。此察他人之精神界之事也。若但自其身体观之,则人不过一动物,受外面之刺激而反动者耳。故身体与精神互有亲密之关系,不可相分离,然为说明之之易,故先区别精神之性质与身体之性质而论之,而后论两者之关系。

---

① ［日］元良勇次郎著,王国维译文载于上海教育世界社出版的《哲学丛书》初集(石印本,1902)。本书摘选其中的第一编和第二编"感觉"。——编者注

意识中之现象　抑精神之现象，不问种类之如何，皆存于意识中，犹物质之现象悉包含于空间也。然意识之为物，非时时存在，如睡眠中却无意识。又虽存在之时，有精神活泼时，亦有衰弱时，故于其动作也常有变动。而精神之现象有种种，即苦乐之感、思物之情欲、考究物理之理性等是也。是等现象，其异时而现者虽不相突，然诸种之现象实屡现于同时，故其互相冲突者不少。何则？无数之观念欲活动于意识中，而意识仅使能极少之观念同时活动故也。故甲观念现于意识中最明白时，乙观念虽现，然其明白远不若甲观念。又此外丙、丁之观念虽亦现，其微弱更不待言已。又时或乙观念最明白，而其他较微，盖由意识中虽现无数之观念，意识不能同时受之故也。而无数之观念中，某观念独明白，有由精神之选择定之者，又有不然者，而由各人自由择甲或乙，使集合于意识之焦点，其精神之力谓之有意注意力。又一观念偶现于意识中，意识之全力注之，而防他观念之现，谓之偶然之注意。则观念之为物无数，或在意识中，或在意识外可知。故吾人虽贮过去之事实于胸中，其一时不得回想者往往有之，然此必非其观念之消失，唯一时被障碍而不现于意识中耳。而在意识中之观念，比在意识外者其数甚少，是等皆从一定之法则新陈代谢，而现于意识中者也。而其一定之法则，谓之观念同伴之法则。今使闭人之五官，不使自外物受刺激，精神世界与外界绝其缘故，甲观念惹起乙，乙惹起丙，丙又惹起丁，如此自观念迁观念，人生恰如梦，如波中之小舟，风中之浮云，不能自定其方向，唯任其运命于同伴之法则耳。此等观念不关系于外界之形状，唯现于意识中者，谓之主观的现象或内界之现象。

身体之反动力　抑动物之身体，自神经与筋骨成者，而此外之消化机、肺脏、血液、脂肪等，皆为助此二者而存者也。而神经者，智力及感觉之器械；筋与骨，表出观念于外面之器械也。即欲动而无手足，则不能动；又心虽有喜悦之情感，若无面部之筋，则不得笑也。夫下等动物，但由外物之触接身体者与以刺激，则神经反动之，而使为身体之运动。然至高等动物，则其身体之运动不但反动于外部之刺激，意识中之观念亦刺激动神经，而惹起筋骨之运动。故因意识之发达，观念益介于外物之刺激与筋骨之运动之中间,使二者之关系极其复杂,而于其间不能发见直接之关系者往往有之。其故于人类意识之动力最大,即令外物之刺激传于脑中,然不直反动之,脑中吸收其刺激后,再为自发的活动故也。

脑之禁制之事 抑脑中之禁制者何?试取去一小蛙之脑,不使触接一物,则不稍活动,若与以外物之刺激乎,则直反动之。而为身体之活动若有脑之蛙,则其刺激虽同,然其反动也,决不如前者之著。又人类之睡眠中脑髓不动时,或脊髓之一部麻痹,而不传外物之刺激于脑髓时,若刺激其外面,则直生反动,但醒时及脊髓无病时,则脑髓活泼,虽有外物之刺激,不直反动之,若刺激忽消失于脑中者然。则脑髓不动作时,刺激与反动之关系单一;脑髓动作时反之,虽自外物受刺激,脑髓直禁制之。此现象谓之脑髓之禁制。

身体与精神之一致 如前所述,精神与身体虽分别而言之,然其实决非可区别者,不得不进一步而述人之全体活动之状态也。夫身体者,人皆称为助精神活动之器械,然此说不无稍偏于一面。何则?自他一面观之,则谓精神为助身体之活动之器械亦无不可。易言以明之,精神与身体必相须而后完全者也。故知精神与身体如何相助合之理,可谓知人之所以为人也。

单一之刺激及感觉 身体之构造自单一之细胞成,精神之构造则自最单一之感觉成者也。例如一点之光线入眼中时,生光之感觉;又以一木片刺激体之表面,则惹起一感觉是也。此单一之感觉,自物理上言之虽为外物之刺激,自精神上言之则为感觉。故谓之外物之触感官,谓之精神中之感觉,毕竟谓同一物之两面耳。此同一物者何?神经之作用是也。外物之接于感官也,神经因之受刺激,又神经之被刺激时,生精神之感觉,故神经之刺激,于一面与外物之接触有直接之关系,于一面与精神之感觉有直接之关系,此神经之作用所以为精神活动之基础也。而说外物与神经之关系,让之后篇,今就神经之作用与精神现象之关系,稍说明之如下。

印象及脑之变更 神经之一度被刺激也,传其刺激于脑髓,脑髓或直反动之,而生筋肉之运动,或禁制其刺激。然不问其反动与禁制,自神经所来之刺激一度传于脑髓也,于细胞之组织必生变更。例如山上雨降,沿山腹而流下,流于山腹中最低之处,更使低之,故低处益低,如此数次,终为川谷。此由雨水之每一度流下也,于山腹之表面生些细之变故也。脑髓亦然,受神经之刺激,而其组织中生变更。而其变更有永远存在脑中者,有直于脑中消灭者。其永远存于脑中者,谓之记忆。如此,单一之神经之刺激,惹起单一之精神之感觉,或为记忆而存于脑中。于下等运动若小儿之生活,其事相同,实可谓精神活动之原始也。然而神经之刺激及数度,则脑中之变更渐次复杂,因之精神之活动亦甚复杂。至此时脑中所生之变更,自单一之刺激之印象相重而成者。然其各个之印象,维推其本来之形,失之者甚少。故由此点言之,与白纸之上重文字及绘画而印刷者大异,虽几度重叠,其神经之印象得互相区别之。而此等许多之印象,各有秩序而互相连络,若刺激其中之一印象而使活动,则其他印象亦相继而活动。今试有一人自其人之耳目受单一之刺激时,不但生对其刺激之单一之感觉,且其互相连络之各印象亦同时活动,而惹起对此等印象之感觉。例如闻钟声时,虽但惹起听神经之刺激,然其音之一度达于耳也,不但生音响之感觉,心中即觉何处失火乎,其处得无有我之友人乎,某某之家屋得无恙否乎? 由此观之,生活之极单一时,有刺激必有对此之单一之感觉,然因生活之益复杂,印象相重之事多,遂至因细微之刺激而惹起复杂之精神活动也。

观念之生存竞争 刺激与反动虽不可互相分离者,然亦有被禁制于脑髓者,故虽有刺激,或不直现反动。于此时刺激之达于脑髓也,精神中惹起种种之观念,此等观念互为生存竞争,其生存竞争即所谓思虑而彼此不决者是也。今有人离父母之家,适远国从事商业,一日自故乡来一电报,曰:"父大病,请速归。"一读此电报,自眼所入之刺激仅六个之文字耳,然其刺激一度达于精神也,俄惹起种种之观念。一面即归国之观念,由动神经之助,动手足而为归国之准备;一面恐今若归国,于商业上大有所失,而犹豫之观念起;又自他一面,有损失虽大不可不归之观念起而与之竞争。如此竞争数分时间后,此等观念中之一观念遂打胜其他观念,于是竞争终,思想定。

有意之活动　抑观念者,活动不绝,新陈代谢于意识中者也,而此有一定之法则。于意识中呼起观念有二法,即有由同伴法而因他观念惹起者,有自神经之刺激而惹起者。然不问此惹起之方法之为何,但其现于意识中时,于其性质无所异。观念之一度现于意识中既如所论。种种之观念互相竞争后,一观念终打胜他观念,谓之决心。故心中决时,唯有一观念存于意识耳。此观念之作用有二样,即或自同伴之法以惹起他观念,或其观念直及于动神经而使为身体之运动。如此自观念之刺激而生身体之活动时,谓之有意之活动。此心理学之全体,而示本书所论之范围与其说述之大意,至其详细,更于本书之全章论之。

～～ 原　理 ～～

表象与印象之关系　印象者,谓自感官之刺激而脑髓所生之变更,纯粹物理上之物也,故被制于空间及时间。而表象者精神上之物,有制于空间者,有不制于空间者,而由时间与意识制之。又表象之存在,必不可无印象以为基础,即印象与表象虽相伴,然两者活动之法则相异。

表象及意识　其印象与他印象共活动而互为意识的结合时(参观第三章《意识之结合的性质》可也),其各现象谓之表象,其所结合之表象全体谓之意识。

表象有力　物体之有无何由知乎?由其抵抗力即不可入性是也。表象彼等相互之间亦有不可入性,而其类有种种,或结合而互相助,或互相冲突竞争,以维持各自之生存也。

灵魂及能力　古来灵魂之有无为哲学上之问题,后心理学者认灵魂之存在,附之以能力,例如记忆力、知觉力、判断力、意力等。

表象与能力之比较　从灵魂说,则以有能力之物为灵魂之力,以此为全精神现象之基。余今以表象为基,而其意识的结合者谓之曰精神。

精神与意识及表象之关系　意识与表象不要区别时,含有此两者,谓之曰精神。

意识　意识之于物质之关系,非如影与本体之关系。影但显本体之形,而自己非有力也。意识虽本于自物质之运动所起之表象之结合,然自己又有特有之力司表象之活动,犹自个人之结合所生之国家复司个人之动作,又得自其表象之作用,而制身体之动作者也。

表象与观念之关系　表象者对印象而言,然既入意识的结合而为我之表象,表象得我之助而始得存在者也。自对此我而观之,谓之观念。譬之国家,表象如各个人,观念如法人。

观念与感觉之关系　感觉者,单一之观念也。

观念与知觉之关系　观念自外物之存在而直接生起时,其生之之作用谓之知觉之,而如此所得之观念谓之知觉。

观念与心像之关系　心像者,观念之一种也。再生之观念,于空间或时间,或于两者之实形所现者也。

概念与知觉及心像之关系　概念固自离空间及时间之关系而成者也。知觉及心像反之,有空间或时间,或兼有两者确然之关系。故概念与知觉及心像大异其性质者也。概念不能为心像而现,盖心像必自空间、时间或两者之关系而存者也,例如马之概念不能为心像,为心像时必为白马、黑马、此马、彼马,或所想象之马。故概念与知觉及心像,不可无明晰之区别也。

智性　智性者,示复杂之观念相互之比较及关系者,而非别有一种之势力,唯不过观念所现一种之形状耳。

情绪　情绪者,谓自复杂之观念之动作所起之苦或乐之感觉也。

意志　意志者,非一种之势力,而谓观念之刺激的作用也。

心理学与诸学之关系

心理学与哲学大异。心理学者,研究人之学;而哲学者,研究自然神灵及人间之存在之根源之学也。然世人屡视二学为一,非无一理,盖当心理学研究之方法未明,世人研究心理不利用外界之事实,而但以自己之想象为根本,故世人以心理学与哲学同为形上之学。然心理学非全为形上之学,宁跨形上之学与形下之学之间,而定二者之关系者也。

心理学与科学之关系颇甚亲密。法国之硕学孔德分一切学问为六种,以自简入繁为先后,即数学、星学、物理学、化学、生物学、社会学是也。而孔氏以心理学为生物学之一部,故依氏之说,心理学与生物学有直接之关系,该学中最高尚者也。氏以心理学与哲学殆无关系,其说不无稍偏,然至心理学与科学之关系,得氏之解说而始明白,著者所大感服也。

心理学虽生物学中最复杂者,然比之社会学则稍简单者也。夫一个人者,组织社会之原质,则不知原质之性质不能知全体之组织明矣。社会之组织不可不适于人间之性质,不然,何能组织良善之社会乎?以譬喻说明之。夫容颜之表出,关于其精神之状态,内有快乐,则颜色爽快;若内有苦痛,则外貌亦准之。故容颜由精神之状态而变,社会之活动亦由组织社会之一个人之精神而大变者也。故社会之组织,表出在其中之一个人之精神者也。社会现象与精神现象,其相关系之密如此。

2 第二编 感 觉

∽∽ 第一章 感 官 ∽∽

组织吾人之身体者,有种种之细胞,又有纤维,然其中与精神有直接之关系者,神经系统是也。神经系统者,成于脑髓、脊髓及以外之神经。而脑髓与脊髓合称脑脊髓,或称神经系统之中心。而自脊髓出,分布于身体各处之神经,谓之脊髓神经;又面部及头部之神经直自脑髓出者,谓之脑神经。脑神经与脊髓神经自神经系统之中央起,至耳、目、口、鼻、皮肤及筋肉终者也。譬诸车轮,脑脊髓如毂,神经如辐,故称耳、目、口、鼻等神经所终之处曰神经之周围,无不可也。

神经有二种之别　神经有二种之区别,感神经及动神经是也。感神经者,以神经之周围所受之刺激传于中央;而动神经者,以中央所受神经之刺激传于筋肉,而惹起其收缩者也。则感神经可谓之受外物之刺激之道路,而动神经者可谓之现脑髓中之观念之机关也。

刺激之种类　抑外物之刺激神经也,有种种之方法:光线之触于身体而刺激神经也,不刺激听神经或嗅神经,唯刺激视神经而于精神中生光之感觉;又声之刺激神经也,唯由耳之机关达之;气体之物质直接触身体而刺激神经也,唯刺激嗅神经耳;由化学上之作用而刺激神经,唯由舌之机关得为之。如斯感官中各有分业之法,各神经从其特性而受外物之刺激者也。然受热之刺激,或自物体之接触惹起之刺激,殆为各神经之通有性,盖身体于各部分无不觉热,又外物触之无不生感觉故也。又筋肉与神经之关系,不可不区别为二种:其一,筋肉与动神经之关系,于筋肉之收缩时所不可缺者也;其二,筋肉与感神经之关系,即筋肉受动神经之刺激而收缩,又因其收缩而与感神经以刺激,而惹起一种之感觉,所谓筋肉之感是也。

神经细胞　凡神经自二种之物质成,灰白质及白质是也。于脑神经、脊髓神经及脊髓,白质在外面,灰白质在内部（观第一图及第二图）[①]。脑则反是,灰白质在外部,而白质在内部,脑之迂回即自灰白质成者也（观第七图）。而自其构造区别之,白质主自纤维成,而灰白质主自细胞成者也。实际于精神之作用有直接之关系者,灰白色之细胞也。而此等细胞之形状,第一在脑中者,与在脊髓中者自异其形状;又虽同在脊髓中者,因其处之异而其形状亦异。今以图示之。

第三图,鹙之嘴所取之细胞也。第四图,牛之脊髓之细胞。第五图,在触觉神经之边端者也。第六图之细胞在网膜,而于光之感觉有直接之关系。第八图,在脑之外面灰白质之细胞也。

---

① 本文所涉图片均略。——编者注

细胞之活动 细胞如上,其形状虽各殊,然皆有易受刺激之通有性。故外物之触于感官也,先刺激感官中之细胞,次传于神经而刺激脑中之细胞。而脑之细胞一度受刺激时,对此有二种之反动:其一,传今所受之刺激于次之细胞,自此又递相传,终刺激动神经之中央而生筋骨之运动;其二,禁止细胞之刺激,而不使所受之刺激传于他处,而于细胞中消灭其刺激是也。熟想脑中之状态,感官不绝与脑中以多少之刺激,脑之自处处之神经受刺激也,恰如许多之小流自各处注入湖中。然其刺激之小部分,或直因脑细胞之反动而与动神经以刺激,他部分或为细胞所吸收而消灭于其处。如此脑中自感官受刺激,又同时其大半皆消灭,恰如波澜动荡之海面常活动者也。而脑髓为精神活动之基本,则其细胞之每一激动也,精神必不能无多少之感觉,然无数之小感觉非保持巩固者,故我等之精神中,不能一一认此等之感觉,然此等无数之感觉存在,而为精神现象之基本,则确乎不可疑之事实也。更进而详说其理。

微细之无数之感觉 我等之身体由种种之势力围绕者也,即音响、光线、热、空气、臭气等,无不触我等之感官,又身体之外部则有衣服,内部则有血液等,此等皆刺激感官无有绝时,可谓物理学上之事实也。而如音响虽时时刺激吾人之听神经,然非高声或用特别之注意,则不入认识之范围内,于脑中消灭者甚多。又光线虽时时刺激我等之视神经,然其中唯注意于少数之物得认识之耳。又如衣服虽不绝与身体以刺激,然不甚觉之,唯着新衣服或礼服时始生衣服之感觉者也。此衣服之感觉虽甚微细,然于教育上有紧要之关系。若身体之衣服粗恶,则其精神亦自懒惰,不能守德义而谨严正确;若衣服整而身体之举动严正,则其精神自适于义。昔法国之一诗人,常正衣冠、严举动而作诗,为是故也。又身体中有脏腑之感觉,凡滋养分皆自腹部来,则腹部犹草木之根本,故自腹部来之感觉,精神活动之基本也。老子有言曰:"圣人之治,虚其心,实其腹。"盖腹部不实,自然苦精神而妨害平稳之活动也。又身体壮健时,全体虽有快乐之感觉,及以外种种之感觉,然不能一一认识之,唯其感觉非常强壮时,或身体中有病时,则处处觉苦痛,即头痛、腹痛等是也。壮健时决非无快乐之感,唯其感不如苦痛之明白,故不认识之耳。

第二章　感觉之结合

知觉之时间　前章既述感觉者精神活动之基本,无数之感觉恰如沧海之波涛旋起旋灭,脑中时时现不稳之状态,更进而于本章述其感觉之互相结合而更生复杂之精神活动之方法。今以比喻说明之。用通常之干板为写真时,数秒时间晒之于光线,使种种之形像不绝为新陈代谢而映于板面,则发表干板时必不得写一形像,此由其形像虽多,然无时间以使干板之药品充分生化学的变化故也。若取一物而映其形像于板面,数秒时间后发表干板,则得于板面明见其形像,此由物体之形像得使干板之药品生充分之化学的变化故也。光线于干板之药品生微弱之化学的作用,终积之而写物体之形像于板面,要数秒之时间。夫光线于干板所为之作用,与其于眼之网膜所为之作用又何以异乎?光线之入眼中也,虽于网膜上写外物之形像,然其始但于网膜之细胞(观第六图)上生微细之变化,精神不能认识之。此时其像去而新像至网膜,新像去而次之新像又来,如斯暂时种种之形像交代而映于网膜,则到底不能认识其一也。必同形像映于网膜,而细胞生微细之变更,更积累之,然后可得而认识也。则见物而认识之非一瞬间之事,先有细胞之变更,又有小感觉积累之而至于认识者也。由著者之实验,西洋文字中易读者如 M,经过一秒时之千分之五则得认识,其难读者如 S 或 Z,非经过一秒时之千分之十五不能认识也。又以汉字试之,其始以一秒时之十分之一见一字之率读种种之文字,渐能读二字,又认识速之人能读三字或四字,然欲再加多,则认识不分明而不能读也。由此观之,自眼认识文字要若干之时间,则其认识他物体亦要若干时可推而知也。

认识与观念　认识物时有必要之条件,即被认识之外物及认识之之精神是也,而就前者非此书之范围内所论,当就后者细密研究之。当认识物时,要感觉之积累既如所论,易言以明之,要观念之存在,即自感觉之结合而成之复杂之观念也,故我等不可不先究观念之性质如何也。

心理学之宗旨　夫观念者,精神现象之本体,心理学之宗旨即在研究观念之性质、起源及其活动之法则,故先区别此三者而说明之。

第一,观念之性质　论观念之性质,欲详其理,属哲学之范围者也。心理学唯论其全性质之一部,即论观念之关物质世界之性质是也。而先揭历史上就此问题种种之论旨,后述著者所自取之说。

唯物论及唯心论　抑哲学有二派之别,世人之所熟知,即唯物论及唯心论是也。前者之所主唱,谓万有之本质皆在物质,征之历史,则始于希腊之德谟吉利图,经伊壁鸠鲁及罗马之鲁克来谑斯等,以当时之物理学为基础者也。唯心论则反之,以万有之本质为精神之观念,而柏拉图实此论之祖也。柏拉图之学派与基督教相混,而多年统辖欧洲人之思想,历史上之所明示也。又于支那,孟子之"万物皆备于我"一语考之,即属此派。于古代二派之分如此。至近世斯披诺若氏出,大与思想界以变动。自氏之说,物质与精神皆非本质,此外又有为本质之一物,现于二面为物质又为精神者也。此一物即斯宾塞尔所谓"不可思议物",老子之所谓"道"者也。老子曰:"有物混成,先天地生,……字之曰道。"

心物相关论　又有一种之说,谓精神者,对物质者也;物质者,对精神者也。恰如上下相对,左右相对,无精神则物质不能独存,又无物质则精神亦不能独存。夫如是,精神、物质不过自其所见之异而然耳。此说之意最深,著者取此说者也。精神自所见或为客观的,外物自所见亦或为主观的者也。如白居易《长恨歌》云:

行宫见月伤心色,夜雨闻铃肠断声。

月与铃岂有兴悲之理乎?唯此物现于主观的,遂以在心中之悲归于物耳。又有主观的观念现于客观的者,如《蝴蝶物语》云:

逐鹿之猎师不见山,其心在鹿而不在山故也。

此主观的观念现于客观者也。由是观之,可知所谓主观或客观者,非绝对的之物,而宁相对的之物也。

第二,观念之起源　观念者,皆自经验来者也。然我等之观念,非悉一生之生涯中所得者,乃我等之祖先数万年来所积累,代代遗传而终至今日者也。然研究观念发达之历史,于心理学中别为一科,于本书不能细论之。夫小儿始离慈母之胎内也,当时于其外貌之动作虽与下等动物无以异,然脑中既有自祖先遗传之经验,故小儿之渐生长而学事物也,其精神之开发甚速,经过一二年,与下等动物远相隔绝,其形状奥妙,却如神灵之在体中。故柏拉图欲说明其奥义,为一种之想象说,谓灵魂入人体之先,游于天地,其智识殆与神等,然其入人体也,因肉体妨害其智力之活动,而经验则除去其妨害而恢复其活动者也,故小儿既回复前世之智识,则以寡少之经验速开发其精神,亦非无理也。柏拉图所谓受于天之智识,与斯宾塞尔所谓祖先之经验暗相符合,故凡精神现象中,无一不自经验来者也。

观念之联合　如此积累经验,而观念之集合从一定之法则而联合,其后甲观念活动,乙观念亦与之俱现,此即观念同伴之法,当更于后章详论之。

第三,观念活动之法则　夫观念之活动也,与天然之现象等,有偶然起者,又有依法则而活动者,而但取主观的之观念论之,从同伴法之秩序而活动者也,此观念活动之法则也。至知觉则非法则之所统治。夫围绕我等之身体,千万之物体时时刺激五官,惹起无数之知觉,其知觉为新观念而日日加入我等之精神中,而其知觉之现,则自外物之偶然触接五官所起之感觉之积累而成者也。然则主观的之观念从同伴之法则,而知觉则偶然来者也,此偶然与法则之区别也。

外感及内感　观念之性质、起源及活动之法则大略如此,故自今当论感觉之结合而成复杂之观念之方法。彼之小刺激不相混杂,而以适当之次序暂时相续而刺激脑,则小激动积累而成以一复杂之观念,至可认识,谓之曰知觉。虽其感觉之种类不一而足,然自神经之周围者,总称之曰外官之感觉,而自己之经验及自遗传而所得于祖先之经验,存在脑之组织而生种种之感觉者,总称之曰内官之感觉。

视觉之性质　抑眼者,外官之最适于得外物之知觉者也,即谓眼为代表感官亦无不可,故今欲定知觉之性质,当分解眼之认识外物之方法。夫眼之见外物也,必见其物体之存于空间,而空间者扩于上下、左右、前后之六合,则在其内之物体亦有长、阔、厚之三部,而眼见物而认识之,不得不认识其三部。然自生理上言之,外物之形体映于眼之网膜,刺激之而惹起感觉,则在网膜上直接刺激神经者,非实体而唯其影像耳。而影像者有长短、阔狭而无厚薄,然则如此刺激神经,如何能使认识有长、阔、厚三者之实体乎? 新说之出于世而欲解此疑问者,则苏格兰之高僧仆尔克利其人也。氏于一千七百九年著一书名《视觉论》者,论自眼所得知觉之性质。自氏之说,眼见外物时,网膜有认识物之长短、阔狭之力,而认识物之厚薄则非网膜之力,宁自推理而定之者也。

然则认识物体之表面之长阔由网膜之作用,故得称之曰眼之知觉,然认识其厚薄及其体之远近,非网膜之力,乃自种种之经验推理而定者,不能称之曰知觉,所谓理会使然也。此论固非完全,然在当时大为惊人之新说,且使世人更精密研究之,此不可疑之事也。至千八百三十八年,英国之科学家鏊依脱斯敦造实体镜。问氏之发明之所由来,则就眼之知觉不能容仆尔克利之说,自谓认识物体之厚薄及远近非因现会,而实由网膜之作用也,然此非一眼所能为,于兹有两眼之必要。据氏之所见,以为我等以两眼视物体时,左右之眼所映之影像不能全相等,右眼多见右侧,左眼多见左侧,自然之理也,故自影像之映于两眼有小差者,结合于精神中,自能使认识其厚薄及远近也。自此氏以同一物稍异其方向,而写其真为二个之照片而并置之于左右,使右画但现于右眼,不现于左,左画但现于左眼,不现于右,又用凸镜,自光线之屈折使此二画如一物,于是在纸面上之平写真画却现实体,是氏之大发明而为实体镜之起源也。其后研究视学之人不少,如德之海尔模鏊尔兹、海林及芬德,皆现今有名之学士,而研究视学所得之知识亦不少,故对照仆尔克利之说与今日所既得之知识,可定知觉之性质也。

平面之知觉 仆尔克利分自眼所得之知觉为二,长与阔自网膜认识之,厚薄则因理会而认识之,则我等当精研长与阔之认识如何而研究其性质。夫长与阔之认识，由物体之表面映于网膜，而自网膜之作用而认识之，此仆尔克利之说也。然网膜果有此力与否，此须解说之问题也，而欲其论之详，不可不先精研网膜之性质。网膜者在视神经之外端，视神经之入眼球也，直薄扩于眼球之里面，而覆于网膜之上，以成其内面者也。其细胞之形，自第六图所示二种之物及以外之细胞及纤维成者，然只此二种之细胞，于网膜之心理的作用有直接之关系者也。此二种之细胞，谓之长圆形及圆锥形之细胞。而长圆形之细胞，其长一英寸之三百五十分之一，直径一英寸一万四千分之一也；其为圆锥形者较长圆形者较短，以其直径最小者量之，殆一英寸之万分之一也。其配布之方法，虽此二种之细胞配布于网膜之全体，然至其配布之分量则大不相等。今通眼之结晶状体之中心与眼球之中心引一想象线，延长之而达于网膜，而称其线之触网膜之点曰中央小窝，此点稍凹，而圆锥形之细胞密集于此处，殆只自此细胞成者也。自此点至四方，此二种之细胞配布渐粗，此中央小窝可谓之视觉之焦点也，外物之影像映于网膜时，只映于此小点时极明白，去此点渐远，明了之度亦渐减。以此观之，网膜之心理的作用亦重集于此一点，则欲一时认识物体之表面，网膜可谓不完全之器械，然以此不完全之器械，能自隅至隅，认识大物体之全面，可谓不可思议之事也。如仆尔克利之说，网膜虽有认识其长阔之力，然不过物体映此小窝之一点得明白认识之，以外诸点其不明了必矣。氏之说不能说明此疑问，近世视学者以眼球之运动说明之。夫眼球有六个之筋肉，得自由运动于上下、左右之各方向，故由眼认识物体时，眼常动而不止，因之彼之中央小窝亦常动，而使物体全面之各点交代而来此焦点，此六个之筋肉自动之作用也。于是此一焦点动于各方向而不已，如无数之焦点并列于网膜之表面，以补网膜构造之缺点，而使眼为此种运动时，以彼六个之筋肉运动不绝，故精神中亦不得不惹起筋肉收缩之感觉，则网膜之感觉与筋肉收缩之感觉，常相伴而不可离者也。更精密说明之，今假定眼前有一长方形，有甲、乙、丙、丁之记号，甲、乙之长为一尺，而丙、丁之长五寸也，而其长方形中之甲点在中央小窝时，乙点离小窝稍远，其时眼不动，虽自网膜之作用知自甲至乙有若干之远，然不能明白认识之,若动其眼而使小窝自甲向乙,则得明知其长短,盖动眼球时必有筋肉之收缩,其收缩之感觉与网膜之感觉合,而始得明知甲、乙之长也。欲实验之,则可于壁上引长一尺之线,离壁一尺许远立,闭一眼而视之,则眼不能运动而不能明视其长短,然则认物体之长短与阔狭,不但网膜之作用,必筋肉之感与之相合,始得为完全之知觉明矣。于长短及阔狭之知觉,筋肉之感觉与网膜之感觉结合如此,今进一步而论物体之厚薄及远近之知觉。

物体之厚薄及远近之知觉 由仆尔克利之说,物体之厚薄及远近之认识非网膜之作用,所谓理会使然,由壂依脱斯敦之说,则由实体镜之理,乃映于两眼之异形相合而成者也。然前者唯论其大体,不论其细密之性质,后者不能说明下之二问题:第一,映于两眼之影像果结合否乎? 第二,我等何以能以一眼认识物体之厚薄及远近乎? 今一一说明之如下。

先自第二问题始,盖我等能以一眼认识物体之远近,乃眼球之构造使然也。夫眼球之构造如写真器械,于球中近前面之处有结晶状体,使光线屈折而于网膜上写外物之影像者也。然从光线学之规则,则自外物至此结晶状体之距离,及自结晶状体至网膜之距离,不可不与结晶状体表面弯曲之度互保其权衡,而眼球中有许多之小筋肉各有自动力,故应外物之远近而变结晶状体表面之弯曲,又变结晶状体与网膜之间之距离,以使外物适于写明白之影像于网膜之表面,谓之眼之适合力。适合力本于眼中小筋肉之收缩者也,则应外物之远近而使眼适合时,又有筋肉收缩之感觉与之相伴,此感觉为以一眼判断物体之远近之基础也。

就第一问题,无论两眼之影像结合与否,而由两眼判断物体之厚薄及远近时又有他故。夫两眼相距二寸许,则两眼视一物时,两眼之视线(自眼之中心通物体之中心之想象线)必不可不成若干之锐角,物体远则其角益锐,物体近则反之。然则自物体之远近而视角之度不同,自视角之度不同而眼球之位置亦不同,故使眼球运转之筋肉其收缩亦不同,此感觉于以两眼判断物体之厚薄及远近时大有效力,而此角度与前之适合不可互相离者也。

小儿之视觉 如前所论,筋肉收缩之感觉于视觉上大有力明矣。然上之所述不过稍补鳌依脱斯敦之缺点,此外物体之大小、明了与不明了及色彩等,皆足助判断物体之厚薄及远近者也,今稍说明其理。例如眼前有一册之书,其人谓此书隔我身凡六尺,然又有一小儿未知尺寸之为何物,与此人并立,则知此书与自身之间有若干距离。小儿不能言几尺几码,得以何物测其距离乎?小儿亦不能答之,唯知其距离之不大耳。然则小儿生时即能判断距离乎?曰:否,不然。小儿初生时,视外物悉如平面之图画,至认识物体之远近及厚薄,积经验而始能为之者也。盖小儿自己能运动后,动手足及身体而触物体,或近物体,或远之,则眼所见物体之大小自生变化,斯等经验积累而存于心中,则后日见物体时,恰如本能或直觉,而得判断其厚薄及远近也。然则小儿之判断距离时不以尺度,唯不识不知而自判断之,然其实以触觉及筋肉收缩之感、物体之色及大小等为标准,而判断其远近者也。身体之运动与网膜之感觉相结合,而得知觉物体之厚薄及远近如此,仆尔克利所谓理会之判断即谓此事也。然则认识物体之长短、广狭、厚薄时,筋肉收缩之感觉与网膜之感觉结合而不可离明矣。

视觉与他感觉之关系 如上所述,视觉不但由网膜与筋肉之关系,又存于接触之感觉与网膜之感觉之间。昔有一少年,生而盲目,至十二三岁时始得视力,其时见各物,皆如平面之图画,数日积经验后,始得见物体。又一日,此少年见猫与犬,以前未见过,不知何者为猫,何者为犬,及以手抱猫,抚摩之而试其感觉如何,使眼之感觉与手之感觉相结合,其后放猫曰:"猫,今而后余知汝。"(喀宾他《精神生理学》第一八八页)又有一少女,生而盲目,及成长之后得视力,一日见剪刀,其前但由触觉认识之,故以眼视之,不知其为何物,然一度以指尖触之,则即知其为剪,遂失笑。(喀宾他《精神生理学》第一八九页)

音响与感情之结合 又音响只与耳以感觉,而供给精神中以高尚之观念,所谓音乐之感是也。然就其认识外物之性质言之,则大劣于眼之感觉,由耳之感觉认识外物之性质,唯记忆前所经验者而始知之耳。例如父子或兄弟、朋友等常交言语,或互见其容貌,则自然与眼之感觉互相结合,故闻其声时,得直知其朋友或兄弟之全体。此外又与味觉、嗅觉等种种相结合,如前所述,我等之感官所经验种种之感觉互相结合,然我等所经验之感觉之外,尚有由祖先所得之印象存于脑中,而外感之发时,种种之内感与之相伴而发现,感觉之结合而为精神活动之基本如此。

概念及抽象的观念 自外官所得之感觉,其数多而甚繁杂,然许多大同小异之观念于脑中互相结合而为一观念,故大减感觉之数,且省繁杂者也,而如此结合之观念,名之曰概念。

夫概念者,抽象的之精神现象也,故不可不先了解"抽象的"之语。孟子既详述此意,曰:"生之谓性也,犹白之谓白欤?"曰:"然。""白羽之白犹白雪之白,白雪之白犹白玉之白欤?"曰:"然。""然则犬之性犹牛之性,牛之性犹人之性欤?"则白为白羽及白雪所共有,又生即所以知觉运动者,亦通牛之性、人之性所共有者也。而告子以其相通有之故,断言白为白,而一切之白皆同一;又以生为性,而一切之性皆同一也。然孟子否之,以人之性与牛之性全相隔绝。盖孟子论人间全体之实形,告子只论人间中之一部分,即论动物的性质耳,故至此二说相分离。然两说只有一理,而告子之所谓生指动物的性质者,人与牛马所通有者也,然所谓动物的性质者非一实形,唯就活动所现之种种性质,而不限人及牛马,一切动物所通有者也。此动物的性质之观念,谓之抽象的观念,抽象的观念对知觉即实形而言也。知觉者,认识外物之实形所得者也,故其起源在外。抽象的观念非自外物之实形所得之心像,而集许多外物之知觉于精神中,选择此等物普通之一观念,而自此构造之观念也,故其起源不在外而在内。如此抽象的之观念为起于精神中之一观念,而关系许多之实物者也。例如动物的性质之观念虽为一观念,而含有世界之诸动物,又人之观念含有一切之人类,自此点观之,则可称抽象的观念曰概念。抽象的观念与概念,其意相同,唯前者对实形而言,后者就其含有一切之性质而言也。

第三章 意识之性质

意识之能量 抑意识者,总括精神现象之谓,而非别有一种之观念,宁谓之精神现象之要质也。甲云心意,乙云灵魂,丙云精神,一一之现象,不问其根源及性质之如何,皆非物质现象,而意识的现象也。而心理学者就灵魂之有无及永久不灭之事暂措不论,唯以观察意识中所生之现象,论究其法则为宗旨,故心理学者之研究意识之性质,犹物理学者之研究空间之性质也。如斯意识实为精神现象之要质,然其容量比其中当含有之观念之数甚小,恰如小器注多量之水,水之大半溢于器外,而脑中之印象多半在意识外,而此等皆新陈代谢,而渐现于意识中者也。

意识之相对的性质 白昼仰视天,唯见太阳之光耳;及太阳既没,则众星满天。日中非无众星,唯不能认识之而已。又昼间热闹之时,远处之市街所发之音声虽触于耳,然不能认识之,及夜深四邻寂寞之际,是等音声恰如群蜂之鸣。此种现象,世人之所经验而亲知之者也,然其说明如何,此非物理学上所研究之事,又不能以生理学说明之,唯由心理学始能详其理者也。如前所述脑中种种之感觉,自外官起又渐消灭,实甚混杂者也,而其中唯感觉之度强者明现于意识中,然其感觉之度弱者则不现而消灭,又虽明现于意识之感觉,若有更强之感觉起,则此感觉出意识外,而为无意识。人之情感觉活动时与此同理,许多之观念皆被驱逐于意识外,故于此际判断事物最不适当也。又一观念在意识中,觉精神之苦痛时,则妨害他观念之入,而与以快乐。诗云:

> 感时花溅泪,恨别鸟惊心。

此之谓也。脑髓之活动弱而且静之时则反之,前之不现于意识中者忽然现出,故平心静思以考察事物之理法时,得为公平无私之判断,此我等日日所经验者,此由不为他感觉所掩,种种微弱之感觉多现出于意识中,为判断之材料故也。又因病或他原因而身体衰弱时,通常不觉之感觉常现出,其例不少。又因病而身体衰弱时,忽忆久不语或忘却之国语。常有意大利人移住美国之纽约,罹热病而死。其人初患病,说英语;及身体衰弱,说法国语;于最后之日,说意大利语。又有一奇谈。于德国有一天主教极盛之都府,某少妇罹疾病时,说希腊、拉丁及希伯来语。此少妇素不知此等语,僧侣皆以为恶魔之所为,笔记其语而阅之,其每语虽可解,至索其谈话之主意则全不可解,人人皆以为不可思议之事。其后始知此少妇曾在某说教师之家,而此教师之习惯,每散步廊下,常高声读希腊、拉丁之书,且以其前所笔记之言语与说教师之所常朗读者相比较,两者常相似,于是始知非恶魔之所为,乃此妇人不识不知,闻说教师之语,其印象存于脑中,今因身体之衰弱而其印象再生者也。以外相类之例不少。夫恶人至将死之际,身体衰弱时,见其所被杀之人现于眼前而困苦之者,往往有之。一梦疾病,往往生疾病,是由其疾病既发于体中而未现于外,至睡眠时身体之活动极弱,故现于梦也。以此观之,观念之现于意识中,相对的之物也。即种种之观念,以甲、乙、丙、丁……之文字表之,又假定甲为意识中最活泼之观念,而乙、丙、丁……次之,甲、乙之观念活动时,丙、丁……自为无意识,及甲、乙之势渐弱,丙、丁现于意识中,又丙、丁衰弱,则戊、己……现于意识中者也,著者称之曰意识之相对的性质。然而意识之性质尚有可起读者之注意之一点,即意识之结合的性质是也。

意识之结合的性质 何谓结合的性质?夫千差万别之感觉,合而为一人之精神也,有眼之感觉,有耳之感觉,有手之感觉,皆繁杂而全无通有性者;然意识之结合的性质,能使之结合而为我眼之感觉,我耳之感觉,我目之感觉。而我者可谓意识之核也,是基于结合的性质者也。然兹有一问题,即有我而后有感觉乎,抑有感官之感觉而后所谓我者生乎?心理学者之说不一。由一说,则我者即灵魂,而先天的存在者也,我为感官之管理者,而感官不过我之器械耳。由他一说,则我之为物,非离感官之感觉而别存在者,恰如离有重量之物体不能别有重力之中心也。由此说,则我者示千差万别之感觉结合之中心,恰如物体有重力之中心者也。著者取第二说。夫太阳系统有重力之中心,而诸游星时变其位置,其中心亦与之共变,人间精神中感觉之状态常不同,而我之状态亦与感觉共变更,故我者非先天的存在,又非离感觉而存在,唯感觉所结合之中心之谓耳。意识之性质自相对的与结合的之二性质成如此。

六

心理学概论（节录）①

1　第一篇　心理之对象及方法

（一）心理学暂时之定义。心理学者，精神之科学，即此学最简之定义也。然此乃暂时之定义而欠明白分晰。何则？此不过使吾人知心理学为论思、感且欲者之科学，以与物理学之论占空间者及运动于空间者相区别耳。凡人类所能研究之对象，不出于此二类。而心理学之不必说明精神之为何物也，与物理学之不必说明物质之为何物也同。且于此定义中，精神果为独立之一物，而与物质异其根本否，亦在所不论。吾人所要求者，在视心理学为纯粹经验之一科学，而于所与之事实及所以区分之与说明之假说间，不能严立其区别也。

夫精神现象固有其特质，以与物质相区别，而心理学之研究，不可不自此始。然知此特质，必在文化发达之后。即在今日，吾人亦不能谓人人有此知识也。故吾人当先述"精神"之观念之所以发达于人类及各个人中

---

① 原著名为 *Psykologi*，作者为丹麦哲学家海甫定（Harald Høffding）。王国维译本根据该书的英译本转译，载于上海商务印书馆出版的《哲学丛书》（1907）。本书摘选其中的第一篇"心理之对象及方法"。——编者注

之历史,则心理学之对象自因之而益明矣。

(二)吾人外界的知觉先于内界的知觉。精神上之视线与身体上之视线无异,其始专注于外界者也。眼能见外物与其形状、色彩,而不能自见其睫。其欲自见也,不可不用人为之方法。虽同一外物,吾人之视远物也用力少,而其视近物也用力多。惟心亦然。外界之事物,其引吾人之注意也,实先于吾人内界之知觉及概念。而此二者,正外界之事物所由以成立者也。吾人自然之生活存于知觉及想象,而不存于反省,惟彼于为一理论时始行之耳。而其为理论也,亦先外而后内。动物及人类之生活,植物及果实之形状,天体之运行,此等自生存竞争上观之,其研究之必要更甚于研究自己。及文化之度渐高,于是有"知己"之格言出。心理学之研究,由此起也。

(三)此事实可由言语上证明之。吾人之注意,先外界而后内界。此影响延及于言语上,故言语之所以表示精神现象者,大都取之物质的世界。精神的内界,往往以空间的外界之记号表之。此洛克及拉衣白尼志之所已知,而近世言语学之所断定者也。马克斯牡列尔曰:"一切语源,皆不外表五官上之印象之语。而一切言语,即其最抽象、最壮丽者,亦无不自语源出。故洛克之结论,至比较言语学而始证明也。"

由马氏所举之例观之,知"灵魂"及"精神"二语,许多国语皆以物质上之语表之。其说如次,曰:"此等命题,本但以表空间之关系。此不但如洛克之说,亦由此等空间上之关系,言之者易举而闻之者亦最易解故也。言语之务,在使非空间的关系得由空间的关系类推之,而使此等观念明显而已。"

(四)心理上"我"与"非我"之区别之发达。如精神上之观念,吾人之所首有者,其原质皆自物质的世界来。则吾人如何而区别自己及与自己相对之外物乎?

吾人之意识的生活,其必自胎内始矣。虽在此时,尚与外面之世界相隔绝,而某种感觉如视、听、嗅等,必待生后始有之。然如味觉、触觉、筋觉,则已存于此时,但不能与快不快之一般感情明白区别耳。此时期之经验,已足以立外界经验之基础而有余。快不快之感情与运动之感觉,自与味觉及抵抗接触之感觉相区别。夫此世界的意识之萌芽,其暧昧如梦,固勿待论。然此时期殊可视为由无意识的生活而入意识的生活之过渡也。达尔文(即进化论家达尔文之祖)及喀白尼所以研究人类此时期之精神生活者以此。

至生产时所起之变革,则由婴儿内界、外界生活之关系与前大异故也。当此时,营养呼吸不经母体,而由特别之器官以取诸外界。故有机感觉(凡行于体内之感觉)与一般感情(与有机感觉相伴之苦乐)为之一大变。且有机感觉亦缘此而益强。前之不断流注者,今有时而间歇,故苦痛与快乐之反对因以益明。同时,外界之印象亦群集于柔弱之器官。其最易觉者,则寒凉之印象也。人类之生活所以以呱呱之声始者,其最可通之说明,则半由离母体而感呼吸之难,半由感外界之寒冷故也。

当此时,有机感觉虽尚占意识中之最大部分,然因外界印象之复杂输入于意识,于是主观与客观两极之反对渐以日明。声、光二者,实为认识外物之媒,比昔之但由触接及运动所知者,迥不侔矣。小儿之运动也,其所受外界之抵抗,较之柔软湿润之母体,自为更烈。及其终也,记忆及观念之一部遂以成立,而与现在之感觉、知觉相反对。

光之感婴儿也,其为时虽人各不同,然婴儿恒喜光之刺激而向之(有在初生二日以后者)。至凝视一物,则恒在二十日以后。其所视之物,固先夫近而显著者。其有色彩而运动者,尤易引其注意也。于是记忆之作用继之。婴儿于二十日后,恒有见与乳之预备而不啼哭者。至三月以后,则渐由声音之助而认识其母。夫光、声及触接之感觉,其初彼固视为与其苦乐之感情及所自为之运动毫不相关,惟由抵抗及限制之感觉,始得知其间之关系。夫抵抗及限制之感觉,如前所说,在胎儿既有之。然其复杂明显,不如生后远甚。而其生活之势力,实于四肢之运动表之。婴儿之试验外物,实以此也。且彼之试验外物,不待外物之自至也。自其初生,即以无意的运动把捉外物,而识物与我之分界。有运动之遇抵抗也,于是始知有"非我"在,而以抵抗之生苦痛时为尤著,至记忆象之渐复杂渐结合也,于是五官上明显及强烈之印象与意识中暗昧及薄弱之记忆,因相对而益明。易言以明之,即知觉与记忆之反对,而为心意发达中第三要质也。

今有一问题起,即所谓"我"之中包含几许乎? 在一时期内,其视"我"也,与自己之身体无异。凡能自运动而遇抵抗者,皆视为"我"之一部分,而其界限唯由经验知之。当婴儿之渐发见其身体也,其最先者为两手。此殊由唇与舌二者试验之。婴儿固有于始生之日吸其手指者,后渐知注视其手。于是运动时之筋觉及呈于外面之运动,从联想之法则而二观念遂相联合。而两足之发见则为时稍晚,是必待婴儿之能坐而观之与卧而捉之后也。夫婴儿所以对其四肢及其四肢之运动大有兴味者,以此等物能视、能捉,且与以抵抗然仍能自运动之故也。易言以明之,以此物乃客观的,而仍属于主观故也。婴儿之对其四肢,与犬之自衔其尾而旋转也无异。故有满二岁之小儿而以饼与其足者,足以证其视足为一独立之物也。唯由四肢之互相接触,及一肢之抵抗屡加于他肢之运动,于是渐得身体精密之观念,知自己之身体虽与外物相关系,而亦有不同。当小儿之视自己身体之一部分为纯粹之外物而与以苦痛时,则此观念更易明显也。

及年龄既长,于是"我"之见解又进一步。然未必人人如此、时时如此也。夫身体者,虽与"非我"相区别:然其性质亦有与"非我"相似者。何则? 身体之为物,能以五官觉之,又能与我以抵抗,与我所有苦乐之情及记忆、观念等相异故也。凡吾人所由之以感苦乐者,吾人得以五官觉之,然此非感情自身也。凡吾人所能记忆及所能表现之于自己者,或为外界知觉之对象,然非记忆及观念自身也。此二者之区别既明,于是遂移身体于客观界,即"非我"之部分,而视"我"为思想、感情、意志之主体。而"内""外"之区别,亦因之而益密。以"内"之一语表精神界,而凡属于物质者,皆以"外"之一语表之,以严相分别。于是凡关于思想、观念、感情者,谓之内界经验,而凡属于吾人所能见及能抵抗空间上之运动者,谓之外界经验。

(五)精神之神话的解释。 精神之观念之发达于人类历史中也,与其发达于个人也同。通常之神话学,谓原人(未开化人民)对自然现象皆以其自己意识的生活说明之。夫所谓说明者,谓求未知之事物之解释于已知之事物也。然则不由彼自己之生活,何自而说明自然现象乎?夫神话之说明自然所以异于科学者,以其以人格说明(拟人的倾向)之故,是固然矣。但此种人格的说明,更无俟说明之欤?其以人格视自然现象,更不须有一物焉以为之绍介欤?神话学者往往以原人有创造之想象力,然此惟精神发达之后为能。且此说而果真,则世界一切表物质之言语,必出于表精神之语而后可。而实际不然,固如上文所述矣。

至近世研究蛮族之精神生活者渐众,于是"本来拟人的倾向"说为之一变。塔衣禄阿、拉布克、斯宾塞皆证明梦中之像于原人之造宇宙之概念时,占极大之部分。夫在此等原人,梦中之像固无缘以与醒时之知觉相区别,而以为其真实与醒时无异。彼于梦中游千百里之外,而身仍不离其故处,见种种之亲友,而其人或远游或已死。且于梦中所见外,或临水而见自己及他人之影,益信身体之外尚有一种之存在。昔有一蛮人对镜而大惊,呼曰:"余见精灵之世界。"达尔文之子生九月矣,闻人呼己,则转而向室中之镜。此种经验导之使信二种之存在。在精神之一方面,人乃自由且轻清之物也。在身体之方面,则局于一定之空间内。此二元论遂为一切想象之基础。物之变化、隐现、生死,皆于此发见其自然的说明。其视为一切物无不具此二元者,殊以死者之精魂为说明中最要之原质。梦幻、想象皆以此等精魂占领之,而无处不见其干涉。于是一切自然,遂为梦幻之世界之殖民地矣。

然则拟人的假说遂可废乎?如上文所述,仅足以示拟人说之不完全。欲全废此说,不可不借他说。夫人必先于梦中认自己之人格,而后能对梦中他人之像而赋以感情及意志之生活。如全弃拟人说乎,则吾人断不能于自己以外,假定他人之人格之存在矣。梦幻之论仅足以说明人以自己之精神之生活赋诸第二之我,即人于梦中发见自己又有他方面是也。然无论何人,无不视他人亦有精神的生活。彼之保存自己之本能,于其幼时已解释他人之颜色、举止为某种感情之记号。此等解释,本能的也,无意的也。婴儿之所以能别他人之喜、怒、爱、恶者以此。此殆固有之能力也。

以名学上之公式表之，名之曰类推。至用此类推之广狭，则视其立脚地如何。在神话时代之立脚地，则视一切外物无不有类己之精神的生活，其对"我"与"非我"之境界，与小儿同，非有严密之区别也。及经验渐增，于是此二者间始得引精密之界线。

当此时代，以精神为轻清，而以身体为重浊。此二元之见解，经种种之变化而物质及非物质之区别始起。欲扫荡精神之物质的解释，非一朝一夕所能为也。其在希腊，则此见解之进步于鄂谟尔柏拉图之时代见之。从鄂谟尔之说，则精神者不过身体之小影，人之"真我"，与身体而俱灭。故其戏曲中之英雄当其为禽犬所食也，其灵魂亦坠于恶道。柏拉图则不然，其《斐图篇》曰："苏格拉底之将死也，克利图曰：'何以葬彼？'苏格拉底曰：'余不能使克利图信余为与汝谈论之苏格拉底也。彼且以身体视余，而曰何以葬我，则余体之变为尸，固在此须臾矣。'"以此观之，柏氏对精神的见解，固非物质的，而视其本质为思考之作用也。此纯粹之见解，古代哲学家之所不能言，而复蔽于中世之顷。此时之宗教，带惟物论色彩，即谓灵魂须于地狱中熏炼故也。至近世特嘉尔出，始认心之本质为意识。其对中世见解之位置，与柏拉图之对鄂谟尔无异。如吾人以心理上之分析说明自鄂谟尔至柏拉图立脚地之变迁，知其见解之进步与行于个人之意识中者（第四节），固无以异也。

（六）精神生活之直接的观察及间接的观察。吾人直接所知之精神生活，惟存于自己者耳。其设想他人之亦有此生活也，则由于类推，又由生理学之立脚地以证之。夫当以生活力或精神之无意识的动作说明吾人之有机作用也，则精神生活势不扩诸一切有机的现象不止。然即用此说，广义之灵魂（即生活力）与狭义之灵魂（即意识）间有如何之关系，尚为一问题。至特嘉尔始立精神生活之心理的标准，以与雅里大德勒之说相反对。彼不用灵魂之语而以意识代之，以表心理学之对象，于是灵魂之领地为之大蹙，谓意识惟人有之，动物不过一器械而已。此说虽甚逆理，然已示自然科学之革新，即于物质的世界中屏除灵魂之观念，而自然界之纯粹器械的说明乃可得而能也。

最近之生理学,对有机生活之现象皆以物理学及化学之法则说明之,故谓此学曰"有机的物理学"。彼等虽认生活之原始及为发达之神秘,然除约有机现象为物理上及化学上之作用外,别无他法。而生活力及精神干涉之说,断不足视为科学的说明,适以自暴露其无知而已。

但生理学非不认精神生活即意识的生活之存在也。物质上之运动,果皆有意识与之相伴否,此学所尽力研究者也。欲答此问题,必先问此等运动果有目的而必自思虑出否,又悉伴以苦乐之情否。然此二者吾人皆得自由解释之。合于目的之运动,往往由本能及习惯,而得以无意识行之。此等运动,谓之反射运动,即刺激之由向心神经而传于中心者,即自中心而经离心神经而反射之。今取一蛙,去其首而置诸腐蚀剂之侧,则自动而避之,亦此类也。至苦乐之情之发达,则与意识及神经系统之发达相平行。下等动物虽受莫大之伤夷,然绝不能感人所感之苦痛,而值人之怜悯者也。鱼类及爬虫类所能感最大之苦痛,不过与人之被噬于虮虱也等。即在鸟类,虽与人受同一之伤夷,然其苦楚则甚微也。且由死者之痉挛及喘息,而断定其受莫大之苦痛者,亦往往多误。当人以衰病死也,则绝命之时苦痛已为过去之物,而其痉挛不过血液之循环及大脑之作用初息时一种反射运动耳。其以寇来利死者(寇来利,南美土人所用涂矢镞之毒药也),无痉挛、喘息之现象,故外面似一无所苦,然此种毒药首绝动神经与筋肉之连络,故其苦痛不能表之于外。克拉特培尔那特实举此例以证明感受苦乐之度仅能征之于自己之意识,至以推论他人或他动物,而谓其能受苦乐之度与我相同,则未有不误者也。

故吾人而欲知意识的生活如何,必不可不先研究自己之意识。此直接之经验,亦生理学者所由以定神经系统与意识生活之关系者也,此乃一切的精神世界之知识最安全之发足点也。

（七）心理学与形而上学。然则此发足点所含材料之多少如何？夫心理学之对象,非能呈诸想象或五官上之知觉也,此不能就自己以外直接发见之,而但由自己而推之他人者也。故非吾人内观时所教我者,不足用以为研究之基础。但有一事无可疑者,即人无不有感觉、观念、感情、决断者。故所谓"心理学者,精神之科学",精神之义不过谓此等内界经验之通和而已。苟所谓精神之存在作如是解,则不但无疑,亦一必要之假想也。然所谓精神之存在尚有他解,即惟心论者不以内界经验之发足点为满足,而以精神为一独立自存之物(本体)。此见解本出于神话的二元论,而又从伦理上及理论上修饰之者也。其在一方面,则精神生活之价值久为世人所重视,即谓人有思想及感情,故一切外物斯能以兴味与我,而物质的世界对我之价值,不过为思想及感情之对象而已,于是精神的世界遂卓立于物质的世界上而显与之区别。在他方面,则惟心论之见解又本于精神特质之分析。夫统一空间、时间上之散殊者,意识之所独有也。时间之差别入记忆而全泯,空间之差别至思考而并包,此完全的统一内部的结合,世无他物足与并者。然则谓精神为一种非物质的本体,而由自己及为自己而存在者,非有完全之证据乎?

然此证据虽强,吾人于研究心理学之始,决不能承认之也。此际所最要者,在筑其基础于直接之知觉。而上文所预想者则何如?夫彼等由经验之一部,以演绎精神本体之存在。然就精神本体之知识,除此等经验所教我外无他物也。若谓吾人对此本体之知识能超乎经验以外,则失演绎之确实性。夫经验固示吾人以意识之特质与物质的现象相反对,即示意识统一其内容之复杂,而此统一性不能发见之于空间之世界,然至此统一性之绝对独立,则经验所未尝示我也。夫本体之语,若精密言之,则谓自己存在而不自他物生,亦不依赖他物者也。然则吾人于经验上果有何权利以此语加诸精神乎?禄宰知之,故彼虽奉惟心论之心理学,而以本体之语说明精神,然只视精神为世界中独立之一原质、动作及感受之一中心,而就其绝对的性质则不置一辞。彼谓精神之为本体若作如是解,则古代惟心论之半宗教半哲学之议论,即对精神之过去未来之说,可以熄矣。彼又与斯披诺若同意,谓从本体论精密之意义,则宇宙但有一本体耳,则惟一无限之物,而无他物存乎其外以为其条件,然后可谓之自己存在也。若有限之物,则常为他物所限制而依赖他物,故若下精神之定义而谓之本体,不但错误,亦无谓之甚者也。

禄宰所以视精神为一独立之中心,而以此义解释本体者,其所着眼在精神与物质之关系。从彼之见解,则精神之特质,其存在也由于自己,亦为自己而与物质异焉者也。而精神与身体之互相作用,必不可不预定之。然禄氏所预定者,已过于经验所示者矣。从吾人内界之经验,断不能知其与他物之关系,即内界经验之所示者,精神现象之自身,非其与他现象关系之状态也。其与他现象相关系否,乃一特别之问题,心理学不能由一方面决之。欲解此问题,不可不需他种之经验。故吾人于研究之始,断不能定二种之本体,其根本为精神的或为物质的也。当吾前者,仅有二种之经验耳。二者各有其特质,而得分别研究之。至其相互之关系,非由更深邃之经验之助,决不能遽定之也。

然此实形而上学之思辨之所有事也。人类之精神乃宇宙系统之一部分,而断不欲自绝于宇宙最高之原理,故往往求于自己之精神上建设其对宇宙之见解。然吾人所不可不留意者,思辨之为物,决不可与经验之知识相混,而以之预期经验上问题之解释,亦非谓思辨必待经验之能事毕后始用之,因经验之力无告竭之时故也。但谓真正之形而上学必从经验之所指示,以达最高之假说。然其所据以为思辨之根本,固与科学家无以异也。故形而上学之预想心理学,亦与其预想他经验科学等。可知禄宰之以心理学为应用的形而上学,乃断断不可持之说也。

由此观之,现在之心理学,谓之无精神之心理学可也。何则? 以其对精神生活之绝对的性质与此绝对的性质之存在否,毫不措一词故也。此亦如外界之超绝的问题(即经验以外之问题),物理学所不言,故内界之超绝的问题,亦非心理学所能答也。然此非谓心理学之对形而上学一无所贡献也。知人类之精神的现象与各现象间之关系及其发达之法则,乃解释宇宙时所必要。且此等知识果悉自经验来,则于祛妄见而定方法时,为益固甚大也。

吾人既于心理学上执经验主义,而排斥形而上学之思辨,则惟物论之不能存于心理学,亦与惟心论无异。余所以先辨惟心论的心理学者,以其兴味最多,且主张之者亦最有力故也。但惟物论之僭越,亦与惟心论等。

此论亦谓意识之现象之里面有一本体，惟此本体非精神的而物质的也。惟心论从精神与物质之相异处而推想一种精神的本体，惟物论反是，从二者之相关处而断定精神为物质。鄂尔白和曰："吾人所知者，精神之动作及变化必有物质的原因加之，故精神即物质也。"白禄珊斯下精神之定义曰："除脑之动作外无他物。"其所主张与其所非难，皆超乎经验心理学之立脚地，其弊固与惟心论同也。

如吾人解哲学为形而上学，即追求宇宙之原理者，则心理学必须为一独立之学，而不可为哲学之一部分。何则？心理学之位置，与外界之经验科学同为哲学之预备，而形而上学之思辨，不可不建筑于此，而为其证人之一也。如解哲学为批评知识之性质及范围之科学，则心理学亦非哲学。何则？心理学全具博物学之性质，但观察精神之发达及其互相关系之现象耳。知识论则以批评的方法论知识之原理，故知识论亦预想心理学也。

其在他方面，则哲学上之思想亦为心理学之对象。夫哲学固为精神活动一种之形式，而在心理学观察之范围内。故哲学上之研究，往往入于心理学者之手，而哲学上之思辨，亦行以心理学上之原质。故哲学系统中，其含心理学上深邃之观察及观念者，颇不少也。

其视心理学为离形而上学之思辨而独立者，乃英国学派之功绩。特嘉尔虽于精神之概念中廓清神话上之见解，而以意识为精神现象之特质。然彼不严立于经验之立脚地，而反唱思考本体之说，以立惟心论的心理学之基础。至汗德批评合理的心理学后，不独于哲学上开一新纪元，其所加于心理学之改革者，其功不小。其批评之势力，虽屡受复古者之反驳，然不因之而少减也。（以上论心理学之对象）

（八）心理学之方法。 余既论心理学之研究与研究外界之自然及形而上学之思辨异，虽生理学者及形而上学者，莫不从观察自己始。然彼等之兴味，不在此种直接之观察，而在自此种观察所演绎之结论，故对其所观察者，不甚注意也。今假定心理学必自此渊源出，于是又有一问题起，即一学之对象之离他学而独立者，其方法亦不可不独立乎？欲答此问，不得不先就主观的观察法之性质及界限精察研究之也。

（甲）内观之困难。第一之难点，则精神之状态与物理学之对象异，乃变动不居之物也。时间之为精神现象之形式，与空间之为物质现象之形式无异。故凡在吾人之思想及感情中者，无不变化也。植物学者之研究一草，化学者之研究一物质也，能于暇时用种种之方法，使现种种之状态而观察之。然意识的状态则不然，无空间上之界限，而又时时加入新原质，故不能如此观察之。当吾人之欲观察一意识的状态也，则此状态已过去，而混以他原质。且意识中同时非不能容二三之观念。当吾人之冥想或叹美一美术上之制作也，此正流外又有一旁流起，其对正流之关系，如观察者之对观察物之关系，故一面叹美，一面又得研究叹美之心理学，此人人所能经验也。此等状态，乃人之能反省后必然之结果。特如判断自己，批评自己，尤为道德上所必要。批评者反对之动机，旁流而渐抑正流之势力者也。此二种之流，于心理学之观察上，亦为有效，然有不可不留意者。何则？在此状态中，精神生活之势力必分.而各流亦必因之而弱，如吾人欲完全经验一正流，必抑制其旁流而后可。何则？观察之旁流，决非无所影响，其分正流之势也必矣。且吾人苟注意于一对象，则此对象或反因注意之故而消灭或变化，于是自然之状态有易之以人为者矣。

虽然，心理学之观察不能行之于经验之际者，犹得行之于其后。当其经验也，吾人但当搜集材料，用植物学家之譬喻言之，则但收集所见之草木是也。何则？吾人所完全经验者，尚留于记忆，而得由记忆中唤起而观察之。有此便利，故直接所经验者，仍能加以观察，而亦不致以观察之旁流弱正流之势力。于是吾人得为精神上之植物学家，而以有裨于心理学上之观察及其理解者，亦得用意保存之也。

（乙）个人的差异之影响。吾人虽能避上文之难点，然尚有他难点在，即由观察者之个人的差异，故不能证其所观察者同一否，即彼等所研究之对象，不在彼等外，亦不居彼等间，而各人之对象不外其人自己故也。

虽物理上之观察，亦有此难点。夫观察者，主观的作用也。一切外物惟为观察之义而存在耳。由比较之作用，始知他人亦观察此物。故吾人欲以一物示人，必唤起其观察之作用而使之自观。而因个性之不同，故其观察之结果亦不能不异。今有二天文学家于此，以同一之器械，计算一星之运动所占之时间，然其计算所得者，往往不能密合。盖因观察之人不同，而其感觉之速率相异故也。故一切观察，不能不先计"人差"。且各人之差异亦非一定，而时时变更。欲祛此弊，必使心理学上之观察，超乎个人之立脚地，而严别何者为个人的，何者为模范的也。即在个人之精神状态中，亦有模范的与非模范的之别。如个人而欲知其自己之性质，则夫其性质之出于偶然的境遇者，必不宜计算及之。吾人与他人交际时，亦往往以无意识行此考察，而区别何者普遍的，何者个人的。心理学之研究，不过以意识继续无意识的事业而已。但行此考察，必求其根据于主观的方法外，因此方法之不完全处甚著故也。故此际主观的立脚地，在所当废。然当其入客观的方法时，主观的观察亦不能不暂用之也。

（丙）心理上之分析。夫散漫之观察，不过一混沌之状态，不可不赋之以秩序。其第一之事业，即分类是也。各个之精神现象，各由其最著之特质而排列之于某类之下。然此学之分类殊不易易。夫动物学及植物学上之分类，自倾于种族永远不变之说。故近世生理学之说种族之分由于进化也，费莫大之竞争而仅得以持其说。旧心理学约种种之内界现象为少数之能力，且视此等能力为种种现象之原因，亦以为既达其研究之目的矣。然能力之说，实与惟心论之说精神之纯一者不能相容。且于此分类中，其所注意者仅在其最著之特质，即其分类也不由具体的状态，而但由构成此等状态之原质。夫精神中之状态，非但含观念或感情或意志之一者，此下文之所详述也。心理上之分类，虽对初学所必要，然欲其有科学之价值，不可不本于完全之分析，而示其中之原质及此等原质之联络及交感之法则。然此种分析，往往与"意识之证据"所示者相冲突。何则？观察上所示我者事实，而非事实生成之态度也。直接之意识中不含心理学上之理论，犹直接之眼不能告我以太阳或地球何者为运动也。吾人之思想、感情，乃精神上最复杂之生产物，其成长也至久至隐而不能觉之。故观察及记述二者，不过为研究之基础，此外别无他价值也。

精神的状态互相继续，或互相唤起。然则于此等状态间，吾人能求其交感之法则乎？吾人能示此等状态中之何原质，能导一状态而入于他状态乎？此等问题，心理学上之分析之所有事也。其分析也有二途：一求诸状态中公共之性质，由是而立经验上普遍之法则（如观念联合之法则，观念与感情关系之法则等）；一就各状态而发见其构成之之原质。夫一思想、一感情、一决断，皆非绝对的纯一也。由精密之研究，始知此等乃长日月间发达之结果，而自种种方面受种种之贡献者也。爱情、良心或外物之观念，似为完全自足之物，然其发达也亦有其历史。故分析之作用，在自复杂而求其简易，而前者则自个别而进于普遍之法则者也。前者谓之概括的分析，后者谓之原质的分析。然最普遍之法则，必可应用于各原质，故二者仍相关系也。

然谓各状态之说明已尽于此，而所谓原质者，将来必不能再行分析，此大不然者也。此不独心理学为然，吾人一切知识无不如是。凡吾人所视为最终之事实而不能分析者，惟对吾人则然耳。吾人不能说将来不能更进一步，因人类知识之发达尚多余地故也。一学者或一时代所止之境界，至后世而容易通过之。夫卢骚之提出感情以与精神生活之他方面相反对，此心理学上最大之改革。然感情之为物，古代或以为属于观念，或以为属于意志，不视为独立之原质。故无论观察及分析之如何明晰精密，然遂谓其说之一成不变，则万万无是理也。

（丁）实验心理学。主观的观察法既不足供心理上分析之用，故意识的状态之原质，不可不由实验法分析之。夫实验之所以异于观察者，以其不俟某现象之自生，而得由某条件以生之。此不但得使一现象之各原质互相孤立，且使吾人得置此现象于种种境遇下而观其变化，以发见此现象之原因。然由其性质言之，则惟最简易之意识现象乃能加以实验耳。感觉之生起及各感觉之互相影响，观念联合之简易者及此等简易之现象所占之时间，近年以来皆以实验法研究之。于是生理学与心理学之间，生一种之新科学，所谓精神物理学或实验心理学是也。

于心理学可用实验之部分，不独性质的分析（即研究精神现象之各成分者）益以精确，且开分量的分析之道。即以某种之权度，定某精神现象之增减与其增减时所要之时间。由是心理学之研究,昔之因其对象之非空间的而与真正之科学相区别者,今渐与之近接矣。

意识的现象与外界的现象异,非排列于空间之形式中者也。一感情不在他感情之左右,一思想不在他思想之上下。相异之各流,往往同时现于意识。然吾人不能以数学的计算,定其间之关系(如吾人之处理同时之外界现象)。何则? 吾人于此,无直观之形式(如空间之为物质的现象之形式)而由之以为计算之基础。故心理学之法则,无一足与物理学上运动之法则相当而足以概括一切原理者,职是故也。

然意识现象中亦有一性质可以应用数学者,即各现象之相对的强弱及明暗之度是也。易言以明之,即此等向注意力所要求之程度是也。海尔巴德既以此性质为数学的心理学之发足点。翻希奈尔发见一计感觉之强弱之权度,而研究感觉之变化与刺激之增减之关系。彼据自己及他人之实验而立一法则,谓"感觉之增,存乎现在之刺激之增及过去刺激之关系"。此当于第五编中详论之。而欲计各感觉间之关系,不可无计算之单位,即吾人所能感觉之最小感觉而初入于意识之阈者是也。

翻希奈尔谓注意不变则感觉之强度亦不变,但彼亦谓感觉之强度因感官而异,即在一感官中,亦因感觉之种类(如红色与青色之异)及感官之部分(如网膜之中央及其周围)不同,而感觉之度以异。故彼之说虽足以御反对家之批评,然究不能发见一普遍之单位,以应用于意识生活之全体。即就意识中最原始的现象言之,亦未必尽确实也。故数学的心理学尚未能成立,而终不能立一分式以计算良心之作用及诗人之想象也。然实验心理学不因此而失其价值,其所得之结果,不但使吾人深知所实验之现象,且以意识中简易之现象与复杂之现象密相联络故,故实验心理学虽限于简易之部分,然所贡献于复杂现象之研究者亦不少也。

(戊)主观的及客观的心理学。心理学的立脚地,限于意识生活之现象。吾人就精神生活上所知者,不外所知之意识现象。然意识非一闭关自守之国,常有新现象现于其间,而不能由前所有之现象以演绎之。一切新感觉若生于无,吾人虽能迹其在意识中之变化及影响,至其所以生感觉之故,则不能于意识中求之也。

抑吾人所以力求一方法以补心理学的立脚地之缺点者,又有他故。夫以自己所观察者与他人相比较,其为紧要,前既论之。此不独能免由个人之特质所生之偏见,并足以证心理现象之各原质吾人果尽计算之否故也。且心理学上具体的知识,不足以知各意识现象结合之普遍的法则。何则?就实际上观之,心理上之差别不能以数计,又不能由普遍的法则以定意识生活所取之方向。盖各个人之于各境遇,其意识的现象全存于其固有之气质、生活之状态及特别之经验故也。

故心理学的落脚地外,必补之以生理学及历史之研究。今用斯宾塞尔之语表之,则主观的心理学必补之以客观的心理学是也。从上文之所述,则客观的心理学不外本于类推,惟于主观的心理学始得观察自己耳。吾人所以得发见他人之精神生活者,正以吾人有此生活,而行之以同感及类推故。但此类推之作用,于矫正主观的观察时甚为有用也。

客观的心理学包含生理的心理学及社会的心理学。前者之基础,建于精神生活及有机生活之关系上。生理学之所以说明有机生活之作用者甚有裨于心理学上之知识。其尤当留意者,则意识的精神生活之渐泯没于无意识的有机生活时之状态也。生理学则正研究此无意识的作用居意识的作用之前而为其基础也。在意识与无意识之境界,主观的观察已不得施其用,惟生理学能以物理学的方法而立一定之关系。且无论何时,意识与无意识二者常有亲密之关系。小儿自无意识之夜醒而入意识之昼,即成人之睡眠,亦此无意识之夜之再现也。于吾人之本能、冲动、习惯中,无意识之作用起而代意识之作用,而意识的生活亦转而反射于无意识的生活,以造新习惯及新冲动。生理学之研究此等精神上原始现象也,所贡献于精神上高尚现象之研究者不少。然则研究此等原始现象之神经及感官生理学,果能应用于高尚之精神生活否乎?但吾人于此有不可忘者,即生理学家与其说精神上之原始现象也,亦不可无精神上高尚现象之知识。然真正之生理学家,其研究神经及感官也,其兴味不在意识之状态,而在与此等状态相伴之物理作用。故心理上之经验,不过视为一证候,而以之推生理上之事实而已。彼假定各心理上之作用必伴以生理上之作用，而努力发见之，又说明之以自然科学之原理。虽在今日，惟意识之原始现象得用此说明法。然得以之为研究高尚精神现象之基础，则现在生理的心理学所深信不疑也。

如吾人视精神的生活发达于物理的、化学的条件下，而经过许多之阶级，又其高级与低级皆互相影响，则心理学自必视为生学（生物学，非生理学）之分支。夫生学必立一种生活之概念以应用于各阶级，而自最简易之有机作用以迄最复杂之思想、感情等意识作用，皆可以此概念说明之者也。今日之生学，殆已达此概念，即谓生活之一切形式乃内界求适合于外界之一状态。意识的生活，乃生活进化之最高点，一生物之与他生物竞争最高之形式，而于此竞争中发展其性质者也。故精神所以如此如此者，由精神之位置在自然之大系统中故。若但以主观法研究心理学，则不免蔑视此真理矣。

于神经生理学及感官生理学外，精神病学亦心理学必要之补助学。此由其一面说精神上及身体上阻碍之关系，一面说精神上疾病之形式及经过故也。就第二方面言之，此学之位置可视为在生理的心理学及社会的心理学之中间。社会的心理学则就精神生活之现于动作、文学、美术中者研究之。此学之材料，乃动物、小儿及蛮族之生活，人类之历史、诗歌、传记等是也。此种心理学，得分为数科（儿童心理学、动物心理学、民族心理学、言语及文学之心理学等），而示精神为历史之大系统中之一物，独生理的心理学示精神为自然之大系统中之一物也。在某时代之某个人之思想、感情，不但为所遗传之自然体制所决定，亦决定于其所呼吸之历史的文化之空气中。且自然之系统与历史之系统，二者亦互相关系。遗传说之研究，亦与精神病学同在生理的心理学及社会的心理学之中间。吾人苟以进化论之眼光研究之，更足以知此说之当也。何则？由进化论之说，则有机的自然物及自然之大系统与其法则，皆带历史之性质。而就其反而言之，则有机的势力及法则，其影响于人类性质及其生活之历史的发达者，亦自不可拒也。

（己）此等方法之关系。吾人苟一瞥此种种之渊源，则可知心理学尚不能为一定之科学。当研究此学也，有种种之方法，即非一心理学，而有种种之心理学。而各方法间之关系，不可不知也。心理学之原理，实存于主观的心理学。虽客观的心理学之研究甚为重要，然必以主观的心理学为基础，而后从他方面集种种之材料。昔雅里大德勒已由此方法而建设经验的心理学，其从惟心论之说而视心理学上之原因与生理学及他经验的科学之原因异，不过一时之事。于是今日之复用此方法，若为一新发明矣。但主观的心理学，必有待于客观的。如吾人既自主观上得心理学之原理，而无生理学及社会学之研究以助之，则已达研究之界限。此今日心理学之研究，所以已有旋转之势也。

其由哲学上之兴味而研究心理学者，尤不可不留意于种种心理的知识之渊源。庶此学所贡献于宇宙人生之见解者，不致有所偏曲。此际必须大观经验上之事实，而实际上所指示者，必与所假定者严别。何则？因哲学之进步，皆本于此等事实故也。

（九）心理学与名学及伦理学之关系。心理学之位置立于自然科学及精神科学相交会之点。一切知识，皆以此为中心而会归于此。何则？一切知识皆本于人类之性质及构造，而直接或间接皆归于人类之知识故也。

理想的精神科学，即名学及伦理学，皆建于心理学之基础上。凡真与善必由人类之立脚地定之，而非知人类之性质，亦无由知之。名学及伦理学实定人类之思想及行为之理想（即真与善）者也。如欲此等理想之于实际上有价值也，必不可不本于实际，而非深知人类性质之成分及势力不可。先以名学言之，若视名学为方法之科学（普通之名学）而说研究之方法者，则必求此等方法之源于意识之性质所生之根本方法。若视为知识之科学（知识论）而定人类知识之原理及其界限者，则若无心理学上观念发达之知识，断不能为之。伦理学则研究判断人类之意志及行为之原理与人生发达之方向。然不从人类之性质及心理上所示种种之可能性，则亦不能为此事业。何则？伦理学必就种种之可能性而权度之、选择之故也。

就他方面言之，则名学及伦理学上之理想，必不可与心理学上之事实相混。盖心理学但研究"如此如彼"之事实,而不问"当如此或当如彼"之准绳故也。虽意识之状态亦示某事为吾人所当为,而亦当于心理学上研究之。然心理学但研究其结合与其发达之状态及法则,而判断则让诸伦理学。盖心理学之视精神现象与自然现象无异,而以公平及静默之态度考察之。此学之离伦理学而独立,斯披诺若既力主张之,然尚有谓精神现象中有因其有伦理上之价值而不必说明及分析者。然此等现象正以其极复杂故,故益有待于说明及分析,若谓说明之事失其伦理上之价值,此大误也。惟罢软之夫及多神话上之迷信者,始信一现象因说明而失其价值耳。就实际言之,两者必可调和,而决不至互相矛盾也。

七

法学通论（节录）①

1 绪 论

～～ 研究法学之必要及方法第一 ～～

在昔唐虞之世，垂拱而治，汉高入关，约法三章。当是时，不但国与国之交际寡，即一国之内，交通运输之便未开，商、工等业亦未发达。人民散居，各为部落，仅营农业以供生计，自耕自织，俯仰自足。人事朴素，故无细密之法律，即偶有之，亦极简易，便于记忆，不以此为专门之学也。及社会渐进，运输交通之途开，商工贸易之事起，人事日趋于复杂，民间争诉亦因之而繁，至是法律不得不加密，一人之心力不能尽记忆矣。至于近世，文明之利器益行于天下，诸种法律日趋繁杂，乃自然之势也，如铁道有铁道法，船舶有船舶法。人之才力有限，凡百法令，势难一一识记，则必研究法学，习各种法律之原理、原则。虽不能尽记数千条之律文，而遇事庶几

---

① ［日］矶谷幸次郎著，王国维译本1902年由商务印书馆出版，金粟斋译书处发行。本书摘选其中的"绪论"和"本论"的第一章与第二章。——编者注

无狼狈之虑,是研究法学,为今日之第一要义也。且如古代,非但社会事物,一切简易而已。因交际之途少,人民质直,相视如兄弟,故立法以治此等人民,不须严密之法律,但赖宗教与道德之力,齐治而有余也。然天下愈开通,则事物愈烦多,人口愈增殖,生计愈发达。有此诸种原因,民众之间愈赖信实,而诈伪盗窃者亦乘间接踵而起,于是徒借宗教、道德之力,不足以治天下,不得不制法定律以为制裁,使各保其所享之权,履其当行之务。于是乎上自国家与人民之关系,下至人民相交之关系及其行动,不得不受法律制裁,世所谓法治之制者是也。如此之时,纵非法律专家亦须辨法律之大要,否则无异生战国之世,而不知用武器之法;将于可扩张之权利,不知扩张之术;所当行之义务,不知当行而怠忽焉,终必受意外之法律制裁也。譬如议员不知宪法,不知议院法,虽于议院中抱如何高识,必不能行之也。又如按《登记法》之所规定,凡从他人买不动产,不至官廨登记者无效力(《登记法》第六条)。若买主不知此规则而怠其登记,卖主或不法,更卖于第三人,即时登记之,此时前买主知之,而控第三人之攘取其不动产,必不可得直也。又观英国之诈伪条例所规定,某种类契约必以书面,若不载于书面者为无效。日本商法中,类此者亦不少。斯时若不循此规定,而以口语约束,后将噬脐,悔无及矣。近代之政法如是,故与昔日仅以宗教或道德治世之时代异也。夫以法律制御天下如今日,苟既为天下庶民之一,即非专门法学家,亦不可不具关于法律之普通智识。此研究法学,为今日不可已之第二要义也。

以上既述研究法学之利。此外更有一益,盖磨炼思想是也。法律学或为比较法学,或为分析法学,或为推理法学。剖析毫厘,阐微极眇,非如政治学及理财学之粗放也,故宜具绵密思想与推理上之判断力。凡多年从事法学者,其思想必密致,判别事物,其益不少。比之他学科,殆犹数学钦。数学者,究数量之学术,其所关无一非实物实质,非由虚想或臆断而定之者也。如二加二为四,不论时之古今,永为不可动之原理。若违此理,则直指摘其不当甚易易。故数学家之脑筋甚密致,不许着一点空想,殆他学科所不及。然则数学不独可以知算数之理而已,又为磨炼思想不可缺之学科也。法律学研究虽密致不及数学,然谓之次于理学,非过论也。

～～ 习法律者必需之资格第二 ～～

美人皮学普氏尝别法律家必需之资格为四种:第一,适于法律家之身体;第二,适于为法律家之材能;第三,富德义心者;第四,毕普通学者。今从此次序说其大要。

第一,法律家所特要者在身体强壮力与健全脑髓。夫玄妙之心灵,非强壮之身体则不能任。瓦林氏尝切论,从事于法律者,非身体强壮、精神勇健不可。皮学普氏亦曰,设有人抱他日欲占律师地位及致富之宗旨,来纽约市开办事馆而从事焉,若其人不幸身体虚弱,加之有遗传痼疾,不独不能达其宗旨而已,恐终以夭死。盖不问何职业,无不劳精神者。法律家终身从事法律,日夜所营,纷如乱麻,寸断之,集合之,劳神特甚。且当其从事讼庭,一言一行不可苟,精神烦殆,无休止之时;且运动少而言语多,因之有破胃肠、损喉肺之惧。故欲为法律家者,第一当注意运动,以养强壮之身体与健全之脑髓,不可忽也。

第二,法律家须有适合法律之才能。夫上自天体、下至山川草木,宇宙间森罗万象,皆各随其所适而存,此造化自然之天则。如恒星之散布天体,行星之环绕恒星,皆有一定原理。山之耸,川之流,动植之各得时而繁茂,皆求其适合之位置,而成造化之功者。若移甲于乙,移乙于甲,害其生育,所不待言。惟人亦然。职业千差万别,而人心不同,如其面然。宜于彼者,不必宜于此。选其适合之事而从之,乃能全其天职,将来之繁荣可计日而待,反之而雷同附和,就不适合之事,是为失天职,其败可立待也。虽曰少成若天性,习惯成自然,然天禀之才各有所能,决不可矫。使拿破仑为一农民,恐不能过一田夫;使丰太阁为一技术家,亦不过为凡手而已。古今东西,其名垂竹帛者,一一细考其体力、才能,皆全其自己之所禀者而已。人不必尽为法家,法家不必尽适为裁判官,要在适自己之才能而已。

欲知其才能之适否，先贵自知，次当知法律之为何。此宜先学法律之大要，然后徐审自己天职之所在也可。

第三，法律家亦须道心贞固而笃于伦理。盖民众之平和，一系于信实。信实之厚薄，可以判其文明与否也。若人不知信实之为何，而不尊崇之，其于社会之存立，不能一日望也。故必维持信实，以为治国之要具。言必信，行必果，乃法律家终极之归向也。以法律公权之力使履行信实，与以道德之力维持信实，其事虽稍异，而其重信实则一也。信实即法律之基础。法学者不知信实之为何，德义之念薄弱，是失己职掌之大宗旨者也。法律若为此败德者所弄，则维持信实之法律反为滥用者之凶器，而人将不堪其弊矣。近时法律家往往弄法，受世嘲讪，是皆由于德义之欠缺也。就余所闻，以司法制度完美鸣万邦者，首推英国。此国判事，不但学识拔群，即品行亦方正谨直，尚公义，重信实，但知有法律，不知名利之为何。故世目英国裁判所为智识道德之渊薮，而其人民之见公庭，如赤子之投慈母之怀。譬有人因他人毁失名誉投直公庭，乞使毁我者证明其所以毁我之事实，审理之后，公庭若宣言其无此事实，则人民益信公庭之深，而又重其判决之当，皆确信原告无有一点之污行。原告经此次判决，直为无瑕之身。此由人民之深信公庭，而其所基，即在判事之可信赖也。抑不独判事而已，其律师等亦日以伸人民冤枉、贯彻公义为自任。总之，法律者非召讼之具，在于善善恶恶，以维持世之平和。故权谋术数，法家之最可厌者也。有福尔普斯者，曾于美国爱尔法科大学为国际法教授，博大名。其后推选全权公使驻扎英国，任满归美，再为大学教授。所著有《论理法理学讲义之绪言》，其大要云：

> 凡法律家最要之资格，在志操之高尚洁白。诸君宜标置自高，决不可卑陋。当知卑陋之法律家，竟不得赢也。夫以济度众生者，而有破戒之僧；职起死回生者，而有庸医；职保护权利者，而有欺诈律师，在所不免。然苟欲为斯学俊杰，不可如此辈所为也。予之乡里巴蒙突州受为代言人之许可者，必先立誓在公庭不吐一虚言，有伪言诈术欲脱法网者，必不助长其恶。凡从事此职，皆如巴蒙突州之代言人能

守其誓言，庶达完全之域乎。

世之从事法律者，每明知利赖人之有罪，而巧饰言语欺陪审官。世人不但称扬之，且以其欺诈之巧拙度法律家之技量，是可慨也。世人责不信之商人，而不责此种之法律家，何也？大抵寻常被告事件，其十分之九极有有罪证据，法律家之职，非在隐蔽其证据而消灭其罪迹也，在依明白之事情，使被告人得享一切法律上应得之保护而已。英国律师自处甚高，均能尽其任，偶有卑贱陋夫污此职者，为世摈斥。愿诸君奋励，勿使英国独占此名誉也。

总之，英美法律家重正义，尚节操，超然浊世之外，而为社会之模范，实可敬服。如裁判官，殆一身都是法也。美国法律杂志曾论之曰：

律师就所担当之诉讼事件，决不可以金钱多寡为轻重，但当保护依赖人之权利而已。且于其诉讼，果依正理，当无不胜之理；若唯以射利为宗旨，则贫者之权利常为富者所蹂躏矣。

又美国判事亚典维斯氏曰：

余望少壮法律家毋忘代言业务为名誉之职业，适用法律，务贯彻正义，而伸张其权利于公庭，不使国民轻侮法律。虽偶有离其职业之本务而得一时之成效者，决不可久为，其终决无成效，唯欺世人一时耳。倘欲高其品位，不得贪金，不为非道，是少壮法律家所宜铭心不忘者也。从来世人不知法律家之本义，不尊敬之，至有目律师为欺诈师者，是由法律家自取其侮也。

又达纽尔达瓦的氏曰：

法律家之高名与厚利常不能兼。故以贮蓄为宗旨之法律家不能得高名，望名誉之法律家不能得厚利。任奇计术数者，或一时能见效果，而不能永久。其在真正法律家，不饮盗泉，不役役以贪得，然后能为拔群之事务家，于以得厚利不难也。盖公庭之名誉，须天才与熟练，举其大者，一法律思想，二克己之心，三坚毅之操，四无怠之力，五不倦之学问是也。

余既言法律家当重正义，不可轻伦理之说，再就近时丹麦国都科喷海根所设之法律救助会略言之。不能伸张己所有之权利，为人生之最大不幸也，而常在此不幸之域者，为贫民。彼贫民常受富者之压抑，偶欲诉之，而乏资力，不能延律师也。法律救助会者，为救济此辈而设也。其会为律师及其外有志法律者所成立，专为工役贫民等不能伸张权利者任代言之劳，而不取报酬为宗旨。其会员分各部而担任之，有乞救济者，一一应接而授以和解调停之法；及万不得已，代之伸讼。此会不独有益于贫民而已，又与法律家以间接之利益，盖可为实地练习之地。会员中习律师之候补者及法学生，以有征之事件，为讨论之材料，而不荒其攻究也。此会出于慈善，不取报酬而从事业务，故不过须诉讼费用及其他杂费而已。

今示救助会所伸理之事件。自千八百八十八年至八十九年一年间之件数，有五千五百五十二件之多。内最多者，关认知私生儿之事件，多至八百五十二件。其次关贷金者六百五十件。其次工人与主人之争者六百二十六件。又示救助会进步之况。自千八百八十六年至八十七年一年间，凡四千九百八十五件。至明年有五千零四十一件。又其翌年为五千五百五十二件。至千八百九十年，实多至一万五千八百五十件。其进步之况如此。救助会一面伸张贫民权利，一面调停贫民互争而减少争斗之弊，其于社会中所及之利益非鲜也。如此则律师一洗面目，而以救世为心。此等计划实应世之必要，我国若能创立慈善救助会，是余所甚切望者也。

第四，欲修法学，以法学立身者，宜通普通学科，如和、汉学，如地理、历史，如数学。此等学科无论考究如何专门学，所必要也，而于法律学为最。法律家管辖一切行为，殆无际限，所经之事件千方万态，或关土木，或关政事，或关医事，殆网罗社会所存一切之显象。故欲为法律家办理实务者，不可不具普通学识与分晓一切事物之脑力也。某法律家因幼年曾为医者助手，后遇殴伤之案而得益。又某判事曾与土木师有交际，后判决建筑工事之诉讼，大得便宜。故鉴定人之设，所以补助判事之学识。似法律家可不必尽通诸学艺,然亦当稍具普通之学识,乃能判断鉴定人之言之然否也。总之,普通学如土地,专门学如种子:地质粗恶之处,虽有佳种,不能得良果也。

〰 法律家于社会上之势力第三 〰

法律为治社会之一大要具,故社会需用法律家日增。大而立法行政,小而农工商事业,凡行立宪政治之国,欲望其事业完美发达,必不得不恃法律家矣。法律与道德相待为社会之两翼,故法律在社会中,其势力实有出意想外者。今我邦现时之社会,法律尚属初步,然由维新后历史与情实观之,我一部人士之势力已有风靡朝野之概,今后社会之事,纪律渐整,所需法律家之处亦必有增无减。今参考欧美实况,泰西法律家之势力实无可伦者,政治社会殆由法律家左右之。三四年前某杂志云,美国宣告独立书署名者五十五人,内二十五人为法律家,而此宣告书之起草员,除弗兰克林氏外,尽法律家也。又千七百八十七年议定宪法时,其列议会席者,除议长华盛顿为武人外,余皆法律家也。又二十三大统领中,非法律家者仅五人,其余皆律师。副统领十四人,十一人律师也。内务卿十五人内,非律师者仅二人。大藏卿三十八人之内,非律师者仅四人。而与法律最不相关之军事内,尚多法律家,如陆军、海军卿,三分之二为法律家。不独此等官吏为然,上下两院议员亦大半法律家。

余未得调查欧洲今日法律家之统计。英国政治社会,律师之势力,盖不及美国,然政治家亦大半为法律家也,法律家之势力岂不可惊乎?苟法律家知其于国家之责任有极大之势力,则须慎其言行,以保全法律家之面目为急务矣。

我国大臣、次官等姑不论,就众议院议员观之,三百人中,从事律师者二十余人耳,不及其十之一。又如官吏,除司法部外,行政部近年颇有少壮法律家进用之势,然自全国计之,不过一小部分耳。下至民间实业界,昔日之梦未觉,需用法律家寥寥,是盖我国法律家之价值人未尽知。以后势力，必年胜一年，法律家之前途正未艾也，况实业界渐开门以揖法律家乎。将来需用法律家，当百倍于今日。世人往往叹近时法律学生之多，以为法律家之数过于需用之数。由前说观之，法律之前途，可开垦之地，尚绰绰有余裕。若此等地土开垦时，需用法律家决不似今日之状矣。考现今英国法律家，有一万二千，纽约克州五百万人中，有律师九千人。又考美国最近三十年间律师之增减，千六百五十年间，人口九百六十四人中律师一人；至六十年间，九百四十七人中得一人；至七十年，则九百四十九人中得一人；至八十年，则七百九十二人中得一人。又八十年统计律师总数六万四千一百三十七人。

又普鲁士八九年前统计律师之数颇少，然已有二千一百余名。缘德国前曾限制律师之数，自此禁一弛，法学生之数顿增。故千八百六十年，柏林大学法学生仅三百四十八人者；至千八百八十一年，而有千四百四十一人。我国律师总数，明治二十二年十二月调查，凡千七十五人。以此当全国人口之率，大约三万五千人中得一人耳，比之美国，仅四十分之一。而千有余律师中，半非由严密试验得此地位者，今后法学进步，此辈不免淘汰也，法学生之前途岂不大有望乎？言法学生之逾数者，由一时现况立论，实未深思也。我国法律家须勤勉忍耐，此今日最宜留意者。大器晚成，法律家宜自重，以期他日之大成可矣。

法律与道德之关系第四

法律与道德，其区别所在，自古昔罗马以来至于今日，屡经法学者汲汲思索而未能得确解。今欲于本书论究之固不敢望，兹唯就法律与道德有如何因缘，述其大略可也。

道德与法律均为裁制人间行动之规则，皆不外奖善惩恶，以保持社会之秩序安宁者也。若害他人之权利，怠一己责任，言行不相顾，则社会不能一日保其安全。昔罗马帝若斯的尼安曰，法律之原则无他，在处世正直，不害他人，人人尽己之责而已。故法律者，所以行此原则者也。其法罚不正者,使犯者赔偿其损害,所以使社会人人安全,得享己之权利也。故法律之大根本,只出于邪正善恶之见,可云与道德一辙。然法律上所称善恶,其程度与道德有异同。所行背德义者,本可概视为法律上之罪人,加以相当之处分。然如此则讼狱滋滥,国家不堪其烦,况人不必皆圣贤,直取道德上善恶之标准用之法律上,强万民以遵行,必不可得也。故法律者,于背德之行为,选其最害社会与大破人民之平和者,称为法律上之恶德,而加以惩创之典。故刑法所记事项,皆恶行大而有破世平和之危险者耳,非谓刑法所列之外即无恶德也。兹就民事上揭二三例,如人当重约信,是对于社会一大责任也,苟不履行约束,不论事之大小,概为不德,世人皆摈斥之。然法律上所谓不法之行,而欲使人遵其约束者,其约束不可不具法律上之方式。或有适法之原因,若不备具此条件而有不履行之者,法律上不视为不法而理治之也。

在昔罗马,凡卖买财产,不可不履行严正之方式。兹言其大要。其式须得达结婚之龄之证人五名以上,及携利婆利朋斯之权衡之立会人一名之前,行其仪式。买财产人手指其物曰:"此物从国法,为余所有物,余以此铜片购之也。"言毕,以铜片盛于权衡上,为价值之符印,付之卖主。此式谓之内其然。既毕此式,其约束为有效,即有法律上之效力;若不行此式者,则为无效。又罗马于某时代所规定为契约者,不可不经法律所定严密之问答。此等法式虽今日稀见,然尚有欲立契约不可不载之纸面。如英国欺诈条例所规定,凡买卖十磅以上之物品,契约者及代理人认证书非自记名者,不为有效。又欧美及我国法律,凡汇票及限单非遵规定之记入者,不认之。

至今世,不但特种之契约不可不备问答书式等法律上种种方式而已,其他约束,非有合法之理由者,不能认为法律上之契约。此理由英国谓之约因,法国及我国称之曰原因。如法兰西《民法》第千八百条及我国《财产篇》第三百四条云,契约成立,不可不具合法之原因为一要事也。又契约之不确实者,如相约履行,或相盟入某政党,而忽翻然去之,如斯违背约束者,自道德上论之,不拘其事之大小,为极可非议者,然于法律上,附以一种限制,不至某程度时,则无处分之事。此非默许其不德也,盖大小违约皆欲附以法律之裁制,恐不但举世皆罪人,且法律之力亦无由使履行也。此等道德上之恶德,法律不顾之者,一因其约束空漠而无可使履行之途;二因督责过苛则讼狱烦兴,维持社会平和之法律恐转为纷乱之具;三因惩罚其违背者之无实利实益,此皆其最重之原因也。故此等之事不能以法律之力制之,一切待道德之力也。

故法律者,唯于社会所发现一切恶行之内之一小部分有强制之力,且不但其管理之区域比道德为狭隘,即属其管理内之恶德,其法律上所定善恶之标准亦极低下。是法律者,非有造圣人君子之宗旨,唯防已甚之恶德,使人尽寻常之责任而已。是法律上之判断邪正善恶,以普通智识所具道德为标准也。如上所述,使天下万民均服从之者,以此程度为止耳。今就刑法说明之。夫杀身成仁,渴不饮盗泉,此人之美德最可称者也。天柱折,地维绝,毅然不失其操者,大丈夫之心也。如一旦河流泛滥,洪水滔天,一身将危之际,见旁有绌片板之老妪,此时苟有仁心者,即令丧己命,不夺老妪之所依赖也。然此求诸仁人义士可耳,而在寻常人,爱己之生命切,必夺老妪之板片。是天灾事变,人情所不能免,法律上不能责诸人人也。故《刑法》第七十五条曰,由天灾或意外之变,遇不可避之危险,出于防卫自己身体之所为者,不论其罪。又如民事上,苟保管他人之物件,则当极意保护之,若临水火等危急之所,苟有义气者,即令自己之物归于乌有,不可不救护他人之物。然法律受他人嘱托而代管理物品,不须重大注意,唯与自己财产同一注意足矣。如两物贮藏一仓库,猝遇火灾,于不能两全之际,先取己物而放掷他人之物,法律上毫无责焉。其当十分留意保管者,唯在不失自己之利益之时耳(《财产取得篇》第二百十条)。又办理他人之业务,其受报酬者,不可不格外注意不负其所委任,若无报酬者,不如斯注意可也(《财产取得篇》第二百三十九条)。

如斯就民、刑等法律详细观之,殆似法律默许夫恶德戾行者,如或人云法律者,待人之非违至如何程度,然后谓之恶乎。此虽酷论,然正道德与法律之区别也。法律唯以寻常之人情为基础,非谓法律限以外之美行便不必行,乃谓并此寻常之道德尚有不能履行者,不可不以法律矫正之耳。世人往往以不违背法律自诩,有直以此判定人之善恶邪正者,全忘此理,失法律之本意矣。

法律上之善恶与道德上之善恶,其标准程度全异者也。阿穆斯氏曰:人有为凶暴之夫、残忍之父、不良之后见人,而彼于法律无所抵触;又有人为贪污之政治家、不用意之首领、怠慢之贵族,而犹服从法律上之命令者。故余于前章,所以说法律家以重德义为必要;若法律家而不重此,无德义以涵濡之,则法律宁非教人以恶乎?

故法律比道德,不但其区域狭隘,且其厚薄亦殊。法律所谓有效也,适法也,非必皆善行美德也。某伦理学者难苏格兰之法律中定男女结婚之年龄,男十四岁、女十二岁,云是背戾天理也。盖国中男子自二十四五岁至二十六岁,女子二十二岁,体格、精神始完备,而法律才达十二三岁即许行婚礼,是将使青年男子毫无忌惮,以婚礼之适法为口实而行婚礼,子孙因之薄弱也。此其论殆不解法律定婚礼适法之年龄之理矣。其定男子十四岁、女子十二岁者,唯定其下限也;若反之而依医学上精神,体格不完备者,不目以适法之婚礼,则恐青年男女或误其身,致增私生儿之数,有伤社会之经济秩序。故不得已以此年龄限制之,法律决非视为适当之年龄而奖励其结婚也。唯法律上虽弛其禁,而待子弟至适当之年龄而结婚,一归诸父兄之责耳。盖法律之力有时颇薄弱,故阿穆斯氏云:如社会之大半无遵奉法律之念,则制定法律无功效;如人民常欺诈,则虽有罚欺诈之条,而无行之之力。又欲罚伪证者,而人民不以虚言为害德,则亦视为具文而已矣。

尚有一疑问,即法律与道德有时矛盾是也。此义古来学者辩而未能决,欲于《法学通论》论究之,所不敢企。今述其概略,为知法律与道德之关系者之一助而已。

法律果有亘古今一定不可动之条规乎?时移地易,道德果毫无变更乎?世若有千古不易之大法,社会人民必当服从,为自然之义务;背此大法之法律,即戾自然之天则,社会人民不可不违人为之非法,而从宇宙之大法也。然世果确有此宇宙之大法乎？法学家巨擘勃剌克斯登之言曰：人间者，属天造物之一，故不可不服从天帝之意志。而天神之造人，赋以自由之志意，而于其处世，则制一定之规则，从此以活动其意志，即以限制之。此规则者，即定人间之善恶永久不变之法律，所谓自然法者是也。此法律不问时之异同、国之东西，管理全世界。人所制定法律之效力，直接间接，要皆基于此自然法。若人为法而背此大法，是为无效之法律而已。

是不独勃剌克斯登之说也。中古法学者概有此意，谓由宇宙之大法，使善恶邪正之区别判然规定，法律即不外用此大法以命令于世也。当时道德与法律混合，不能分一定区划，自奥斯汀氏始明此区别，谓法律与道德全异，决非可混合者。其说曰：法律者，虽于法律上有羁束力，然法非必皆善，违背法律而抵抗之，虽为法律所不容，然自道德上论之，非无可称扬之美德。故法律与道德矛盾者，不服从此法律，不可谓非吾人道德上之义务也。奥斯汀明法律与道德区别如此，然言背道德之法律，人民于德义上无服从之责，其言果无语病乎，抑为人有当守一定不变之道德规则在乎？世有一定不变之道德与否，固不能无疑也。

法律与道德，其名虽异，要之不外为治国平天下之要具。使巩固社会人民之结合，以保国家久长，则法律可也，道德可也，在适合其社会之程度而已。盖以社会之状况，由风土气候，其发达各有特异之处。故法律、道德，亦由时之古今、地之东西而有异，乃自然之势也。未开之世，有未开之道德；开明之世，有开明之法律。盗取他人之财物，果为恶德乎？于现时社会之法律上、道德上，何人不知其为罪恶；然当社会未开之时，民众团结之基础未定，战斗攻伐，互相攻袭，掠取其财物以济自己部落所必需，不独法律上不罚之，或且以为道德上之美事而奖励之。又孝于亲、慈于子，此道德上之美事，人人知之也；然社会当去原始时代不远时，却以法律害此易见之情理。如罗马法萌芽之罗马十二铜表第四表中所规定，凡畸形不具之子，生后即杀之。此不独罗马然也，古来各国，其例不少。又某国有杀老亲者。要之当原人（未进化之人）不知生活之道，不究殖产之法，只以攻取夺略维持一部落时，使养老亲与使畸形不具者生存，不但于社会无丝毫之利益,且如此之人多,则其部落终为他蕃族所压倒,不能堪物竞也。故在如斯社会,舍亲杀子,所以全社会之维持,不独道德上毫不怪之,且不杀之,至不免受法律之制裁。又如复仇,现今在道德与法律皆所不许,然在中世以前,为道德上之善行,士君子所最重者,古来留美名于历史者不少,是有故焉。古代无论何国,以法律之制未备,司法行政之事未整,如用国家之公力逮捕一切犯罪者而处罚之,不可得也。故于此等时,被害者自逮捕之而复仇,以快其心,在司法不整顿之时代,固为当然之事。然社会之状态渐进,司法之制度渐完,则惩戒有罪之人是国家当然之职务也。苟被害者犯此制限,以私斗紊社会之平和秩序,则害司法权之独立,不独为法律上之罪人也。又举近例,如泰西之决斗流行于绅士之间,世人咸称扬之,上流社会而有拒决斗者,则为耻辱。然近来渐绝此等遗风。我国则直禁之。其他崇奉祖先之支那、日本等,以不绝祖先之祀为人子第一要义,故娶妻三年而无子者,去之不怪。在泰西诸邦不独无此,以无子之故去妻,不独法律所不许,且为德义上之罪人,谓为轻薄,世所摈斥者也。以如此故,谓天下之大法与邪正善恶之区别,通地之东西、时之古今而不可动者,世人多信之。然详细观之,法律道德皆为维社会之平和、进臣民之福利之具,故皆不可不适应其社会者。泰西法律不必适于我国,我国道德不必合于泰西,随时变动可也。若道德而不为一定不变者,则岂有与法律相矛盾,如奥斯汀氏之说,背戾法律可为道德上之义务者乎?颇不能无疑。但此疑问不可轻断,且于《法学通论》论究之,亦终无大益。故但明法律与道德非背驰之事,相助相待以全其用足矣。

法律与他学科关系第五

法律学者,以法律为基础、为标准而讨究社会之显象者也。其所关系,大自国家政治,下迄匹夫行动,无不息息相涉。因之与诸学科有密接之势,决非由法学单独之力,即能全法学之道也。今就法学与他学科之关系,略述其大要如下。

一、与心理学之关系　　有某学者谓法律只管理人间外界之行为,凡关形而上之精神,则非所问也。此言不然。欲识别其外界行为之善恶,必不可不溯其行为所由出之原因、之精神知觉而研究之也。故法律与心理学不但有密接关系,且非有心理之补助,则无由制定法律而施行之也。《民法·财产篇》第三百五十六条云:就合意之解释,判士与其拘执对案者言词之字义,宁推寻其通共之意思为要。凡法律所重者,人之意志也,纵使其行为或言词上有与其意志反对之情形,然对案者之意志分明,则法律不可不略其外形,从其意志以裁断之。民事、刑事,其迹一辙。其他欲得法律之精神用之不误者,必不可不观内界之精神、智能。如《刑法》第七十八条:犯罪时,因知觉精神丧失不能判别是非者,不论其罪。此皆谓被告人狂易痴骇,若一时丧失精神,不知为罪恶而误犯之者也。又如赤子弄斧,非有刑法上之恶意,罚之无裨于社会也。然其知觉精神之丧失果如何,若欲精细解释之,非有逾乎寻常之智识能力,不能识别者也。若果犯罪者之大半皆为缺教育者,可均谓之无罪乎? 又其知觉之丧失,有失其全部者,有失其一部者,又有天生而于一种之行为全不能差别是非者。往往有良民,言语举动,一无可怪,乃因祖父之遗传,或精神之发育不宜,独以窃取他人品物为无上之娱乐,不知其为恶事者也。

今予据某学者所说国事犯之原因,略述之如下,可明法律与心理有何如之关系也。

国事犯之原因,可大别之为自然之原因、社会上之原因及人类学上之原因。自然之原因中,其尤有重大之势力者,气候也。如阿尔盛汀共和国以气候之变化剧烈,驱国民为革命,或暴动。盖古来革命多起于炎暑时候,可异也。欧洲至今革命百九十二次,而其最多之数均在六月(三十二次)、七月(三十次)。其他因于地形、土质、纬度等事者亦不少。次则社会上之原因。由于政体开化之程度、生计之贫富、宗教之纷扰,与著书、新闻、小说等事为多。最后,心理学上于法律学最有关系,人类学上之原因也。大之由人类之竞争,小之由人脑官能之特异,即赋质之易陷罪恶者、中酒精毒者与疯癫者,为最重大者也。征之事实,于南美数次革命及法国最后革命之暴行者,大半皆中酒精毒者也。又爱其禄儿氏云,法国革命剧烈之际,癫狂及自杀者之数,非常增加。又利由尼哀氏云,法国自千八百七十年至七十一年,十八月间之裁判事件中,因癫狂犯罪者至千七百件以上。喇拔儿德曾就为极暴行之八人检其身体,四人乃生来之白痴,而余四人则狂人也。又如法国暴徒之魁麦拉者,初狂奔功名,终陷杀人罪。又袭显理第三世之来耶铁尔者,其答裁判所法官之审问曰,余本心常驰杀王之念,非杀之不能免精神之痛楚,故及此举也。由斯观之,犯罪者之中,有许多原因,其当犯罪时,已失其智觉精神者必不少也。而何者为智觉精神之完全,何者为丧失,是当就脑髓官能一一考究之,为心理学上颇难解之疑问,亦法律学上极艰涩之疑问也。

　　二、与历史学之关系　　历史学者,就古来社会所发现诸种显象而讨究其原因、效果者也。盖法学又以社会之显象与法律为基础,以此观察研究之。故历史与法律,从来有密接之关系也。欲究古来各国所行法律之起源及沿革,必不可不究其法律所由出之社会实相,故不求于历史,则不能望充满其研究法律之事也。古今东西异其法理者,皆由其国沿革之效果。其沿革有异同,其法律即不能无异同也。或为君主政体,或为立宪政体,或为共和政体,此各国历史上所生之效果。即同一君主政体中,英之君主政体与德之君主政体全异。盖德国以各联邦组织,于其联邦内之政治,概任其联邦或自为,德皇不过统治其联邦耳。殆与美国大统领之于国内各州无大差别,唯一为世袭,一有任期为别耳。其他云权利、云义务,一切法律根本之思想,皆由其国之历史有异同。今法律研究未极精细,学者滔滔,论究法律,一据泰西之思想。然深察之,则其间必有一大差别也。

　　余尚欲说法律与历史之关系,先述我国刑法沿革与我历史相涉者。

　　欲研究我国太古法律,宜先知当时政体,即祭与政为一致也。于朝廷所行重大政治,为奉祀祖宗在天之灵之一事,而当时政治法律,无非自奉祀祖宗出也。故人民有犯罪者,罚之有赎罪与被除二法。而其有杀伤人或害特权者,从其罪之轻重,征赎物,乞神明使被除其罪。且上古国内多为豪族割据,推其族中之旧家,使为族长,行政、司法之事,一归族长之权,纯为群雄割据之政体也。自神武天皇东征，一扫其弊。其后与三韩往复颇繁。至应神天皇时，百济使阿直岐王仁来贡经籍，自是三韩文物益输入我国。至钦明帝时，百济贡佛教经文，厩户王子深尊崇之，僧俗靡然心向三韩之文物，政治、法律上受其关系不少。迨后隋唐之交际既启，遣隋、遣唐之使前后相踵航渡支那。于是当时之法一受其感化，则《大宝律令》所由编纂也。即天智天皇敕镰足，使选定律令，自近江朝廷之律令成，经天武、持统、文武三代，至大宝二年始颁行之，是为《大宝律令》，其实多拟唐制也。先是天下豪族之柄甚重，朝廷之威不振。天武天皇勇武英断，乃定诸氏族姓而杀其权，续定《大宝律令》，朝廷纪纲大张，法制体裁颇具。后藤原氏专权，纪纲再坠，赏罚爱憎出于其意，司法纷乱。及中世武家为政。赖朝开幕府于镰仓，诸国置守护，庄园置地头，自为总追捕使，掌握政权。其所行无一定之法规，权臣专擅。及北条氏之世，身为陪臣，亦以收揽民心为计，注意法律。贞永元年，作《式目》五十条，以抚绥天下。及北条氏亡，足利氏继之，凡十五代。二百三十余年间，名为将军，实不能统一天下。自应仁以降，群雄四起，天下麻乱，不但法律失统一而已。且用武之世，刑罚颇重，是又原于当时形势，不得已也。至德川氏世，天下尽为封建，各藩异其法律，司法制度不统于一，幕府政治所及仅其直辖之一部耳。然改武断严酷之刑，据我古法及明代之法，定百条。元和、宽永、元禄、享保、元文间，相继修正之，至宽保二年而大成。至明和时，部类编纂之业始毕，名之曰《科条类纂》。盖德川法令，固以为治国平天下之要具而编之者也，而其欲制诸侯之不轨，使德川氏之天下长久之意，始终一贯。苟熟读其法令，可见其精神溢于纸上也。且据民可使由、不可使知之宗旨，其法令除当官人之外，一切秘之。至王政维新，一扫封建之制，苍生再瞻天日。于是法律亦复王朝之旧，以太宝古法为基，旁参唐、明等律，而编纂为《新律纲领》。然此不过举大纲，后增补改定，称《改定律令》。

维新以后，泰西之文物渐入我国。以为对待国，而入列国会盟之列，不可不改正法律。乃于明治八年起新法改正之业，由法人把速那特草《刑法治罪法》，自明治十五年一月实施之。其他《民法》诸典由把速那特、《商法》由绿爱斯立尔起草,以明治二十三年三月发布之。《商法》自明治二十四年、《民法》自二十六年实施。举我国法,一模拟泰西法律会矣。保存国粹之论兴,多责模拟泰西制度之非,遂使调查法典委员会就此修正之。

可见我国自上古至现时,法律之沿革亦归历史之关系,采用隋唐律与输入泰西之制度,皆自历史上出者。故欲寻我法制之来历,必不可不参照历史也。故法律与历史有密接之关系,近世究法律之发达及性质者,采用先依法律之历史考究之之方法,所谓历史法学也。

三、与地理学之关系 地理学为如何学乎?其严密意义姑不问之,兹余所称地理学,唯就世界各国讨究地理风土之学问,而说其与法律之关系耳。盖法律者,与开化相表里者也。社会蛮野时,法律未开;社会进步,则法律亦进步。研究其法律,可以知其当时社会开化之程度也。故欲知法律与地理之关系,不可不知开化与地理有若何关系。人类在炎热如毁之赤道下,或在极北酷寒之地,其生虽一,然气候之寒暖关于社会人民者甚大,而其国中政治上法律之制度,亦必与之相称。据古来历史,土地偏北及南近赤道,寒暖过度等国,终不能进文明之域。政治上发达之邦国,概在温带寒暖适宜地方。某学者之言曰,古来于历史上占重要地位之邦国,其气候平均在摄氏寒暑表八度与十六度之间。今就现世界所称文明国之每年平均寒暑度列之如下:

柏林	九·二	伦敦	九·二
维也纳	十·五	巴黎	十·八
华盛顿	十三·五	康士但丁挪布尔	十三·七
罗马	十五·四	北京	十一·三
东京	十三·八		

据此知邦国地位之关系文化非小也。

其次则山川之位置、海岸之距离是也。国中山峰高低、山脉起伏之状,国之文化系焉,而法制亦从之。多平地原野之国与山岳重叠之国,其政治上之组织大异。古来多原野之国,多为中央集权之制;多山脉之国,则概为分权之制。譬如古昔希腊各州所以有独立不羁之权力,得政治上之自由者,由于国内山脉多,为天然之区划,无由施中央集权之制度也。又近海岸之国,其开化早;深入内地者,其开化迟,为著明事实。故以沿海线之延长,比较其国之面积,可得案其国之开化与否也。又古昔以文明著者,如希腊,如罗马,如埃及,以及近世所称文明邦国,皆近海之国也。又国内有大河巨川与否,亦大与社会发达有关。盖河水助交通之便,润土地,进生产,国家之被效莫大焉。如埃及在西历纪元前二千年已成一大王国,盖因尼罗河泛滥,年年岁岁流出肥土,使其沿岸之民不劳而获丰饶产物,至使人谓埃及国即尼罗河所赠与也。又底格里士、阿付腊底斯两河之于美索波达米亚,扬子江之于支那,皆其例也。其次地理学上关系之大者,在其土地之地质如何与其地之富矿物与否,此为近世最关系其国之文明者。而英国之所以至今日之地位者,由煤、铁之出产甚伙也。其他土地之丰饶与荒瘠,关系其国之发达,尤不待言矣。

余欲再证地理与法律有密接之关系,略述欧洲商法发达沿革之大要如下。

夫致商法之发达,与他诸法律不同,乃为近代之事。在古昔交通之途未开,人民恃山河之险,互相防敌,不问有无相通之道,而贸易不兴,商法因之无足见者。中古罗马帝国既衰,北方蛮民蜂起而袭欧洲中原,罗马之民往往避乱于地中海岸各都市,而南部海岸渐趋繁盛。此等都市以滨地中海岸,航海运输之便最大。就中意大利之海尼斯、热那亚,法国之马耳塞,西班牙巴尔塞罗内等,大臻繁盛。后十字军之役起,将士概取道地中海,欧洲诸国军器货物皆辐凑于此,益致运输航海之盛焉。故欧洲商业先起于地中海南部都府,而商法亦萌芽于此。康索拉多尔代尔马尔先制定于西班牙南岸都府,次哇来仑《商法》又成。后商业北渐,及于北海及波罗的海,北部市府亦模拟而编商法。后法帝路易第十四时,编纂《商法条例》及《海上法典》,实取材于南北诸都市法律之惯习者也。故欧洲商法,其始萌芽于地中海岸都市者,全由地中海运输交通之便而起,无非因地理使然也。

四、与统计学、经济学及政治学之关系　上文既说心理学、历史学、地理学等与法律相涉极远者尚有相关,况其为统计学、经济学、政治学等与法学之关系尤密接,固不待喋喋言矣。

统计学者,考究统计之原理原则,且明示其应用之学问也。盖统计学者,以数学写记社会所发现之诸般显象也。其统计种类有二:一、记现在实况者,实在调查是也。即以一定时期调查社会之现象,譬如我国现在犯罪人几名,其犯罪之种类如何,初犯、再犯之比较如何,皆就现在事实调查之也。二、随动调查,记社会事物之变迁者也。即如明治初年我国人口几何,其后每年以如何之率增加,又男女之率如何,离婚与结婚之比例近年增加乎、减少乎,以数记其变迁,随动调查是也。故统计学为表明过去社会现象之具,而法律学上之现象又不可不借助之。故欲研法律之发达,明其沿革,必不可不由统计学所示之结果以考究之也。若无统计学,则法学所论常流于空理,终不能发见真相。则统计学于法律之利益,实不少矣。

次说法学与经济学之关系。经济学者,论富国之学;而法律者,判别邪正善恶之学也。二者乍观之,似无干涉,然譬如工场役使妇人、小儿等,其工资廉便,于利益增值,似合经济之真理。但役使妇人,则害一家之生计,又害妇女之健康;役使小儿,有妨子弟之教育与其身体之壮健。故各国制定职工条例,关妇人、幼者之劳役,均附若干之限制。如此,则经济上之有益与法律适宜之法,似有不一致者。然此特就一端言之耳,其实不必不一致也。夫得富者,非必人生最极致之宗旨,极致之宗旨别有在焉。得富不过有获行其宗旨之方便耳。温良谨直,不害人而履行义务,不独于法律为必要,经济学亦不外焉。此经济上称为有益者,即不可不为法律上之正道也。有益与正道,二者不必相暌离。故经济学与法律学学问之性质不但不背戾,其关系且极密接也。以法律保护各人财产,担保其权利,即保护其人之富也。故善良之经济,得善良之法律,然后能全其用。若无法律之规定,则社会各人之经济全被坏乱。故立法者、行法者苟不忘法律以保护各人之富为一大主义,则不可不注意于社会之经济也。

次之政治学者,谓考究国家之成立性质及其发达之学,又讲究使人享自由并最高度之生存之方法之学。虽学者所说千差万别,要之国家者,不外于使社会上人类全其生存发达而已。政治学之关系国家如斯，故法学之与政治学有密接关系，不待言矣。法律者，保护人之生命，使全其所享有也。使无法律，即不能有政治，故政治与法律，殆相待而不可离矣。如公法殆为政治学之一部。政治家必须有法律思想，如无法律思想，则其为政治，往往因利欲而及私心，流于暴戾，不免召社会之纷乱也。譬之法律学，骨也；政治学，肉也。无骨之体，外观虽不失为人，而其基础则薄弱也。然有骨无肉，则亦拘泥于法文之末，失其运用之灵矣。故政治与法律相资相待，始全治平之大业也。

法学之性质第六

法学为如何者乎？欲确下一定论，亦甚难矣。兹姑置之，然亦不可不知法学之性质也。法学者，非徒解释一国或一时之法律之学之谓也，在于研究法律性质及其原理原则，即就存在之法律考究其形式，而非考究其物质也。譬如单知英国文法，解法国文辞，不可谓之研究文法学也。苟欲自成一学而全研究之，不可不讨究文法之原理。故究法学者，不可不明各国法律之异同及其沿革。然此尚不过为考究法学之材料与其方法而已，又须将异同沿革之成迹或综合，或分析，始得知一原理。荷兰氏曰：注释法律与法学全属二事。凡以改正现在法律为宗旨而评论其法律，乃属立法之术，而非可称法学者也。盖立法之事，全可目为一法术。譬如欲定我国子女婚配之年龄，必待医学或卫生学之助，以究我国男女体格发育之度。又如欲修改与现时经济社会之惯习相矛盾之商法，必待得经济学者之力，查调我经济之实况。此等皆不过于一技术，而与科学中之法学一科毫不相涉也。法学者，非立法论，又非释明现在之法律者。惟各国古来所行之法律为法学主要之材料，法学基础在就此等法令而考究之。此等法律随社会之文化进步而与之俱进，决非停滞者也。

法学之性质如上所述，决非可别为普通法学、特别法学者，盖法学有一无二，而其原理决非可分为普通、特别二种者。世人往往不悟此理，有云一切法学,有云英国法学、法国法学者,是误解法学之性质矣。荷兰氏曾痛驳特别法学名称之非,兹载其大要如下。

> 世之所谓特别法学(Particular Jurisprudence)者,其意专指研究一国之法律,此大谬也。其所称为特别法学者,谓其研究材料所自出,限于某一国所行者耳。然此非可加特别法学之名称者也。法学之基于英国一国之法律而立者,犹单依英国之地质,而研究地质学也。然此地质学决非专属英国之地质学,仍为世界之地质学也。何则?科学之材料虽或自狭隘之范围而出,然其真理则可适用之一切而不误。故英国之地质学苟同其地质、地层之国土,无论世界何国,皆得而适用之。单基于英国法律之法学,苟其国之情势与英国一辙者,无论世界何地,亦可适用其原则而无误也。欲考究法学之原则时,当广其观察之范围,而遍知各国之法律,乃能领会最真正完全法律之原则也。盖苟可称为法学之真理,必为普通适用者矣。

法律与法学全异如此,而最易混同,故须明辨其区别也。

如上所说,明法学之有一无二,非可分为普通法学及英法法学者。然就研究法学之方法,其自生区别,则有四种:

一、分析法学(Analytical Jurisprudence);

二、沿革法学(Historical Jurisprudence);

三、比较法学(Comparative Jurisprudence);

四、推理法学(Speculative Jurisprudence)。

分析法学者,解剖法律而明其成立与原质,及究其关系之方法也。例如分析一契约,究其要质,必不可不具备合意及义务二端。又如定一罪犯,必须如何之要质以成谳是也。属此学派著名之人者,有英国之朋若模、奥斯汀诸氏。

沿革法学者,谓征历史上之事实,而究法律之发达,以讨其原理原则是也。譬如考究土地之所有权,征之历史,在古时归一部落或一酋长所有,不认为一人民所有者。既因社会进化,遂许土地为一人所私有,终至法律上亦保护之。又如古代人重身体、生命，而于财产、名誉、自由均不甚尊重之，故财产刑、名誉刑、自由刑在古代均不发见。然因人民之文化渐进，财产刑、名誉刑、自由刑渐次发生，至近世自由刑为最重。此皆沿革法学也。属此学派者，有德之萨皮尼氏等。近世以沿革法学著名者，有英之梅因氏，均最有名者也。

比较法学者，谓对照各国之法律，比较其性质之差异与其发达之异同，以考究法律上之原理者也。譬如比较英、法、德三国之法律，德国凡于一切法律上事件，常归重国家；法国则多说社会；英国反之，用主权者之名称。如此之类，皆有理由：德国自联邦新合，又有他种原因，故归权于国家之思想最发达；法国由社会依人民之契约而成立之说最盛行，故概用社会之文字；英国以主权之思想最盛，故法律必待主权者之力，始有其效。至比较用此等主义各国之法律而究其异同，以研求其间之法理，为比较法学。属此学派者，意大利人皮可、法人蒙特斯鸠氏等最有名。

推理法学者，其要在推寻法律之神理与学派，即考究关于法律最高之原理者也。一曰法理哲学，近世推理法学派最有名者，德之坎脱是也。

以上法学之四种别，然此非法学种类，不过由研究法学之方法所生之学派耳。此四法必相待，研究之术乃全。由历史、比较、分析、推理以究法学之理，乃能成全完具，非一一特立者也。

如上所述法学四门，唯由其研究方法所生，而非可分法学为英国、为法国，为古代、为近代。然法学亦如他学科，其范围广大，故不得已，就考究其原理，自限定其领分，分为二或三以考究之，强区分为刑法学、民法学二种，或分为公法学、私法学二种，均可也。

法学与法术第七

凡有学则有术，有术则有学。此二者，其性质宗旨各主一义，不宜混同者也。盖学者探事物之本性，而究原理原则；术者依学力所究之原理原则，而施之于实际者也。学以推究一定之原理，而依之以组成其原则，术不过应用之而已,此学者与实际家之所以异其职分也。盖天地间森罗万象,一静一动,变幻无极,其间无不有一定之法则管理之。发见其法则,为学者之任;应用之者,则实务家之任也。故学与术性质有异,而相待不可离者也。如物理学考究重力、电气、温热,及其他物体上百般之现象,始得发见一定之原理,以造精巧之器械。如电信电话,海外万里瞬息可通,无非考究器械学、电气学之效果也。法学亦然。以古今东西之法律为材料,而发见法律上之原理原则,为法学;适用其原理施之实际者,法术家之职也。譬如考究权利、义务之本质,为法学;知其本质而保护权利,遂其义务者,为法术。司法官、律师等,凡从事适用法律之业务者,皆属法术者也。法学如行船之磁针,法术家不知法律之本性,不解原则之如何,漫然从事于法律,则将有破舟之险矣,此实务家之所以必须研究法律也。

2　本　论

～～　第一章　法律本义　～～

何谓法律?似甚易知,然解之最难。古来学者所苦心思索,至今不见其定义也。抑不唯法学,无论何学,因其学科所用语词之义不定,故解释之也甚难。何谓动物,何谓植物,此不须研究而可明者也。然动植物学家,无论何人不敢轻定界说。吾人考"法"之一语,包含多种之意义,且其使用之区域广大,故今后从事法学者,不可不先明吾人考究之法为如何,而弃似是而非之诸种法于不究也。故余将关于法学之意义,按其使用方法之广狭而渐入法之定义。

第一,法者,有一定之次序、规则之义。此就"法"之文字最广之义而解之也。夫世之用"法"字者,或云成文法、不文法,或云民法、刑法,用于当用"法"字之处者固不少。然又有云宇宙之大法、神佛之法,其他书法、礼法、文法等语者甚多,更有云脚气疗治法、脑病疗治法者。日本、支那古来之用"法"字,随处生种种之义,唯于"法"字下加一"律"字,言"法律",其意乃无轻重也。不独东洋而已,泰西诸国"法"之一字,亦有种种用法。如英语谓"法"曰"牢"(Law),此"牢"语有至广之意义。或云引力法(Law of attraction),或云神法(Law of God),或云重力法(Law of gravity),或云宗教法(Law of religion),或云道德法(Law of morality),有诸种用法。其他如罗马语之"衣由斯"(Ius),德语之"立喜脱"(Recht),法语之"独落亚"(Drail),皆有"法"字之义。然或用为法律之义,或用为权利之总称,甚有用为正理之义者。故单云"立喜脱"或"独落亚"时,无由知其为如何之义。然"法"之语,虽其用甚广,要之总有一定之次序、规则之义也。即上自天体,下至草木昆虫之微,苟有一定之规则,即可谓之法。如脚气治疗,亦不外一法也。故勃剌克斯登氏云:法律者,广其义解释之,可称为行为之规则。故不论其在动物与在植物,不论其有辨理力与否,一切能适合之者也。如此法之意义虽极广大,然吾人所研究之法,非指此等万象之规则,乃就其中之一种也。

第二,法为人间行为之规则,信如上述。虽动植物亦有法,天体亦有法。然兹所称之法,非指此等,乃指人间行为之法也。即人类生此世而全其生存,必有一定之法规以自管理之,小之男女相合结成亲属,大之众人相集作社会。欲维持人己之生存而进其福祉,须不害于人而守己分,以保全其社会,所定规则,即法是也。然关人间行为之法亦甚多,管理人间之动作者,又有宗教、道德、礼义,此等虽均有一定之法则在,然总括此等之规则而考究之,又非法学之宗旨也。故我所称为法者,不可不自此等人间行为之规则中更精撰之,故解法为人间行为之规则,其区域犹嫌漠大也。

第三,法者,由主权者附以制裁,而强行之于人间一切行为规则也。解"法"字之义,从其稍狭者,方为我所称为法、为法律者也。法律定义,希腊、罗马以来之法学者有种种说,其间之见解不同,遂生许多学派。古之学者,概以法律为出自神意,而国王不过代行之人耳。希赛禄氏曰:法律者,自神之胞中出,而命善禁恶者也。又某派学者谓:法律出于人民合意之结果。又某派学者曰:法律者,道德规则中以国家之力强行者也。德国有名之坎脱氏曰:法律者,由自由之天则,以合一人之意于他人之意之具也。又萨皮尼氏曰:法律者,划一无形之境域,定人各得之自由,且确实享有其生存及行为之权利之规则也。又奥斯汀曰:此主权者之命令也。夫古来法之定义有如此种种见解,欲一一详加区别,恐导人于歧路。故今姑从通常所说法律之定义,为之说曰:法者,主权者附以制裁,而强行之于人间一切行为规则也。此定义不独行于学者间,又比他定义最少瑕疵也。

如上所述,我所称之为法、为法律者,比通常所称之法,其意义颇狭隘也。而欲明以上所采法律之定义,不可不先知主权者之为何;欲知主权之性质,不可不解国家之为何。兹先就国家之成立,并其性质之大要以说明之。

人类之在此世,常有二危险临其身,而欲害其生存。二危险者何? 一为人类外之动物所袭击,一为他种人类之攻击也。故人生此世,欲保自己之生命财产,享有其快乐,不可不讲求防此二危险之法也。于是相集相合而组成一团体,酿财集力以求遂此宗旨。而组成此团体以后,则以进其团体之势力,巩固其成立,达其人人团结之宗旨之故,即令反一己之利益,抛其资财,伤其身体,甚至舍其生命,犹欲全团体之成立,此即国家所依以生,而国家萌芽于此也。迨人民渐增,领地渐扩,加以人民之教育渐次进步,人民重过去历史,观于古人杀身救国之事迹,愈激励其心志。国民之思想精神一合于此,尊内卑外,欲维持国家,光垂万世,长保国家之组成,乃可谓之完全也。

故组成国家者,第一不可无人类之集合体。其人口之多寡,似与国家无关,然单一家族不可成国,故一家族分为数家族而组成一人种,乃国家之所由成也。第二不可无一定之国土。国土与国家,不可须臾离。如在昔巡游诸国之西伯利人;又当罗马帝国覆灭,蛮族蜂起,蹂躏诸国,蛮族虽为同一人种所成立之团体,然未有一定之国土,故不能称为国家也。第三不可无国民结合之精神，不可如动物之偶然集会。国民之内，虽或以阶级，或以土地分为数类之事，然其国民之精神必须一致。盖所谓国家者，不独有其形体而已，必更有无形之精神，进其国光国威，增其生存及安全之度也。第四国家不可无治者与被治者，即主权者与国民之别。此国家自然之结果。苟欲全国家之生存，图人民之一致，必不可无立万民之上而当统治之任者。若治者而放弃其统御国民之大权，或国民对统御权无服从之念，各人自随其意而动，此无制度也，无国家也。故成立国家，必须此二者确然完备也。以上所揭之外，尚有政治学者论国家之特性，其详细俟他日研究，今唯示其主要耳。

以国家之特性如上所述，兹得下一定义曰：国家者，受一最高权之管理，住一定之土地，而相图公利之人类团体也。

欲解国家之最高权谓何，须先别为国内、国外二者而观之。最高权者，谓对国外毫不受他国之权力羁束，即国家之独立权也。譬如印度之太守，于印度国内受人民服从，虽有最高之权力，然其对外国，不得不奉戴英国女皇，故印度太守非有最高权者也。其他如泰西诸邦所行之保护国，又如日本维新前之琉球国，对国外不得不服从他国之权力，故此等诸国非有国家最高权者也。

又国家之最高权，主权者于国内有无上之权力者也。第一，不可不使国内多数之民服从。假令一时谋叛者，虽占领其国内之一部，服从其域内人民，而国内大半不服从之，未可云有最高权也。第二，其服从非仅一时，不可不永久也。譬如一时国家多数人民暂服从其权力，亦未可云得重权。如十九世纪之始，欧洲同盟攻法国，法人暂时服其命令。又如明治十五年，清兵暂时施令于朝鲜。此皆一时之服从，不得云同盟军与清兵占有最高权也。第三，有最高权者，不可不确定。故于一国之内诸权力相抵牾时，其人民服从谁氏尚未判，不得称最高权。第四，其权力于国内，不可再服从于更高一层权力之下。

如上所云对他国不受一切羁束，克完全其独立；又内对国民而受其服从，无论国内如何权力，不能出其上，此称为国家之最高权。又云主权。

而掌握其权力者,称主权者;服从其权力之下者,为臣民。而其主权所存在,视主权者之为何人,则因国体之异同,大有径庭:或在一人,或在小数之人,或在多数之人,学者所说不一。在共和政体之国,或云主权在人民,或云在人民所选举之代议员,或云在代议院及大统领。其他由各国之政体,有种种议论。此等详细之论,非《法学通论》之宗旨,故暂置不论。

以上仅就国家之主权之性质述其大要,今欲再溯法律之定义。即法律者,由主权者附以制裁,强行之于人间一切行为规则也。今分析此定义如下:

第一,法律必为主权者之所出。故如道德法、名誉法,非自一定之权力出者;及宗教法、神法,出僧侣或神之手,而非主权者所定,皆不能谓之法律也。

第二,法律必为人间一切行为之规则。假令其主权者出特别之命令,而此特别命令止及一人或数人,不可称法律。法律者,必适用于一切处之规则也。

第三,法律者,必附以制裁而使强行者。故主权者之定布规则也,若有犯者,必有制裁,所以使人不得不遵奉也。若虽为主权者之所命令,而单关于仪式,如定阶级,当有功勋之人逝去,命臣民为之服丧之类,若无制裁随其后者,皆不能谓之法律。制裁者,即主权者科犯法人之恶报也。至其详细,后章论之。

终更有一言,最为紧要。凡日本帝国宪法所云法律者,皆须经帝国议会协赞而后发布之,乃能成其为法律,此我辈所称法律之一部也。而非经帝国议会之协赞,虽自大权发布者,称之曰命令,有敕令、阁令、省令之别。然此等命令,犯其法者,未尝不加以制裁。虽然,宪法上终不付以法律之名称。且自法律学上观之,但为主权之命令,附以制裁而使强行者也。

～ 第二章　法律种类 ～

一、成文法、不文法　法律种类中最著明者,为成文法、不文法之区别也。此区别古来诸家之说亦不一。有谓成文法为主权者直接所制定之法律;不文法虽非主权者直接所制定,而得其默许,亦有法律之效力也。即如法国法典,或英国年年所发布经议会协赞之议院条例(Act of Parliament),我国所有之布告布达,及其他依法律等种种名称之发布者,皆为成文法。其由裁判所据判决例所认之法律,又国内所行之惯习而受主权者之承诺者,为不文法。如英国之习惯法是也。又说谓成文法、不文法之区别,视其制定法律之方法如何。成文法由主权者记之文书而得法律之效力者,不文法谓其不记之文书者也。所谓记之文书者,专云主权者所记,非一切文书之总称,法律学者之著书及裁判官之宣告书,不在此列也。如彼英国之习惯法,为古来有名学者所著书,近代亦往往有记之,如法典者不少。然此不但非由主权者之手所编纂,且其效力亦非因裁判官之宣告、学者之著述,始得有法律之效力也。盖其前已有法律之效力,即不记之于文书,已得为法律矣。如上所说,成文法、不文法虽得区别,余以为二说各示其区别之一端,并两者以观二法之区别,为可信也。即成文法为由主权者载之文书,附与以法律之效力者;而不文法虽未经主权者记之文书,而由主权者之默许,亦得法律之效力者也。故成文法为主权者直接所制定,不文法则由间接承认者也。然如此区别法律为成文法、不文法,其区别亦非永久不移易者。譬如我国今日法律虽大半为不文法,若后来主权者编纂之为一大法典而公布之,则从来之不文法,一旦变为成文法,不待论而明也。兹更有一言,于甲国之法律为成文法者,入乙国时往往为不文法。譬如罗马法中宗教法,于英国亦有一部分视为法律而行之,古来执此以判决者不少。然英国之继受此等法律也,非记之文书、发布之为法律者。故此种法律,在英国依然当入不文法中也。又于我国准用泰西诸国法律,主权者承诺之,裁判官执此以判决,为一判决例。然此等法律皆为不文法,非可谓为成文法者也。

二、公法、私法 　法律别为公法、私法,自罗马已有此别。其由来最古,而其区别之标准,今日学者犹论难不绝。近时德国公法学者力论法学,益致混乱,今不能就其区别详尽说明,唯述其大要耳。

公法、私法之区别嚣然于学者之口,自罗马始。《若斯的尼安法典》第一章即揭其定义曰:公法者,罗马国事之法律;私法者,关一人私有利益之法律也。是为法律上分公私法而定其界说之嚆矢,而今学者犹大半沿用之。奥斯汀氏以此区别不适合于学理而排斥之,然此区别行之已久,恐不能废。但何为公法,何为私法,古来诸家说亦不一,今述其概要。第一,公法为关公益之法律,私法为关私益之法律,此罗马法学者所立之界说也。私法者,保护人民之财产,使安全其身命自由,无非为保护人民之利益;若公益,乃有关于国家者也。然行政法、选举法可入公法,颇有关人民之利益,又可入私法之民法中。关国家之利益即公益,亦不少也。譬如以有害风俗之契约为无效等,是其例也。要之,法律缘起,本为巩固国家之安全,则一切法律无非关公益也。衣哀林氏曰:法由社会而存。因由社会而存,故若舍国家,舍公益,无所谓法律。然则以公益、私益区分法律者,甚不当也。第二说,公法规定国家与人民之关系,私法规定人民与人民之关系。此说最盛行于学者间,亦较妥也。第三说为德国学者所倡,为最新之说。此说谓社会依权力之关系与权利之关系,乃二要质所组成者。权力之所存,在国家,不在人民;人民互有权利,互负当行之义务,不能互有权力也。权力及命令之词乃属国家所专有,而人民无论何人,当服从此国家权力。故人民对人民,有权利而无权力,亦无命令之力。凡有权力为命令,乃国家固有之本分也。故国家与人民之关系,在权力之关系,而人民为服从国家者。故其相关系,自不平等也。又人民相互之关系,全在权利之关系,人人平等。故区分法律,不得不以此为标准。依德国学者所说,公法为规定权力、服从之关系,而私法则规定人人平等之关系也。此近时德国学者所倡之新论也。

如上所述,公法、私法之区别,种种议论,果以何者为当,且俟他日诸君之研究。但法律规定权利之关系,其权利所关系之者之一,若为国家,或其一部,其间所生之权利,公权利也。又当事者两造俱为私人,其间所生之权利,私权利也。即在国家与人民之间者为公权,在人民与人民之间者为私权,而规定前者为公法,规定后者为私法也。但有当注意者,国家与人民之间所有之关系，不可即断公法上之关系为公权也。国家虽有最高之权力，然有时固当不用其权力，自居于平等地位，与人民为契约之事者亦不少矣。譬如官厅雇役工等，此虽以国家雇之，然与受雇人之关系全居平等地位，其关系为私权，当受私法上之制裁也。故余以公法、私法之区别如下所说，即公法规定国家与人民之间所生之公权之关系者，而私法规定人民相互所生之权利之关系者也。虽不敢自信此为确义，今为说明公法、私法性质之用，暂据为此定义。

公法、私法之性质，其要如上所述。然用此理论于实际，以何为公法，何为私法乎？曰，如宪法规定主权者之权限，及对人民之权利、义务等，俱规定国家与人民之关系；又刑法、刑事诉讼法，为规定被害之国家与犯罪之人民之关系，为当侵害国家所有之公权之时，定其惩创之之法，故皆为公法。又行政法为规定国家所委任有权力之一部之行政官与人民之关系者，故此亦公法也。民法，如受托孤法规定受托孤者与幼者之关系，契约法规人民相互为契约之权利、义务，此皆私法也。其他如商法，亦属私法。然则民事诉讼法属公法乎？属私法乎？从前固人之私法中，至近时议论，颇有以为当入公法者。盖民事诉讼法非唯关系人民与人民之私权，乃规定人民之权利被侵犯而求国家救济，及国家以如何方法审理、判决其诉讼，以救济人民之法者也。即诉讼之原因在人民相互私权之侵害，而一旦入国家法庭以后，则去其私法上之性质，为国家与人民之关系，而受民事诉讼法之管辖也。故民事诉讼法确然为公法，非私法也。

又国际法如何乎？国际法可别为二种：一为国际私法，一为国际公法也。国际公法或称万国公法，国际私法，学者所命之名称亦不一。今欲说国际法之为公法为私法，不可不明国际法之为何也。

昔希腊、罗马掌欧洲之权力，十字军起，耶稣教徒之势力风靡于欧洲，欧洲各国间之往来渐繁。迨近世贸易、技术、文学大昌，列国之交涉日多一日，殆有举欧洲各国为一大国之观。国与国之交际频繁，其间公私之交涉亦因之而多，至此则不可无裁断此一定之规则，是为维持各国之平和、进其利益之不可缺者也。不若是，而一任各国所为，则世界之平和不可期,弱国不免为强国之饵矣。故万国普通之规则,不独际战争之时为必要,即于平时亦不可少也。而国与国之间所起之交涉,其事件有二种别:一为国与国政府间所生之关系,一为一国之私人与他国之私人所生私权上之关系也。而规定国与国之关系者,称国际公法;规定各国私人之关系者,为国际私法。国际私法关人民之所有权、契约、身分等事,与夫一切之行为,其关系及数国者,当依何国之国法以处分之乎?试详言之。如一事之起,定其当依本国法或外国法,又于外国法中当依何国法之规定,即定适用法律之法律也。例如寄留美国之英人某与美人某,约卖现存英国之某动产,相携至法国,此英人违背与美人所结契约,转卖前物于第三人,终被发觉,因之美人被英人损害,诉求赔偿于法国。法庭于此时,以法国裁判所当受理之乎?若受理之,解释上契约之条约,用何国法律乎?玩味于英、美两国人之诉讼能力,并契约之能力,而定其当用何国之法律者,国际私法也。国际私法之性质如此,故学者或称为法律之抵牾矣。又云,法律之适用,此外尚有命为私国际法、礼让法等种种之名称者。法律之名称犹如此不一,何况此法律之性质乎!其不免极于无著可知矣。虽或有以成文法明记之之国,概依学者之著书及议论而行,因之见解互异者亦不少。要之,国际私法非规定国与国之关系者,乃规定一国之人民与他国之人民之间所存权利之关系也,故概入之私法中。又国际公法者,规定战时及平时邦国间之权利。即为国家者,第一当维持国家之安全,第二当保全国家之名誉,第三有所有权,第四有裁判权,第五有保护己国臣民寄留外国之权。定此规则者,国际公法也。即规定国与国之关系,而非一私人间之关系,故当入之公法部。然当究国际公法之性质时,宜注意者有二:(一)不可不知国际公法通常虽入之法律中,然其性质与他法律全异趣。法律者,如前所述,由主权者之直接、间接以制定之,国家必有振行其法律之权。国际公法唯依欧洲古来各国条约及习惯之例,由各国通认其为规则而止耳。若其规则有疑义,则无裁决之者。又或犯之,亦无有制裁之之权力者。只认局外各国之公断,或两国之协议谈判等事,不然,则不外以干戈相见也。故国际公法之为法律力颇微弱,尚未可云至于完全之域也。故某学者,国际公法非法律,而为各国间所行之道德也。(二)国际公法不但其能力不足而已,可受其法律管理之邦国亦有限。盖国际公法乃搜集希腊、罗马以来欧洲诸国所行之惯例,譬如甲国帝王巡游乙国时,当受法律上如何之管理;又全权公使当受乙国之管理否。此类皆搜集战争之际中立国之权利、义务等之从来惯例以为规则,故受其规则管理之邦国,不独国家不可无独立之实而已,又必须加列于其会盟国中(Family of Nations)也。且欲加列之邦国,又必须文明之程度与其政治、宗教、道德之感念相同。既加盟之后,于法律上相为平等,其间无轻重之别,一如民事,此为有法律上能力者也。而可加入此邦国之列者,为何等之国乎?又我日本亦得加入否乎?余不无遗恨焉。抑我日本之可加其列与否,于欧洲公法家中尚无定论,余宁据泰西人大半之思想,以为不可加入者也。国际公法如上所述,不过道德、政治、文明相同之欧洲各国古来所行之惯例,而此所谓文明之同一,独于耶稣教国得适用之,凡他宗教,皆彼所谓外道也。此等诸国,于文明、道德、政治必非相同,欧洲古时已有此说。即会盟列国者,指欧洲中之耶稣教国及美国而已。其后千八百五十六年法京巴黎之条约,公认土耳其帝国入其中。荷兰氏曰:依国际法之说,在此会盟范围内之邦国,乃占同等之地位,故其范围外之邦国,即不能占同等。虽以支那之廓大、日本之文明,亦国际法上无能力之国也。此皆国际法上现时所记之实况也。然此奇邪偏倚之学说也。自古东西洋未交通而蔽塞之时,世界殆只有欧美,今则白色人种与黄色人种携手会于一堂矣。持此狭隘之学说,其不适用于今日,不待言矣。故今时彼之公法学者,已屡变其议论,有不问宗教之异同,苟进于一定文明之度者,即可加入会盟之列;或且谓制度、法律齐整明备之邦国,皆得人之。从前桎守于耶稣之思想,已觉逐年减损。然列国之交际,要在富与力,优胜劣败之原则殆为今日国际上所实行也。故今日欲以理论破此僻见甚难,唯在养成实力,一旦交涉事起,毅然有所持守,则能御泰西诸国之跋扈,名实两高,使我国之地位为国际公法上有名誉之一国,固自可克期而待也。

三、通常法、特别法 通常法、特别法,凡治法学者所区别也。然就法律别为通常法、特别法二种,必有种种为标准,其起点异者,其结果亦异。故仅就一法律而欲定其为通常法、为特别法,颇不易易。要之,此区分不可不视为相互比较上之名称也。今之区分法律为通常法、特别法二种,其标准有三:一由法律之效力所可及之处,二由适用其法律之人,三由适用其法律之事。

第一,自适用法律之处所生区别。依此区别,则通常法者,国内一切所通行,其法律所管辖区域无制限者也。如美国之宪法,德意志之刑法,皆其国内无不奉行者,故为通常法。如美国各邦所制定之法律,又如普鲁士民法,只行于国内之一部有效力者,即特别法也。又如英国,凡动产,以平分遗子为成规;不动产,除有遗嘱外,则用长男承受法,此为英国之常法。然英国南部根德州,皆用平分承受法,而不用长男承受法,故根德州之平分法,即为特别法也。在我国今日王政复古,万几决于公论,故各地异法之例甚少。然如府、县知事所施行于管辖内之府、县令,又如特限北海道及冲绳县因时制宜之法令,与他县不同,皆属特别法也。

第二,由适用法律之人之区别。自此区别,其效力及于一切国民之法律,谓之通常法。若仅限某种族、某职业可适用之者,为特别法。譬如民法、刑法,国民一切可适用之,无论何人,不可不受其制裁,故为通常法。至如对农工民之法律,又如华族财产世袭法,适用于一部之人民者,为特别法也。又商法,似为特别法之一,然当视商法之性质如何而剖别之。如在法国,商人有一定之资格,而其法只施用于商人,故法国之商法,特别法也。在英国,则商人无一定之资格,苟关于为商者之事件,不问其职业如何,皆以商人视之,受商法之管理。其商法不限有特别之职业者而后施之,故英之商法为通常法也。又我国商法第九条,凡以贸迁为常业者为商人。虽认商人为一资格,然商法非必限于商人方适用者。不问商人与非商人,凡有关于商法及交易法所规定之事项,即商事者,皆可适用,观第三条可知也。故我国商法自其适用者观之,谓非特别法而为通常法,诚至当可信也。

第三,由可受法律管理事件所生之区别。此区别即由其事件之通常与特别,区分法律为二种,即通常法非以断特别之事件为宗旨,而在适用一切通常事件;特别法则以适用某特种之事件为宗旨而制定者。如民法者,规定一切民事之权利行为之通法,故为通常法。至如专卖特许法(专利法),特规定专利一种之权利行为者,故亦为特别法也。又如商法,可属民法之一部,特为商事契约特别而规定者。故对民法言,商法亦不可不曰特别法也。又商法之内,如属商事会社之国立银行或日本银行,由国立银行条例或日本银行条例管理之,此等条例又不可不谓为商法中之特别法也。

如上所述,法律得以三宗旨别之为通常法、特别法,然此特就学理上考究区别之而已。于实际则一法律中通常法、特别法又相混杂,不能见其区别。唯区别法律为通常法、特别法之二种,施于实际尤有必要之准绳。何则?二种法律若有相矛盾时,当先特别法而后通常法是也。譬如国立银行条例与商法有相抵触者,不可不用国立银行条例也。

四、主法、助法 所谓法律者,谓创定权利,且规定保护之之方法也。而创定权利之法律,称为主法;规定保护权利之方法,称为助法。主法者,确定权利之法律;助法者,保护主法所确定之权利之法律,即实行主法之法律也。而由主法所确定之权利,称始权(Antecedent right)又称第一权(Primary right);由助法所生之权利称助权(Remedial right)又称第二权(Secondary right)。故法律或可分为主法、助法,又可分为第一权法、第二权法。主法、助法之区别,朋若谟氏所立;而第二权法、第一权法者,奥斯汀氏所称之区别也。然二者只异其名称耳,于实际无异也。抑权利者,若只法律上定之为权利,不能奏一实效,侵之犯之,无救济之方法者,毫不能有法律之效力。故主法与助法相待而始全其用,有第二权(即助权)始能全第一权(即主权)之力也。譬如人有自己财产之所有权,又卖主有自买主受价值之权,是即主法所规定之主权也。此权利自法律最初所当有,而人若背戾此所有权或契约权而掠夺其财产,又如卖主不得价值,则其所有者或卖主即有令其人赔偿其损害,或要求价值之权利。此为助权(第二权)所规定,即助法也。主法是法律缘起所有,而助法则主法被犯时始运行以救护者也。夫此区别不独于私法有之,公法亦然。即国家有维持平和、保治安之权利,此为国家之始权,定之者主法也。至有侵犯此权利者,国家有捕而惩创之权,此为助权,由助法之所生也。故助法者,为公私之权利被侵时救济之之法律,故亦谓之救济法,又称制裁法。今就各种法律示其区别。如宪法、行政法、民法、商法等皆主法,而刑事诉讼法、民事诉讼法、行政判裁法等各种制裁法皆助法也。但刑法之为主法与否,议论别为二派。为主法之说者谓,若非刑法,别无明定人民有财产权、选举权者,即刑法中明人民有此等之权利。申言之,则刑法因自义务之上确定此等权利之存在,故为定无形之始权者,即主法也。为助法之说者谓,人民有身体、财产、名誉等之权利,由宪法及其他法律定之,刑法唯惩罚犯此权利者,即一制裁法,故为助法也。此议论之当否,不必深究,唯述此法有二种议论,诸君当注意耳。

抑诸君更有宜注意者。学法律者,只倾心于民法、商法、刑法等之属主法者,而于民事诉讼法、刑事诉讼法等助法则往往疏于考究,此大误也。在法律实务家,更不可不力究助法,征之实际经验。盖诉讼之胜败,多由诉讼方法之巧拙,故可伸张之权利,因误其方法而败者不少矣。如今日民事诉讼仿泰西诸国近世之例,一切采放任主义,裁判官于诉讼人之行为,一切不干涉之。然苟诉讼之方法不习惯,终不能有完全之力。且自沿革法理上观之,凡所谓权利之救济者,果为何人所创乎?若自理论上言之,必先制确定权利之主法,续定救济之之助法也。然观之历史,则大不然。如诉讼法之助法,比民法、商法,较先发达者也。其故云何?盖当古来社会之事物简易,制法之事业颇稚弱,又无年年增补法律之事,唯奇伟之英杰,数百年间一出,编成法律规则。夫当时之实际,不视此等法律为要,然人民交互之间,争讼不绝,不得不定其办法。而立法者必先定诉讼办法之规则,即如后世民法、商法等可入主法者亦混入其中,裁判官执此法律保护其所认为正义者。后因法律思想之进步,民法、商法等乃自诉讼法中派分而出,组成一独立法。故欲究古代各国法律,必不可不就当时诉讼法搜集其材料也。古昔立法者重诉讼法之例,如罗马十二铜表之第一表,即规定诉讼办法者。又世界最古法典,如印度《梅纽法典》(西历纪元前千八百九十年所制定）第一章，即关诉讼法者，定国王自可听民诉讼。由是观之，实际上之当研究助法无论矣。即自学问上言之，亦不可忽其考究也。

五、强行法、任便法　此盖当用法律时，任国民之意趣与否所起之区别也。强行法者，一切不许国民选择，不论其意如何，必令遵奉也。任便法者，预制一定之范围，入之与否，悉任人民之意也。譬如承受法，以法律定承受之次序，若无遗令而死亡，当由此规则移财产于承受人。然由其规定与否，由人民之意，故人民得由其遗嘱，以其财产之几分让于他人，此为任便法也。又如利息限制法。百圆以下之贷借不得过三分，此强行法也，无论何人不可不遵奉。至若贷借契约不记利息，贷主得请求法律上之利息，即年六厘，此又任便法也。何则？利息不定者，由可执此法律以请求六厘之利息，若先定一分或一分五厘之利息，则随意也。其他如宪法、刑法，皆强行法。但有当注意者，即如为任便法，而国民一旦投身于其所定之范围内，则必不可不遵奉其规则。故无遗嘱而死，必用所定之承受法以处分其财产。要之，入范围与否，亦任国民之意耳。

六、固有法及继受法　此二者之区别，自法律之沿革上所生者。固有法毫不受他国之感化，自气候、风土、人情、习惯上所发生者；继受法则采用他国法律，或模仿之而制定者也。凡国苟无与外国交通之事，自无从输入外国法，然半开明以上之国，与外国交际甚多时，自然直接、间接以继受外国法。无论何国，无不如是。盖法律者，社会文化之响应，偕社会以进步者也。而内外交涉多，则外国事物逐年输入，法律亦随之输入。参照此等外国法，采长舍短，于法律之发达极有益者也。今就此二者举一二例。如罗马之固有法及英国习惯法之大半皆固有法，全发生于己国者也。又我国中古《大宝律令》模拟隋唐法律，此继受法也。又维新后所发布之《新律纲领》模明代法律；又如刑法、治罪法、民法皆以模拟外国法律为主，其大部分为继受法也。而因国之开明，其国之法律，固有法与继受法渐相错综而成。今欧洲诸国欲制定一法律，无不参照外国之法律。然固有法、继受法错综之率如何，则视其国民之气质。如我国自交通三韩来，多受外国法律，故固有法甚少。又如英国，向来保守之风气极盛，故模拟外国法律或输入之事亦极少。又如我明治七八年以来,大继受外国法,殆举一切法律模拟外国,有一扫我国固有法之势。因法典延期论一朝挫折其事业,今以后我国之固有法与继受法当如何相接触,此法律沿革上极大疑问也。

七、母法及子法　此自法律之沿革,继受外国法所生之区别也。自古以来,与外国交际之国,当其修定法律,无不参考继受外国法者。为其模范之法律称母法,所模效之法律云子法,即如隋唐法律为母法,而《大宝律令》为子法也。我国刑法、民法为子,而法兰西之刑法、民法为母法也。

八、自然法及人定法　此区别非如成文法、不文法及公法、私法确然可分别为自然法、人定法之二种也。自然法者,非我邦法律学者之所谓法律,专谓自然之原理原则,即制定法律时,所据为最高之标准者也。称之为自然法者,不过袭用法律之名称。故兹就自然法之名称,讲述其性质,虽似不合,然古希腊、罗马以来,自然法常与法律相伴,于我所谓法律者有大关系。今略述其大要,自可悟其用也。

古时学者分法律为神授法、自然法、国际法、人定法四种。然除人定法外,余三种皆非可入法律部类者。盖法律必由主权者所制定,此等不然,不过视为法律而与以法之名称耳。然此事今日始得分别言之,古代无论及者。至近世自然法与人定法亦多相混同,不能见其区别也。然则自然法为何乎?古来学者各释以种种意见。或云自然法自道理出者,人人有当服从之义务;或云自然法以正义为基础,出于天帝之命令。而就此驳杂之意见中类别之:第一为性法说。即欲法律之完全,必不可不基于人之天性,基于天性之自然法律,故云自然法。无论何国之民,不相谋而遵奉之者,此根于人间本来性质之说也,故谓之性法。第二则于自然法极广其义而释之者。谓人为动物之一物,既生于此世,不可不服从宇宙之大法,即如男女之关系、儿女之养育等,此非独人间所行,故为自然之大法也。第三则以自然法与罗马之普通法同视之学说是也。在昔罗马并吞欧洲,其国威压四邻,各国商贾争先至罗马从事贸易,因之罗马人与外邦人起诉讼者不少。然罗马之固有法独罗马适用之,不过用于外国臣民,甚以为国耻。故特为审理内外交涉之件,置特别之裁判官,所谓布雷特尔、排雷格

利那司,当西历纪元前二百四十有余年所行者是也。夫此布雷特尔以是
为交涉诸国普通之法理,裁判此等交涉之件,其判决之例积而久之,遂为
一普通法。至后希腊斯多噶派之哲学入罗马,以罗马之固有法只行于罗
马人,普通法基于各国普通之法理,人皆以为此足当自然之大法,遂压倒
固有法,行此普通法。其后罗马学者亦尊普通法,目之为自然法,顾自然
法与普通法名异而实同也。

如上所述,就自然法有种种议论。然在宗教盛行之泰西诸国,则又以
此自然法为直接、间接出于天帝之意,万国之民皆当遵奉者也。其后至区
别人定法处罚之罪恶与自然法所禁之罪恶,谓前者为玛拉泼罗希比塔
(Mala prohibita),后者为玛拉音斯(Malainse)。譬如杀伤人横夺财产,此
必罚之罪,是为自然法上之罪。又如于禁制造烟草之国而犯其禁,非犯自
然法之罪,乃犯人定法之罪也。学者常重自然法,背戾自然法之人定法遂
无效力。富夏氏曰,凡指示人间行为之人定法,人间之尺度也,然此人定
法不可不由最高一层之规则计之。计之之尺度有二:一为神法,一为自然
法也。又勃剌克斯登氏曰,此自然法固与人类同其有始,然是为上帝所命
者,故较他法律更当服从。自然法不问东西,不论古今,常有效力;若与此
矛盾之人定法则毫无效力,人定法之效力皆直接、间接于自然法而出者
也。此说也,实为谬甚。人定法之有效力,决非渊源于自然法。如云背戾
自然法之人定法则无服从之者,则世之法律殆有不能一日而存之势。故
奥斯汀氏痛驳此论,以为是说不但等于儿戏,亦且甚危险之论也。盖现在
各国之法律违背自然原则者不少,自不待言,而欲制定自然法与人定法相
融合之完全法律,自非今日可企及。若以背自然法之人定法为无效,则世
界中之法律将大半失其效力矣。且自然法之所谓原理者,当今日学问未
至完全之域,人人推测,已不免异同。譬如法律宗旨,或以为保社会之安
宁;或云进自己之福祉;或云天赋之权利为人民自然权利,主权者不能犯
之。又如某时代之罗马教皇,自以为于宗教界有全权,虽帝王不可左右
之。此等解释不一,而以矛盾自然法之法律为无效,则学者将以所见为自
然法,至蔑视主权者之法律,则法律不能一日存,国家亦将因之灭亡,此奥

斯汀氏所以目此说为儿戏且危险者也。自奥斯汀氏出，排斥自然法学说，而明其与人定法之区别如此。嗣后自然法之名渐减，前所行之学说遂皆以为陈腐不鲜者。然如我国《民法·财产编》尚有自然义务一章，自然法上之义务列入法典中，其是非不待言也。自然法至近年失其力如此，此决非自然原理之失其力也，盖近时以法律上之显象为宇宙之一显象，故法律不得不基于管理宇宙之天则之说。此说渐行，古来以自然法为一种法律之谬想，则一概扫尽矣。盖本自然之原理，赋与法律之利益，过去、未来初无所更变也。

八

教育学（节录）①

　　我国古代无固有之教育学，而西洋则学说甚多，颇难取舍。就中德国教育学略近完全，故此讲义以德国教育学家留额氏所著书为本。氏教育学不但理论而已，于实际亦为有名者，则其书决非纸上空谈可比也。氏之说有不尽之处，间加鄙见，唯勉求不偏而已。

1　总　论

　　第一，教育者何？ 依心理学研究之究竟观之，人类之精神（含德、智、力三者言）必进步发达者也；而就原始之状态言之，人类之精神全由外物之染习左右之者也。故若周围之情事善，则尽任其自然而无不善。然此偶然之事。若周围之情事恶，则育于其中者不得不为恶。人欲避此弊，去偶然之善而就必然之善，不外立一定之宗旨，以人工制限周围之事情，此之谓教育。故定教育之宗旨，而制限外界之事情为最要之件也。精而言之，凡人间之精神，其始实如被外界之影响，未有自立之观念，即为他人或他物所制，而无自制之力。自道德上言之，则为压制，而未得云自由也。而进步

―――――――――――――――

① 〔日〕立花铣三郎讲述，王国维译文连载于《教育世界》1901 年第 9—11 号。本书摘选其中的"总论"、第一编"教育之精神"和第二编"教育之原质"。——编者注

之人类必不可不为自制者,必不可不为自由者,此殆道德上不可移易之真理也。而教育者,在用意制限外界之影响,以助人类使不违此不可移易之真理,以自压制入自由为宗旨者也。变而言之,教育者,使未熟之人成熟,使无自定之力者有自定之力。而教育学者,即教人得为自主之人之学是也。

第二,**教育得以人力成就之。**或谓教育者得左右人类之性质,有无上之能力者也;或谓教育者全无能力,人之性质非教育所得而动者也。前者谓之教育万能说,后者谓之教育不能说。予辈固不信教育万能说,然教育不能说亦予所不取。夫自心理学上观之,人类之精神受如何影响,则成如何究竟,既应外界之影响,从一定之法则而变化,则施之教育,当无不能之理。世有创定业说者,人事不能只以定业解之,固不待言。若人事而皆由定业起伏,则世所谓道德者,更何所用之乎!果如此言,则为恶亦为定业,非其人之罪,而不得以人力责难匡正之也。故在某界限内,则定业说诚有不可拒者,然以之彻首彻尾推论人事,则大误也。既知定业说之不可加于人事一切,且教育之事之实际存于世,则教育之非不能,自明也。凡人于定业之外,有可自由进退之余地,善因得善果,此不可掩之事实也。人间固有自少有非常顽固性质者,然谓之全不可少动,则难言也。岂即以此为口实而不教育之乎?要之,教育之成就,与物理学中之力学证明力之有发动及受动之二面同。盖以力学言之,凡一切之力,不得全为发动之一方面,自此处与原动,即自彼处来反动。教育与人之性质之关系亦如此,不可言教育万能,亦不可言教育不能。则其界限如何?

第三,**教育之界限。**教育者,非得使一切之人自在感化者,如前所述。今考其感化之界限。长于实验之人,大抵说教育可及之范围狭;长于理论之人反之,谓无论如何性质,得以其方法多少感动之。一失之狭,一失之广。总之,教育之力之被制限,有绝对的,有比较的。绝对的制限者,谓人间精神之全体之制限,有二则:主观的制限与客观的制限是已。主观的制限者,谓儿童精神之构造,本有善恶之别,而教育之力,为其所限制之谓也。今夫集千人于此,则千人皆有差等,而无同一之精神构造,此事实也。

故人之始有更善之精神者,施同一之教育法,即得更善之结果,恶者则生恶果,全恶者终不能全以教育之力矫正之。以是观之,主观的制限之存在,不可掩者也。客观的制限者,以儿童之性质有如何缺点,知之不易,及知之而求一方法而适用之亦难。故客观的制限者,自此等之点被制限之谓也。即非主观之儿童精神之制限,而自自外观察之之困难,既观察得之,则于多方法中选择何者之困难所生之制限是也。以上主观的、客观的两制限,谓之绝对的制限。次比较的制限者,人至一定之年龄以上,精神之发达即止,自此所生之制限是也。人之身体至某年龄以上即不发育,而精神亦然,不能使一生受教育不绝也。而自以上所述种种之障碍,教育之力不能以十分及人之性质上,故予辈不欲言教育之力无限制也。

第四,教育之必要。此事人人知之,似不待絮言,然有当一言者。凡人间者,以认识道德上之理想,身体而力行之,为最上之务,因之不可不讲行之之方法。而教育者,实达此道德上之宗旨,所谓自由者之方法也。无教育即与无道德一也。且不用教育,则人生当召不可避之危险,何则?本来动物中以人类为最发达者,然发达者必然之结果,则幼少之时,必须依仗他人是也,非他人扶掖而养育之,则不能完全发育。故无教育之可惧,不能望人类之发育也。单自实益上言之,教育之当重可知。又征诸事实,教育所行之国与不行之国,其利害得丧,自有区别,统计表所明示也。即教育所行之国,罪人之数较少。大之则国家之隆否,每关于教育之盛衰。教育之所以必要,不待智者而后知也。

第五,教育之权利及业务。儿童有受教育之义务,父兄有当教育之权利。又儿童有当受教育之权利,父兄有当教育之义务。人言如此,然此非全无制限者也。父兄决无任意教育儿童之权利,子弟亦决无任意受教育之权利。然则以何者为标准而规定之乎?无他,以道德而已。道德者,为人间一切之规矩。故苟限于达道德上之自由之所必要者,父兄有不可不施之义务,子弟有不可不受之义务。若外道德上之自由而施教育,则其教育不过散漫放旷之物而已。

第六,教育术。如前所云,教育者毕竟得以人事成就之。然不实行之，则立之何益？而欲实行之时，须一种特别贵重之术，即教育术是也。教育术之所以为贵，理由有二：一、教育术以其结果贵。何则？教育术之所以生者，在养成道德上自主自由之人，故其所得于人类之结果，不可不谓之最高最贵者，因之其所由之道途亦贵也。二、教育术其术亦有甚可贵者。世之精微而可喜之技术虽多，然无若教育术之精微，且运用之时有妙味。何则？教育术乃处置人间之至灵至妙之心之动作者也。有真适其事之人，实力从事教育，则妙味有不可计者。因之所收之效，亦至大。教育术之可贵如此，故施行时不可不有特别之技能。此技能果为人所自然具有者乎，抑但积经验即可施行完全之教育术乎？欲解此问题，讲教育术者，即可知教育学之要不要也。

  第七，教育学。 世有不修教育学而实际能教育子弟之父兄，然则教育学非必要乎？其实不然。父兄虽无学，能教子弟而不误者，不外有一易知之条理暗在其内。父兄不识不知，依傍之耳，此际举头即教育学，即明明有一科之学问，但不研究之耳。唯其为一科之学问而不研究，则实际上遭遇异常之所，或精微而平日所不及思之事件，则不知如何处理之方法。欲避此不便，且无论何处，不误教育之方针，则不可不修教育学。则教育于内有自己发生之萌芽，于外有实际上之必要，教育学之紧要可知也。是但家庭之事耳，若就社会之事言之，益见其为必要。集许多之子弟而指导教育之，为教师者若无教育学上之知识，不知教育之宗旨、教育之方法等，此人必不堪教授之任。为教师者，不可不研究斯学而与之同化。元来教育学非可以此为空理而研究之。教育之所以奏效者，在学者临机而自在运用之时也。故教育学与教育术，非可离而论者。如斯教育学于一方不可但为理论，于他方不可但为经验。但理论，空虚也；但经验，顽冥也。其要在统合两面。以上言教育学之所以不可不修及教育学上所当注意者也。又教育学于一方为思索的，他方为经验的也。思索的者，谓研究教育事业，即使教育之原则、方便、规律等，皆适合于人间一切之处所是也。经验的者，谓以某国民、某时代为制限，于其范围内不可不行教育上特别之法则是也。元来教育全非生于空处者，必行于一时代、一国民所定著之时与地之上。故因之普通之原理，或不能推而放之，而准甲之国不可不自经验上立适于甲之事情之法，则乙之时代不可不自经验上立适于乙之时代之法。是故，思索的者，理论也；经验的者，实际也。不可不熟通理论，且仔细研讨实际，随时之宜而施行之。或以此两者为互相矛盾者，然外观则然，其实非二者一体，教育不能成立。即可行于特别之处者，亦得行于普通之处。特别与普通本来同一，而特别不过普通之变形者耳。真正法则，不可不具备此二方面。理论之所不足，以经验补之；经验之所不足，以理论补之。使两者融通，始得近完全也。人类在发达之道途上，固自不能有完全无缺之法则。一面理论，他面经验，相对相助，而渐近于完全。故人生者，有无限进步之望者也。若夫流于偏是，排理论，或疏实际者，可谓不知教育学也。

第八，教育学之区分。当研究此学时，一一分别而处理之，必生不便。故视之为全一体者可也。而以一体论，有种种之区分法。然于此三分之为便。第一，教育之精神；第二，教育之原质；第三，教育之组织是也。不示教育之精神，则无由统一教育之全体，因之有支离灭裂之病，此第一不可不论者也。既得明教育之精神，次当论教育之事业，有自主观者，有自客观者。自主观者，谓就受教育之主，即就儿童之精神论者。所谓教育之原质者谓此也。换言之，即于第二条定教育当施于何人者也。自客观者，谓教育事业之客，即就教育所用之方法论者，而所谓教育组织即是也。换言之，于第三条论如何而可教育者也。对第二、第三条观之，第一条形式的之观察，其他物质的之观察也。前者提出教育上种种之问题，后者解释此等提出问题者，不外指定形式，解释问题者，不外充实其所指定之形式。于实际，二者决不可相离者也，区别而说之，自理论上之便宜也。要之，教育之组织，自教育之原质之何如而定者。更求此二者之根本，则在教育之精神。第一精神，第二原质，第三组织，如此分别，基于此理。以下入本论当细述之。

2 第一编 教育之精神

~~~ 总 论 ~~~

凡如何之学问,其有可谓之科学者,不可无或广或狭首尾完全一系之组织。无此组织者,支离灭裂,终不可谓之科学也。而此组织中,必有贯通而为全体之命脉者,谓之原则。有此而种种之现象始可统而说明之也。如教育学固科学之一,故不可无贯通全体之一原则。教育学之原则如何?今欲说明此原则,不可不先研究者,教育学与伦理学之关系也。盖教育学之原则,即如何而可使人间完全之问题是也。故自与伦理学有至密之关系。伦理学之宗旨,在讲明完全之人间,而使人自己之理想十分发挥之,而使近于完全,即伦理学之业也。而教育学亦以造完全之人为宗旨,故与伦理学有彼此相通之性。而教育学之原则,非教育学专有者也。或谓于最高之原则二者同一,或云教育学本附属伦理学者。然细论之,二者之间非无差别,于伦理学论客观的,于教育学论主观的也。详言之,于伦理学所谓善者,以成客观界所见者立论,非就为善之主人公即人间之心而研究之,而就此主人公所为之结果,即现于外界之善之现象而研究之者也,此伦理学也,所谓客观的是也。教育学者,以就为此善之主人即儿童之心而研究之为宗旨,于善之未现于客观上之前,思造可以为善之人物,此教育学也,所谓主观的是也。就以上理由,狭言之,则教育学不可不为一独立之学问,只其原则非由教育学己手探求之,而自伦理学之原则分取者也。自伦理学所得之原则,分种种教育学上特别之细节,故教育学有教育学特别之条目,虽不待论,更自此而寻求最后之原则,当入于伦理学。教育学之源头,在伦理学也。然此乃最高、最终之宗旨,在教育学,非可一蹴即得。其得之也,必经许多之阶级次序,而中间有几许驻足地,而不可不以此为方便而进于是。于教育学宗旨之外,又须有方便。夫既谓之方便,则必须合于此宗旨而不违者也。又不可不具适于种种之处之特殊之形,因时与地,不可无各异之形。不然,则失其为方便之用也。既定宗旨与方便,更有一要,则教育之方法是已。方法者,不外运用方便而期合于宗旨者也。先知宗旨,择恰合之方便而使用之,及从宗旨之次序,而会得能使教育完全之方法,教育始可谓完全,而方法亦与方便同自时与地二者,而有种种特别之形。以上所述,皆论教育之精神者。于下文第一章当论教育之宗旨,第二章论教育之方便,第三章论教育之方法。

第一章　教育之宗旨

第一节　宗旨总论

教育之宗旨何在?但以教育子弟为宗旨乎,抑以社会一切为宗旨乎?此当研究之最大问题也。以子弟为宗旨者,单使子弟为完全之人,他不必顾之义也。以社会为宗旨者,以子弟为全社会之器具是也。二者以何者为正当之宗旨?欲解此问题,先不可不考人间为何如物也。人之所以为人,而高出于他动物者,在道德也。人无道德,则与禽兽何择?既知人之所以为人在道德,则答此问题易易也。道德者,有独立之宗旨,决不为他人掣肘,不为他人而枉屈自己之意志之谓也。人皆不可不如此,则教育子弟之宗旨,子弟即其物,决非为社会之器具,不待言也。教育子弟,能使子弟为独立独行、尽自己之本分之人。若以适于社会全体之方便而谓之完全,此非真完全,乃相对的完全也,对社会而思量之完全也。真完全,无论何地,不可不完全,不与物对而一己不能不完全,离社会而自子弟之身观之,亦得为完全,此真完全也,绝对的完全也。如是论之,虽似注意一人,而不注意社会全体之上,此又不然。一人之完全与社会之完全本一辙而无二致,一人而得真完全,社会自可完全也。一人与社会,不过一物异方面耳。譬如有机体之各体与其全体之关系,使各部完全发达,则全体自当发达。若其始欲使全体发达,专谋其便而处理之,遂至害各部分之发达,欲为全体之大害。故使一人发达即使社会发达之道,而除一人发达以外,无可云社会之发达者。岂有单使社会发达而使一人为之奴隶之理乎!汗德氏有言曰:人间之性质,由教育不绝发达者。又教育能使人间达于适当之形,此岂非可喜事乎!吾人得自此预期将来人类社会有必可成之福祉也。苟以此为心而奖励教育,则养成道德上之人物与社会全体之进步,并立而不相戾,而教育自始至终但以教育子弟为宗旨者,不可忘也。

要之,国家也,社会也,无与子弟之教养直接相关系者,教育使一人当如何而对国家乎?宁为间接之事,而于直接不外使一人为道德上自由之人。为一人而圆满,则其人之对社会、国家亦自圆满。或谓主张一人之自由,则或与社会全体之宗旨相矛盾,此杞忧也。教育之时自有限,而非一生从事之,故纵令教育中充满自由之思想,亦自无害。何则?教育只于一定之时期内施之,其后子弟仍为国家之一员,而为委身于实际生活之人也。

又教育者,谓教师之熏化及于子弟之谓,而只于一定之时间内施行之,故教师与时间不得不被限制,养成完全之人物,非教育之可企及。教育者,单使子弟为自主自制之人。教育之究竟,子弟得以自己指导、自己磨炼而独抵于完全之域者,此教育之结果也。教育不阑入自己修养之范围内,可谓之造子弟自己修养之基础也。

约而言之,教育即附与自主之力者也。然有当注意者,则自由之义也。然道德上之自由,非谓无论何处得无制限动作之谓。无制限无秩序之自由,下等动物之自由也。人间之自由,不可如此无意味。从事之宜,而自为适当之举动,此真自由也。精而言之,道德上之自由者,使智识所指示之真善美体于我心,而真善美与心无二致之谓也。心之自由所动,即与真合、与善合、与美合之谓也。自宗教家之口言之,则心与神之意志融合而不相背是也。处世而自由动作,其迹自叶神意也。又自哲学者之口言之,理与我融合为一体,我之所欲直合理之所矩而不背是也。故神钦理钦,与人间相即而同为一体,此道德上之真自由也。故又自此点观之,宗教与哲学亦可云在教育之范围内也(留额氏为证己说,引攀斯塔禄其氏与台斯脱尔樊希两家之说揭之如下)。

攀斯塔禄其氏曰:"人类不可无熟练一切事情及为之之能力,故不可不先于内部高其心性之品格,而后调和而适用之于外部。且当其用之也,一切须以己之意志与力量,不可依赖他人。夫张皇于外部而却损内部之品格者,往往有之,不可不慎也。人类惟有内部之品格,故得为人类。若无内部之品格,究不可谓之道德上完全之人类。教育唯一之宗旨,不外此内部之品格;教育唯一之方便,亦不外此内部之品格。人类本有神圣之灵精能育之,始得谓之真正人类也。"攀氏极实际家也,尚说高尚之理。台斯脱尔樊希氏之言曰:"教育最高之宗旨,在使人由真善美而自动作。"此说能尽形式的与物质的之两面。即动作者,人间之形式也,而真善美三者可视为充其内之物质。何则?单言动作,则其所指之方向不定,然既定以真善美为宗旨,而必合真善美三者而动,则形式、内质始得完全。此两面具足,始可谓之真人间。一人然,社会亦然。

第二节　宗旨各论

前节所述最终之宗旨也,欲自初一跃而及之甚难。欲达最终之宗旨,其间必经许多之阶级。譬之如锁,于其末有最后之到着点,各轮又各别,别有小到着点,而各轮非各自直接接于最终之轮者也。在教育之事,亦必经种种特别之事件,渐次进步,仅得达教育全体之宗旨。先自近处徐徐成就小果,而后得达最后之宗旨也。譬如旅行者之欲达所欲至之地也,其道中必有许多宿驿,教育亦然。而教育道中之宿驿有三:第一,自然之发达;第二,赋与道德上之习惯;第三,赋与见识而养成其意志是也。以下逐条详说之。

第一,不可不奖自然的发达。凡有机体,有发达之性,故人间不可不发达。而此种发达基于自然之性,人间既生存此世,自不得不发达。但人类于此发达时,意识生而别为自然以上之发达。然此必根本于自然的发达,即自然的发达充分,而意识的发达始得充分也。自然之发达之必要,不俟多言也。

第二,不可不养道德的习惯。上节以自然论人间,然不尽此。人间之所以为人间者,以其为高等之精神的动物也。以此人间又有以道德上之自由为宗旨而动作之性。欲成就此宗旨,不可不于自然的发达之外,以人力赋与道德上之习惯。换言之,即于自然之发达以外,有使人间适于为理性的动物之一事。欲成此事,不能任自然之力,必以人力自外限制自然力。盖人之被自然力使役而左右之也,欲为真理性的动物难,故欲为理性的人间,则必以我之精神使役自然,而不为自然所使。然在幼少之时,子弟于四围之自然力无选择取舍之力,若不自外助之而放任于自然,则将终其身为自然之奴隶。教育之必要,在扶掖无能为力之子弟而使利用自然力,此教育之本义也。故教育者不可无术使子弟之一举一动皆不离于道德上之习惯,始则力求制自然力,使循道德之习惯,终则与之融合而自由动作,却如以我之道德上之精神使役自然,此第二宗旨也。

第三,不可不养见识、强意志。此最后之阶级,而尤近教育之主眼者也。如上所述,单以道德的习惯动作时,未可云完全之人间。何则? 此不过以教育者之影响制限之,非自中发光,而自外传色者也。不可谓之真自由,固不待论。然则如何而可达完全自由之域乎? 自思想之上言之,当使子弟知自己之所当为。既知其所当为,不可不起嗜好之情而显之于实行之上,以实其思想,如此于思想界知其为己之所当为之事,谓之得见识。而欲实行其见识,谓之强意志。要之,于思想上得见识,于实行上强意志,二者合致,始可谓之道德上完全之自由。然人事广而多故,毕竟一时不能得见识,一时不能强意志,其得之也必以渐,教育第三之阶级即此谓也。

以上就教育之宗旨略论之,于下章更言教育之方便。

第二章　教育之方便

第一节　方便总论

达教育之宗旨之方便,果何在乎?上章所言教育之宗旨,即使人间之精神进步之事,故亦不可不假人间之精神,以为教育之方便,如斯言之,似稍奇异,然深考之,自明了也。世或视制度、规律等为教育之方便,此殆谬也。制度、规律毕竟不过教育之器具,其使用此之教育者之精神,则真方便也。器具不过供使用者之用,虽可视为方便,然非本来之方便。故教育之方便,在教育者之精神,自其精神发现之模样,且方便亦不同。而自精神之如何教育,当生完全、不完全之别,又精神发现而为种种之形式,详于各论。

第二节　方便各论

欲达教育最后之宗旨,不可不先经数阶级。其方便亦有各阶级,且与一阶级相应之方便甚多,不可枚举。故约别之为三,以与前之宗旨之三者相应。即第一养育、第二训练、第三教授是也。细说如下。

第一,养育。即到前此所举自然发达之地之方便也。凡人间之自然的发达,必使圆满,此养育第一义也。但养育之事毕竟不外教育者精神所现之一形式,故但局蹐于此,不免有忘本逐末之讥。教育者不宜拘于末,宜立其本,不单以身体上之表面的养育为事,而须与精神上之教育并行,不可徒以身体之强健,遂谓养育之宗旨已成就也。

第二,训练。是教育第二宗旨养成属道德的习惯之方便也,故比之养育更上一层。于养育之际,其宗旨常向肉体的,于此际为精神的也。即施训练,不外使子弟精神熏染道德的习惯,抑制自然力而使子弟不为自然之奴隶,定子弟之精神的动作者也。于此处毕竟以教育者之理性充实子弟空虚之理性,而子弟遂得成自己之理性,得为完全之合理的动作者也。又训练与养育同,不可拘于一部,宜自全体上观之,从时之宜,而期合于最高之宗旨也。

第三,教授。此应教育第三宗旨得见识、养意志之方便也,即使子弟知人间所当为之事业,且养成实行之之意志之方便也。教授要义,在使子弟为有见识有断决之人。见识云者,固有种种之别,而教育上所云之见识,则指此等一切,可不待论。然与教授最直接者,智力上之见识也。先高其智力上之见识,则其余见识自高。欲高其智力上之见识,不可不令得种种之概念。智识如此,则智力渐次发达而思想丰富,于是感情与意志亦由此而生。即智力之发达,亦使意志长成,遂可为自由完全之人。教授之结果,必期至于此点,否则不可谓之完全教授也。如但与以表面之智识,或特别之事物之智识时,是谓之浅薄之教授。授智识,其范围不可失之狭,亦勿流于广。狭者不通用,广者有止于表面之弊。又欲使吾人意志之力发达,则于意志之根柢不可不有确信。无确信时,则意志之力决不能成长。然则如何而可生确信乎?无他,在授深彻于内心之智识而已。教授者,不可不彻底入于子弟之心,不然,则确信不生。无确信之智识,如无根之萍,于人生有何效乎?教授智识而确信随之,始有能实行之意志。如此始合于教育之最高宗旨,教育之方便始得完全也。

以上三方便中,不当区分何者为最重要。何则?此三者相待相助,始得成完全之教育,实难定其孰轻孰重。但自至教育最高宗旨之远近言之,当如上次第。又自施行之时间上言之,亦当如是。但所谓时间,单指开始时间之先后,而非强依此次序自始迄终继续之意也。培内儿氏等别教育之方便为二:一教育,一教授。海儿拔儿脱氏别之为监护、训练、教授三者。留额氏以此等之分类为非,用海额老夫氏之分类法。

第三章 教育之方法

第一节 方法总论

教育不可无一定之宗旨及达此宗旨之方便,既如前所论矣。然只此二者,教育之精神尚未完全。欲达教育之宗旨,既发见适当之方便,不可无活用之之方法。譬之教育之方便为器械,其方法即使用此器械之技术也。子弟自初大率无自立独行之能力,必须他人教育之。故如何养育,如何训练、教授之方法,凡教育者不可不讲也。

教育方法之必要如上,则其性质如何? 其不可不合于方便,固不待论。教育之方便,随时、地而有种种之异,故运用之方法,亦必与之吻合而有种种之异。且教育之方便,常以教育之宗旨为标准,如上所述,故运用方便之教育方法,又与教育之宗旨有间接关系。换言之,教育之方法,直接以其方便之种种为标准,而方便者亦毕竟不外宗旨,故方法亦必与宗旨有关系。然如上所言,教育之宗旨,即在被教育者之子弟,而自被教育者发达之状态之如何,教育之方法不可不斟酌。夫教育之方法,非方法之为,而子弟之为,则不可不与子弟之性质、程度等相应。故自教师之技术,巧用教育之方便,使子弟以方便为自己之物,得自在活用之,则教育之方法始可谓完全也。由是言之,教育之方法在使子弟自使用教育之方便,由之使自琢磨发达。从事教育者,不过暂时之发动而已。

第二节 方法各论

教育于种种阶级先立一定之宗旨以为标准,而选择与此适合之方便。然则如此而可运用于实际之教育上乎? 第一,当定相当之次序课程。而于其方便中分次序时,一不可无应种种之动作之心;二须恰合方便之性质,而不可害方便之本意;三不可不与被教育之子弟之发达情形相应。三者俱备,始得为教育方便完全之次序。但此不过外面处理教育之方便之方法,而为教育方法之最初者。故但以此,不能运用教育之方便,则第二要从此次序有活用之于实际之形式,有形式然后前之次序课程得为其用。如此教育方法,既具形式课程之二者,则似可达教育之本意。然当用之实际时,更有一必有之件,即自被教育之子弟上,应子弟种种性质,而教育方法自不得不异,当应子弟之性质而施方法,以唤起子弟之活动。换言之,则使子弟各应其性,为独立自动之人。自教育,自用方便,不可行教育之方法,此之谓处方。要之,教育方法别为教育之课程、教育之形式、教育之处方三者。

第一,定教育之课程。如前所云,此教育方法之极表面者,而当从前所举之三条件定之,课程渐进,使子弟渐注意于事物之性质,当应子弟发达之情形,不可忘也。

第二,立教育之形式时,一面须斟酌被教育之子弟之情形,一面更须斟酌外界事物之性质,则比之教育课程,稍近内面的精神的也。盖参酌子弟之心灵发达而处事,与普通之外面的事业异,然比之教育处方,尚不免为外面的也。子弟之以教育方便为自家之物,而自活动,则由形式之力也。

第三,教育之处方者,自能力与思考之境界进一步而移于意志与实行者也。课程为用教育方便之准备者,形式乃用之而便利者,处方乃用此整理之方便于实际上者也。换言之,使子弟得有自运用教育之方便之力者也。而此方法,最为内面的精神的之事业。何则?此根柢在教育者之精神故也。成教育上最复杂、最困难之事业者,为此方法。

以上三方法具足,教育始完全。如无方法,虽教育之宗旨及方便皆完备,然于实际教育,毫无效力。或云:方法唯于教授时有用,于他则无用者。此大谬也。养育、训练,均不可无方法。但教授为方便中之最高者,以最近教育之宗旨,故教授方法之效最著。然方法非教授之专有物,不可不知也。

3 第二编 教育之原质

教育之精神为何物,如前编所论矣。而教育之精神与教育实际之事,不可须臾离。盖一乃确定其旨,一则实施之者也。然则教育实际之事如何,此吾人所当研究者也。不可不先知教育上种种之事业,而后知其处理之之条款,即第一提起教育上之问题,第二解释之也。前者谓之教育之原质,后者谓之教育之组织。本篇所论,不外教育之原质。但别为教育之原质与组织者,由理论上之便,至实际决不可分别处理之者也。

欲知教育之原,当知人间为何如物。人间者,有种种之方面,大别为二部:一曰自然的生物之面,一曰精神的生物之面。自此二面观之,教育又自为二部,即身体上教育与精神上教育是也。而研究身体上之教育时,不可不借生理学之智识,以此教育学与生理学相关系。又研究精神上之教育时,须借心理学,故教育学与心理学又有密接关系。故教育学赖此二学之助,乃成完全之学问也。以下各章,先论体育,而后及智育(留额氏分为体育、智育二者,然海尔拔尔脱派与此异,体育虽视为教育上之一要件,不别设项)。

∽ 第一章 体 育 ∽

第一节 体育总论

体育者,由视人间为一自然的动物而生者也,故以使人间遂其自然之发达为要义。而在体育上主要之地者,虽为营养,然体育不尽于此。若单视人间为自然的生物时,似只此已足;然人间又精神的生物也,故教育上之体育,于营养之外,更有精神的之制限。换言之,若言营养,人间故非营养不可也;而使身体自然发达,不可不与精神上之动作相应。要之,教育学上所谓体育,期生理的完全,又助心理的完全之谓也。而自生理学上研究体育之结果,凡六者:一、人体内之物质,不可不与组织成身体之物质相合,即欲身体康健,不可不择必要之物质以为营养之料。二、人体内之物质虽为适当,然人体内之形式或不适当,则有害,故更宜考身体机关之力,得消化之形式,而注意物质之形状、分量、次序也。三、当用心于增全体之生活力。四、虽当注意全体,然余各部分亦不可等闲视之,盖成身体之诸机关系统自分种种,当于各部十分用意也。五、凡机关之发达有一定程度,自此以上毕竟不能使发达,若过此度而强施营养,则非徒无益,而却有害。从事体育者,不可不留意此度也。时或有当使一部特殊之机关发达而无暇顾全体者,此际最宜留意。虽不能顾他,亦当不逾其部分之程度,则自然不失全体之平衡。六、前段所云为深浅之度,此外又当注意其广狭之度。如一机关有五之力,不绝用五之力,恐力疲弊,故用力不可不变化,即某时用八之力,某时用二之力,一低一昂,自无此弊。悟会以上条件,则体育始全。

第二节　体育各论

自前节所论,更宜知体育特别之宗旨。大别为三:即第一,植物性之生活系统;第二,动物性之生活系统;第三,蒙外界之影响之有机体全体是也。详言之,则第一即吾人所不识不知之生活,即吾人身体诸物质新陈代谢上之营养与植物公共之营养也;第二则更进而说植物所不能成就之营养,如神经(即脑筋)、筋、肉等之营养,概属此部;第三即人间者非单独之物,而为群中之一物,自此所受种种之影响上之体育是也。以下细述之。

第一,植物性生活系统。此中包含人间无意识的生活之部分,即以养育身体为主者也。

甲,关消化之六则:一、与小儿之食物,当应有机体之必要,而使身体之物质为新陈代谢,相续不绝。换言之,即不可不以滋养品养育之。二、以食物与小儿之方法,以其中滋养分之分解及消化为旨,而若消化机之起变动时，更当应之而用意于食物。三、食物之数量，当与一切有机体之力相应，又当特别与消化机之力相应。四、当给食物时，其间断之时间勿太急，又勿太缓。五、小儿之机关，不可以人为的刺激，使逾本来之度。六、消化机之动作，不可使他机关动作，以妨其消化力。

以上六者，人人所知，然守之甚难，从事教育者，可不留意乎？又此等条件，虽属于家庭为主，然于学校食事时间，亦大有用。

次乙，关呼吸之四则：一、所呼吸之空气当力求纯粹，须留意学校之建筑位置等，为此故也。二、所呼吸之空气温度当力求与有机体相当，过度之温或过度之冷有害于营养。三、吸入之空气分量与消化之食物分量当调和。四、当清洁皮肤，而自此使呼吸盛。

最后丙，不可不留意血液之循环。血液之循环得宜，即身体之所以康健。而其所最要者，上所举之食物之消化与空气之呼吸也。休美脱氏谓吾人身体所以能生好血液之故：一、新鲜之水与空气；二、合时之运动；三、饮食物之分量与性质；四、及其合于自然之变化也。

第二，动物性生活系统。此中包含有意识之生物。凡吸收能养吾人之精神之物体，而于此加动作而消化之，属此系统之作业也。

天、刺激（或感动）及自刺激所生之运动，不可不与种种之机关力相应。当渐次使各种力发达，得应多量之刺激。

地、太久之刺激与骤变之刺激均有害，宜避之。强加以此等刺激，能妨机关之发达。

玄、稍强之刺激与稍弱之刺激，又勉强与乐易互相交代，有助全体之发达。采此方法，则机关之全部有调和与进步之益。

黄、睡眠于此系统中亦为必要，而完全之睡眠有三则：一、睡眠之度，大抵自年齿之长幼有别，又自种种之气象而异。然人之气象，自时候、疾病等而变，故睡眠之度，由人与气候与身体之状态而不能得一定。二、精神上之过劳与身体上之过劳后，不可直就睡眠。又睡眠初醒，直从事劳动，或突自熟睡中惊醒，亦有害。三、最善方法，在未睡之前，使其身体为无过不及之运动。

以外之动物性系统有三要部,即神经系统、感觉系统、运动系统是也。而神经系统营中枢之官能,他二者在周围营之。以下分别论之。

甲、神经系统。即中枢官能,自脑与脊髓、与神经之三部而成,其中当留意之要件:第一,不可不与精神的活动相应,即不可不与心之动作与精神机关发达之程度及特别之身体之性质(即人人不同身体之构造)相应。凡过度之心劳及不适当之精神的活动,不可不力避之。第二,每日之精神的劳动,不可过度及继续,当与休息时间为正当之比例。第三,精神活动不可偏颇,即从精神机关之分各机关,当无过不及,平等运动。

乙、感觉系统。自五官而成。五官可分为三类:理论的感觉(即视觉、听觉)、实际的感觉(即味觉、嗅觉)、理论兼实际感觉(即触觉)是也。就此等当注意之要件:第一,使感觉机关活动之刺激,不可过强过弱。第二,自外界之刺激及自此所生之感觉,不可失之太久,亦不可来突然之变化。第三,教育当注意于一切感觉,使不偏颇发达,不可不使多方知觉外界。

丙、运动系统。运动有三则:第一,使筋肉堪意志之使用,又欲得满足之力量,须常使活动;若不常活动,则不能堪随意之使用,亦不能得十分之力量也。第二,须注意于筋肉之活动与其休息之交代,不可失之过长,亦不可失之过短。第三,活动不可偏于一方,于不随意筋虽无效,然随意筋不可不悉使活动。就中当注意者,腕部、背部及足部之筋肉也。欲使此等活动,以力役为善。然此但自体育上言之,若自精神上或年龄上论之,则力役之有所不可,无论已。

小儿之最适当者,游戏也。游戏不但使身体筋肉活动,且养成五官锐敏。如幼稚园等,不可不特重游戏。

第三,有机体之锻炼。以上所说之植物性及动物性生活系统,唯就一人而考究其体育之为如何者也。更自其为群中之一人而言之,则必有与外界之关系,即自外界来之自然的、人为的种种关系。故吾人欲强固其生,不可不养成能堪外界之影响之性。养成此性,而体育始全也。

甲、风土气候。人间以适于所住地之饮食物、气候等为必要,故不可不堪所住地之风土气候等。然则如何?曰:每日出野外,开放居室,而使新鲜之空气流通,又使吾人之皮肤驯习于其寒暄等是也。

乙、不可不堪苦痛。于复杂多端之人事,无论如何苦痛毕竟不能全除。然因其留意之如何,可使减少或忘却。故自始不可不养能堪苦痛及不以苦痛为苦痛之习惯,即不可不励忍耐力,抵抗外界之事物,而制压之。然堪苦痛,难事也。一旦受苦痛,欲遽忘却,毕竟不能,故不以苦痛视苦痛之习惯,不可不养成于自然。

丙、养成身体上继续劳力之习惯。劳力甚久,人所不堪,姑勿论;然或几许之时间,不能堪之,则身体流为无用。故欲修养此习,当自易而难。又难事始行于短时间,后移于长时间。

第二章　智　育

第一节　智育总论

体育不可不本生理上之事实原则,故心育亦不可不依据心理上之事实原则而行之。原来精神者何? 当今学者之所见概如下:盖精神非自许多能力合成者,而唯为一体,即一个生活之有机物,而非机械的者也。为如斯生活者,故自此生种种之动作,即体虽一而其用千状万态无极。体一也,故其用虽千状万态,然其许多作用非各不相关系,必为一系统而有法则存于其间。因之凡心之动作结局,当归于一。通常分心之动作为感情、智识、意志三者,然此等本自同一体出,则其根本不可不同一。即此等心之活动,必有共同根本,此共同根本即感也(案:汗德、叔本华氏等皆以意志为根本,今暂从留额氏之说)。此感情乃吾人之精神所现直接之形状也。换言之,则感情即应外界之刺激,精神所现最初之形也。自此感情而对事物之兴味而生,而此兴味向两面进步,即一面向客观的,一面向主观的也。前者欲知使我感兴味之对境之事物有如何之性,即进于思想(智识)之方;后者欲使感兴味之我活动进于意志之方。故心育可分为智识之教育与实行意志之教育,即智育与德育也。今就智育详说之。

智育者,从某计划与宗旨,养成智识以使完智识之本分者也。所谓宗旨者,以教育上之事为标准,而从心理学上之法则,使达此宗旨(即计划)也。即智育有二要件焉:一、通智识全体之最终宗旨,常保持于心;其二、即达此宗旨,从心理上真正之法则是也。以下详论之。

一、吾人之智识之最终宗旨,在欲知真理。又得之以与智识合体,此智育之宗旨也。真理者,智识上最高之德。而体达真理,始得人间之所以为人间。道德上之智识,若不以真理为宗旨,不但背教育之本旨,亦背道德者也。顾此真理有二途:一吾人考事物时,但欲知其显现之事物;一欲考其里面,而欲知有如何之关系、如何之条理是也。前者经验的也,后者推理的也。此二者为探究真理所不可缺者,且有至密之关系。只一方发达而废一方,不能使二者同时发达以渐近智识之全体,是即教育之事也。

二、智育之计划不可不依据心理学,即达真理之计划不可不知精神发达之次第而依据之。就心理学论,精神发达之次第,学者各异其说,今从留额氏所言说之,案吾人之精神觉醒之次第,其最初由外界直接之刺激,即先自外界之刺激,而吾人之心始生兴味。既生兴味,则其外物非单一之外物,而加以心者,即被精神的者也,此之动作,名曰直觉。换言之,直觉者,吾人之精神受外界之作用第一境界也。于此境界,智识之内容尚未可知。更至第二境界,内容之为何如可知矣。是即意识境界也。其动作,名曰观念。至此境界,外物始显现于吾人之心里,而智识之内容以明然止于此,恰如食物消化于体内,而尚未与身体同化等。故心中所得许多之观念,不可不与精神同化。即欲使消化之食物与身体同化,不可不选择能同化之部分与不能同化之部分。精神亦然,欲使许多之观念与精神同化,亦不能无取舍选择。此动作谓之思索,此即第三境界。至是始得明知事物之神髓。吾人之精神,从以上所说三层级而发达。故智育之计划,不可不从此三者之次序(直觉、观念、思索之三段是也)。以下于智育各论说之。

第二节　智育各论

心之直觉、观念、思索三段之活动,其相互之间有至密之关系焉。吾人之心活动专向思索时,同时亦不可无直觉、观念之动作。无直觉乎,观念不起;无直觉、观念乎,思索不起。又心之活动向直觉时,他二力亦随之而存,但一力强大而他二力动作极微弱耳。三者同时活动,故于吾人之精神发达时,不免略有混杂,然从年龄自有次第。在吾人婴儿时期,最著者直觉作用;童子期为观念;少年期则思索也。婴儿之时,思索作用虽或有之,然不自觉。在童子期,专为映写外界之观念作用,故须作小说等。教育上用小说,自此等之心理来也。更至少年期,不第留心于有形之物面,并考求无形之关系,所谓思索也。以下自直觉作用,次第详说之。

第一,直觉。直觉作用较吾人之精神单感受外物之作用,进一层者也。较镜之写影单由精神感外物者,稍复杂者也。动物之感外物,单感觉的感外物,而非有直觉作用者也。直觉者,稍变外物为精神的,即心与物之动作也。于外物加我之精神,而使与我之精神相应之谓也。有直觉于是始有兴味,此兴味谓之智力的感情。有此智力的感情,故留意于对境之事物。而既留意,故更使心向对境之事物,是生完全之直觉。即直觉有三级,智力的感情、留意、直觉是也。

甲、智力的感情。使吾人起智力的感情,非外界之事物,而在吾人之主观。悉言之则智力的感情即兴味者,非外界之事物。而吾人之主观,有对其事物之关系是也。故兴味之多少,与吾人之主观适应事物之力之程度为比例,勿论也。又自人人性质之如何、精神发达之度之如何,兴味不同。譬如于甲为有兴味之事物,而乙对之或漫无兴味。又如小儿听和平单调之音乐而喜,大人则喜乱调。则教育者当注意选择所授于被教者之事物,而应受者之主观的需用。直觉为教养之第一要件,实在选择此等事物也。或曰选择事物非要事,但尽应主观者之所求可。此大误也。若其初选择事物,而小儿之性质不好之,虽为无效,若小儿既好而受之,则以上不可不注意于事物之选择,而使兴味滋长于一方。又自教育者处理之如何,小儿无兴味之事物,亦可使有与味。即使小儿所既有之兴味,或有此兴味之事物结合他新事物,而其半易入、其半难入者,则不感兴味之事物,亦感兴味而容易入之。如斯而教育者得唤起小儿智识的兴味也。又教育者欲使子弟同时得一事物之全智识,亦误也。教育者不能使得于一时,当待机会而使渐领智识之全体。要之,授小儿之事物,当次第扩张,若选择得宜,且处理之法无不足,则智力的感情之修养自得完全,而小儿之精神自能移于留意也。

乙、留意。当兴味——即智力的感情——因一事物而强起时,即为留意。留意者为一形式的活动,而自此吾人之机能,动于一定之形式也。即机能不变更,而从其一定之方向而动。又自留意,而吾人始得保存外界与智力的关系。即自留意,而外界之物始见为外界之物,而得为吾人后来智能之材料也。无留意则智力空虚,而无内容即无动智能之材料,而观念思想皆不生。留意实可谓精神界之关键也。而此留意,又从精神之发达分为种种。小儿有留意之萌芽,使之十分发达而为留意之用,教育上至要之业也。然则如何而可成就此业乎? 其方法,比较小儿之留意与大人之留意自明也。案小儿之留意,或为前后左右所诱,有移易之性,而非以自己之心定一方向者,恰如吾人生活机关之不随意动作,一切不能自主,而动于种种之方向。即小儿虽欲留意,然其留意非真之留意也。使此自然之状态,即不随意之留意发达至于高等,则当用种种之方法,使为完全之随意也。元来真随意之留意不依赖事物,依赖事物则不过为事物之奴隶,而未可真云随意也。真之随意,不可不脱此状态。然则如何而可达真随意之留意乎? 唯力求不使精神受治于外物,而以精神治外物。以此宗旨立计划,从其计划,而使留意之力发达。此计划虽有种种,通常世间所谓者,大不可不慎用也。例如谓强(强弱之"强")事物之印象,则得惹起留意。虽无不可,然其印象太强有害,不可不为之程度。又就一事话种种之事,或以强迫行之,虽无不可,然此危险之法也。就一事物多说,或必使之留意,则小儿或反留心于其枝叶之谈话及命令。如斯不但于教育无益,且害小儿精神之发达。又示以当留意之事物之价值而使之留意,此亦难也。不但示其价值为难事,且因欲示价值,不能无害于他事。在高等之学级,或可用此方法,然于初级特不可也。以上通常世间所谓方法,皆有弊而不完全。然则当用如何之方法乎? 无他,唯不使在留意之事物之外,即不使他为留意之原因之他一切事物,自外杂投,而在内者亦宜除去之。例如使留意甲之事物时,不可杂投乙、丙之事物。又其物在旁时,亦当除去之。有他事物在旁,而使不留意,此事甚难。故有他物而其用意分,必然之事也。然则除去其事物,最为安全;若不除去之,而强使不留意其事物则有弊。施上之方法时:一、其事物自身,不可不使小儿之留意活泼,若依据他事物而为之,则于教育上为有弊,而自己之性质之自由动作之行为,其存焉者几希矣。顾使事物自身能使小儿之留意活泼,则其事物之选择与其处理之状,为至要也。若所选择之事物而与小儿无关系,则其事物自身自无兴味,唯单为他事物之方便而始能感其兴味也。又示以新事物时,不示以与其所已知者相似之处,使起兴味,则又不过为他事物之方便耳。要之,于小儿自其易解之处,示以适切之事物,为最要也。二、使小儿留意时分离事物,不可不避其留意之散漫。连络之物,同时示之,使专留意,此难事也。故当勉分为小部分,使留意,如斯次第进步。而一时示以事物之全部亦无不可,但于事物有关系至密而不可分离者,斯际强分离之,亦为不可。三、不可不察小儿之气分。气分关系于留意至大,即沉郁之时留意之力弱,活泼之时强。虽大人于气分恶时,留意亦难。然大人智识既发达,故气分恶时,强使留意,尚无大害。然强使小儿留意,则心气压服,而损完全自由之发育。故欲不损小儿之发育,不可不自其气分之如何而节制事物之分量、时间等。

留意不但于生直觉时及养成智力时所必要,而通教育全体至要之目也。学校之善恶,自留意力之程度推定之,亦无不可。则养成留意力,为教员者之一大责任也。欲完此大责任,教员须十分领解其事物,且热心熟练之,可不待论。其外:第一,为教员者要设身处地,处于一切生徒得见己,己亦得见一切生徒之位置,要生徒与教员互相注目。第二,为教员者发问时,当选一人答之,不要同时使多人答。且所选之生徒,不可不勉求能完全答者,然如此一生徒应答之时太久,则他生徒易生不留意之病。故使一生徒留意,且不可不使各生徒同时留意。第三,教员使多留意同一事物,则其时自久,易召生徒厌倦,要在以生徒之心为标准。第四,为教员者教一事物,不可不变其教之之方法,以防生徒之厌倦。若教之之方法始终一样,则生徒之留意时间甚短,故当或问或话,不流于单调。

丙、直觉。既如前所述吾人之精神先起智力的感情,次经留意,而后自入完全之直觉。吾人之精神,于一面直觉事物,于他面自留意,而知其事物之全性质,以生完全之直觉。今案感觉与直觉之别,有相似之点,亦有相异之点。即二者共待外界之事物而生虽同,然感觉为单独孤立之物,而直觉反之,自会得之力(此德国学者之所常说保持心之统一之力也)而变为精神的之物,即被统一组织者也,于此点两者相异。即感觉为生直觉之基础,而直觉乃统一组织许多之感觉者也。更以直觉与观念比较,是亦有同有异。相同之点,在两者共统一事物之全性质,使为一体而起心之作用,即统一种种之感觉也。相异之点,则直觉须事物之现存,观念不必须此,然则观念乃直觉之被继续而完全者。而直觉亦须五官发达,而给以真正之材料,始得完全者也。故养直觉不可不先养感觉,于是智育与体育有关系。今举直觉教授之要点:一、直觉乃给材料于精神作用者,故直觉不完全,则精神作用狭。二、思想之明不明,自直觉之明不明如何,故直觉不可不明了。三、吾人之思想,不可不依次序而进,故直觉亦不可不依次序而进。

自以上之三要点生三要件:第一,直觉教授之范围,不可不渐次扩张。小儿之周围有多少之事物,不可不为之节制。周围之事物于小儿之直觉有大影响,过多不可,过少亦不可,则不可不适宜节制,而渐次扩张之。又不但事物之分量而已,于性质之上有适于养小儿之直觉者,有不然者,故节制为材料之事物。于客观上以事物之关系为标准,非也,不可不于主观上,即自小儿之精神上节制之;又视小儿为成熟之人,非也,要以适于小儿之精神之分量、性质、次序等为标准。直觉教授又云实物教授,与通常之教育,其性质颇异者也。如上所述,直觉教授之第一要件,使直觉于外面进步之方法。更使内面进步之法,第二要件即是也。曰直觉不可不使锐利深刻,欲成就之,在勉分离事物而使知之,如斯则直觉锐利深刻而且完全也。直觉完全,故知所直觉之事物,其实与他事物有至密之关系。因之留意于他事物,故有二重之利也。第三要件在养成小儿之机能,使得整理直觉,次第完全统治之是也。欲成就之,使小儿从一计划,整理个个之直觉,如此使分为有用、无用材料,宗旨等紧要之各类,以就智力增进之途。要之,于直觉教授,扩张、锐利、整理之三件为最要也。又有当留意者,模型之直觉也。以实物养成直觉之外,又有以模型教授者,其方法与实物教授无异。不得实物之际,可以模型教授之,故模型教授于扩张直觉之范围上有益。又以此与实物比较示之,可使入高等智识之阶级。然模型直觉不可不先以实物导之,真有益于直觉者,无如实物。如拔山独氏之重模型,有太过之弊。培内儿曰:模型不过实物之记号。故吾人对此所生之观念与实物异,即于性质上虽无异,然于分量之上有异,故不及新鲜之感觉也。故有实物之际,不必用模型。又直觉教授所当留意者,言语之用法也。授以抽象(浑涵)之言语,非也。不可不用与所见之物并行之具体之言语。言语明了且流畅,即可得明锐且深刻留意之直觉。

第二,观念。直觉完全,则实物虽不在眼前,然其象当留于吾人之心,此之谓观念。直觉既生,观念自随之而生。然不施一定之作用,则不能有合于宗旨之观念。今考此观念所生之次第:其始直觉留痕迹于心而生心象,自此更进一步而生想象,而记臆又自观念而得达之。故分观念为三段:甲、领会;乙、想象;丙、记臆。

甲、领会。此为全受动的观念作用,而一事物之印象附于心里,此阶段之动作已毕也。即外界之事物,自刺激而明确移于心内,则此作用已终。此所移之印象,名曰心象,顾心象之明确之度,如前所述与直觉之明确之度为比例。人之思虑分别不明而混杂者不少。此等人于直觉时,已不明不确,故虽如何,不能生正当之思虑分别也。即偶有正当,唯其一时而非常性,故欲避此弊,先不可不十分修养直觉。直觉完全而领会正当,故可得正当之判断智识。凡一旦于吾人之心所起之心象,决不可全灭,恰如存在物理界之物体,纵令变形,决无全灭之事。然吾人往往忘却事物,此何故乎?无他,心象非全灭,而只变形为不明不确耳。以忘却为全灭,非也。故于教育小儿之时,所受之心象,无论何时不可不勉使能复现。而成就之之方法,不外复习。若旧心象而为全灭,则几度复习,亦当无效。然复习时,容易唤起旧心象,心象不灭之证也。顾唤起旧心象有二样之动作:一自现物唤起旧心象,一自旧心象解释现物而欲成就之。在以同事物屡屡复示之,即以同一物使起兴味,几度复示,则吾人能得领会之作用。在小儿生二月以后,即有领会之作用,不可不使自此状态而次第发达也。

乙、想象。如上所说,于领会之阶段之观念作用,尚全为受动的。更自此阶段进一步,移于想象,其作用稍为主动的也,即可自由统治心象。换言之,不自外物唤起心象,而自自己之心自由使之复现者也。而自自己之心使之复现之作用,谓之想象。得想象之力,谓之想象力。人或于想象与想象力之语视为同一义,然两者决不可混同。顾观念作用之自领会进而为想象也。受动的之观念,一跃而为再现观念。此再现观念于一方,能再现个个之观念,即如为写真纸之作用;同时于他方,能使此等个个之观念连络。然于再现观念,吾人心之作用,尚未完全,只再现之力自我发,而观念之性质与分量尽与直觉无异也。完全之想象,以自外界所与之物为材料,而生全新之观念,至此可为完全自主之观念,谓之创造的观念。创造的观念,其材料虽自外界得,然非尽外物之状而写之而自由制造者也,即精神所固有之产物也。就想象狭而言之,所谓想象即是也。想象有再现的与创造的之别如上。顾再现观念,无论何人,得自然生出。然自然放任之,常再现不完全之观念,因之与他观念但生偶然之关系,而不生必然之关系。故教育者不可不养再现观念,使之完全且统理之,使为真正之结合,以造生正当之智识之基址。教育再现观念必要之件如下:

第一,反复一旦所领会之观念。

第二,不可不勉使完全再现。若再现观念漠然,与旧观念异者,不可也。

第三,此等之再现观念,不可不渐渐使自由正当排列结合之。不然,以后不能生正当之判断。

更就创造的观念说之。再现观念之独立,此即为创造观念之材料。及用之而生新结构,始生外界无比类之观念。由此创造的想象力,人间始自事实之世界进一步而入理想之世界者也。而此等想象其根本之材料，固不能无待于外界。故于幼时，外界之事情，遗后来至大之影响者也。小儿之游戏，常自小儿生活之状态所反挟，即自小儿生活之趣，异其游戏。不同小儿常自自己之想象作其游戏者也。又虽曰精神之自由，然既有根柢于外界之基址，故不过形式的之自由，即不过结合五官之经验之力为自由也。于是想象力有二面：其因结合观念易而结合者，可谓之自然的结合；其一全自由结合者也。前者于科学等上必要之想象，后者于理想的生活上（例如美术）必要之想象力也。

想象者，凡于吾人之心，描出美丽宏大之物之象，而此等所描出之象，有动吾人之感情，强意志之力。故吾人得自想象，进于至高至美之期望，即进于理想。故想象实可谓人间之最大扶助者，而能导人间至于福祉之乐国者也。然不可谓一切之人，悉得福祉，或存反陷于不幸者。吾人因想象诱起情欲或妄想等，则反自生活之光明之方面入黑暗之方面，破坏己之所依赖者，而为感觉的之激情所制，沉于忧郁。故教育不可不注意导想象于善良之方向。故想象之种类程度因人而异，吾人若欲知他人之特性，则先知其人之想象之种类程度等，紧要中之紧要也。训导想象必要之处如次：曰凡明了之想象，助长之；薄弱者，强固之。又不可不使得善且美之想象而教育者，当认一人之特质。又当定众人公共之观察点，自此统一各人之特质。今分析此要点如下：

一、小儿之周围勉求无不纯粹者。

二、幼时所造出之想象，当使现于实际。

三、以纯粹又善且美之心象，充于小儿之心。

自以上之三要点生三要件：

一、小儿之周围，不可使驳杂。人间之审美的感情，自幼时之周围造成者也。凡外境自精神之门之五官入而写出于内心，故不可不深注意于外境之如何。色与形，为自眼写出者。故先不可不注意外形，使小儿之周围之物，常保持绮丽，则清洁之习惯，自为第二之天性，而为判别美丑之元素也。丑于眼者，不但害眼，且害想象而延及道德上，故使周围绮丽，于审美上及道德上所必要也。又自耳写出者,声音也。故不可不注意声音,而使闻可生审美之感情者,如乐器之音,又如唱歌,皆能生美感者,而为养成审美的并道德的之方便也。更宜使感绮丽之个物为互相关系之物。换言之,不可不使周围之物,不可不以适当之次序统理之,如此欲求绮丽与有秩序之物。要之不使小儿见闻无秩序之物与丑恶之物,为最要也。所谓非礼勿视,非礼勿听是也。

二、不可不使小儿自游戏完全其想象。小儿始有自己之意识,得自此脱外界而自由,正在以自己之品物为游戏之时也。而此力之萌芽,于小儿生出之年既有之,自生长而益得自由统理自己之观念,因其力益著。当小儿之幼稚也,常有欲破坏自己之品物之性。此乃其得自由统理自己品物之动作,而遏抑之,则有使小儿之精神卑屈之害。然此破坏的冲动,只小儿之极幼少时,可使自由展发者,而此性久不抑制,则亦助长纵恣之性质。则教育者当从一定之度使此性发展,又不可不以此为基址而进一层高等之意识。成就之之方法,以消极的言之,小儿破坏其玩弄物之分量,不可不有节度,过多则为纵恣也;自积极的言之,教育上之作用,在使小儿于一定之范围内,成限制其破坏之习,而渐次移于爱物也。如此小儿于初期专破坏事物,于次期则玩之,即自破坏期而移于玩弄期也。顾至玩弄期,破坏之性渐薄,反乐集合种种之事物而建设之。在此时期,小儿之精神之所现又使发达,则为游戏。此时期之游戏,决不可轻轻看过。小儿对同一事虽时间甚久,几度反复,亦不知厌,亦如大人热心于至要之事件,忘时之移,无少差别,故不可不进小儿以正当之游戏。如此,小儿之精神次第高,遂以无精神物之游戏为不满足,而求有精神者,例如与他之小儿同志游戏是也。至是,小儿之想象虽在自己以外,然从与己同样之小儿之想象补助之,得以生比较竞争。或谓使与无知之小儿游戏不可也,不如使为单独生活,然此谬见也。小儿之乐群,自然之发达也。使强意志与生自治之念,到底非单独之生活所能。教育者不可不勉使与他小儿游戏,唯当注意伴侣之选择与游戏之次第耳。

三、教育者不可不应小儿精神之自然的发达而养成想象。此养成之之方法,得自年龄分为三种说之。

第一阶级,为吾人之婴孩期。此期之想象,其性毫无制御,而尽由己之所思者也。即于此期,吾人之想象的生活,不统理于思想之法则与自然之法则等,而唯自由出没。故凡背此等法则及不背之者,自小儿视之,全世界实为一种不可思议之物也。于此期,小儿以其无规律之想象造出种种之事物,以为其世界,而小儿对自己之想象,恰如大人对实物之感情。故自小儿视之,凡物现于诗歌的者,无论何处皆有精神,有运动,于是小儿对小说等,感非常之愉快,盖视话中之事物皆有生活故也。谈话之为教育上要件,亦此故也。顾谈话须何种类乃适于婴孩期小儿之精神乎?就此问题,教育家有异说。或曰于人间之事实中,以不越道德上之主义者为有益。然此事若能完全成就之虽善,然就人事而以洁白高尚之谈话唤起小儿之兴味,甚难。故宁假托种种之事实而非实际者,使闻之可也。或云使小儿所闻者若为假托之谈话,则其弊易生迷信,于后来遗大影响。然此说非也。自假托之谈话所得之印象,虽留于道德上,然于智力上不留其痕迹。即幼时所得迷信,从智力进步而自消失。征之人间进化之上,进化之程度之幼稚也,虽有种种之迷信,然因次第稽查事实而智力发达,则其迷信亦次第消失。故小儿于婴孩期一时在迷信之境,然其长也,即脱此境界,而一时不能不在此境界者,于小儿之发达之上,自然之次序也。然则欲使小儿从自然之次序而发达,不可不教以小说、谈话等。但当注意者,在小说之主义之完全与规模之诗歌的及表面之美妙,而自心理上见为正确等是也。

第二阶级,即童年期。于此期吾人之理解力已占相当之位置,即于想象之上,生一统治者也。案理解力者,就想象力之无秩序、无差别,从事物之起而结合者,为之秩序而结合之、分析之,以使吾人之想象合于对境者也。故若想象之事物与实物一致及合于原则者,则取之,不然者则去之。至是一变向来之想象,而吾人以在实际之物作新想象,即以实际之物种种排列而养想象也。

第三阶级,即少年期也。至此期,理解力之上更现理性而统理之,故想象更来一变化。自此理性,而吾人追求最高之真理。吾人之智识始现于人物之上,而为道德上之所谓知慧。教育者不可使此理性透彻于吾人之精神,必使其附秩序于吾人之行为而整理之。欲成就此事,则不可不鼓吹夫精神,而自想象力以变其抽象的观念为生动的理想。又使普通的心象还原于知觉之形也,于此第三期之想象,为至大至要之物。或现而为美术为信仰,又使智力与感情结合,亦在此时期之想象力也。然则如何而可养成第三期之想象乎? 无他,使读文学上之著作而已。然单读文学上之著作,解其意味而不因此动作,则反枯涸精神上之力,故不可不十分消化之,即于著者之言,加以自己之意见也。以上关想象之说终。

丙、记臆。吾人之观念,经以上之诸件而发达,生观念之团结,而更为之名称,立其区别。又于急速之际,直抽取而使用之。如斯于一团之观念加以名称为想象之力。而自此生外形的符号、无形的符号,又如言语等。而使此等之符号与现物不相离之力,谓之记臆力,则记臆者不外使观念与名称或事物与言语互相结合之作用。兹所言之记臆,比通常所云者意义稍狭。通常所谓记臆之意义中,含事物之记臆与名称之记臆,兹所云记臆者非如上二者之合称,得分析为三点如下:

一、自吾人精神中之观念,移于在外界之事物之作用也,即自内向外之记臆也。

二、反之,自事物之助唤起观念者,可谓之再造的记臆。

三、以事物之名称为一特别之物而保持于精神中之作用也,即名称为一抽象的之物而保存之是也。

具以上之三件记臆始可谓之完全。顾于教育上记臆之必要,古人已言之。古谚曰,吾人但知所记臆者,不能记臆者,即吾人之所不知也。又坤脱安非常以记臆为教育上之要件。原来小儿无自己之思想,故使小儿记臆事物至容易也。今日一切教育学者所是认之说如下:曰使小儿记臆,以如何事物教之皆无不可。此说非也。凡物不过记臆的知识者,不可授之。若不使其材料括于精神中,而但存之于记臆,虽非全无价值,殆可谓之无价值也。为教育不可不力除此弊。小儿之记臆发达之期,与观念发达之期并行者也。结合事物与记号，为最早所现之作用。至更进而能发言语，则生自内向外之记臆。至是，观念与言语与记臆有密接之关系。进至童年期，记臆之力达最高点，可施教育之学校时代，在此期也。又不可不留意使不害记臆，若处理之法不善，则次第减退。防之之法，在避感觉的之快乐。就中如强刺激剂之酒，不可不慎也。今举关记臆之教育之三条。

第一，使之记臆者，不可不为其所得理解之物。若强使记其所不解者，则为机械的也。

第二，使记臆之事物，不可不为一切知识之要质，即不可不利导所记之事，致于实用之方面。

第三，材料形式及可为模范之言语，不可不入于记臆。因入于记臆之物影响于其人之感情、思想、意志故也。授文章时，其体裁之鄙野者、格调之不正者，不可使记臆。又不可不选其内面适合于纯粹之感情、明了之思想、高尚之意志者。

于终当一言者，记臆术也。此便于记臆，古今人发明之，世人虽多珍重之者，然教育学所不取也。所谓记臆，非从事物之紧要性质而联想之，而以偶然之方便成就之者也，如于乐园之语，以数字结合而记臆之类也。以此种术导小儿，有不能辨偶然之关系与必然之关系之弊。

第三，思索。 于观念作用，非不稍考物之普通性，然此等未可谓之概念。何则？吾人之心中尚有物之象存故也。自此进一步而始生思索，即吾人之智能全舍物之象，而从其紧要之关系抽象无形，得现其紧要之点，始为思索。直觉与观念，于对思想必要之件，虽不甚异，然思索自不可不分。自直觉作用与观念作用之先思索而立观之，则两者似可云思索之根本；而吾人专为直觉作用及观念作用时，既有思索之萌芽存，则思索又为二者之根本也。又人有胜于观念者，有胜于思索者，前者为诗人，后者哲学者也。然诗人与哲学者非得偏于一方而孤立者。诗人而不考真理，其诗决不能为真之诗；哲学者而偏于思索之一方，其哲学亦架空而无基址也。只就两者之著作言之，诗人之作现于观念方面，哲学者之作现于思索方面,斯相异耳。顾就思索之阶段论之,思索者筑于一切之事物之最后,故不可自处理种种之事物而来,即处理种种之事物而得种种之智识。然如斯局蹐于事物之范围,而不能自此超脱,此时之思想,有限的也,悟性的也。此作用,吾人名之曰理解力。理解力者,分析事物之偶然者与必然者,分原因与结果,分方便与作用,以得事物之明了之智识者也。故养成理解力之必要,无论。然仅完全养成理解力,未足以满吾人之最上之精神的要求也。吾人之精神,不拘泥于特别之事物之智识,更进而求普通之智识,而得理解全体之事物而统一之,始得满足也。如斯统一智识之动作,名之自由的思索,又曰理性的思索。吾人之心之用,先以明白确实为旨而得理解,更以深奥与真理为旨而得理性,始可云完全也。以下说养成此二者之方法。

甲、理解养成。理解被制于直觉、观念等,故直觉、观念等而偏于一方,理解亦不得不偏从之。一方之事,容易理解又乐于理解之,他方之事物,不能理解又不乐于理解之,故教育小儿时当力使其理解不偏。欲成就之,则使其理解之材料不可不自总之范围取来。或曰,理解若就一事物十分练习,则其他自容易。此语虽或有理,然不可谓之养成理解之完全方法也。理解自三要质成,概念、判断及推论是也。

一、概念。一切教育,固必使小儿于自己之精神以明了且画一之概念充之。概念云者,统一事物之紧要性质之无形之物也。明了云者,谓明于使之理解之事物与他物之区别。画一云者,谓明此事物之内部之成分也。顾养此概念,有三种之方法:一、明于言语之事也。自言语之用法,有致概念之不明者。二、下定义而明概念也。三、注意于分类及排列。但分类云者,谓或为同列,或为上下区分之方法;而排列者言分类之结果,有次第顺序者也。

二、判断。不可不使小儿得深而且正之判断。判断之须正当勿论,同时又不可不求其深。世人往往见事物之表面直下判断,如此其判断势不得不浅薄。教育者当力求不使小儿蹈于此弊。又教育者不可不使小儿下独立之判断,使小儿于未理解之物下判断,则不得不依赖他之判断。欲避此弊,不可不使小儿下判断于所已解之事物。

三、推理。不可不使小儿就种种之智识,多方引出极正确之结论。单使得判断不可也,不可不引出集种种之判断之结论。无此习养,则为道德上完全之人甚难。总之,学问上之教育,在使普通一般之原则应用于如何之处者也。

乙、理性之养成。吾人之智能,自其物之自身言之,有灵妙之作用,而决非如事物有限制者也。自然(亦云万有)者为有限,故不能与智能之无限调和。以是自然事物视为外物,而视为外物时,不能注十分之感情,是所以或指悟性为冷淡也。知识不无善恶差别,即有一切平等理解之之力,故谓之公平则公平矣,谓之冷淡则真冷淡也。故于理解之所,吾人智能之发达未全,在与客体相对也。一旦超越此主客之相对,而至外物与已不可分别之处,于此吾人之精神始无限制,斯主客之别一泯,吾人之理性现于此际,吾人之精神自由,决非视为知他物而视为知自己也。故不能如知识之际之冷淡,合道理者取之,不合者去之。至是事物始有价值,生善恶之别,而吾人之知力,始达最上级也。至此直与实际上之道德相连络,即连络智力的教育与实际的教育者也。顾考理性发达之次序,有三段:一、理论的理性;二、实际的理性;三、绝对的理性是也。

一、理论的理性。于此际,自一切事物中取出合道理之部分,以此为心之活动之材料。即于此际,或自观察,或自实验,发见所谓道理,当在种种之事物尚未离事物者也。

二、实际的理性。于此际立宗旨,而渐次进行,即自现在亘未来也。

以上二者相待而进,理论性之终,实行性来;实行性之终,理论性来。而两者统一调和,至是理性始入最高之域,此之谓绝对的理性。

三、自以上三段之次序,关理性之教育有三要件:第一,就理论的理性,不可不求真理而教育之。第二,就实际的理性,不可不使从己之良心。若不注意此点,则小儿恐为无良心之人。第三,就绝对的理性教育者,当示小儿以理想,使向之进行,则知力的教育最终事业完全于此矣。示以道德上并知力上最完全之理想,而使向之,则知力的教育已完全。至此境,知力的教育与意志之教育，殆无区别也。

∽∽ 第三章　实际教育 ∽∽

第一节　实际教育总论

实际教育者，在使吾人之意志发达时，使合于教育之宗旨而奖励之。就此当为之事有二：

一、使人间意志之动作，常保持最终之宗旨于心，而为种种教育上之管理者也。盖最终之宗旨，乃吾人之所欲为与所当为者一致，而意志全与道德上之见识符合。如此则不可不使意志强固，意志薄弱则实行时或为他事物所制，又大不可不养成刚毅之性质。强固意志，且与以道德上之智识，则可达此宗旨也。

二、意志从心理上之法则而发达者，故不可不从此法则而教育之。意志之发达从心理上之法则与智力上之发达，同从三段之次序也。甲、全为外物所治，由自然之力动作之境界也，即吾人之意志必然的动作之境界也，此之谓必然之时期。乙、非全受治于外物，而稍得以自己之意志自由统治外物之境界也，此之谓可能之时期。然在此境界，尚隐然被治于外物，未十分自由也。至丙、始得自己自由统治自己之意志，此境界谓之自由之时期。至此境界，吾人之意志始为真之意志也。实际教育，不可不应意志发达之次序而施之。

第二节　实际教育各论

第一，必然时代之教育。当吾人之意志之未发达也，吾人之意志强迫于外物而为自然之奴隶，与智力同。此未发达时代之意志被制于自然，则为自然的意志，而非道德的意志，因之不可谓之真之意志。此时代意志之发达，有三段之次序。

一、以冲动为事之境界。即以无意识之意志，为事之境界也。自此进一步而至二段。

二、则为以欲望为事之境界。于此境界，吾人之意志非全因感情而起，而通观念而起也。换言之，则吾人之意志，通观念而被治于自然之境界也。

三、意向之境界也。于此境界，一观念之势力，非但一时及于吾人意志上而遗永续之影响者也。盖意向者，吾人之意志于许多之欲望中自择某种之欲望而生者也。

从上所说三段之次序，揭教育上当注意之要件如下：

一、冲动者，消吾人肉体之缺亡之刺激之作用也。此冲动虽有种种，其最普通者，保存自己之冲动、运动之冲动、发达之冲动等也。更自他方面区别，此等得分为滋养的冲动、色情的冲动、精神的冲动之三。今就此等之冲动细讨之。甲、滋养的冲动，宜质素单纯而且有规则。此冲动之于身体，有直接之影响勿论，又自此及影响于意志全体者也。乙、色情的冲动，不可不以精神的要质制肉体的要质，以抑色情之误发达。色情的冲动在肉体的与精神的要质之中间，几分肉体的，又几分精神的也，故不可不以精神的要质，抑肉体的要质。不深注意此点，则或召意志之萎缩与知力之变态也。丙、就精神的冲动，当注意于志力之发达，且使下等之心念受制于高等之心念。而一切之心念，不可不以理性统治之。于精神的冲动最著者，求知识之冲动也，直觉、思想等之冲动皆是也。又言语之冲动、交际之冲动、名誉之念、独立之念，皆属于智识之冲动中也。

二、欲望者，非自然刺激于直接，而谓其既为观念而欲求何物者也。关欲望之教育有三要件：甲、教育者使小儿满足其欲望，不可不注意于单纯、适当且有规则之三点。乙、教育者使小儿满足必要之欲望，必不可以正当之时。丙、教育者不可不使小儿于精神上满足其欲望，即欲望之未离于外物者，不可不使自此离而导之于精神上也。

三、意向可分为二：一狭而言之之意向，即意向之单者也；其一即心情，此不但指意向，并指与此相关系之吾人精神之内部状态者也。今举关前者教育之要件：甲、教育者不可不力防下等意向之发生，而奖励其高等者。意向有自爱、爱人、同情、反情等种种之形,此中不可不奖其高等者,抑其下等者。乙、有既起之劣等意向,不可不抑之而不使得势力。丙、教育者须于种种之意向设正当之阶级,而不误高下之次序,且不可不使高等者之势力强于下等者。

就心情之教育,亦有三件:甲、教育不可不使心情丰富、深刻且纯粹。心情之不可不纯粹,勿俟论。若但丰富而不深刻,则为轻猝之人;单深刻而不丰富,则为沉重之人。乙、教育不可不使其感动高尚,且有规则。不注意此点,则易妄为他人所感动也。丙、教育不可不注意使欲情常止于心。

第二,可能时代之教育。可能时代,吾人非强迫于外物而为事,而以自己之意志为事之境界也。故自形式上言之,免为外物之奴隶之境界。然在此时期,吾人之行为尚无规律而放恣,故吾人之意志非真自由者也。顾此时代之教育为最紧要者,若放任之而不省,到底不能为道德上完全之人也,故教育者不可不大用力于此期。关此期之教育,有当注意三要件:甲、不可不养成小儿之留意。小儿之留意之未熟也,或不省全体之事,单执其一部分而为其意志,故教育者不可不善导小儿之留意,以使与全体之事物相关系,以成合规律之意志。乙、不可不养成小儿之决断。要深留意于事物,可勿俟论。然只此有陷于优柔不断之弊,故留意时即不可不决断之,而成固确之意志。意志无决断,不能成立。丙、小儿之决断,不可不使独立。依赖他人之判断而决定事物,未可云有真之意志者也。当幼稚时,或有导以他人之判断者,然不可不次第养成独立之决断。爱儿童之极,为无用之助语等,于养成独立之决断时,大有弊害。

第三,自由时代之教育。儿童之意志,如前所说,始被制于外物,次虽自生意志,然尚间接为外物所制,而其行为无一定之规律。至最后,始生真自由之意志。至此最后之时期,即自由时代,吾人始为一定之人物也。即至吾人能从一定之方向决断事物,此之谓人物之发现。完全此人物之发现,是即教育上最高之宗旨也。关此之要件有三:甲、不可不大注意于材料之点。或有无材料,而欲空养成人物者,此非也。单欲于言语上、思想上造出人物不能,故不可不自实际养成之。不然,但能造空想、空言之人物而已。乙、不可不破小儿之顽固心。顽固心形式上虽与人物相似,其实非也。人物与顽固心决不可混同,两者共进于一定之方向,即于形式上虽为同一,然其内容相异。即顽固心乃不判邪正善恶,而进于一定之方向;人物者,于既分邪正善恶后,舍邪恶而就正善,而进于一定之方向者也。古来往往混此二者。其所决断之事,非无邪正善恶之分,为之而成者,即视为豪杰,不可不谓之误解人物二字之意义也。丙、教育者保护小儿,不可不导之,使依于自己所指定之原则而行事。不深留意于此,遂至背原则,而自利害之念判断一切之事物而行事,如利害、快乐等,乃依据外物者,自此等判断而行事,非道德上真自由者也。欲得道德上之真自由,不可不从伦理上所示之原则而决行事,然遽自伦理上之原则而决行之甚难,则不可不渐次导之,使以原则为判断事物之标准。得成就此事实,始得养成真自由之意志,而生完全之人物。教育上最高之宗旨,即在此也。

九

教育学教科书（节录）①

1　总　论

第一章　教育学之定义

教育学者,论教育之理法之科学,犹心理学论心之理法之科学也。然则所谓"教育"者何?

教育之事业,似农家之培养植物。培养植物时,必先立收获之目的;次考达此目的所必要之方案,如植苗、施肥料等;次又当有必要之手段,如用意于锄、锹等,于是始得实行耕耘之事也。

教育者之教育被教育者(即儿童也)亦然。教育之目的,一言以蔽之,曰:在养成完全之人物。欲达此目的,不可不考定教科之记程等,所谓方案者是也。又不可不设备校舍、校具等,所谓手段者是也。既为此等之准备,然后能实行教授、监督等之事。

---

① ［日］牧濑五一郎著,王国维译文连载于《教育世界》1902 年第 29、30 号。本章摘选其中的"总论"和"本论"的第一章与第二章。——编者注。

故所谓教育云者,即谓教育者从一定之目的立方案,依手段而所及于被教育者之感化或实行也。略言之,则所谓教育云者,谓教育者所及于被教育者之有意的、系统的感化或实行也。

"教育"之语,专自教育者(即教师)之方言之。若从被教育者(即生徒)之方观之,可云修学,或云就学。

若不自教育者与被教育者之两面,而自他方面观之,则教育云者,谓教育者与被教育者之间所存之动作或关系是也,即教育者感化被教育者,被教育者受教育者之感化而反应之,又自使其身心发达,以达教育者之目的。此状态名之曰教育。

教育者与被教育者于教育未实行之前,不可不预定其存在,故当于总论中说之。教育之目的、方案、手段、实行四者,组成教育之实质者也,至本论中当分章论之。

设问:

一、教育之必要之理由如何?

二、问教育与养育之差别?

三、问教育人与培养实物与雕刻偶像其差别如何?

第二章　教育之种类

于前章既与教育学以定义,而概说教育之意义,本章更进一步而述教育有许多之种类。

自与教育之场所分教育时,得分于下二种:

一、家庭教育。是谓于家庭(即家族之间)所教育者也。

二、学校教育。是谓于特别之教育所(即学校)所施之教育也。

自博授教科与授其一部分之别,得又分教育为二类:

一、普通教育。是博授诸教科,以使生徒得一般之知德艺能为目的。然从生徒之年龄与教科之难易,再细别之如下:

甲、幼稚园。此保育满三岁以后、未入寻常小学以前之小儿之处也。

其保育之之项,为游戏、唱歌、谈话及手技,而教书算非其目的也。

乙、小学校。此如小学校令所示,以留意儿童身体之发达,授道德教育及国民教育之基础,并其生活所必须之普通之智识技能为本旨。其教科目为修身、国语、算数、体操。盲哑学校虽为特别之学校,然自其所授教科之程度言之,视为小学校之种类亦无妨。

丙、中学校。此为授男子以高等普通教育之所,其科目为伦理、国语、汉文、外国语、历史、地理、数学、博物、物理、化学、习字、图画、体操等,即视小学校之教科,更分割扩张者也。授女子高等普通教育之所,名曰高等女学校。

丁、幼年学校。此为军人之预备教育之所。自一方面言之,虽为公务上之学校,然重授普通学,入之普通教育之部中无妨。然比之中学校,于教科中加解析几何学、重学、论理学、标高几何学等之诸科目,及军队初步所必要之学科,故较中学校更高尚该博者也。

戊、师范学校。此为养成教员之所。自一方面言之,亦为公务上之学校;然自其教科言之,可置之普通教育之部内者也。其教科目为修身、教育、国语、汉文、历史、地理、数学、理科、习字、图画、音乐、体操等。

二、专门教育。此非博授诸教科,而以专修一部分为目的者也。有二种:

甲、大学校。此授卒中等教育者以各专门之学科之处也。帝国大学分为法、医、工、文、理、农之六分科。大学每分科中,又有许多之专门学科。高等学校之专门学部,分为法学部、医学部、工学部,较帝国大学程度稍低。

乙、专门学校。此不问程度之高低,而授特别之学科之教育所之总称也,如法律学校、经济学校、医学校、商业学校、工业学校、美术学校、音乐学校等。高尚之诸学校勿论,即单授算术、习字等之一科者,亦属此种类。但授武艺、游技等一艺一能之所,每不用学校之名称,而谓之传习所或指南所。

次自教科之程度,分教育为三:

一、初等教育。此乃授十三四岁以下之儿童之教育,主指小学之教育而言,又包含附于小学之补习科,乃低度之实业学校,盲哑学校及幼稚园之教育,亦当入此类中。

二、中等教育。此乃授十二岁以上之生徒已卒小学科者之教育也,主指中学校之教育而言,又包含附于中学之农业、工业及商业之专修科及高等女学校,农业、工业、商业等之实业学校;幼年学校、师范学校,自教科之程度言之,亦当属中等教育。

三、高等教育。此授十七岁以上之青年已卒中学科者之教育也,大学校及高等专门学校之教育属之。

就教育之目的及被教育者将来之志望,得分教育为四类:

一、普通教育。此指中小学校之教育,而授人所须要之普通不偏之教育也。

二、专门教育。此对将来欲执法律、经济、医术等专门之业者,授以所须要之学术技艺之教育也。

三、实业教育。此对欲从事工业、农业、商业等之实业者,授以所须要之教育。其种类为工业学校、农业学校、商船学校及实业补习学校。而蚕业学校、山林学校、兽医学校、水产学校等,可视为农业学校,徒弟学校则工业学校之种类也。

四、公务教育。此乃养成执官厅之公务者之教育,陆海军之诸学校、师范学校、邮政电信学校等属之。

依加宗教之教旨及仪式之有无,得分教育为二:

一、纯正教育。此称一切官、公立学校及以外不带宗教之嗅味之私立学校之教育也。本邦官立、公立学校,于课程外不许施宗教上之教育,又不许行宗教上之仪式。

二、宗教教育。宗教教育者,指以养成宗教之教师为目的者,又于教科加宗教上之教旨,或行宗教上之仪式者也。故正面虽设中小学校之教科,而加以宗教之分子者,亦可称为宗教学校。

普通教育之外,因儿童之身心或其家庭之情形有变故者,更施特别之

教育,其种类如下:

一、盲哑教育。此对视官、听官有缺损之儿童施适当之教育,其教育所名曰盲哑学校、训盲院、训哑院等。

二、白痴教育。此教育痴儿之所,其教育所曰痴儿院。

三、恶少年教育。此教育少年本来缺道德心,或因感染而犯罪恶者。其教育所曰感化院、惩治院等。

四、孤儿或贫儿教育。此为孤儿之无所依托者,或赤贫之儿女不能受普通之教育者,收之而教育之。其教育所曰孤儿院、贫儿院、养育院等。

如上所述,教育中有许多之种类,故教育学亦因之而有特别之种类,自然之理也。然通常所谓教育者,非论高等专门之教育,而论普通之教育者也;非论一艺一能之教授法,而论人物之养成、德性之涵养者也。本书依托此例,以普通教育为主,特述小学及中学之学校教育,旁及家庭教育;又但设纯正教育,不及宗教教育。

设问:

一、自设立者之种类,分学校有何种区别乎?

二、举幼稚园之利益及其易陷之弊害。

三、问于专门教育及实业教育单授学,而人物之养成,非其目的乎?

第三章　教育学与他科学之关系

前章述教育之种类,且定此书所当论述之范围。于本章当述教育学与他科学之关系。

所谓教育云者,在使被教育者之身心发达,而达于完全之域。故论其实行之理法时,不可不先熟知身心之状态。即就精神言之,当由心理学(特如儿童心理学)而知精神之现象与其发达之次第,应之而讲施设之方法。就身体言之,当由生理学而知诸器官之作用、发育之次序,而讲适应之方法。故心理学与生理学为教育之积极的施设之根据,可谓之教育学之基础也。

次卫生学、病理学、精神病学论预防及治疗身心之疾病之方法,教育之消极的施设上裨益不少。殊如学校卫生学,就学校教育之实行,示当戒之条件。即视为教育学之一分科,无不可也。

言教育之目的,精神上则当备伦理学上所述完全之德行,身体上则又当备生理学、卫生学上所云强健完全之体格。故伦理学与生理卫生学开示教育学之目的,而为极重要亲密之科学也。

于教育之实行时正其次序系统,而为真正之教授,不可不借伦理学之知识。欲使教授时有生气,有兴味,而使生徒听之不倦,不可不依美学及修辞学之法则。此外,哲学、社会学、人类学等,与此学之关系亦不浅。

述古来教育之沿革者,谓之教育史。叙教育学说之变迁者,谓之教育学史。教育史及教育学史,纵述关教育之现象,而教育学,横论教育之理法者也。

因曰本书所述,自教育者之面研究教育时,分为教授、监督等数门而论述之。自被教育者之面论教育时,先分为体育、心育之二大部,更分心育为知育、情育、意育之三部。有论使各种力发达之理法者,谓之教育应用心理学。此为别种之教育学,与本书相表里,而足供读者之参考者也。

设问:

一、问教育学与育儿法之关系。

二、研究古来之教育史与现今之教授法,有何利益乎?

〰 第四章　教育者 〰

前章已述教育学与他科学之关系,今当解释教育者之意义,后及被教育者。

教育者之意义　此意义极为广阔,直接专从事于此之学校教师勿论,即父母、祖父母、兄姊、朋友、外围等,于被教育者之身心有所影响者,皆可称之曰教育者。又与闻教育之立法、监督等之事之立法者及行政官吏,虽非直接教育儿童,然定教育之方针,监督教师之行动,而间接统辖儿童之身心,入之教育者之部类中亦无妨。

然如朋友、外围及立法者、行政官吏等,不过行教育之一部分,不能称之为真正之教育者。盖立法者与行政官吏虽定教育之方针或监督之,然非由自己实行之。朋友及外围或有所诫告教导,然无制裁之之力,或制裁之而无所训谕,皆不能为十分之作用故也。

父母对其子女有从一定之目的立方案,依手段而实行教育者,如此则可谓之曰真正之教育者。即自子女诞生之时,母与之乳而养育其身体,与之知能而使其精达,母之慈爱与父之严正相待而作子女之学校教育之基础。及其既入学校,则为教师之补助者,而司家庭之监督。

若夫以教育为专务,日夜不怠而尽其全力者,学校教师也。教师随其所奉职之学校而其名称不同,即在官立大学校、高等学校,此外高等之专门学校,其正教师谓之教授;在师范学校、中学校,谓之教谕;在小学校谓之训导;幼稚园谓之保姆。

教育者之资格　教师可谓教育之主脑,教育之成绩殆全在教师之人物如何,故于兹揭教育者之资格为必要也。

完全之教师,一言以蔽之,曰:精神与身体十分发达,而为德行完全之人物也。

完全之教师当有聪明之智德,具充分之观察力,判断力、推理力,就所教授之学科有深奥之知识外,当并通与此有关系之学科及一般之普通学、教育学、授业法并教育法令等,又须审人情世态,知通义公道,且谙练处事之方法、次序等,而就政治及宗教,须有公平之观念。

完全之教师须有高洁、快活之心情,备顺良、温和、恳诚等之美德,又须对真善美三者有高尚之感情者也。

完全之教师须有平静之心意,具信爱、威重、忍耐、热心、勉励等之诸德,又不可缺重秩序、对职务之热心。

就身体言之,完全之教师当有强健之体格。其外貌温而不可狎,严而不必惧;言语明晰,举止闲雅。其服装以质素洁净为贵。

教师为生徒之模范,而与以无言之感化者。其行状当端正,而不可有一点之批难。即对长上忠顺,对同僚亲和,对部下宽慈,作事有序,执业诚实。要之,教师形状当正善而不可有遗漏也。

然在常人,德行每不免有所缺。教师当省自己之性质及行状,如稍有所缺,即当力矫正之。又不可不锻炼其心志而强健其身体。如授业法等,当积经验,于经验熟练而又加熟练,以达于巧妙之域。且一切之学术,日日进步,不可以既得之学艺为满足。当以职务之余暇,或书籍,或杂志,或乞师长之教,不耻下问,以补修日新之学术。要之,为教师者当以教育为乐,而尽其力于此也。

设问:

一、为师之道与为友之道之差别如何?

二、教师欲进其学识而研究授业法,何等之会合为必要乎?

～～ 第五章　被教育者 ～～

前章述教育者之意义及资格,此章当说被教育者之意义及资格。

被教育者之意义　就其广阔之意义言之,则人自生至死,可称为被教育者。何则?人于婴孩时,由父母之养育监护,而生长至老成时,亦由自己之反省经验与他人之感化辅翼,而进步发达故也。然通常所谓被教育者,大抵指自三四岁至丁年前后而在学校或幼稚园者也。自彼之生至三四岁,即尚在父母之膝下,而未入幼稚园者。及卒业于学校,而从事实务者,实际虽受父母及长者之辅导,然其教导非有意的、秩序的,故不称之为被教育者。

被教育者之时期,可分之为四期。

一、幼儿期。自三四岁至六七岁之间,身体之发育最盛,而精神之感受性极强,又意志之冲突甚烈。其性好游戏,不适于就有秩序之课业。此种被教育者,名之曰幼儿。幼儿入幼稚园,而授游戏、谈话等可也。

二、儿童期。六七岁以上,十二三岁以下,此时身体与精神皆大发育,记忆、想象等之力甚强，能适于注意用力等之作用。此时期之被教育者，名之曰儿童，又曰生徒，当入小学校，而受初等教育。

三、少年期。自十二三岁至十七八岁，身体、精神皆大发达，判断、推理之力亦日增，至有高大之欲望。此时期适于受中学校之教育，其被教育者与小学校之被教育者同称之曰生徒。

四、成年期。自十七八岁至二十四五岁之间，身体、精神皆十分发达，有自制、独立之气，此时期为入大学及高等专门学校之时期。其被教育者，谓之学生。

被教育者之资格　被教育者之资格，必身心之发育未足，且对教师之所教有感受性及反应性者也。若生徒之身心发育既足，则无教育之必要矣。若对教师之所教而无感应，则教育之事业决不可行。故被教育者其身心二者不可不在发育之途上，而有离心的、向心的之进动发达之两机关。离心的发达者，谓向外部而膨胀进步，向心的发达者，谓向内部而更浓厚深重也。

被教育者特别之性质　生徒非各有同一之性质，又非自外部受同一之影响者。则教育之之时，不可不观察其特质，而考出与此相应之方法，以为适当之施设。今举教育者之所当注意者如下：

儿童之年龄不可不注意，应之而施教育。殊如年少之时，身体、精神皆发育变化，故亦当随时而变教育之法。若不顾小儿之年龄，而教以不可解者，或教年龄相距之生徒以同一之课业，不可谓得教育之道也。

又生徒中有男女之别，其始心情虽不甚异，然年岁渐长，各呈特色，故当应其现在之状态，又考未来之事务，分级而教之。

又各生中各备特别之气象、性质者也，即先天的有父母之遗传，后天的有生后之习惯，有长于一艺而短于他者，有好甲科而不好乙科者。而普通教育在使生徒为圆满之人物，故不可不矫正此等之偏性。但生徒将来之职业，则应其特性为善。

次生徒因所受人事上之影响而各不相同，其中最著者，家族、乡党之势力也。如一家之职业习惯，于子弟之心情上大有影响。此外又有都鄙之别,旧藩地与新开地之别。当教育之任者,不可不留意也。

次天然之形势,亦有当注目者。即山河之地势、气候之寒暖等,于儿童之身体及精神上大有影响。其可利用者利用之,当避忌者避忌之,要有所斟酌、变化也。

以上总论毕后,当移于本论,就教育之目的、方案、手段,实行等说述之。

设问:

一、举男子及女子精神上特异之点。

二、教师之教育法似医师之诊治法,述其理由。

三、教育之有效力与制限者何谓也?

四、编制同学年之生徒为一级,而其中有优劣之区别时,教师当以何生徒为标准而授课业乎?

2 本　论

总说　于前篇总论中,既云教育者谓从一定之目的立方案,依手段而所及于被教育者之实行是也。今分说之,当先说教育之目的,次述方案,次及实行手段。盖教育之实行为主,手段为从,故当先说实行,后说手段。

第一章　教育之目的

教育者实行教育时不可不先定其目的。教育之目的,细论之得目的之远近、主属之别,分为四段。

一、最高之目的。教育者所望于被教育者之至大至远之目的,即理想的最高目的,在养成伦理学及生理学上完全之人物。然则所谓完全之人物者,指如何之人物乎？

所谓完全之人物者,谓有完全之精神与完全之身体之人也。完全之精神者,谓就精神上之三作用,即知识、感情、意志皆有完全之善德之谓也。即就知识上有所谓智之德,而感觉、判断、推理等之作用无不完美；就感情上有慈悲、温和等所谓仁之德,外对真、善、美三者,当有高洁之心情；就意志上当有忍耐、克己、果断等所谓勇之德。而完全之身体,则四肢美善发达,而体格强健之谓也。

人当兼备完全之善德与强健之体格外,其日常之行亦不可不正善。即为个人当勤勉而守节制。以其为社会中之一人,故当孝、弟、忠、信；以其为国家之一民,故当忠君爱国；以其为万象或宇宙之一分,故当有博爱、敬虔等之善行。

上举可为人生普通之标准之德行。更就男女两性言之,其所求之德性自有所异。即男子之德以刚强勇断为贵,女以和柔敬顺为美；男当严正庄重,女宜贞静优美；男当有知识与技能,以出外而为事业,女在内当有齐家教儿女之能力。要之,以男有刚德、女有柔德为美善也。

男子及妇女有如斯之善德善行者,可谓之完全之人物。教育之大目的,毕竟不外养成如此之圆满人物也。

然此最高目的至大至远,而于学校之期限内不容易达之,则教育者当存之于心,而暂以达次所述稍近之目的为满足,以为至最高目的之准备。

此最高目的使幼儿理解之不易,故不必说示之。然其稍成长者,可应其能力而说示人生之大目的、大理想,使怀高尚之志,而鼓舞其达之之气力,亦甚要也。

二、中途之目的。最高目的甚为高远,而于学校中不易达之,且非直接之目的,故教育者立稍近之目的,以为实行之标准,并使生徒注目之。即如学校之卒业试验、成绩之优良、善行之赏表等,为达最高目的之阶梯,而教师与生徒共当以此为标准者也。然此目的不可忘其为中间之物,又不可不使生徒知其旨。若生徒得试验之好成绩,或卒业学校,而思为教育之能事已毕,此大误也。

三、直接之目的。前所述最高之目的及中途之目的外,教育之实行时,尚有直接横于教师之目前之目的,即欲由授业而使生徒感知及行动。例如由修身之授业而使生徒知正善之道,由其训话而使生徒感奋而励善行是也。教育之法式其数虽多,要之无非以此感知及行动为其直接之目的也。

四、附属之目的。教育者远计最高目的,近立中途之目的,而又以直接使生徒得知事理及被感动为务。虽得完成教育之事业,然无论何教师,其直接所教于生徒之事有限,而实际之事物无限,若生徒之知识只能把住教师一时所授者,其行为只实行教师所命令者,则欲更扩其知识界而笃实其行为乌可得乎?如此生徒苟一旦离教师而去学校,则唯有停滞耳、退步耳。欲达教育者所预期之大目的,到底不可望也。

然则欲使生徒达教育者所预期之大目的,当更立附属之目的,即当养成一习惯,使教师所授现在之事态永保存之,且当不以既得之位置为满足,而养成其自欲进步之奋励心及其对事物之兴味也。

于学校内教师所示之事项,若于校外即忘却破弃之,则教育之效决不可举。故教师欲使生徒保存其所示者,当屡反复之,以养成其习惯或惯性。例如于学校养成早起之习惯,则自此惯例去学校后,亦能保存其早起之习惯也。

养生徒之习惯,所以防其退步也。至欲其进步,不可不养其奋励心及其兴味者。即于精神作用中,就知识言之,则当更进而观察事物,经验之,推测之,以知其所未知,学其所未学;就感情言之,当更备仁慈、温和等之德及伦理的感情、审美的感情等;就意志言之,则当养其欲兼备忍耐、克己、果断等德之奋励心与其兴味也。

又就人之品行言之,以其为一个人为社会之一员,为国家之一民,为万象及宇宙之一分,故更不可不养其对一切善行之奋励心与其兴味也。

如斯教师常能养生徒之奋励心及其对事物之兴味,则生徒不但于学校中乐于受业,即去学校之后尚能自奋发修行,积许多之岁月后,得近接或到达教育之大目的也。

设问：

一、批评下之诸说：

甲、教育之目的唯在开发生徒之知识之说。

乙、教育之目的唯在发育生徒之意志之说。

丙、教育之目的唯在善良生徒之行为之说。

丁、教育之目的唯在授生徒以将来之生活上所必须之知识、技能之说。

戊、教育之目的非为社会之一员、国家之一民而施教育，唯为个人而施教育之说。

二、说明国民教育、国家教育及精神教育之意义。

第二章　教育之方案

前章既述教育之目的，欲达此目的，不可不先定其方案，即讲究教育之时期、场所当如何定，其课程当如何编制之是也。

第一节　教育之时期

教育之时期，广言之则亘一生皆是。即婴儿时受母亲之抚育感化，与入学校而受课业，其被教育固无待论，即卒学校教育，出社会而积经验，以自研智德，亦教育也。然以最有效之教育存于学校，故通例所谓教育者，指学校教育者。今就普通之学校系统，分说教育之时期如下：

甲、幼稚园之时期。此自小儿满三岁后迄未入寻常小学校之前，此时期宜于幼稚园保育之。

乙、小学校之时期。此儿童自六七岁以上，至十二三四岁间，适于入小学校而教育之。小学校分为寻常、高等之二级。寻常小学校之修业年限为四年，而高等小学校之修业年限二年、三年或四年也。于本邦，以儿童满六岁之次月至满十四岁之八年间为学龄。学龄儿童之父母及保护者，有使儿童于此八年间修了寻常小学之教科之义务。

丙、中学校之时期。此儿童年十二岁以上,已卒高等小学第二年之课程者入学之所,其修业年限五年也。

丁、高等学校及大学校之时期。此卒中学教育后之教育时期,先于高等学校,以三年之间修大学预科,后入分科大学,修学三年或四年。

卒学校教育者,已无受正式之教育之必要。然尚须补其所不足,故有设讲习会等。又在官厅,上官对下僚或有施特别之教育者。要之,人一生之间,欲为完全之人物,颇不容易。故长上之人对成年卒业者,亦当补导教诲之。而虽在独立之位置,亦须不可不务自研学,又乞教于人,以教育其身,而备完全之资格也。

学校之全修业时期,往往分为学年、学期、周日、授业时间,而划段落为常也。即一学年分为三学期或二学期,分学期为周,分周为日,分日为各授业时间。然其间又有夏期休业、冬期修业、日曜休业、授业时间后之休憩等。

授业之时间通常在昼间。而冬季自午前至午后,夏季限午前可也。然或对昼间不能就学之生徒开夜学校。又在教师一人不能同时教多数之生徒时,则分全生徒为二班,而于午前、午后分而教之,谓之半日学校。又有于农隙开学校者。

第二节　教育之场所

欲实行教育,不可不先定其场所。即当应前节所述各种之教育时期,而于国家及府、县、市、町、村设需要之学校,以使生徒入学。教育之场所有广狭二义。就狭义言之,教育所者,主指学校而言,而其补助,则家庭及宿舍中之教育也。但家庭以外,生徒所宿泊之处,必立监督者以处理之。就广义言之,则所谓教育所者,学校之外,如图书馆、博物馆、动物园、植物园等,亦有大开生徒之知识之效,故当属教育所之范围内。此外野外散步及修学旅行时,生徒之所见闻悉为教育之材料。故田园、牧野、村落、都市、山岳、河海等,无非教育之场所。而此大世界,实人间毕生之大教育所也。

设置学校时,不可不定校地,设校舍。校地、校舍等之设备,为教育上重要之问题,故于后章教育之手段中说述之。

第三节　教育之课程

行教育时,定其时期及场所之外,须定课生徒之教科目,又定其排列赋课之方法,今分说之如下。

教科之种类　定教科之种类时,当本教育之目的,鉴生徒之身心发达之状态,考各教科相互之关系,从便宜而分合项目。然教育之目的如前所述,在养成完全之人物,又德行圆满之人物,则教科之项目当如何定之乎?

欲养成德行圆满之人物,当先使生徒知德行之为何物,而示以人道实践之方法。此科名曰修身。故修身者,可云为教育之中心,而成教师之本干者也。而于修身加实践而使练习之者,谓之作法。而深论修身科者,则伦理学是也。

欲养成完全之人物时,不可不使其身体与精神二者皆发达。而精神作用从心理学之所指示,得分为知识、感情、意志之三者。教育者当以三者之发达为目的而选教科。而人之知识,有内界与外界之区别焉。就内界之知识,则国语之教科为必要。即教以由他人之言语、文章,而知人之内界之事;由己之言语、文章,而发表己之内界之思想者也。欲知他人之言语、文章,当授读法。欲使发表己之言语、文章,当授书法(习字)、缀法(作文)及话法。而国语扩其范围,则为汉文及外国语。溯其法则,则为文法及论理学。深究内界之现象,则成心理学之一科。此外,示古今言文之变迁者,则文学史之务也。

就外界之知识言之,在下则有地理,在上则有天文。细说之,则记载的之方面分为动物、植物、矿物,总括之曰博物。理论的之方面,分为物理学、化学、地理、天文。而此博物、物理、化学等,总称之曰理科。而于时间中述此等外界现象者,历史及地质也。历史叙人文之变迁,地质示地壳之变迁。

此外又有与前述之诸科目相联络,而教示事物之数量之科目,其中于时间计物之数者,算术、代数等之务,而于空间计物之量者,几何、三角法之务。总括此等学科,名之曰数学。

次就精神作用中感情及意志言之,其为国语之助而使眼与手发达,兼使感美者,习字及图画是也。又练习耳与发声器,兼养其美感者,别有唱歌科。而修身科与以德行上之知识,同时又养成强健之意志,与对正善之感情。国语及数学由其练习运用,大与意志有关系。又国语及历史诉于感情之处不少。要之,此等科目虽自便宜分类,然授业上须视为一科目,而得达许多之目的者。若夫于诸科之间,立画然之界限,视一科目全为知识之发达而不顾其他诸科目,全计意志或感情之发育而无所连结补充,皆不宜也。

次欲使身体发达,而体极强健时,当课体操及游戏。而体操又能强健意志,节制感情,且有养成服规律、尚协同之精神之效。又少年者,于体操中附授击剑、柔道、游泳、漕艇、弓术、马术等亦可。

此外当授农业、商业、工业等之实业,以为生徒将来生业之预备。又在工业地方,为课纸丝、麦秆、木竹、铜线、铁叶等之手工。在陶业地方,可课黏土、细土。对女儿,一般设裁缝之科,又附授洗濯、浆衣、还染法等。此种不但自土地之情况,而于男女甚为需要,兼能养五官之感觉力,而使得勤劳之习惯,又为奖励儿童之就学之一方便也。

以上举初等教育及中等教育所立教科目之种类,然此中有合并近似之类教科而加普通之名称者。即合修身、国语、历史、地理谓之文科,合博物、理化、数学谓之理科,合习字、图画、唱歌谓之技艺科。又文科、理科之教育,谓之知育。图画、唱歌等,谓之美育。或以关文、理、艺三科之教育为知育,关修身科之教育为德育,关体操科之教育为体育,称知育、德育、体育之三者。在幼年学校,则谓授德育、知育之事为教授,授体育及涵养军人之精神者,谓之训育。

教科之排列 教科之种类既定,则当编之为课程。课程纵横之关系当如何?又当自何原则而定同时所当授之科目及其先后乎?是当注意下述之诸项也。

一、一科目当于某时期内以同一之程度,往复教授之,又类似之科目亦当同时排列之,以计生徒之习熟为务。例如体操于某时期内当反复练习同一之程度,至后日始移于更高尚之程度。又如读书与作文等相类似之科目,当同时教之,而使互相补助。若教毕读书法后更移于作文,固自不宜也。

二、然于一科目中练习同一之程度太久,又只授类似之科目,亦不可也。凡科目当使次第进于高尚之域,又当变更其种类。例如体操当次第高其程度。又授国语时,亦兼授与此毫无关系之算术,两两相待,而开发生徒之知识界。故实际于各学年内,国语、算术、体操等之诸科目,实互相并行而教授之。从学年之进,而所授之科目更复杂。

三、进授同一之科目,亦课异种之科目时,其间不可不有所连结调和。即前日之科与今日之科之间,当有所调和,或今日之甲科与乙科之间,当相联络。例如昨日国语科之所教授,与本日之所教授,当互相照应。又本读法之所教授者,使于缀法记述文章是也。

四、教科目中,就一科当以全学年或一学年、一学期为界,而统括完了之,使生徒知其科目中全体之意义,然当有所限制。例如历史及地理,于一学年中说其大体,而于每学年循环教授时,则其授业不过为前学年之复习,不能详密教之。又诸教科亦不可无所统一,即大之当以修身为一切科目之中心,小之以读法、书法、缀法为中心而联络各科,立课程纵横之系统。

教科之赋课　于前项述教科之排列,至其课之于生徒也,其程度、分量,当本何原则目而定之乎? 则有下述之四条:

一、教科之程度及分量,不可不与生徒之心力及体力相应。授生徒以不适于其能力之事,不但无效,或过劳生徒之身心,至生疾病,不可不戒也。故教师当熟察生徒之现情,而授以相应之教科。即在幼儿期,以精神中感觉、知觉、冲动等之作用最为发育,故幼儿当授以玩具,以使其知力、意力发达。又当奖励游戏,以强壮其身体。而以其身心皆柔弱,而注意、努力等之作用未全,故不适于设正式之课程而教育之。惟不使染恶习,且使练习言语,以为教文字之准备,为有益也。至儿童期,则记忆、想象等之力甚强,注意、欲望等之意志亦大发育,故可设课程,而授修身、国语、算术、体操等。然其判断力、推断力尚甚幼稚,故教科适于授事实,而不适于授理论,于体操适于授柔软体操及游戏,不适于授器械体操。至少年期以上,身心皆大发达,教科当扩张其数及范围,教授可渐杂理论而诉于其思考力,且使其怀高大之志望,发挥其对真善美之感情,且体育可用兵式体操以图体格之强健。

二、教科之程度及分量,当与生徒之心力及体力相应,既如前述。然为教师者,若庇护生徒过甚,而全以授较生徒之力量稍高之事项为嫌,则如何而得与彼以必要之知能,且使之进步发达乎?夫较生徒之力量甚高远之事项不可授之,固不必论,然不可不较生徒既得之力量,稍进一二步而授之,次第辅导诱掖之为务。教师就此事当自心理学及生理学上研究生徒之身心发达之法则次序,应之而奖进其知能。即儿童之知识界,自简而入繁,其范围次第推广,又其心念,同时自具体而进于抽象,自知觉而进于概念者也。故教授亦当自实例而达结论,自事实而及法则。就意志言之,则本自冲动而进于注意,自现在之欲望而及于未来之志望,次第扩其范围者。故教师欲锻炼生徒之意志,亦不可不着眼此点。就感情言之,亦自对直接之事物之感情,而次第起对深奥之事理之高尚之感情。故亦不可不鉴发达之次序,而养成高洁之感情。就身体言之,亦自短小而长大,自柔弱而刚强。故亦当应之而授以高远之体育也。

三、教科之程度及分量,当应生徒之能力,同时又当视身心发达之次序,渐授高尚困难之事项,如前所述。然一日一时中,亦当正教科之次序,巧教授之方法,使生徒之身心不甚劳,而能得许多之知识。即于一时间中初授理论,后及于其应用演习;一日之中,选心气爽快之时间授算术、读书等劳智力之科目,后授唱歌、体操,则生徒不觉其负担之重,得修了诸科目。

四、如前所述,欲轻生徒之负担,而授各科之方法虽有种种,然生徒之能力有限,身心总不免疲劳,若不顾生徒之疲劳而徒注入教科,则教育之效决不可得,故各课业限一定之时期,其次使休憩。即一时中四十分乃至五十分,复与以十分乃至二十分之休憩;一日之课业后,有归宅之休憩;一周一学年后,亦各与以休憩。

第四节　教育实行之准备

于前诸节述教育之时期、场所及课程,乃教育生徒所当从之法则。至实行正式之教育时,则当综合前述之诸项,上之于记录,以为教师直接之标准,即教科课程表、教授细目、授业时间分配表等是也。今概说之如下。

教科课程表　是分配教科目于修业年限及学期内,而记载每周当授业之时间数及教科之概要者也。

教授细目　此揭各学年、各学期中所当教授之详细事项及其次序,而明示教授之范围者也。

一周授业预定表　此本教科课程表及教授细目分配之于各周,而预定一周内所当授之教科之细项,于每周末当调制次周之分。

授业时间分配表　此明示一周中每日之授业时间及教科之次序者也。

教案　此为授业之准备,又为稿本,而记载每时间所当教授之事项及方法者也。

终日日课表　此规定生徒终日之起居者,而明示起床、食事、始业、自习、运动、休憩、就寝等之时间是也。

以上之诸记录及诸表,于学校严正确实行教育时紧要之准备也。此等之准备既毕,教师当准据之而着手教育之实行。

因曰:教师自教案实行授业后,当记其大要,贻之后日,谓之授业录。若记载每周之所授者,曰授业周录。

设问:

一、旧时之寺子屋,以习字为中心,而附授读书、作文等,其长短若何?

二、支那古代以礼、乐、射、御、书、数教育儿童,使与近代之教科目对比之。

法兰西之教育[①]

1 一、总 说

各国学校均分为三阶级,而法国更为分明:初等教育则有普通小学及中学校、学寮(市、町、村立中学)中所设之幼稚科;中等教育则有中学校及学寮,又有私立学校及属教会之教育所;高等教育则有大学及各种专门学校,凡为医士、律师、官吏及高等、中等之教员者均出其中。又初等教育及高等教育均无束修,惟中等教育则征授业费,且多设寄宿舍以收容生徒。

公共学校有官立、县立、市立、村立之分,教育事业之大半为国家及公共团体之所经营。私立教育亦盛,大抵属教会所监理,其组织及主义之统一亦不让于公立共育,此法国教育之长处,亦即其短处也。

自一校入他校,或入社会之各种事业,均须有免状,或用考试。或谓法国教育之一大弊实在于此。

---

① 原著者不详,王国维译自美国文部省《教育报告》,连载于《学部官报》1911 年第161、162 期。——编者注。

2　二、初等教育

（一）沿革。法国之四次革命与三次之宣告共和政，人之所知也。第一次之共和政府为主张民权、标榜自由平等、保护正义故，故于第一次大革命后，即知改良教育之为要务，遂设师范学校、诸艺学校、工业学校、音乐研究所、动植矿物馆，定米突制度，建经纬度馆。又以学士会院之名集古来及新设之专门学校，而从事于学艺之奖励。而尤以国民教育之普及为急务，于共和历之第二年一月十九日发布法立小学义务教育之制。然其政府不十年而毙，其后革命相仍，战乱不绝，教育自有颓废之状，义务教育久不实行。至第三次之共和政府，遂以千八百八十二年三月二十八日之新会实行之。

（二）教科目。初等教育之教科目：第一，为修身及公民教育，而除去宗教育，乃法国教育之特色。故一星期中于礼拜日外更给假一日，以使听父兄所选之宗派之说教。第二，读法及书法。第三，法国文学之初步。第四，地理（以本国为主）。第五，历史（同上）。第六，法制、经济之初步。第七，博物、理化、数学之初步与农业、卫生、工业之应用及手工具之用法。第八，图画、雕刻、音乐之初步。第九，体操，男子则兼兵式。第十，裁缝，则对女子授之。

（三）学龄。男女自满六岁至满十三岁为学龄，而受上所述之初等教育为其义务也。其受教育之地，或公立小学，或私立小学，或中学之幼稚科，或于家庭自修，均属随意。惟必受初等小学之考试，及格则此义务告终，凡满十一岁以后得应此种考试。

（四）授业费。当千八百八十一年六月十一日，曾以法令定公立幼稚园及公立小学校不征授业费之制，师范学校亦为公费。小学不独无授业费,或且给衣食、贷书籍之制,又有设保护委员会以实行之者。至私立小学,多属教会所立,大抵免授业费,且有给与物品者。

(五)学校之数。据千八百九十八年之统计,则法国之小学校,公立凡六万七千六百零七,私立凡一万六千三百零八,幼稚五千七百三十九。又据千八百九十九年之调查,则公立学校幼稚科之生徒四十六万三千余人,初等小学生徒四百十六万九千余人,高等小学校生徒五万一千六百余人云。

(六)学校之种类。施初等教育之学校:第一,幼稚园;第二,初等小学校及补习学校;第三,高等小学校;第四,徒弟学校及实业补习学校。

(七)幼稚园。以都会及工业地为多,又大抵收容劳工之儿女,然其非儿童寄托所,而有教育上之目的,勿待论也。幼稚园之年龄自满二岁至六岁止,又小学之附属有所谓幼稚科者,亦教育自四岁至七岁之儿童云。

(八)初等小学校。教科目为修身及公民科、读法及书法、文法、算法及米突法、地理、历史(以本国为主)、庶物教授及理科之初步、图画、音乐、手工、裁缝之初步、普通体操及兵式体操诸科。凡不入幼稚园,至五岁即许入学,然以自六岁入学为正则。有男校,有女校,有男女共学之校。女校只用女教员,共学学校亦以用女子为准,但实际共学学校之数二万,其半尚用男教员。

初等小学分三阶级:初等科、中等、中高等科是也。各科之修业年限如下:

幼稚科:六岁入学者一年,五岁入学者二年。

初等科:二年,即自七岁至九岁。

中等科:二年,即自九岁至十一岁。

高等科:二年,即十一岁至十三岁。

但年龄不过略示标准,多以考试决之。

至以上诸科所教之大要,幼稚科则授读、写、算之初步,谙诵诗歌、短文,虽兼地理、历史,而实以手工、游戏、音乐、图画等为主。初等科于普通修身教授外,又与读书联合,而授国民须知,又授几何、农业、园艺之初步。

至中等、高等二科,不过扩张初等科之功课,惟高等科新加簿记。今举高等科之一二细目,则其他可想象也。

修身科:社会道德、家族、社会、正义之观念、慈善及友谊、爱国。

国民科:法国之组织及行政司法之大要。

读法:朗读法。

书法:行书、草书。

法语:文法之补习、文法上之分解、辨学上之分解。实际授修辞术大要者为多。

以外尚有足注意者,则滨海地方之小学校兼授航海及渔业初步之知识。此事千八百九十八年以法令定之,其后成绩颇佳,见于一千九百年之大博览会云。

(九)小学修业证书。上言年十一岁以上得应小学毕业之考试,凡学于公立、私立、旧教、新教各校,或于家庭修业者,均不可不经此考试。如市、村各有考试委员会,大都会亦然,于每学年之终行之。其考试有笔记,有口答,而口答考试则公开之。

(十)补习科及高等小学。于初等小学中附设高等小学课程者,曰补习科;独立者,曰高等小学。补习科之修学年限为一年;高等小学则以三年为本位,亦有伸缩为二年、四年者。凡入补习科及高等小学,须有前条之证书。

(十一)高等小学之教科目。为道德教育、国民教育、法语、法国史、普通史(以近世为主)、法国及殖民地地理、普通地理(以工商业地理为主)、外国语、法制、经济、算术(以应用于商业者为主)、代数、几何、簿记、博物、理化、几何画法、图案、体操。又男子加木工、金工,女子加裁缝。

修业三年之高等小学,自第二年或第三年,始得分为商业、工业、农业中之一科或数科,实际上亦分授者多。补习科及二年毕业之高等小学,亦得附设此等实业科。

高等小学大抵有寄宿舍、食费,年额二百元上下。又此等学校有为文部或商部二省之直辖者。

(十二)给费生。文部省对高等小学生之成绩佳者及父母有功劳者、兄弟多而家贫者,特用给费之制度。各府县应其人口数及学校数而分配预算,自各府县之斟酌而支给之,有每人给二百圆之寄宿费者,有给四分之三或二分之一者。自家庭通学者,亦得给衣食费之全部或一部,其数凡三千人。官费生中尤有望者得转学于中学,其费由各县支出而国库助之。

(十三)海外留学生。高等小学生优等毕业生欲从商工业者,得以国费留学英、德诸国,以学其国语为目的。政府留学生虽不过十名内外,然县费留学生有七八十名。

(十四)考试。有通全国之毕业考试,又分为一般考试及专科考试。此种毕业生从事商工业者最多。

(十五)各种初等职业学校。中有国立徒弟学校、国立职业学校各数所,县立实业学校、国立商业实习学校、工业实习学校各数十所,公立技艺学校二十八、私立技艺学校十,计器学校数所,皆与高等小学程度相同。

(十六)壮丁教育及通俗讲演会。第一次革命后,定学校教师当于每星期集无教育之成年男女施初等教育一次,于是壮丁教育,又通俗初等教育亦渐发达。然义务教育普及后,无教育之成人渐减,故除都会之外,此种讲义殆至绝迹。而时人议论又谓,人自十二三岁至服兵役之期,苟全离教育甚为不利,故千八百九十五年以法令奖励壮丁教育。又自国库支出补助费,故其事渐离初等教育之性质,而为补习教育或真正之壮丁教育。自后,全国所设讲演场之数在千八百九十五年有八千二百八十八,次年至一万五千,又次年为二万四千,又次年为三万,又次年为三万五千,至第六年增至三万八千。此外,私设教育会、商业会议所所设者亦达五千以上,可谓盛矣。此种讲场每日有一定之讲义,又有临时演说,多利用幻灯、音乐以娱会员,至星期及祭日则或设假装演剧云。

十一

教育心理学(节录)①

1 第一篇 绪 言

此书为普通教师而作,以普通教师之对此学实有深远之兴味故也。

余于论此学时兼迷多年之经验,以余久当教育教师之任,且稍知其所需要故。殊如心理学上之事实对学校事业之用如何,尤所时时注意者也。

心理学之对教育学,与解剖学、生理学、药物学之对医学无异,教师之须知精神之活动,视医生之须知身体之官能及功用与其通常及变常之状态,无以异也。

教师须能言所以教算术或历史之故及其所以如是教授之故,与医生之须能言用此药饵于此病,或用彼药饵于彼病之故无以异。医生须知某药之及于身体之特效,故教师亦须知学校之某练习或课程及于精神之某能力之特效也。

故教育学除原本于心理学外不能成一科学,而自幼稚园至大学校之

---

① [美]禄尔克著,[日]柿山蕃雄、松田茂原日译,王国维译本于1910年自日文译出,同年由学部图书编译局印行。本书摘选其中的第一篇、第二篇、第三篇和第四篇。——编者注

教师,其教授之价值实与其心理学之知识相比例也。

余于处理此学时有当注意者数事,兹列举之如下:

(一)作完全及精密之撮要,而示所论之对象成一联络之全体,以使读者研究此书及他书时得一指导也。

(二)此学中所用一切学语,必一一下其定义。

(三)严别精神之能力与精神所为之作用。

(四)常以心理学得应用于学校事业为旨。

(五)力避形而上学之思辨。而书中偶有暗示形而上学者,则任生徒之不仅欲知心理学与教育之关系者,自研究之耳。

此书所用之学语务求其少,而所用之语大抵据著名心理学家之著述,若偶用新语或变旧语之意义,则必与以精密之定义,使不与他语相混淆。夫心理学中固不容独断之说,虽其定义中若有近于独断者,然不过著者欲用以表最近之知识而贡献之于心理学,且谓心理学中必须用难解之语,固著者之所不信也。

夫精神之为物固为单一体,而非可分为各部,然余于此书中仍用“能力”之语(此古代表精神之各部分之语)。因精神之以种种之状态活动时,唯此语足以表之故也。禄利博士于其所著《教育之规则》中曰:“如此有用之语,似无废之之理。”拉特及诺尔昆二博士亦均用之。故余亦从诸家之后而用“能力”一语,以表精神活动种种之状态云。

人之初得物质世界之知识也,由于观察;故人之初研究自己也,亦当就精神而观察其现象。此以自己观察自己之作用,名之曰“内观”。此外,研究精神现象时又有外观法、比较法及试验室与教室所用之方法云。

内观法乃最确实、可贵之研究法。因精神上之现象唯精神能观察之,与其能观察物质上之现象无异。而其对之之解释,亦与其对物质现象之解释同为可恃。且精神现象之可分类亦与物质现象无以异也。

欲养成内观之习惯颇不易易,是非努力及练习不可。然一切观察无不如是,逮习惯既成之后,则为心理学上最安全、最便利之方法也。

欲矫正内观法之偏与补足其所不能供给之材料,则外观法尚焉。盖吾人周围之人无不有精神在,故外观法之易用,与内观法无异。如研究人民之信仰、习惯、行为、品性时,观察其行为之原因与其周围之事物及其推理之方法,又以其立脚地与自己相比较,而设以自己易地处此,皆是也。如是,则吾人心理学上之知识为之大增,而其见解亦更自由、更广博也。

但比较法则比前二者之用更广,凡解剖学、生物学、言语、美术等,皆因用比较法而进步甚骤。即置若干骨骼、草木或言语于吾前而同时观察其同异,则知其中之一不难矣。故心理学上苟比较许多人民思想之法则及行为之动机,则其益自非浅鲜。又今日之心理学家且不惮对下等动物之精神而行比较研究,此教师之所当利用者也。

至试验室法之用于心理学,则仅为近数年之事。美国大学中之有心理学试验室者不可胜数。此方法以研究生理心理学为主,此学亦一种之生理学,即神经系统及感官之生理学。而神经系统及感官实为精神之物质器官者也。但生理心理学虽如何加以研究,然仍不能说明物质器官与精神活动之因果之关系。禄利博士曰:"精神物理学仍不过物理学。"盖谓此也。然由此方法,吾人能定精神作用之物质上之条件,且能发见其特别之缺点,而作此等事实之统计也。

有谓一切学问,苟不能以轻重及分量表之者,不得谓之精密之科学,此唯物论家之说也。夫吾人固不能称量一观念或测度记忆之内容,然当某时构成一观念或再生一观念之迟速,及其所以致迟速之状态,则得以实证法研究之。此种事业今日始行着手,将来足以供教师之用者当非浅鲜也。

善良之教师常用所谓教室法。但此方法之成一系统而又记述其研究之结果者,实近年之事耳。此法乃就某级儿童而实验其教室中之状态,但欲所研究之结果不失其价值时,不可使儿童知教师之为此事业也。

此种实验得由坚忍、锐敏之教师就儿童对某科目之态度而施之。如就男女生徒或生徒之年龄不同者对同一科目之态度,而观其如何研究,并质其何以如此研究。又其对种种科目之类化力及记忆力如何,在种种年龄中精神之变化如何,及其道德上之观念如何,近年此种试验屡屡行之,而其结果之载于教育书中者颇不罕见也。

此最终之方法与其所搜集之事实，乃心理学之得应用于教育者。盖最佳之心理学实验室无逾于教室，而为教师者，无时无观察实验之机会也。

教师欲善用心理学之知识以指导其职业，不可不先知教育之为何物，殊不可不知教训之为何物也。

教育者，乃养成个人之体力、知力及道德力，而使之能于现在及未来，由此三者之应用而享最高之快乐者也。此定义就教育之作用及其成迹言之，均无不合；又非利己主义而使教育但利于受此教育者也。何则？最高之快乐之出于一切身心能力之适当使用者，他人亦能分受其快乐，又一己之快乐非最高之快乐故也。

教训者，谓以意识行三事业：教授、发展及练习是也。教育之广义则所包甚广，而指一切直接、间接之势力，所以使个人为此个人者言之；至其狭义，即形式之教育，则与其广义相区别。形式教育之利器分为五种：（一）家庭；（二）学校；（三）印刷物；（四）教会；（五）游谈室也。

"教训"之语则其意更狭，而示一有知力之人选择种种之势力，且指导之，变化之，结合之，以得所欲得之结果者也。

人之教育，由一切生活上之势力得之。至其教训，则唯自置于某势力之下然后能得之也。

教授者，乃直接以新事实、新观念、新言语赋与生徒者也。此乃教师事业之一小部，教师唯当以此鼓舞生徒知识之欲及供给材料之有益于生徒者。至生徒之能不费时间而以自己之努力得之者，教师所不必授也。

教授之结果，乃有用之知识也。

发展者，乃由运用一官能或一能力而增进其自然之势力，或发展其潜伏之能力者也。吾人能发展生徒一筋肉或其记忆、良心、意志等，发展所得之结果，即势力也。

练习者，乃使一官能或一能力由反复及慎密之运用，少费时间及势力，而能为活泼善良之活动者也。如吾人能练习感官、手指判断等是。练习所得之结果,即技巧也。

欲说明此等定义,当述他人之说。

萨利曰:"教育者,乃由社会之激励、指导及管辖,而发展儿童自然之势力,使之入于康健、快乐及善良之生活者也。"

又曰:"教育乃他人对儿童之活动,而以意识行之,且有一定之宗旨者也。"

禄利曰:"教训者,乃助儿童之精神,使遂其知识及成长之功用者也。"

托普金曰:"教训者,乃一人之精神从一定之计划,而使他人之精神自发达者也。"

为教师者苟能读斯宾塞尔之《教育论》,亦著者之所深望也。

2　第二篇　精神现象之分类[①]

第一部分　物理上之基础——脑髓及神经系统

一、中央器官——脑髓、脊髓、神经节

二、联络器官——神经

　　1. 向心神经——传刺激于内者

　　2. 离心神经——传刺激于外者

三、外界器官——特别感官筋肉

第二部分　心理上之大原质——精神

一、精神活动之条件

　　1. 意识

---

① 　浙江教育出版社版《王国维全集》中,本篇内容的序号编排不够直观,有碍理解,且有个别差错,编者根据内容进行了更加直观清晰的编排。——编者注

2．注意

    (1)无意注意

    (2)有意注意

    (3)冀望注意

3．习惯

二、精神之能力

1．知力

    (1)感觉之能力

        1)客观的——物理感觉

            ①触觉

            ②筋觉

            ③温觉

            ④视觉

            ⑤听觉

            ⑥嗅觉

            ⑦味觉

        2)主观的——直觉

    (2)再生之能力——记忆

        1)形式之种类

            ①无意之记忆

            ②有意之记忆

            ③言语上之记忆

            ④思想上之记忆

        2)功用

            ①把握

            ②复唤

            ③再认

        3)法则

  ①运用之法则

  ②兴味之法则

  ③注意之法则

  ④反复之法则

  ⑤联想之法则

   A．于时间及空间中之联想

   B．记号及实物之联想

   C．类似者之联想

   D．因果之联想

 (3)后起之能力

  1)判断——相对的

  2)想象——创造的

2．感性(感受力)——动机

(1)情绪

  1)生理兼心理上之情绪

   ①发扬

   ②沉郁

   ③热诚

   ④冷淡

  2)知力上之情绪

   ①骇异

   ②疑惑

   ③惊叹

   ④喜乐

   ⑤忧虑

   ⑥希望

   ⑦恐惧

   ⑧羞恶之情

⑨滑稽之情

⑩审美之情

3)道德上之情绪

①悲悯及同情

②尊重

③敬畏

④良心

(2)感动

1)善感——爱情

①对家族之爱

②对国家之爱

③对人类之爱

④对神之爱

2)恶感

①忿怒

②憎恶

③嫉妒

④猜忌

(3)欲望

1)身体上之欲望

①食物水及空气上之欲望

②休息及活动之欲望

③睡眠之欲望

2)知力上之欲望

①好奇心——知识之欲望

②自尊心——名誉之欲望

③野心——势力之欲望

④模仿心——欲如他人或为他人之所为之欲望

⑤社会本能——朋友之欲望

3)道德上之欲望

3. 意志

三、精神上之工作

1. 领受

(1)作用

1)知觉

①其能力感官也

②其产物知觉也

2)概念

①其能力判断也

②附属作用

A. 比较及辨别

B. 抽象

C. 分类

D. 命名

E. 定义

③其产物概念也

A. 概念之性质

　　明了　　剖析

B. 概念之分量

　　内容　　外延

(2)把握——由记忆之力

2. 类化

(1)作用

1)概念

2)推理

①其能力判断也

　　②方法

　　　　A．归纳

　　　　B．演绎

　　③其产物结论·新发明·真理也

　　3)想象或创造

　　　　①其能力想象也

　　　　②其作用创造的结合也

　　　　③其产物物像·标准·理想也

　　4)意欲

　　　　①其能力意志也

　　　　②作用

　　　　　　A．欲望之鼓舞

　　　　　　B．判断之选择

　　　　　　C．意志之决断及执行

　　　　③其产物品性也

　(2)类化之结果乃知识势力及品性也

3．再生

　(1)内界作用——创造

　(2)外界作用——表出

　　1)物理上之表出——身体品性之表出

　　2)知力上之表出——知力品性之表出

　　3)道德上之表出——道德品性之表出

3　第三篇

∽∽（一）精神之物质基础 ∽∽

在教育心理学中，神经生理学之详论非所必要，故此书中但略述吾人就精神之物质基础所已知者。而就吾人所已知者言之，则于一篇中固得全述之矣。就吾人之所知，则精神固存于物质基础，而此基础影响于精神，且受精神之影响者也。至精神与物质间之联络如何及如何生此联络与保此联络，则为吾人所不知，或当为吾人所不能知也。

《神经系统生理学》一书，皆述精神之物质基础之形式、构造及功用，但此种生理学决非心理学，此理几为新心理学派之所忘，然于事实上固不可掩也。虽生理学上之知识，大有裨于心理学，即物理及化学上之知识亦莫不然，然若云物理学的心理学，或化学的心理学，虽主张唯物论之心理学家亦目笑存之，何独至于生理学的心理学而不然乎？裴奈第格曰："生理学决不能知一感觉之内面。盖此学仅能言神经组织及其物质上之现象。过此以往，则不能赞一辞也。"

就吾人所知，则无论自己及他人，凡精神之存在，必与神经物质相联络。若干学者至谓不问动物、植物，凡有灰色脑质者必有精神。欲证此说之真实，较证其虚妄为易；且精神之常与灰色脑质相伴，又吾人之所知也。

神经组织有一种动力，由是以受领自一点至他点之分子运动且传达之者也。如以针刺指，而在指端之神经分子为之运动，此运动即传之于脑髓是也。

神经组织有二种：一灰色质，即细胞质；一白色质，即纤维质也。灰色质之功用,在领受或生产神经系统之运动且传达之。白色质之功用则唯在传达此运动也。

欲知神经组织之排列,今先自身体表面之感官始。神经纤维,自此等感官而直入于脑髓,或入于他部之神经细胞质(脊髓等)。又一种之神经纤维,则自脑髓或他细胞质出,而入于筋肉及分泌器官,而神经之传冲动于内者,谓之"向心神经"或"知觉神经";其传冲动于外者,谓之"离心神经"或"运动神经"。感官之作用,在受外物之印象;神经之作用,在传达此等印象于中心器官;筋肉之作用,在受中心器官所与之冲动,而自为一种之运动。至中心器官之作用,则在受一种之冲动而发他种之冲动,以与节制身体运动之筋肉,或分泌核液之神经者也。

此脑脊髓系统之外有所谓交感系统者。其作用在整理心、肺、肝、胃等官,凡其普通之动作为吾人所不能意识者,吾人于此书中不必细论之也。

外界器官,即神经之由此而入中央器官者,谓之特别感官。中央器官,谓之脑髓、脊髓及神经节。特别感官,皮肤、筋肉、眼、耳、鼻、舌是也。触觉及温觉,吾人自皮肤受之;运动及抵抗之感觉,自筋肉上受之;视觉由眼;听觉由耳;嗅与味,则由鼻、舌受之者也。

特别感官之要部,乃神经组织所构成。其他部,则所以助其受领印象者也。眼中之神经质,其分量甚少,即网膜是也。皮肤各处皆有小神经梢,此乃真正触官也。其余仿此。

身体全部及其特别器官,谓之感觉体。身体诸部之小神经质,神经出于此或入于此者,谓之神经节。脊髓在脊骨中,经头之下部而与脑髓相联络。脑髓就其大小及重要言之,乃中央器官之主也。

脑脊髓系统得与电信系统相比较:脑髓如大中央电信局,脊髓及神经节如小中央电信局,神经如电线,特别感官则发信之地,筋肉则受信之人也。其相似之处可自一感觉之结果示之。如吾人以手指触热火炉上,则指端之神经为之感动,于是向心神经传此消息于脑髓,脑髓复由离心神经而传一命令使臂之筋肉收缩,以引指使去也。

然筋肉之运动,其听低等神经中心之命令时,较听脑髓之命令为多,即脊髓常指导筋肉运动而毫不费脑髓之干涉。当吾人既学行步及许多通常运动之后,则能以无意行之,即脑髓对此种机械的运动常委诸低神经中心而使执行之。

运动之为某印象之及于神经中心之结果,而吾人不复意识其印象者,或不归意志之管理者,谓之反射运动。如吾人之跖被搔则足急引去;又坐时两股相交,若其膝被击时,足即向上而拒之;或骤以一物近于目前,则不待意志之用而眼睑即闭也。

消化作用之全体皆由反射运动整理之。食物之入食道之各部也,常与以刺激而使神经中心反射于消化器之筋肉及分泌器官,而起一运动。虽吞咽之事,过某点以上,亦为反射运动而非有意运动。如一片之食物已经过此点,则不问吾人欲与不欲,恒自咽之是也。

反射运动,由一印象加于向心神经之末端,而神经即传此冲动于某神经节或脊髓。而神经节或脊髓即由离心神经反射之,以生筋肉之收缩者也。

反射运动亦起于高神经中心,与起于低神经中心者无异。如人之持犁、荡桨、乘自行车,均其例也。即吾人既学一运动而与之相习后,则能以无意行之,且不必注意以观察种种之印象,而定手足之如何运用也。

反射运动之高等形式,乃许多习惯之根柢也。教师之功用在助生徒而使得种种之良习惯,即使生徒由反复练习之故,而使入室免冠、执笔合法等。凡有关于学校之秩序及训练者,均成为反射运动,即道德上之行为亦得如是训练之也。

夫印象之在身体表面之神经末端者,得由神经而传之于中心器官,而中心器官复由他神经而发出其冲动。由此事实遂生一特别之现象。如吾人当欲嚏时,急以上唇压鼻,则嚏为之止。其理虽不能全知,然不外举上唇时所发之冲动阻冲动之使筋肉喷嚏者而已,此种作用谓之禁止。吾人用少许之实验,知低等神经及筋肉活动中,此种禁止之例实不乏也。

但禁止之现象中之最有关于教育者,意志之禁止是也。此种例,吾人于小儿之游戏及成人之行为中时时见之。如足跗被搔，则腿必有引去之势，但以意志制之则腿即不动。小儿游戏而受伤，则自有欲哭之势，但意志苟禁止神经冲动之传于筋肉之用以哭泣者，则自不哭。成人苟怒他人，则首有欲击彼之冲动起，但意志苟禁此冲动之传于筋肉，则手自不动也。故意志愈强，则自制之力愈大，而由意志之禁止力，恶习惯能矫正之，恶倾向能剿灭之，自治之力于以得而品性于以成也。故对精神之唯物论（即视精神为神经组织之活动者）至此而穷，以一切唯物论家皆不能说明神经刺激之能自精神出，而取意志之自制之形式故也。

夫吾人不能发见精神与神经组织间之联络，前既论之。然经验上最普通之事实，示吾人以二者间必有某种之联络在。即凡物之影响神经组织者（殊如脑髓中之灰色组织），亦必多少影响于精神是也。

精神之强弱之存于营养，与筋肉之强弱无异。就事实言之，则脑髓受血液之供给较他器官为多。身体某部之疾病亦影响于精神之活动，血液入脑过多或过少时，则睡眠亦因之而多少。催眠药及麻痹药等由胃而影响神经系统。凡此等结果，皆及于精神力之增减者也。

如吾人压迫颈上之发血管而妨血液之入脑，则精神活动为之全停，稍久即死。如一血块或一骨片压于脑髓之表面，则能使智者变愚，善者为恶。精神及品性之变化之起于头部之伤病者，外科医之所常见也。且癫痫及白痴，得于儿时以圆锯治疗之云。

此等事实虽示精神与脑髓有亲密之关系，然他种事实则又示精神不受身体状态之影响。世界稀有之大文学间为赢弱之人所作，而当身体之赢病中，精神亦能为最高之创造。且自某点观之，则身体愈弱者，其感觉愈灵，而精神亦愈明晰活泼也。

精神治疗，其价值优在身体之上。精神状态之疗疾或优于药石，此一切医家之所承认也。

病人之有希望心而切欲其病愈者，较之失望或冷淡者，其愈甚速也。

虽康健之人，其精神状态之影响于身体亦甚显著。悲愁常刺激泪核，喜乐有时亦然。一切强烈之情绪常禁止饮食之欲，且一切官能，无不因纯粹之精神状态而被禁止或鼓舞者。洛克威尔谓:黄疸一证能自纯粹之情绪致之。忿怒之情见于筋张拳握,种种之感奋,常见于手之战栗、足之趑趄与指之鼓动,即精神上之运动,实自动神经而传于筋肉。此种事实,实示精神之影响身体,与身体之影响精神无以异也。

尚有一事实当特别注意者,即精神活动时,常增脑髓中之温度及其消耗是也。即思、感、欲三者常消费脑中之物质而增其热量,与行步之消费筋肉中之物质而增其热量无异。激烈之忿怒能使神经细胞爆裂而放散其势力。所谓情欲之热者,自生理学上言之,可谓精密之语也。

唯物论者信脑质之消耗,即精神活动之所由生,故精神上之情绪,不过脑质之分量上及排列上之变化也。然精神此外尚能不由神经质之刺激而自生神经之冲动,此事实又不可忘也。

所谓脑髓之分部位者,谓精神之某活动居于脑髓之某部分是也。此说唯低度之精神活动在某度内如此。例如脑髓之某部实为运动之中心,即冲动之使筋肉运动者,实自此部分出也。高等活动中,唯言语位于脑髓中一定之部分,即脑中最低之前襞积。苟遇伤病,则失谈话及书写之力,或不能正确用之。此有种种之程度及现种种特别之现象者也。

近世之实验,示头骨学不过能断思想力之位置在大脑之前部,又知智力之大小恒与脑之轻重及其表面襞积之多少相比例,此外则尚未能断言也。

～ (二)教训上之应用 ～

此篇所言,其能为教师所应用者似鲜,而其在今日研究之状态中为尤甚,即吾人必俟观察及实验示吾人以许多事实后,然后得引一定之结论,以供教育上之用。然此篇所述精神物理学上之事实:(一)在儿童生活之各时代中,某官或脑髓之某部分已能活动,而他部则尚潜伏;(二)身体之大小及轻重,与精神能力相比例;(三)男女二性,其身体上之发达大异。由此事实,吾人能断教育上之练习当视身体变化之形状及程度以为准。

此当于二十一篇中详述之。

此篇之所述，更得他种实践上之暗示：

（一）教师当知儿童神经势力之内流即知识之流，乃传外界之事实及印象于心中而热心领受之者也。其外流则运动之流，而节制儿童之体力，此但需知识上之指导，而不需压抑者也。由第一事实，则儿童之周围当绕以种种之势力。或为感官之对象，或为人类之行为，而使其精神由正路而成长，且最早之印象，对儿童为最有力者也。

由第二事实，则知儿童之精神尚乏驾驭身体之力，故幼稚园及小学初级之教师，除简易之筋肉调和外，不当使练习复杂之运动也。

（二）精神活动大抵存于脑髓之休息及营养。营养之事，如食物等，虽教师所不能与闻，然能由通气及练习而使得新鲜之血液，且由善良之循环以输之于脑髓，且能使时时休憩以息其脑力，又当务减家庭自修之时间云。

（三）脑髓之善为其事业，存于儿童之物质的周围。而所谓物质的周围者，非独谓事物之自外影响其身体者，亦谓身体自己也。凡身体之艰困、寒冷、激昂、不快等，及其反对舒适、温暖、平和、快乐等，此等条件皆教师于教室中所当负其责任者也。

父母及教师往往视儿童为无知识、感情之物而处理之，此大误也。彼等之能知、能感与成人无异。故父母、教师暴厉之言语，忿激之运动，或卞急之性质，皆反射于儿童，而儿童亦感受之。自其反而言之，则儿童亦能受善良之影响。故儿童之有温和、快乐、亲切及康健之父母、教师者，乃儿童之大幸也。

4　第四篇

～ （一）精神、意识 ～

教师之研究儿童精神之成长者，无不遇此问题，即儿童之渴望知识而日因得所养而成长者，何欤？易言以明之，儿童之能思、能感、能欲，且能渐成其人格者，果何物欤？

此问题彼固得而解之曰：精神是已。然而所谓精神者又何物欤？欲答此问题，往往唤起他问题，而最终之解答终不可得。故人有谓常中无奇者，一考察此问题，甚有益也。

凡有知之人类，无不知有所谓"我"者，此所谓"我"，决非指彼之手、足或头脑，亦非指身体之全部，以彼自云"我之手""我之体""我之脑"故也。此普遍感觉之"我"，乃与身体全相异之一物，而所以能视、听，所以能嗅、味，所以能使筋肉收缩，所以爱，所以惧，所以比较，所以决断者也。此与身体虽密相联络，然决非同一也。

吾人能测一神经纤维之长短及直径，能称一神经节之轻重，且能于化学上分析一动物之大脑，以其皆物质故也。然对精神则殊不能。如吾人谓一立方形之情绪，一直线形之思想，或一酸性之判断，虽从未研究精神现象者亦不难知其妄也。

然精神与身体亦有许多相类似之处。身体因同化食物而成长，而精神之食物则为知识之材质，如知觉、概念等是也。视此等材质同化之如何而定其成长，故成人之精神多于小儿。然此等用语乃譬喻，非实际也。且不同化之食物常妨碍消化系统而阻身体组织之成长，知识之但留于记忆而不为所解者,亦妨精神之成长也。身体由练习而发达,精神亦然。不用之筋肉,常变而为柔弱;记忆、判断、意志等,苟不注意或误用之,亦终归于衰弱也。

普通身体因活动而成长,故亦乐于活动。一切康健之动物皆喜游戏,喜使用筋肉,而练习其普通之功用。人之精神康健者亦乐于精神之活动,其思索即其生活,其知觉即其快乐也。且练习身体而使得康健之习惯者,莫善于幼时;而训练精神使得永远活动之习惯,亦莫善于生后二十年间也。操练之身体,决不失身体活动之爱;操练之精神,亦常以思索为乐也。

教育家最大之事业,不独在使精神时时活动,且在使时时由正路而活动,故为教师者当与儿童以最善之周围,而使其精神成长于其中也。

身体久用则疲,故不可无休息与睡眠。精神久用亦然。故欲使精神为一事业之前,亦不可无休息。且身体之疲劳能影响于精神,而精神因思索而疲劳时亦有筋肉紧张及酸痛之感,与终日扶犁覆土者无以异也。

且精神与身体之疲劳亦有互相独立者,即身体久用而精神不活动时,体亦疲劳。精神亦然。此种事实乃人人所经验,得更示精神之于身体,虽密相关系,实系相异之二物也。

精神与身体间更有特别相似者,则精神似亦有惰性及能率是也。铁道列车之静止时常有惰性,必需某势力以动之。然既动之后,则继续此动作常较发起此动作为易。此种惰性实存于一切物质中也。列车动作常有能率,即放去蒸汽而倒置杠杆之后亦尚有运动之势。精神亦然。盖精神本有自己之惰性,强迫之后而始为一工作,但既为此工作,即精神为某思想所占有后,欲离之而转向他物,颇不易易,此又人之所能经验也。

论此二者类似之点,颇有趣味。然精神之为何物,则尚未能说明也。然一切物之本质,如雪为何物,铁马何物,空气为何物,均吾人之所不能知。吾人之所能知者,惟其属性耳。吾人以白与结晶体制之属性,下"雪"之定义,其下他物之定义也亦然。下"精神"之定义时亦不外是,即列举其属性以与他物用区别是已。此种定义之屡见于心理学者曰:精神者,即能思、能感、能欲者是也。或曰:精神者,乃一种之势力,由神经系统而现为知、感、欲者也。而其中第二定义则尤近于真理,此定义非难较少,又得暗示许多现象之解释也。

夫势力者,生运动之物也。精神能于脑髓、神经、筋肉中生运动,故必为一种之势力。易言以明之,则势力必为精神之属性也。苟此思想而真实,则能由科学上之根柢而演绎精神之不死。何则？势力与物质,同为不灭之物,此近日势力常住论之结论也。如精神为势力之一种,则其不灭必矣。

除上述之定义,吾人当更述他种之定义以相比较。

"所谓精神者,乃一切事物之属于'我'字之下者也。"(克龙)

"我之生自己之精神现象者,谓之精神。"(白尔特温)(案：此陷于循环定义而不合辨学之法则者也。)

"精神者,自觉(或自己意识)之实在也。"(禄利)

"一切意识状态之主体,乃一实在单一之物,谓之精神。此全与物质之性质相异,而从自己之法则而活动且发达者也。"(拉特)

"势力为精神之一属性,而非精神自己。精神乃附于身体之灵魂也。"(曼珊尔)(但灵魂何物则彼所不言也。)

"精神如势力,以活动为本性。"(喀宾他)

精神最显著、最重要之事实,即意识也。若干著述家之视意识也,若与"精神"之语无异；又若干家则以为精神觉醒时之状态；又若干家以意识为精神之根本能力,而由之以知自己及自己之动作,由是而保其人格之统一者也。此等意见与用法之不同,决非互相冲突,吾人但当区别被意识之状态及自己意识之能力耳。

就其为一状态时言之,则意识者,乃康健且觉醒之精神为其事业时之状态也。凡人之笃疾、酣睡或猝被打击者,吾人谓之无意识；若自己意识,则精神之根本能力,而知其状态及动作为其自己之状态动作,且由是以知同一之精神,通一切时间而存在者也。霍普铿之定义相同而稍简略,曰："意识者,乃精神之知自己为一切动作之不变之主体者也。""意识"之定义,更无较此明晰者。

自己意识，与吾人以"人格"同一之观念，即使吾人知我为即昨日之我，或数年前之我者也。

夫吾人之思想感情每隔宿而变，而自儿时以至今日，其变化殆不能纪。吾人今日乃成人而非六岁之童，然知今日所谓我者，与昨夜之我及六岁时之我，固为同一之我也。

故意识最著之特质为统一性及连续性，此结合一切感官上及思想上之经验而构成一种之次序者也。

吾人苟无"自己"同一之观念，则不能有"外物"同一之观念，且不能知其形式及位置之变化也。夫吾人如何知今日之写字台即昨日之写字台乎？唯由知我即昨日写字之我故也。此种自己意识，乃自己之所以为个人，有人格，能独立之根本，虽在儿童，亦教师所宜尊敬者也。

真正之唯物论家必拒绝意识之存在，即承认其存在，亦必不能解释之也。夫脑髓中血液供给之变化或脑中物质之变化，固直接影响于意识，然不能视意识为物质之变态，人人之所承认也。盖脑中之物质，乃身体之一部而时时变化，今日之脑质，决非昨日之脑质。然意识则通一切时间而为同一之物，实时时知自己之同一者也。

意识得比之幻灯所生之白光圈之投于幕上者，一切图画皆现于此圈中，而感官及记忆得视为安置灯中之玻璃片也。其所安置之玻璃有时或不如法，故图画之一部或投于最明点外之淡光圈中而不能完全认识之。此虽一种之譬喻，然一切知觉，一切概念，一切判断、想象及意志，苟为吾人所有，必现于意识无疑也。在意识外，吾人不能知一物、感一物及欲一物。自余观之，虽道德上责任之观念，其负于意识亦与其负于意志无异，而吾人说自由意志，不如说自由意识为更妥也。凡吾人无意识中所为者，不负其责任，如发狂、催眠时所为者皆是；唯意识一行为而为之者，吾人始有责任耳。

吾人对自己之感觉有一种变常之形式，亦谓之自己意识，即自己卑屈之感及自己骄傲之感是也。此殊于儿童及少年为然。少年之在街道汽车中及公众聚会处受众人之评论时，每易生此感也。

凡教师对生徒之卑屈及骄傲之感情,宜矫正之而不宜剿灭之。卑屈之情,得养成之而变为谦让、恭敬之德,及使注意于社会之习惯,骄傲之情,得为养成自信、自尊之德之助也。

然卑屈之情之太甚者,往往由考察自己之行为及外界之情状而生一种之苦痛。神经质之男女孩,常因此而入于忧郁之域,教师苟发见有此项生徒,则宜宽恕之、怜惜之,以此乃一种之疾病故也。

自己意识强弱之度,因人而殊。许多人民视其动作若无关于自己,而己不甚负其责任者,即其动作出于冲动及幻想者多,而出于计划者少,故不适于事业。然世界所需之人民,乃以意识贯彻其事业之人民也。家庭中对儿童之训词曰"汝试思汝之所为者",实示此思想。新教育上之语曰"吾人由动作而学动作",非解动作为以意识行之者,则此语殆无意味也。

至无意识现象或他意识现象(如闷绝、睡眠、催眠等)及二重意识现象(此际一人由一人格而变为他人格,但不自知其变化之道)之研究,亦心理学上之大有兴味者。然唯对治疗精神病者有实际上之价值耳。

夫观察自然者常分类其所观察之物,即对一切自然现象而分之为数群。观察精神者亦然,即常置精神上相似之现象于一类中。虽未尝深究心理学者,亦能由斯须之考察而知精神中有三大部,即彼于一时思索也,知觉也,想象也。彼一时感爱与恶、羞与怒;而在他时,又欲此物或彼物者也。故精神能力之执行种种之动作者,若分之而置诸知力、感性(或感情)、意志三大类之下,甚为便利。心理学上久用此分类法,虽唯物论者不欲于分类中用"能力"之语,然有时亦不能避此语也。

然分类精神现象时但列举一切能力,尚未为完全之分类。何则?此种能力所为之工作尚未计及故也。此种工作当于下文记述及分析之,此篇宜略举其目:(一)受领,即搜集材料以供精神之成长者;(二)类化,即以所雕琢之思想影响他精神是也。

～ (二)教育上之应用 ～

此篇所与教师之教训如下：

(一)精神之成长需营养、练习及休息。故教师当知一切功课皆所以营养其精神，故必适于儿童之类化，即使儿童能理会之，此最要之事也。若于儿童之记忆中堆积许多不能理会之事实，比之堆积不消化之食物于其胃中者，其害更烈也。

(二)夫精神上之能力与身体上之器官，苟为其所适之工作，则得一种之快乐，此自然之势也。乐于活动乃精神与身体公共之法则，而由活动而成长，亦一种相似之法则也。故儿童苟不悦学某事，教师当考察自己之教授法而发见其所以然，不可但责儿童也。且由此法则，教师当知一切功课乃所以使儿童成长之具，教师不能以自己之思索而助小儿精神之成长，犹其不能食自己之食物而助小儿身体之成长无异。故一切功课不可不适于儿童，而使之能自己思索也。

(三)由休息之法则，则教师务当选择简短之功课及练习，而时以休息及游戏间之。教疲倦之儿童，卫生学及教育学上皆所不许也。

(四)消化作用，因食物之烹调合法而鼓舞；精神之同化作用，亦得由教材调制之合法以鼓舞之。故一切功课及练习，当赋以兴味，教师之能发明此道者，当为生徒一生所赞颂者也。

(五)教师必常保持生徒之意识的努力。盖动作中唯行之以意识而贯之以目的者，始有价值之可言。欲保持此种动作，当使生徒知目的之所在，而教师亦助之而共向此目的，而此所向之目的，必使能吸引生徒而生无上之兴味。由是，教师亦当示一切功课之与日用生活之关系及一切功课间之关系也。

～～（三）动物之意识 ～～

下等动物果有精神否乎？此心理学上之新问题而有最大之兴味者也。观察动物之动作及习惯者，无不认其有人类精神之萌芽。即动物能注意，能感，能欲，能成一种之习惯，能为低度之推论。至其能有道德上之感情即有自己意识否，尚属未定之问题。然研究动物之精神，其补助于人类精神之知识者颇不少也。

或谓意识之低等形式，即未达于自己意识之域者，虽最低之生活形式中亦有之。果如是，则微虫及植物亦当有暗昧之意识矣。至求此说之证明，则事实之与之合者多，而与之反者少。故谓宇宙随处有普遍之意识。使下等生活形式渐变而为高等形式，此乃科学最伟大之想象也。

中　编

势力不灭论[①]

译　例

势力不灭论(the Theory of the Conservation of Energy)为十九世纪所发明最大最新之原理,而德人海尔模壑尔兹(Helmholtz)亦发明此理中之一人也。此书就英国理学博士额金孙(Atkinson)所译氏之《通例科学讲义》(*Lecture on Popular Scientific Subject*)中之《就自然力交互之关系》(*On the Interaction of Natural Forces*)一节译述者,易其名曰《势力不灭论》,蕲不背原意而已。

一、原书本为通俗讲义,一切数学上之公式及试验之次序皆略不载,而唯记其结果,其意在使人易晓。

二、译语仍用旧译书,惟旧译名有未妥者,则用日本人译语。

三、人、地名及书名概标西文,以便稽核。

光绪二十六年夏六月　译者识

近世物理学中有极有兴味之创获,余将于下文详述之。此乃最广大之自然律,而一切自然力之动作及其相互之关系,罔不遵之。其想象上之理论与学术上之应用,皆极有势力而且紧要者也。

[①]　原作者为德国著名物理学家赫尔姆霍兹。《势力不灭论》(*On the Interaction of Natural Forces*)乃王国维根据英国著名学者额金孙编译的《通俗科学讲义》中的《就自然力交互之关系》转译而成,原载于《科学丛书》1900年第2集,1903年由上海教育世界社出版。——编者注

艺术之进步也,所负于自然科学者不少。自欧洲中世之末,机械之学借数学之助,而为一最优秀之学问。其为学之性质,自与近世不同。人震于其成功也,以为天下之物无能出其范围者,于是达至繁难之问题焉。即冀造自动之器,而拟人与动物之功用者是已。在十八世纪之顷,奇器踵出,则如伏铿孙氏(Vaucanson)之鹜,饮啄而能化;又同氏之吹笛偶人,应律而动其指;如特禄兹(Droz)兄弟之写字童子及鼓风琴之木偶,当其鼓琴也,手动则目随之,至一阕之终,折腰而对客,娴雅若生人。彼等之为此也,其才至可与近世之大发明家比。彼等费莫大之时日,以造今日所仅可目为玩具者,然使彼等不专心致志,则亦不可得矣。大特禄兹氏之写字木偶,当年曾展览于德意志,其轮制之复杂,殆无能解析之者。当此之时,此等器物,其足使人惊疑,固无足怪。虽此等之技艺家,不望赋与其所造之物以生命及德义之力,而当时之人,其愿以其仆御之德义之性质,而同时去其不德义之性质,以赋与机械;而欲以铜与钢铁坚久之质,代血肉易敝之体者,盖比比焉。

前世纪之顷,世人以非常之黾勉与智力,冀达此宗旨,非特视为娱乐而已。毅然选之,而从之以智力之用,以增机械上之试验,而使今世知所以利用之,其力盖不小。故吾等于今日,欲以一机械给一人所需之千役,所不求也;我等之所求者,在其相反命题耳,即以一械执一役,而足以代千人之操作是也。

故或有以机械比拟生物者,此一误解也。然此说也,为十七、十八两世纪新哲学者之基础。自此误解,于是有欲造自动不息之机械者。夫所谓自动不息者何也? 必不因于风,不借于水,不役于一切之自然力,而唯借机械之自己,以供给动力于无穷。夫如是之器,古今所未尝有也。无已,则唯人与动物乎! 何则? 人与动物,当其生也,其动自己之体,未尝一日息,又未尝有自外动之之因,则"自动不息"一语,或足当之。然此说也,其于滋养物之供给与力之发生之关系,全未分晓者也。果如是,则食物者,不过为脂动物之机械之用,而力之发生,必出于生物体中固有之一质而后可。故使人而能造,则自动不息之机,或者其可得耳。

此种之机，彼等既不能造矣，故或有望于他日民智更进之时者，此又不能也。夫所谓自行不息之动者，乃不费相当之力而不绝得操作之谓，即自无生有之谓也。夫操作者，货币也。今有至大之问题，合古今智巧之人，出不一之道以求解之，即欲自无物中造货币是已。彼哲学者之基础，与古代化学者之所求，又丝毫何以异？夫古代之化学者，不但欲赝造货币，如上所云而已；彼等但欲保存生物体内精粹之质以造黄金，其奇诞盖有若是者矣。

学术之驱人研究也，甚矣哉！而其中研究者之能力，亦必非小。其问题之性质，实足以营惑学者之脑而导之于歧途，盖至若干年而不自觉，至其终也，乃渐悟其为狂痴。此等之妄想，已不能固执矣，予于此不能详述。此等之历史，若乃智巧之人，则特禄兹必与其列。彼等已悟其试验之无用，则予自不必详说彼等之事矣。夫迷惑之思想，证明之不难。彼等既发见宇宙之秘密，又其处分之际，常觉一切之陷于误信，而其判断力又渐足以知问题之不可解。又无数之疑难，起于数学、机械学之界，至其终也，遂得其证明，然后知由纯粹机械力之用，断不能造自动不息之机械也。

余将于后言动力（或机械之力），则必先示其概略。夫操作之语，其用诸机械，自人与动物之操作转用无疑也。观我等计汽机之操作，必以马力可知。夫工业上劳力之值，巧、力各得其半。工人之巧，非可以量计也，必具聪明与谙练而后可。又其习练也，必费时与劳力而后可。若于机械，则相反矣。彼其为巧也，有一定之值。故机械之巧，非有人类之价值；而人类之巧，亦非机械所得有也。故操作之量，其在机械，必视所用之力以为准。予于下文所云，皆由此道也。

然则如何而度力之量，如何而比较之于各种之机械乎？

余将导汝于一境，而择其最简易者。彼深邃之林谷，喷薄之小溪，与夫铁工之砧，凡出于眼界之外者，余将不取，而愿汝暂留意于此卑俗之问题焉，则水碓与铁椎之械是已。此械为水轮之回转所引，而水轮之动，则因降水之力。于轮轴某处，有数小突片，当运转时，举铁椎而又令其再降，降而累击其下之物质。当此际也，机械必为若干量之操作。何则？方举椎时,椎之重力不可不胜故也。故使用之力,必先与椎之轻重为比例,如椎之重二倍,则用力亦必多费二倍。且椎之作用,不但关系于其轻重而已,又必视其所从落之处之高下以为准。如椎之降经过二英尺,则其所生之果,必大于经过一英尺者。又如此机械以一定量之力,举椎至一尺之高,若欲再举一尺,则必再费此量之力无疑也。故操作二倍,不但椎之重增至二倍之时而已。若椎之降时,所经过之处二倍,则操作亦二倍。由此观之,则操作之量,必其椎之轻重与其所经过之距离之积也。余等量机械之力,实由此道,故计操作之单位名曰尺磅(Foot-pound),或曰基罗额拉姆迈当(Kilo-gramme-meter),即以一磅之重举至一尺之高,或以一基罗额拉姆之重举至一迈当之高是也。

故在水碓,其操作实成于重椎之数举。而举之之力,则在降水。降水之力,不必垂直降下也,即斜面亦可,但须自高就下耳。今有重百磅之椎,欲举之至一尺之高,至少亦必以百磅之水,经过此一尺之空间而后可。不然,则必以二百磅之水经过半尺,或五十磅之水经过二尺而后可。简言之,如我等以降水之重,乘其所从降之高下,其所得之积,即其操作之量也。故操作之出于此机械者,但等于同时降水之尺磅之数耳。此于实验及理论上,俱无可疑者也,但实际此等之率决不可得。水之操作之大部分,半逸去而归于无用,其力之一部实消失,而易以颇大之速率也。

是故无论铁椎之重,或但以水轮之轴举之,或于其间用轮机、螺旋、滑车、绳索等而传动于椎,其关系毫不稍变。故于简易之器能举百磅之重者,若易以上所云复杂排列之器,则能举此重之十倍,然其举之之高,必不过前之十分之一。不然,则其高不变,而举之之时,必需前之十倍也。我等但能变机械之用,而其力之量,则始终如一。故川河给我等以定量之水,则得一定量之操作,不能累黍溢乎其分也。

我等之机械,实不外降水之重力之用。有以胜椎之重力而举之,方力之举椎至一定之高也,复纵之使下,而椎落于置其下之物质。顾何以椎之压此物质也,比其固有之重量而有更大之势力,何以所从降之距离增而速率亦从之而增,实际操作之成于铁椎者,全视其速率以为准。于他事亦然。凡言动体之速率，即一造大结果之意也。予将示汝以炮弹，当其静止，实世界上至无害之一物也。予将示汝以风车，彼但得其势力于流动之空气耳，及其动也，余等未尝不惊平昔视为无奇之物，能造如斯至大之结果也。但其动力之现于常见之状态亦甚暂耳。何则？吾地球上一切物体之动，必有他种之力不绝抗之。磨擦也，空气之抵抗也。故其动常渐弱，而终必归于静止而后已。如一物体动而不受抵抗之力，则必以一定之速率，永远进一定之方向。以余等所知，则八纬之周天，历数千年而不变，此其最著者矣。唯有抵抗之力，故物之动，或减或灭。今有一物，如铁椎或炮弹，其击他物也，压他物而使之集合，或钻而入之，必俟抵抗之和充分足以剿灭此椎或弹之动力而后止。凡物质之动，其有操作之力者，谓之微斯微伐（Vis Viva），或曰活力。活之云者，非活物之谓，特广其意义以表动之势力，以之区别不变之静止耳。即以之区别不动体之重力，不绝压其支持之之面，而不一动者耳。

试以当前之水碓观之，其最初之势力现于降水，其次现于升椎，第三则现于降椎之活力。予今以第三之现势归诸第二可乎？如我等令椎落于有大弹力（凸凹力）之钢片，而足以抵抗此一击，则椎将反举，其所升之高，必与所从降之处相等，而无分寸之逾，此屡见之事也。当椎质之再升而达最高点也，其所表之尺磅之数，必与未降之前所得之尺磅之数相同，而决不稍大。由是言之，活力者，能生同量之操作，如其所得之，故活力与操作之量相等也。

我等之报时钟，以法码之重引之；我等之怀中时表，则由弹条之张力。故重物而置于地，弹力之条弛而不张，皆不能得如何之结果也。如欲得之，则必举此重物，而附弹条以张力，如吾等所施于钟表者是已。夫我等之卷钟表也，乃传一定量之力与法码或弹条，而如斯传力之后，乃渐耗于次之二十四小时之间。轮机之磨擦，摇锤（即钟摆）之与空气相抵抗，皆是消其原始之力，如不再传力如前，则钟表之轮制必不能再有操作之力矣。故钟表所以能久行不息者，则以不绝传力故也。

不见夫空气枪乎？予等以空气唧筒压缩大量之空气于其室，及其由火鸡而入圆筒也,则弹丸为其所驱,而其力与焚烧之火药无异。若是者,余能断之,其操作之耗于抽气与活力之传于弹丸,余决不能见后者之大于前者也。夫压缩之空气决不能有操作之力,其所与于弹丸者,即其前之所得于人者也。且余等之抽缩空气,为时约十数分,而其消耗于开放之时,则仅数秒耳,因其动作之时之如此之短,故以极大之速率传于弹丸,而较之以无助之手臂抽缩空气者,其迟速不可以道里计矣。

汝等观此,且由数学上之理论,得正明一切纯粹机械之动力。其言如下,曰一切机械及器具等不能造力,而但显自然力之传于彼等者而已。自然力者何?降水也,风也,人与动物之筋骨等皆是也。自近世数学者立此大原则以后,其犹欲以纯粹机械之力(如重力,弹力,液体、气体之压力等)为自行不息之动者,则为狂易不学之民而已。但此外尚有种种自然力,而并无有形之动之可见者:热也,电也,磁气也,化学上之力也,皆与机械之动有种种之关系。是故自然力而不与机械之动相侣,或机械上之操作而不导源于自然力者,盖寡矣。故自动不息之问题,至今日已解,此足见近世物理学上之一大进步,而可与汝等相颂祷者也。

其在空气枪也,弹丸之前进,由于人臂之抽缩空气;至寻常之枪,其所以致空气之压缩而驱弹丸者,则为道迥异,即火药之焚烧是已。夫火药之由焚烧而变形也,其大部分变为气体,而努力欲占至大之空隙,非复一束之地所可容也。由此观之,则因火药之用,而人力之所施较于空气枪节啬明矣。

机械之最有力者,是为蒸汽机械。此乃由强压缩之气体,即水蒸气,其增积也,则机械由之而动。余等之压缩空气也,亦非因机械之力,但传热于闭釜之之水,而令之化汽;又因其釜中空间之有限,于是生强大之压力。由是观之,则由热之传导,而生机械之力明矣。机械所要之热,得之非一道,大概由石炭之燃烧也。

燃烧者,化学之动力也。空气之原质中有养气者,实具强大之引力。自化学上言之,则与可燃质之成分,有大爱力是已。此种爱力,常现为高度之热。试以石炭示之,当其极热,其炭质以猛烈之势与空气中之养气相化合而为一特殊之气质,即炭养气是。予等所见于麦酒及香宾酒之泡沫,皆是物也。因此燃烧,乃生光热。热者,常生于有爱力之二体之燃烧之际,热之既烈,光亦随之。故蒸汽机械乃化学之动力,而由化学之力生机械之力者也。火药之燃烧亦然。即化学之动力,起于枪之圆筒中,而传之弹丸也。

由蒸汽机械观之,则自热而与我等以机械之操作;自其反而言之,则热亦能由机械之力而生。冲突也,摩擦也,皆能生热者也。铁工能击铁楔而使之红炽,马车之轮不施脂膏,则将因摩擦而生火。此等事实,试之以寒暖表而立见者也。其在某某工场,以水力之剩余,使强大之铁片疾转而加于他之铁片,由其摩擦而得强大之热。如此得热,以为温室之用,则诚一不须燃料之暖炉也。然则热之由铁片生者,能供小蒸汽机械之用,而于其运变化也,能保持磨擦之铁片永动否乎?果如此,则自动不息之机又将可见。此问题在可起之例,而古昔数学、机械学之上所不能遽断者也。予将更述前之所云,以此广大之法则答之,但不过言有正负之别耳。

昔亚美利加之空想家,常以相同之计画震动欧洲之学术界,为时盖久,即磁电机械,为世人所熟知者矣。此机乃以急速之回转力传于磁石,而得强大之电流,以水通过之,则能分解为二质,即轻与养是也。如焚烧轻气,则复为水。夫空气中之养气,实不过五分之一,如此焚烧,不行于寻常之空气中,而焚之于纯粹之养气。且投一白垩于其焰,则此白垩将成白炽,而发光与日同,同时其焰生大量之热。综观彼之试验,由电气分水而得轻、养二气,由其焚烧而得多量之热,以保持小蒸汽机之动而引彼之磁电机,以再分解水。如此不绝,以供给燃料于无穷。此乃发明中之最著者,不但动而不息而已,且发光如日,而温其周围之物。此试验之次序,皆可坐而得之,然在物理大明之日,此事已有定论。余初闻此记事,实列于美国之小说中,则诚哉其为小说也。

汝等试由上之事观之,热也,电气也,磁气也,光也,化学上之爱力也,皆与机械上之力并立而有直接之关系,更不俟烦缕也。

我等由各种之自然力而使他物动,非特由一端而已,如红女之于织物也。诗有之曰：

> 一步之发，千绪万缕。翼翼者梭，倏左忽右。经纬之迹，虽不可睹，一梭之击，万丝俱受。（译诗束于声律，易失真意，故录原诗于后）
>
> Where a step stirs a thousand threads,
>
> The shuttles shook from side to side,
>
> The fibres flow unseen,
>
> And one shook strikes a thousand combination.

此之谓也。

是故用某计画，如上亚美利加人之所为，以机械之力鼓舞化学、电气及他之自然力，而成一循环之局，其所得之机械力之量，能较前之所费者为多。其操作之一部分，能保持机械之动，其余又可用为他之计画。若是者，其故可知矣。此其交互之动如纲簧然。由化学、电气、磁气及热学上之进行，而复归于机械之力，如是而不息之机乃可得而见也。

知前之试验之无用，则人于是乎渐智，问题之主义亦与前不同。故如何而使自然力一切已知未知之关系化为有用，而成不息之动，所不求也。今日之所问者，则在是：盖不息之动既不可得矣，愿一切之自然力，有如何之关系存乎其间乎？今日一切之进步，皆由此问题而得者也。夫由上之假说，则自然力之关系，必须简明说述之。乃一切力之已知之关系，无不与此假说一致，而其未知之关系，亦同时发见，而可证明其为精密。苟能证此中一端之不实，则自动不息之机，或者尚可得耳。

其初从事于此者，则在千八百二十四年法之喀尔诺（Carno）其人也。彼研究热之性质，其主义颇狭，观察亦未尽精密，然非全无成功者。彼始发见一法则，今所谓喀尔诺法则是也。

然喀氏之研究，久为世所不顾。至十八九年之后，各国学者始同时从事于此，然皆与喀氏不相知。其始发见广大之法则而精密说述之者，则德意志之医师马约尔（J. R. Mayer）也（一千八百四十二年）。至次年，丹马人克尔定（Colding）上一记事于国本海岑（Copenhagen）之高等学校，亦述此法则,而其试验所证明,颇有出马氏外者。其在英国,则濯儿(Goule)亦同时为此试验而定此法则。夫科学之进步也,同时之人解一问题,而其所得之结果,精密相同,此又屡见之事也。

余初未识马氏,亦不知克氏。其始得见濯儿之试验,则在余研究此事之末耳。余凤推论一切相异之自然力间之关系,皆从上之法则。至一千八百四十七年,始以一小文公诸世,所谓《势力不灭论》(*On the Interaction of Natural Forces*)是也。自是以后,科学社会对此事兴味愈增。殊在英国,则予于去夏之游历,最所感服者也。夫理论既公于世,则其证明自不可缓。其由试验而确定此理论者,则濯儿之力为多。又在去年(一千八百五十三年),法国有名之物理学者累诺儿(Regnault)由之研究气体之比热,其所贡益于此计画者不少。理论则如彼,佐证则如此,则余虽持此以告初学者,亦未为过早也。

此问题之如何决,汝等可由上所述推测之。凡于自然力进行之次序,如非有自然力相当之消费,则机械之力无由生,而循环之局决不可见。故不息之动,究非可以人力为之,此我等考察所得最大之兴味也。

余等论力之自然之动,但就其有用于人类者论之,即机械上之力是已。然此广大之法则,不但自然力之应用于人者适合之而已。夫操作者,由自然力之动而执行于机械,能以上所云之道计之,而为普通计力之法。然更进而一重要之问题起焉,即力之量视其所消费,不能稍有所增,然则能减能灭否? 如吾等忽于机缘以役自然力之动而用之,则于吾等之机械,诚哉可以渐减而至于灭,然于学术上之所证明,则断乎其不如是也。

当物体之冲突及摩擦也,自昔日之机械学视之,似其活力已失。然冲突、摩擦之生热,余固已证之矣。且不但此,濯儿氏曾由试验立重大之法则,其言曰:如失一定量之操作,则常生一定量之热,而操作者亦常由热之消费而得者也。如得一定量之操作,则一定量之热亦不可见。即使一磅之水之温度升百度表之一度[此热量之单位谓之喀禄利(Calorie)],其所要之热量,与举一磅之重至千三百五十尺之高之机械力相等,谓之热与机械力之等量。予于此将明其事实。夫热者,非有重可称量之质也,此如光然,乃物体之最小质点一种之动也。物之冲突及摩擦后，物体之动全不可见，而变为物体中极小质点之运动。自其反而言之，则机械力之生于热，乃质点之力变为物体之力耳。

由化学上之化合所生之热量，与化合之时及次序毫无关系，且常供给他种之动，不能同时而归于有用。蒸汽机中机械上之操作所得于热者，比之化学力之操作，其差甚巨。夫化学上所生操作之量，常甚大耳。一磅之纯石炭，当其焚也，足使八千零八十六磅之水之温度，升百度表之一度，则其相当之操作量，当能举百镑之重至二十英里之高也。不幸而吾等之蒸汽机械，仅能得此操作量之最小部分，其大部分变为热之状态。在最良之机械所偿还之机械力，不过石炭所生之热中百分之十八耳。

由上所述，我等乃得一定论，即宇宙者，乃全力之无尽藏，不能由某道以增之，亦不能减之。故力之量之在宇宙间者永远不变，恰物质之量无异。此广大之法则，余等所名为"势力不灭之原理"是也。

余等不能造机械之力，但能由宇宙之无尽藏中，以助余等之用。溪流与风，引汝之磨车；森林煤矿，供汝等蒸汽机械之用，而温汝等之室。汝等所能享者，特宇宙无尽藏中之一小部，而其动也，汝等能如汝意而用之。彼磨舍之主人，川流之重力与流动之风，乃其真产业。何则？此宇宙无尽藏中之一部分，实与彼等之业以至大之价值故也。

虽然，势力之不能全失固已，然非全能为人用者。维廉托姆孙氏（William Thomson）曾由喀尔诺氏法则推论其关系，乃一紧要之论也。此法则喀氏于研究热与机械力之关系时所发见，初与势力不灭之原理无甚关系。迨克老休斯（Clausius）始说明一切物体之受压性、容热性与膨胀性之间有特别之关系，乃早不悖上之法则。此理论于一切之方面虽未尽证明，然已为不可动之法则也。且喀氏已表此法则以数学上之公式，即谓热但由温体传于冷体时，始得转用为机械上之操作也。

凡一体之热，余不能使之稍减者，即不能使变为他种之势力之形（如电气、化学上之势力等）。其在蒸汽机械，则异是。余能使石炭之热之一部传于釜中之稍冷之水，而转用之为操作。由是观之，如宇宙间一切物体有同等之温度,则不能转用其热之某部,而使为机械上之操作也。由是余得分宇宙间势力之无尽藏为二部分:其一部则为热而永远不变其形;一部则温体之热,而化学、电气、磁气、机械上之力所供给者属之,此能屡变其形,而维持宇宙间变化之价值者也。

但温体之热,由放射及传导,不绝赋于较冷之体,如是而欲得温度之平均。且地球上诸体之动也,机械力之一部分由摩擦及冲突而生热,其能再现为机械之力者,特其一小部耳。电气及化学上之动力亦然。职是之故,故势力无尽藏中之第一部,即不变形之热,因自然力之进行而日增,而其第二部中机械、电气、化学上之势力,必因此而日减。如此,则一切势力终将悉变为热,而一切之热悉保其平均之状态。然则宇宙一切变化之能力,必有一终极,而自然力不绝之进行中所不可避之事也。故若太阳而失其高度之热与光,若地面之物质失其化合之力,则人与动植物之生命自不可保。自此以往,宇宙但永远呈寂灭之状态而已。

此乃喀尔诺氏法则之结果,不过维廉氏由试验而证明其精密耳,又同时发见此法则中亦有小误。余于一切之研究,必惊服氏之智慧矣。彼以数学上之公式,表示热与容积及物体之压力,知宇宙必有永死之一日,虽在亿兆年之后,然其事有必至者矣。

予既经数学、机械学上榛芜未剪之道,而与汝等以概念,予将舍此而他适。此广大之原理,予所示汝者,将赐我等以大观焉。自此原理之助,余等将博览周围世界之情状。夫研求于狭隘之物理界,固不如远览广大之宇宙与吾人周围之生物、无生物之大有兴味也。夫上之法则,由地球上之物体之进行而得者也,然亦适用于天体,予将示汝。凡物体之重之发见于地表者,谓之引力,此在太虚中亦有之。其力之现于最远之双星之动者,与地球及月之间之关系无以异,而服从同一之法则。又地球体上之光与热,与日及恒星之光热亦无甚差别。不观夫陨石乎?其自太虚中入地表也,余等考其化学上之成分,与平昔所见于地面者丝毫无以异。故此广大之法则,凡地球上之动为其所辖者,天体之动,亦必从之,更无俟踌躇者也。故予将应用之,以考宇宙之事。

我行星之构造中,有相同之特性,其数盖不少,足以示其本为一质,而为同一之运动者也。如以此说为不然,则何以各行星皆以同方向绕日,又皆以同方向绕轴而自转? 何以各行星之轨道之面,与其卫星及光环之轨道之面大概相符? 何以一切轨道皆近椭圆? 由以上之征兆,天学者始定日系之构造之假说。其在我国,则此城[谓汉尼堡(Kanigsberg),德国都府名]内之学者首为此说,即汗德(Immanuel Kant)其人也。彼读奈端(Newton)著作时,大有感于日系诸行星及地球运动之状态,遂了解奈端氏根本之观念,以为一切物质之引力,其见于今日各行星之动者,在昔必能引散满太虚之气质,而成今日日系之形者也。汗德氏之后,法人拉魄兰斯(Laplace),即《天体重学》(*Mecanique celeste*)之著者,亦公此说以绍介于天学者。然彼于汗德氏之说,则初未之知也。

我日系之始,必为无量之星气质,或云涅菩剌(Nebula),布满太虚。其所占领,必远越我系统中最远之行星海天星之外。即在今日,我等于天空远处,尚见有此种星气。以分光镜分解之,知其光乃焚烧之气体,殊如其七色光中耀耀之光带,乃由焚烧之轻气及淡气所生者也。且于我地球之系统中,彗星、流星群与黄道光皆现特别物质之迹,而散布如细粉。彼其动也,亦从引力之法则,且其一分或为大体所影响而并入于其中,如流星陨石之入我大气中,此征之事实而无可疑者也。

如余等由上之假说,计我日系之密度,当其为星气球时,必需数百万立方里如此之物质,始足以当今日地球上之一砂砾耳。

当此之时,一切物质间之引力,必迫其物质使互相近而稠密之,故星气之球,日以益小。且由机械学上之法则,凡回转之动,其始必缓,而以渐而增急。故离心之力,必起于星气球赤道之傍,至其力之猛烈,体质亦从而逸出。其后逸出之质,常维持其动,与中央之体质分离而成行星;行星之上,亦以此理分卫星与光环等;而中央之体质,终稠密而成日,如今日之形是也。至光与热之根源,则此理论中尚未有明也。夫此星气之自他恒星质中分出也,不特我日系上一切之物质无不含有,据我等之新理论,则此全力之无尽藏,以后吾日系所以有动之价值者,亦必于此时贮之,而此等之遗产,实储于一切质点间之引力。此力也,现于地球者为重力,其动于天空者,则为引力。地球上之重力,引物质而下之而得活力;天体亦然,即太虚之内相离之物体互相吸引是也。

其次,化学之力亦必现而为作用。但此等力必相异之物体互相触接而后起,故凝缩之事,必起于化学力未现之先也。

热者,为后日供给势力之最大根源。其现于开辟之始者,我等无由知之,然由热与操作之等量之法则计之,则余等自所见一切机械力之存于今者,而因以推度光与热之源之饶衍,则当日热之存在可知。盖星气质之凝缩也,其质点必互相冲突,而动之活力以增,且必现而为热。昔古代之传说,以为宇宙现在之物质,必因冲突而变热,但热之全量实由此道生者,则人固未之知也。

予等将加数语于此假说。即星气质之密度,比现在之日及诸行星之密度实不可以数计,则其凝缩也,当费无量之操作,余固可度而知之。又此操作之尚存为机械力之形者,如各行星向日之引力,又如彼等进行之活力,其大如何,又此等力之转变为热者如何,更可推而得也。

此计算之结果,知宇宙中仅原始力之一百五十四分之一,尚现为机械之力,其余皆变而为热。设有多量之水,与日及各行星之体质相等,则此热量能使水之温度升至百度表之二千八百万度。夫由人力所能得之最高温度,于轻养气吹管中所生者,足以镕铂而使化为蒸气,惟少许之质能不为其所化,然亦仅百度表之二千度耳。故二千八百万度之热,余不能想象其有如何之作用也。如我日系之质皆为纯石炭,其所生之热亦不过上所云之三千五百分之一,且热之量如斯巨大,则于物质之速结合时必有极大之障碍,故其热之大部分必放射于太虚中,而其质始能有今日日与各行星之密度,且其体始必为酷热之液体。此等想象,于我地球中地质上之各现象足以证之,且观各行星之体为平坦之球形,此乃液体平均之状态,而足证其昔日之曾为液体者也。然则此无限之热量消失不见,而我日系中并无相当之果,则势力不灭之原理将动摇而不可信;然此等热量于我日系中则失之,而合宇宙之全量计之,则固依然存在也。此必日射日远而向无际之太虚中,且中间物之传光与热之浪动者,其有终极。而光线必自此反射乎,抑永远追踪其道而无已时乎?余等尚未能知之也。

但我日系现时之势力藏中,尚有无量之热。我乃假说一必无之事:如我地球猝然被击而静止于轨道中,则其所生之热量,当与十四倍地球大之石炭之焚烧热相等;如地球体质之容热性与水之容热性等,则其温度必升至万一千二百度而全为镕质,且其大部分当变而为蒸气;如地球因此一击而静止,则将折而入于日,其热量之由此一击所生者,当四百倍大无论也。

虽极小之质,如流星陨石,亦宇宙内之一物质。其未入地球之领内也,绕日与各行星无异,但既入空气中,始有形可见,或有时陨而至地表。其陨至地表者,太抵极热,则以其久磨擦于空气中故,而其光之射出亦可得而说明矣。今如一流星铁质,以一秒三千英尺之速率陨下,则其磨擦所生之热,足使其物质之温度升百度表之一千度,即活泼之红热是也。今流星之平均速率,大概比上所云三十乃至五十倍。由此观之,则热之大部分必为所压缩之空气引去无疑也。故流星常有光带随其后者,由其红热之表面之一部所现,而其陨地常发激烈之燥裂声,此殆酷热之结果也。但各处所发见之新陨石,虽热而红热者极少,盖流星之入空气中为时颇短,故但其表面红热,而热之侵入内部者尚少,其红热迅失,职是故也。

观于流星之陨,虽至微之质,亦天体构造中之一部分,实自假说之暗黑而导我等于智识之光明界者也。即我等所述汗德及拉魄兰斯之假说,谓我日系之质实尝为星气,而散在太虚是也。[按:二氏之说之可信,不但征之于陨石而已,近世由分光镜分解各种天体之斯攀克脱剌姆(spectaum),知日及各行星与地球相同之质极多,益足知此假说之不谬。]

由此事实,我等乃知科学之结果,与古代人类亲属之传记(谓《创世记》等)及诗人之所想象,其言若出一揆。夫古代人民之开辟说,皆以为世界始于混沌及暗黑者也。梅斐司托翻尔司(Mephistopheles)(德国大诗人奇台(Goethe)之著作 Faust 中所假设之魔鬼之名)之诗曰:

> 渺矣吾身,支中之支。原始之夜,厥干在兹。厥干伊何,日暗而藏。
> 一支豁然,发其耿光。高严之光,竞于太虚。索其母夜,与其故居。

Part of the part am I, once All in primal Night.

Part of Darkness which brought forth the light.

The Haughty light which disputes the space，

And claims of matter Night her ancient place.

至摩西(Moses)之传记,亦有可印证者。余等犹忆摩西之所谓天,非苍苍之半球形之谓,而其意盖与太虚同。其初自暗黑之水与地,而分水为二,一部在穹苍之上,而一部在其下,是为世界之混沌状态。《创世记》之言曰:

> 当太初时,上帝造天及地。
>
> 当此之时,地未有形质,寥如也。且黑暗之色,蔽深渊之表,而上帝之神灵,行于水面。

此正如世界为星气球之状态,正如其初发光焰之时也。且地球尚为红热之液体时,天体之光尚未分为日与星,亦无昼与夜,如其既冷时也。《创世记》又云:

> 上帝乃分光自暗黑中,而名其光为昼,其暗黑为夜,是为第一日。
>
> 自是以后,水尽归于海,而地乃干燥,然后植物与动物可得而生也。

我地球上尚有曾为液体之证据。高山之花刚石之构造,乃镕质之结晶所成者也。由实验所得,则井中之温度,以愈降而愈增。如此等之增率永续不变,则至五十英里之深,其热足以镕一切之矿物也。虽在今日,火山尚自内部喷出石汁,无有已时。此热之尚存于地球之内部之证据也。但地球之外壳既已如此厚,故其热之传导之力,自内及外者,比自日达地者甚小,其足以升地球表面之温度者,仅百度表之一度三十分之一耳。故太古势力之遗物贮于地壳中者,其势力之可见于地表者,仅火山之现象耳。故地球上一切之进动力,皆负于天体之作用,殊如太阳之光与热为地球众力之根源。又其反对者则为潮汐,此由日与月之引力所生者也。

　　夫地球无限之变更,大半负于日之光热。日之温我空气也,其率不一,故温且稀薄之空气升,而新鲜寒冷之空气自傍而代之。风之所由生,以此道也。其在赤道者,作用最强,温暖之空气,不绝自空气界之上方向两极;而在地面,则贸易风自两极赍新鲜寒冷之空气而向赤道。故如无太阳之热,则风之作用几乎息矣。海水亦由同理而生暗流,暗流之影响及于气候者,其势力不小,故安梯儿斯(Antilles)之热水刷英伦三岛之滨,而与以温和不变之热及多量之水气。北极之浮冰抵纽方兰(New Foundland)之岸,而生不节之寒。且由太阳之热,故海水之一部分蒸发成汽而升于空中,凝而为云,降而为雨雪,合而为泉源、为川河,而终再入于海。其进行也,啮蚀岩石而赍去其轻质,以成后此地质上之变化,不但引我等之水碓而已。故日之热而如消失,则此地球上一切之动几全消失,所存者惟潮汐而已。

　　顾有官物之动力及操作又何如? 前世纪之顷,彼造自动之器者,以为人与动物如时辰表然,决不中止,而能造力于无有,此未知食物之消费与操作之生出之关系者也。余既知蒸汽机之机械力之根源矣,则何独于人而疑之? 夫生命之维持,全恃滋养物之供给。此种物乃可燃之质,当其消化而入于血也,实为缓缓之燃烧,而与空气中之养化合,与一切之火无异,且燃烧所生之热量,不关其时之久暂与所经过之次序。余能由其所消费之物质,可得如何之热,而决动物体中必生相当之操作也。不幸而此试验行之甚艰,然其精密之境界尚得达之。由试验所示,热之生于动物体中者,与化学上之进动所生者一致。故动物之体所以得热及势力者,与其汽机无以异,所异者在用之之法耳。且动物又有一特性,则选择燃料是也。彼等只能以砂糖、麦小粉及牛脂等温之,如石炭与薪之于机械同。且动物体能分解此等质而分配之于各系统,以换其器官中之废质,此必非自造,而自外界来者也。礼皮额(Liebig)始说明滋养物之一切之用,以为物质之能使人体不绝改造者,唯植物中一种定量之蛋白质,而为动物体中最要之部分,此为滋养物之主,人与动物必日于是乎取之,其余砂糖、小粉、脂肪等但为温体之用。所以不能以石炭相代者,则以人体中不能分解故也。

如动物体之进动，于此关系与无生物无异，则一切滋养物为身体之势力之源泉者，又何自来乎？则应之曰：植物界是已。盖草木之质与食草动物之肉，皆可以为食物之用，而动物之以草木为生活者，其品位在肉食动物与植物（人类所不能直接用为滋养物者是）之间。夫滋养分之在干刍及牧草中者，与兽肉及麦粉同，唯极少耳。夫人类之消化器，欲于多量之废质中得少许之有用物，其不适明矣。故吾等先使有大消化力之牛羊食此等质，而储植物之滋养分于其体，而后食之，较为愉快而有用。故动物之食物，实全自植界来者也。然则植物又何所吸入，何所与于外界乎？夫植物之主部分，乃由动物燃烧之结果而成立者也。彼等取人与动物呼吸中已烬之炭质，如炭养气，则自空气中得之。此外所需轻气如水，淡气如阿摩尼亚，乃其最简单亲密之联合者，则自土中得之。彼等吸此等质，以新生其复杂可燃之物质，如蛋白质、糖及油等，而动物更由之以维持其生活。此不息之循环，所见于势力之无尽藏者也。植物储蓄燃料及滋养物，而动物消费之，渐燃烧于其体中；而由此燃烧之结果，植物再得其食物。后者乃化学力之永远源泉，前者乃机械力也。然则此动植两界之联合能生不息之动否乎？余不必遽断之。然由实验所示，则植物所以能生可燃之质者，独其在太阳势力之下耳。太阳光线中之一部分，于化学上之势力有显著之关系，而能生灭化学上之化合。此等光线大率为蓝及紫，名之曰化学线，余等摄影之事，亦由此等线之作用也。今有银之混合液，因太阳光线之入射而分解。此等光线于植物之绿叶上，亦压服炭养气中之炭质与养气之大爱力，而使养气逸出于大气中，吸收其炭质，而使与他质化合，如植物之纤维、小粉、油及树胶等是也。此等太阳之化学线，与植物之绿精遇即全消失，故在达伽儿摄影法（Daguerreotype）之像中，凡植物之绿叶皆呈黑色。故光之自彼处来者，不含化学线，即不能分解银之混合物；且蓝与紫色之外，黄色光线于植物之生长时亦有重大之作用，而为叶所吸收者也。

故日光之势力之一部分消失，而可燃之质乃生于植物中，盖前者因而后者果也。至日之光线之活力所已失者，能于同时生相当之化学力否，则余等无试验可以决之。夫此试验之紧要固已，因此试验之未能，余遂不能断上之关系之真实也。如余等能证明此观念之无误,则我等身体所以能生活及行动者,其原皆归于单一之日光,而余等一切人类皆将不后于支那大皇帝之种族,彼昔日固自号为日之子者也。岂唯我等,下等动物如蛙、如蛭,亦莫不同此根源。植物界亦然,自古代之石炭,下至今日森林中之苗裔,其生活无不如此也。

汝等综上之所述观之,流星学、气候地质学上之变化与有官物之进动,殆全恃日之光热线之作用,孰不惊此单一之原因,乃有如此巨大之结果也!且不但此,地球由中央之发光体与卫星之月而生他种之动,即升降之潮汐之现象是也。

日与月各以引力及于海水,故两大潮流以同方向环地球而起,而如日与月引力之方向。月以近地之故,故由其引力所生之两潮,大于日之所引者三倍有半。两潮流之起于地表者,其一向月,其一起于反对之方向,皆升潮也;唯起于两方之中间者,乃降潮耳。在广阔之海,潮之高度大都不过三英尺,然于狭隘之海户,则流动之水迫而相集,往往有高至三十英尺者。此现象之力,如倍失儿(Bessel)所计算,地球之一方当升潮时,海水之量比降潮时多二万二千立方英里,而此量之水,必于六小时半中自地球之一部向他部也。

潮汐之现象不悖于势力不灭之原理,而与我日系继续之问题相关系,马约尔既认之矣。且奈端所发见我日系之重学上理论亦云,如一实体于真空中为日所引,则其绕日必与行星同,虽经永远而其动不变者也。

以予等今日之实验观之,各行星之绕日而动也,由其相互之引力。故两体之途中,不能不生变动及阻碍。虽拉魄兰斯于其《天体重学》中证明我日系中一切阻碍增减相循环,决不能超过其界限,有此原因,故我日系之永远存在,必无可惧者也。

顾在昔日,我等有二假说:第一,太虚必为真空;第二,日与行星必为实体是也。如太虚中有抵抗物,则物为之行其中者,必生阻碍。虽于天学上行星之阻碍尚未能发见,然在稀薄之体,如因格彗星(The Comet of Encke),其变化常得测之。此星由椭圆之轨道绕日,而其轨道常渐小。如此种变化,确因行于有抵抗之中间故,则此星之轨道必愈小而愈近日,终必折而入于日,而各行星皆将不免同一之运命。然在若干兆年之后,则尚出于想象之外而使予等昏迷而不能信也。顾太虚之有抵抗,我等虽不能遽信,至各行星之非全实质,则无可疑者也。日与金、火、木、土各星,皆有空气之征。火星中有水及冰之征,而在我地球,不但表面上明明有液体,恐其内部或有更多之液体也。夫潮汐之动,必起摩擦。摩擦者,灭活力者也。且活力之由此而失者,其影响及于我日系上之全活力,我等乃有不可避之结果。即每次之潮汐,其动虽极缓,然于我系统机械力之无尽藏中,有所灭必矣。由此原因,故行星绕轴之回转亦必日缓。近人罕孙(Hansen)、亚当斯(Adams)及迭老纳(Delaunay)诸氏研究日之运动,证明地球已有此阻碍。若有一精密之时辰表,自一世纪之始,运行不绝,至此世纪之终,则地球之进行当不及二十二秒。虽拉魄兰斯不认我地球上有此种阻碍,然月动之理论于今日之进步,非拉氏时所可同日而论。故地球最终之结果,在无量劫之后,其一面将常向日而为不夜之昼;其反对之面为永远之夜。如此状态,余既于月之绕地见之,而地球之绕日,亦将不免。此实归于潮汐之原因,而当地球之为热烈液体时,已定此运命者也。

如此等事非不可免,则予亦不必更进而论此结果。然物理机械学上之法则,如望远镜然,吾等能由之以远烛一切过去、未来暗黑之夜者也。

又有一重要之问题,则我日系将来之温度与其光辉如何是也。夫地球中心之热所及于地表者,其势力甚小,故日乃地球之唯一热源也。夫热量之来自日者,于地球一定之地方、一定之季候能量度之,且能由此而算定日所射出之热如何巨大。为此试验,则法之物理学者朴来脱(Pouellet)其人也。彼发见日之所射出之热,每一小时间与十立方英尺之石炭焚烧之热相等,故一年间所射出之量,当等于十七立方英里之石炭之焚烧也。如假定日体之容热性与水之容热性相同,则虽自日体中不绝引去此量之热,其温度每年仅减百度表之一度之三分之四耳。由此结果,我等能知射出热之量关系于日之表面及其体质。但太阳之射热,如一生活之体然,不知自其构造之时而已储蓄无量之热乎,抑由其表面之化学作用而不绝生热也？由势力不灭之原理所示，地球之表面虽不能永远得日之光热，然势力之无尽藏中，现存之热及将来能变为热者，尚足以供给不可计数之久也。日以如此巨大之物体，而密度颇小，乃由温度甚高之故。假如日之直径短于今日之日万倍，尚足以供给二千一百年射出之热也。日之温度前后之差如此之小，故虽天学上精密之观察，亦不得而发见也。

夫有史以来，大都不过四千年，地球之温度，尚无著灭之事。虽前古之时，尚未有寒暖表之用，但地球某种植物之区域，如葡萄、橄榄等，于每年温度之变化有极锐之感觉。然现在此等植物之区域与亚伯拉罕（Abraham）、鄂谟尔（Homer）之时无以异，此足以知前代之气候矣。

顾亦有反对此之说，则在普鲁斯。往日日耳曼之武士曾种葡萄而造酒，此在今日已不能，则我邦之温度，今必减于昔明矣。达扶（Dove）曾引古代国史之记录，谓于奇热之年，普国葡萄之酸量比平时少，然此事实其意在述日耳曼饮酒者之事，而不在记气候也。

顾我日系之势力无尽藏，其量虽如此无限，而经人类有史时期中之不绝辐射，尚无减少之证据。然为时过久，则变化必生。且由机械学上之法则，则此势力之无尽藏，但能失而不能得，终必归于涸而后已。然则我等将无因此而惧乎？夫人类者，所自命为宇宙中之贵且智者也，其运命之长久与一切之利益，几视为人类所独有。然观地球上过去之历史，则我人类之生存其间者，乃至无意味之俄顷耳。尼乃伏（Nineveh）之舟、罗马之剑，足与我等以古物之观念；又我等于欧洲各国之博物院见埃及、亚叙里亚之遗物，未尝不色然惊骇而失望也。且我人类之生，必在远古，而当金字塔或尼乃伏（亚叙里亚都城）建筑之前不知其几何世也。我等计人类有史之时代，大都六千年耳。夫生民之先，我地球之为大植物、大动物之时代，不知几何年。我等之比邻琥珀之树，灼灼而开其华，且陨其脂于地及海，其间又不知几何年。于西卑利亚、欧罗巴及北亚美利加，赤道之棕榈，其高隐天，蜿蜒之鼍，随以巨象，率队而游其中。今其遗骨于地中尚得见之，其间又不知几何年。地质学者由种种之方法发见地球创造之时代，非自一百万年至九百万年间之变形不可，而地球有生物以来之时代，较其为镕石之时代,亦甚暂耳。据白哀叔魄(Bashop)氏于玄武岩之试验,知地球之温度自百度表之二千度降至二百度,非三百五十万年不可。若更进而计星气之凝缩而为我日系之时期,则虽我等大胆之推度,亦唯有废然而返耳。故以人类之历史时代方之,不过沧海中之一涟漪而已。且因无生物(水、土、岩石等)之存在远在人类占领此世界以前,故人类之运命借以安全,而我等及我等之子孙得恃以无恐者也。然空气与水及火山内部之势力,昔日所由起地质上之变化而屡瘞埋生物者,必将更起于地球之表面,其致我人类之终极有甚于天体之变动者;抑将使人类更得一圆满之生活,如鼍与巨象遗其位置于我等及以外之动物凡生存于今日者也。

自前世纪之学者欲求不息之动,我等乃得由暗黑中发见广大之自然律,而大放光明于宇宙之始终之长夜者也。我等种族之运命必非不久,但非永远存在者,此必不能免判断之一日(用景教中语,谓人类之末日也)。但今尚长夜漫漫,不知何时旦耳。且我等人人无不有死之观念,则人类之运命亦必同之。然人类于生活之道外,尚有高尚之理性,人类唯当以达理性完全之域为务耳,无事以忧运数为也。

二

观堂译稿[①]

1　中亚细亚探检谈[②]

予于今日之会，拟与诸君略述在中国塞下之事。所历之时如在梦中，所阅之境迥出意表。岁月不居，若前日事，姑举一二，足知其概。余数骑东行，绵历岁月。某日之晡，始抵长城之下。是时心中若有所感，因念此处人文之停顿，地力之枯竭，草草二千年若旦暮耳。平生今昔之思无逾是矣。日既西倾，直视无极，群堠相望，迤逦十余英里，与斜日相射，作黄金色。诸堠之间，络以边墙，如褐色直线，蜿蜒于灰色沙碛中，颇疑墙堠之中有人拒守。下瞰北方，高原废川，若存若亡。余行其下，时得箭镞，青铜所制，锈涩无多。偶见盐泽之旁多生灌木，又疑匈奴游骑出没其间，以俟夜袭者。又见一线如畦，与边墙平行，其广二十英尺。就而察之，始知千百

---

① 《观堂译稿》收王国维译著五部：匈牙利斯坦因《中亚细亚探检谈》，译于1909年；法国伯希和《近日东方古言语学及史学上之发明与其结论》，译于1919年；日本津田左右吉《室韦考》《辽代乌古敌烈考》，译于1927年；日本箭内亘《鞑靼考》，译于1927年。本书摘选其中四部。
② ［匈］斯坦因著，王国维译于1909年，初刊于《敦煌石室遗书》附录《流沙访古记》，后收入赵万里编《海宁王静安先生遗书》之《观堂译稿》。——编者注

年间，行人、戍卒履展，交错印于沙泥，其迹虽浅，其文颇明。边城之下，环以是线，距今橐驼通路，尚数英里，何以验之知为履迹？余初至敦煌，偶行沙上，时阅二月，日有大风，再过其地，履迹如新。非经目验，不能信也。塞下之地，土壤、气候各有特性，以保存古迹。更举一例，可以知之。斥堠之下，小垤甚多，形类十字，质似一石，各占七平方英尺，高六英尺。此种小垤，问是何物？乃束芦为积，纵横叠之，粗沙细石，交错其间。芦苇之中本含盐质，积久蒸变，乃类僵石。然试于其中摘取少许，剖而视之，条理尚存。此乃古代所积，以缮城垣。今日车站之傍枕木如山，亦犹是也。

缅此遗迹出于秦余，绵延至今二十余世纪。凡地理之变化，悉历史之尺度，且此种变化全由天演，不杂人为，耳目所睹，足为铁案，惜于此际不能备述也。

沙漠之地，日有暴风。气候寒暑，恒逾常律。四月以前，冰风塞途，毡裘数重，无异绨绤。千九百七年四月一日，最小温度在冰点下三十九度。及是月之杪，背日之处，温度犹至冰点上九十度。大风所至，蚊蚋云集。余之行帐因逐水草，颇近盐泽，百虫所萃，人畜俱困。余当七日之间蛰居帐中，以避啮噬。虽顽如野驼，亦畏其毒。入夏之后，远水而居，水味苦咸，不适于饮，故于五月中旬掘地，既毕遄返。草地地势则如此，气候则如彼。而所雇发掘之土人，性本懒惰，又嗜鸦片，然掘地之业卒告成功，则翻译蒋君之功为多。

余因阅览古迹故，遂至敦煌。当千八百七十九年，余友匈牙利地理学会长洛克济（Lóczy）教授，曾随伯爵斯希尼（Count Széchenyi）之远征队至敦煌东南之千佛洞。千九百零二年曾以语余，并谓洞中画壁、雕刻之美，冠绝东方。余深感其语，故有敦煌之行。

余以千九百七年三月始至敦煌，即访千佛洞。其洞在荒谷之口、危岩之上，在敦煌东南十二英里。余至其下，始叹洛氏之言不诬。窟穴大小殆以百数，高下成列，颇不整齐。石色纯黑，上施雕凿。洞之大半皆有画壁，美丽殊伦，完缺不一。绘画之法源自身毒，余于和阗沙漠所掘废寺佛画，规摹、气韵大略相同。造像之多与画壁等，可证古代支那、印度美术交通。

惜多为后人补葺，失其真矣。

岩洞之旁颇多碑碣，证此古寺建于唐代。当时佛教盛于支那，又二百年间，西陲无事，北免突厥之兵，南靡吐蕃之寇。自是以降，讫于蒙古之兴，则外常为蛮族之所蹂躏，寺宇之丽，僧尼之数，为之大减矣。顾情势虽变，而宗教未革。余周览各洞，多见巨像。其最高者近百英尺。此种制作稍属后代。读马哥波罗《旅行记》中《沙州》一篇，可见元时唐古特人民拜偶像之奇俗矣。

敦煌之民，虽至今日犹皈佛教。余等去敦煌之日，正敦人瞻礼之期。市民、村民来谒千佛洞者数以千计。可知寺宇虽残，犹为礼拜之地，故余于此地就画壁、造像深加敬护。除照影、绘图外，不敢有所希冀，恐伤人民之情也。

余于五月二十日复至敦煌，拟为小住之计。盖二月以前，已略闻道士于二年前修理寺宇，发见古代写本之事。此种宝物置于古室，守卫颇固，余为求书计，不能不徐图之也。

道士为人颇奇妙，可喜彼不知所保守者何物，又对神与人均有戒心，余初与之交涉，甚为棘手。事之颠末兹不必言，但其成功，除翻译蒋师爷（编者按，名孝琬）之秘策外，余之支那大护法圣人玄奘法师，实为余牙人焉。余此行颇类玄奘，又甚敬玄奘，人颇知之。道士虽不知佛教事，然其敬之也与余同，特其所以敬之之道异耳。虽荒唐之《西游记》视玄奘为神人者，其说不见于《大唐西域记》，然此与余事何关系乎？当道士以石室者一本示余也，乃汉文佛经一卷，首署"大唐三藏法师玄奘译"，道士与蒋君皆惊其异，蒋君遂言："此室之开，得非玄奘之灵留以俟其自印度来之弟子乎？"道士然之。

道士既闻此说，始敢启大门招余入。余等入门，经前广道，遂入石室。室外故有画壁，壁裂而室见。室中暗甚，余从道士油灯光中见卷帙成堆，自地上起高约十英尺。后精计之，其容积殆近五百立方英尺。顾在室中不能阅览一物，道士乃手持数卷，导余至廊下之屋，使余疾览之。余下帷审阅，以免人探伺，不觉惊喜之交集也。

　　所有卷轴，大抵汉文写经，高约一尺，卷束甚厚。虽完好如故，然观其纸、墨、形制，古可知也。每展一卷，恒在十英码左右，故求其所记时代甚为烦难。后于汉文大经卷背面发现印度婆罗谜草书（Indian Brahmi Script），积疑始释，足证写经之时，中亚细亚佛教徒中尚知梵文，此为稍古之事矣。一切写本，依然初藏时之形状，且无几微湿气，盖保藏古物，固未有愈于沙漠中之石室者也。

　　余于开一大包裹时，尤惊此地保藏之善。其包裹以粗棉布为之，中藏种种绢画、纸画、幡盖、绵缯、刺绣之供献物不可胜计。其画绢、画布，盖寺中之旌旗，卷藏甚谨。及展视之，皆为诸佛菩萨像。或纯用印度画法，或以印度画为本而参以中国画。佛像之下画礼拜者，其服犹昔时桑门之服也。后蒋君发见供献簿，果证为第九、第十两世纪之物。作画之绢薄而透明，精细无匹，故其大至五六英尺者，折久痕深，开视颇险，当时亦无余暇以细加研究。余之所注意者，惟在利用何策可使古画脱此危地而免守者之伤损。后睹道士观此唐代遗物若不足贵，心乃大慰，又不敢再加审谛，恐其以余为酷嗜之也。

　　此殆由道士不重绘画，或故以此为饵，使余之耳目不能专注于汉文整卷，故特于其所谓废物之中多出杂束以示余，然余实深谢道士之殷勤也。余于第一包裹内已发见中国吐蕃文中有印度草书叶甚多，所谓中亚细亚婆罗谜文也。此种书叶，由其形制观之，均属于六种不同写本，或甚繁多，亦有完全者。以余所见，此体梵文及突厥斯丹宗教文字，其完全及精好，未有能及之者。故余与蒋君终日于汉文、藏文、汉梵对译文束中拾取此种残叶。道士虽以取携为劳，然甚轻视此，故心颇慰矣。

　　后数日间所为之事与所见之物，不暇殚述。有一大束，充以杂书、画布及种种纸叶，其最可贵者为贝叶梵文大书。此明为北印度佛教律藏中之物，书之材料，示其来自印度，且世界所有梵文写本未有古于是者。吐蕃文书有卷子本，有扑叙斯（Pothis）本，书亦甚多，且除南方书籍外，尚有他书。盖突厥斯丹东部之回鹘国至第十世纪尚存，其时佛教盛行国中，一时或曾据敦煌之地，故回鹘文写本多至数大束。又摩尼教经之以开突厥文

(Kok-turki)及叙利亚文(Syriac)书者,亦见于此云。

汉文残纸片,骤视之,若稍不足珍,然实有古物学上之价值。其中杂记如书札、寺历等,充塞于道士所谓废纸中。此不独足以知第九、第十两世纪中此间寺院之制度,由其所载年月,亦足证石室之闭在耶稣纪元千年以后也。其封闭之故,实惧兵祸。然先是此室必为寺中储藏故物之所,故当封闭之时,其物固已古矣。余一年以后复检所得汉文书卷,其所纪年月有在纪元第三世纪者。然定其最古写本始于何时,尚须假以岁月之研究也。

余以多日之劳,速检室顶之丛残卷束,而选写本、图画及他古物之特异者,乃开汉文写本卷轴之大匮。虽道士之心已为贿赂所易,然颇有难色。又清理全室之事,虽胆壮者犹为寒心,况以彼之怯懦乎?然清理之末,果于室下得画绢若干束,又于汉文卷中得中亚细亚婆罗谜文及他文写本等。此处寺宇本道士所重修,故寺中所有各物悉为彼有,而交易之道,则余以自由捐助之名义施诸寺宇。所取诸物,亦以假归细阅之美名携至余处,初无一人知者。

购取之事多出蒋君之力,至其不为人所指目,则又有说,兹不暇述。当道士既得马蹄银后暂至敦煌,验其名望不减于昔,心乃大慰。且以余之购此,将以佛教之文学、美术播于西方,又使古物不受后此灭亡之厄,甚盛业也。余四月以后复至兹寺,道士对余无异词,余心尤慰。迄于今日,二十四箱之写本与五箱之图画、绣品、他物等安抵伦敦,此乃余最终之慰藉也。

余于六月中旬始毕千佛洞画壁、造像之摄影。古物之研究告终,乃从事于地理上之探检。此次事业自南山始。余以书籍寄于安西州署,乃南向雪山脉。此脉实苏勒河与敦煌河之分水界。途中于乔梓村(译音)(The Village of Chiao-Tsǔ)畔两小山脉之间,发见大废址。昔有运河导川至此,遗迹犹存。然其旁耕地,今皆不见,天时、人力,全由干燥而变,其初盖可想矣。

是处暴风间作,沙山颇峻,故掘地之事,苦于难施。然由古物上之证据,知此废城在耶稣纪元后十二三世纪尚有居人。其残垣之存者,尤足证数百年来之风力。面东之垣,为飞沙冲击,残毁无余。而南、北二垣与东风平行者,尚完好如故。及入谷中,即大西河(The Stream of Ta-hsi)横绝外山脉之处,又有洞宇无数,谓之万佛峡,今日犹为瞻礼之所。庙貌之古,仿佛千佛洞,画壁极大,亦甚完全,作于第八世纪至十三世纪之间,更足印证当时之佛教画也。

自是以往,高峰相衔,巅戴冰雪,俯视疏勒河以西不毛之高地。测量既竟,下至昌马,旋渡昌马河,经未探检之山地。虽在夏季,犹以乏水为苦,遂由嘉峪关入长城。余于此又得决古长城之疑问焉。夫今日中西图籍,均以肃州西面边墙讫于南山之足者为古长城尾,又数世纪以来,西域人之访嘉峪关者,无不以是处为中国本部门户。然据中国古书,则关城当远在其西。余于敦煌沙碛中所发见之古长城遗筑,更足证实此说也。苟一细思,其疑立释。盖嘉峪关附近实二种防御线之交点,此二线之建筑年代不同,宗旨亦异。一线来自甘州、肃州之北,本与安西之长城相接,乃纪元前二世纪所筑也。筑城之旨在保障南山阴之狭地。及前汉以后,国力更张,此地遂为自中国入西域之孔道。第二线则与第一线互为直角,即嘉峪关城。此后世所筑,其旨在塞西域通路,盖中国守闭关主义以后矣。

余久住肃州,至七月杪,始启行探中部南山。盖地方官吏于余虽甚亲厚,然惧南山寇盗,不任余行,坚请而后可。而转运之事尤多阻碍。甘肃人民以山外之地为人迹所不至,颇惮于行,后虽以官力雇得夫役、骡马,皆以早归为约,故唯于利区托芬(Richthofen Range)及托雷(Tolai Range)两山脉间地得有乡导。此地距海面一万三千尺之处见有金穴,西宁之民在此淘洗云。

余离金矿正值雪融之际,自是以往,不见人迹。是月之杪,始见蒙古人牧地数处。其地直甘州之南,惟南山堀起而南走哈喇淖尔及青海间也。其地有四山脉,界画分明,中间山谷亦颇开广,故虽无乡导而不至迷失。测量之事亦颇便利,所过牧地,在距海面万一千尺至万三千尺之间,人畜饥疲,为之苏息,惟大谷之中空气蒸湿,与南山西部绝异。霰雪日降,道路泥泞,行路之难盖可知也。

天然之厄既如是矣,重以中国圉人畏惧艰险出于天性,视此山中危险充塞,闻见之外,加以想象,群思遁逃,不止一次。余与蒋君且抚且励,始得无事。彼等如年老之人,历险既多,畏事愈甚。及偶值危地,则又如群孩在林,不知所措。故蒋君与余恒谓之曰"年老之孩"。肃州官吏所派护兵亦然。又赢粮不多,中途自困,适余携有大麦,本用饲马,遂以给之。彼等以非常食,不敢入口,蒋君取而食之,然后敢食。后猎得野骡,遂以获济。

自肃州启行后,已行四百余英里。至八月后乃测量中部南山迤北之三山脉。此三山脉之经度,在甘州、肃州之间,高峰戴雪,距海面万八千尺至万九千尺。凡疏勒河及河水之北流者,途中皆得其源于冰岭之中。余所取之道,务与俄国探检家奥伯拉启甫(M. Obrucheff)及哥兹老夫(Kozloff)异路。三脉中偏南一脉冠以冰雪,此疏勒河与哈喇淖尔、青海水源分界之处。余辈测量循其北面,秀峰连岭,皆高于其北二山脉。其间山谷亦高至万三千英尺,疏勒河诸源之所萃。自此以往,入大通河发源之高地。此河乃黄河最北之大源,故余于此处,实触太平洋之流焉。遂北至甘州河流域之高地,越利区托芬之连岭。谷中水势泛滥,行李颇艰,然弥望茂林,大半枞树,蔽亏坡麓间,与西部南山之荒凉寒冱迥殊。伙伴印人兰沁(Ram Singh)专司测绘之事,其图中所测山地,自安西至甘州凡二万四千英方里云。

余于九月初自甘州长行,拟至塔里木河域,以从事第二次之冬期探检。此行为调查古物及他故,乃出哈密、吐鲁番之橐驼大道。往来西域者,不由罗布淖尔而由此道,盖已千三四百余年矣。余于甘州至安西途中时折而北,以探长城遗址,知古之长城实极于安西。于是春、夏间之所想象者遂实证之矣。及抵安西,兰沁体弱不堪冬行,乃令其由和阗归印度,便道测敦煌至婼羌(Charklik)(在罗布淖尔之南)之连山,而以拉尔沁(Rai Lal Singh)从余行。拉氏曾从事异门(Yemen)至中国东部之测量,甚以劳勚及精细著者也。

十月之初,余自安西启行,至塔里木河东北之哈拉沙尔,时历二月,路行九百英里。途中之事不能备述,唯于哈密、吐鲁番二处(天山北山间之二大都会)以数日访古城郭遗址,复以其间测量二处及天山之旁地。在吐鲁番时所访大废迹颇多,大抵回鹘立国时(自第九世纪至十二世纪)之所建。而普鲁士政府所派遣之额龙威台尔教授(Prof. Grünwedel)及丰莱哥克博士(Dr. Von Le Coq)先后探检,所获遗物甚多。

当余之抵哈拉沙尔也,时已十二月朔,乃急为探险之备。盖博斯腾泊之北,平原极望,上生灌木,颇多古城遗址。唯地下多水,中含盐质,气候比他处颇湿,故昔之宫室、城垣,今为土堆而已。唯哈拉沙尔之北有一山西行,其址石脉蜿蜒,地中尚有废寺无数,本地回人名之曰"明屋"(Ming Oi)(千屋之义)。此等废寺,自成行列,大小不同而形制无异。可用多人以施发掘。验其遗迹,知诸寺不独蒙雨雪之害,且被火焚。偶得古钱,乃纪元后九世纪之物。盖当时摩诃末教徒入寇时所焚毁也。然所存古物尚为殷富,诸大废寺环以石壁,上加垩墁,凸雕佛像,其数颇多。又自一圆顶甬道通诸丈室,以木作壁,彩绘尚存。此种丈室,先为沙没,故未受水火之厄。诸寺当日,檀施如云,品物甚众,故画壁、石像均施金饰。其建筑式与和阗古刹俱为乾陀罗式(Graeco-Buddhist Model),来自西北印度。某寺周围列以瓮柜,尤为特异,但居人之迹则绝不可见。岂当日此间已为灌莽飞沙之域,虽自哈拉沙尔河掘一运河至此以资灌溉固自易事,亦惮而不为欤?

余于明屋留十四日,从事发掘研究之业。时最小温度降至冰点下四十二度,加以霰雪日自博斯腾泊方面而来,废墟行帐悉被以白雾,故发掘既竣,即于耶稣圣诞日向霍垒山(Mountain of Khora)而行。地虽高寒,而时多晴霁。此处由蒙古牧人之指导,发见佛寺遗址。先是,拉尔沁与余在吐鲁番分道,至库尔勒测量库鲁克山(Kuruk-tagh)未入地图之路,至是与余会于明屋。当余发掘霍垒山废寺之时,彼又测量哈喇沙尔与突厥斯丹平原间之山脉。霍垒山废寺亦有佛像,然不幸早为外寇所毁云。

千九百零八年之新年,余等复至库尔勒,地当大沙漠之东。至是,余欣然复履故地矣。库尔勒之猎人为余乡导者,语余以曾见埋沙之城。至是欲验其言,乃小行探检于英气盖河(Inchike)与孔雀河(Charchak)间之沙碛,知河流之变迁与气候之干燥固使此间地势改易,然除于远古河床中得近古回教徒之坟墓与游牧人之居室外,别无他据。而乡导者之言亦非全妄。彼等于尘雨之中固能见其所想象之城郭,且望以余辈之奇术助之发见埋藏之宝物也。

余与拉尔沁于英气盖河分道,由未经测量之沙漠向库车。库车者,橐驼大道西北之名城也。余于库车住一星期,访其近旁之废址。近五年中,日本、德、俄之考古学家时来搜讨,而新为法国伯希和教授(Professor Pelliot)所清厘。历览之后,遂于正月之杪拟越大沙漠而南。当千九百零六年余离和阗及克勒底雅(即克里雅)河流域后,思塔克拉马干大沙漠(Taklamakan Desert)中当有许多废城未曾探检,而入夏以后则毒热风沙,万不可行,故拟以此时由库车横绝大漠而抵克勒底雅河没于流沙之处。路之艰险固不待言,然千八百九十六年瑞典人赫亭(Hedin)曾探此道,知苟有准备尚可勉行。又知克勒底雅河畔确有古墟,又为省时日,故遂决南征之计。

然余于此行必携大队橐驼,途中艰险,不能不一一预计。余于沙雅尔城知此处乡导均不可恃,又询游牧人,亦未有知克勒底雅河之尽处者。且赫亭之行自南而北,北行不止,终至塔里木河。而余此行自北而南,必经一百五十英里之沙山后达于一定之地,即克勒底雅河之尽处,始有得水之望。且必克勒底雅河流不变,乃可无事。余久历沙漠,知漠中行役,但恃罗盘往往歧误;又赫亭地图虽其精密,然经度苟差,则失以千里。而漠中计算经度固非易事,余于此行,又预想赫氏之图之一无差谬也。

余以千九百零八年正月十九日发塔里木河畔之牧帐,并携沙雅尔工人八名,以备途中掘泉发地之用。土客共二十人,裹一月半之粮,用橐驼十五匹,其八匹以驼冰,人皆步行。有欲携驹四匹以供余与印度助手之用者,余亦允之,但后颇悔其多事云。

南行八日,屡过百英尺以上之沙山,始抵一死三角洲之北边。此洲乃克勒底雅河古时冲激而成者也。河床纵横,均无滴水,流沙埋其半,又时没于枯莽中。此际如航海者已近海岸,然无灯塔、浮标以识可入之港。然余独循一河床而行,此床虽已全涸,然验其地下有水,尚受克勒底雅之流,且得掘泉而饮,以节已减之冰焉。

自此南行,初若有幸,途中经若干沙山,高恒三百余尺,仍于洲中掘井得水,人人色喜,以为去河流不远矣。然南行愈远,希望愈绝,虽有他河废道,旋没于沙山、枯林之中,余沙漠中之旅行未有厄于此者。掘井数次,均归失败。有一河床因风吹露,距故崖岸深逾二十五英尺。又至一处,有白杨数株,虽历年至久而尚有生意。掘此二处,均无滴水。同行之人除拉尔沁数人外,无不丧气,沙雅工人尤为惶急,屡思遁去,而不知遁走适以促其死也。

入三角洲之第六日,余与拉尔沁分两翼向东、西以探道路。途遇沙阜高三百尺,余升其巅,见黄灰色之广漠,中横缟带。及至其处,果河面之冰与日光相射而作此色也。既得克勒底雅河,众乃大慰。此时囊驼不饮已十四日,马于五日内仅日饮水数杯。虽在余辈,每食只饮水三合余耳。后加研究,知此河于四年之前已徙而西,与赫亭所见故流,相去颇远。又所经沙漠尤为荒残,更行数日,始至新、旧二流分道之处,其地距唐古兹培斯德(译音)(Tonguz-paste)不远,此乃余于千九百零一年所至最北之牧地也。

所经之地风物颇殊,而其测量事业,自地理学上观之亦至有兴味也。尤可喜者,余休息一日后又得于喀喇屯(Karadong)遗址从事古物之研究。此址昔近克勒底雅河,今河流新变,又复故道。当千九百一年余来访此也,风沙连旬,不能全行探检。近沙山既徙,其址遽露。掘地所得中有农器,不独守望之台示其为纪元第一世纪之遗物也。又于克勒底雅河遇和阗之旧乡导人,遂与同行,由新路以向达莫哥(Donmoko)北面之沙碛,中有古屋无数散布碛中,间以废寺自成行列,望之如带。旧达莫哥村去此不远。此村六十年前尚有居民,故其遗迹多受损害。余发掘之末,得梵文写本书、古壁佛画、木版画等,纪元后第八世纪末之遗迹也。

三、四两月,余自达莫哥而西至于和阗,于其间沙碛中从事古物之研究。举其一二,则玉陇哈什与哈喇哈什二河间有大佛寺,全埋于沙山之中。余于千九百一年于玉陇哈什河东岸发见拉滑克窣堵波(Rawak Stupa)遗址,准其地望,东、西相直,皆纪元后前数世纪之所建也。然地下有水,故遗物悉毁,无复全者。乃拟循和阗河畔之沙漠大道,北至阿克苏。途中于玛咱尔山(Mazal-tagh)间觅得古城遗址。其山乃西北山脉之尾,越和阗河而终于此。古城则为大路之守御所,后被火焚,惟峻坡之下,中有虚穴,流沙、湿气均不能侵,尚多遗物。余发掘三日,得木版纸片,上之文字,字体不一,皆第八、九世纪以前所书。其吐番文书与磨朗(Miran)故墟所得者同,可证其为吐番侵入时代之物也。

余于五月初旬抵阿克苏,途中颇以毒热及暴风雨为苦。时拉尔沁方测量外天山以至喀什噶尔之狭路。余友阿克苏道潘大人(译音)令州县照料之。余与中国之士大夫及朋好相聚数日,乃上乌舒吐鲁番(Uch-Turfan)山谷,得从事于量人学(比较古今人类大小长短之学)之业。乃横过未测量之沙漠。地虽不毛,而风景颇异。遂至柯坪城(Kelpin),乱峰如锯,高至万二三千英尺,然积雪颇少。今尚有黠戛斯牧人居于山上,深以乏水为苦。余于此处及他山脉得观察气候干燥之结果,因念哈密以南北山一带山脉地极干燥,当匈奴与汉兵出此道时其整备当何如?征之事实,则黠戛斯人之侵入喀什噶尔阿克苏大道犹为近年之事,苟汉政稍弛,则其事又将复见。此种研究殊有特别之兴味也。

柯坪城之逐宝物者为言,柯坪外山与喀什噶尔河间之沙碛中有瓦砾场无数,皆古代人民之居址。余觅而得之,久经风蚀,殆无遗物可得,然由古物学上之证据,知此地于纪元后第八世纪尚有多数居民。有一运河自喀什噶尔河引水至此,其迹犹存。且古代中国至疏勒之大道亦出于此。又沙碛之中有数条平行之低山脉,自地质学上观之,显与图木舒克(Tumshuk)及巴楚(Maralbashi)诸山相接,而前此地图均图此二山为孤嶂也。

天气渐热,又为诸事所迫,乃以十四日之急程返和阗。风霾连旬,深以速至为幸。至和阗后,蛰居故宫以四十余日之久,整理所得古书物。盖以至脆之物上极远之途,包甀治装不能不慎。和阗城中盖未见有征铁木、治筐篋如此之多且亟也。整治之中,忽兰沁氏自磨朗东归,已失双目。余乃致之于叶尔羌瑞典医师拉魁德所,自彼处舁归印度。余归印度后为言诸印度政府,瞻其终身及家族焉。

月之末,拉尔沁氏毕天山至喀什噶尔间之测量事业,来归和阗,又图和阗以西之昆仑北麓。至八月,乃以五十囊驼载古器物、摄影玻璃片等先行,使俟余于喀喇昆仑山下之通路。余与拉尔沁同行,探玉陇哈什河之源,乃与和阗诸友别。蒋师爷于此行功最巨,仓皇分袂,尤难为怀,幸英国驻喀什噶尔领事麦坚尼任以领事馆职,印度政府复赏其劳,旌以金表,余心始慰云。

余前之探检哈朗归山(Karanghu-tagh)也,知玉陇哈什河上流阻深狭之山峡,故不能探其源,遂拟自东方探西藏极北之山地。气候、土地甚为恶劣,故转运供给等事大费预备。然自后日观之则固未为完善也。

当余之过朴鲁(Polur)诸峡而入昆仑外脉最北之高地(距海面一万五英尺)也,已苦艰险,幸逢克勒底雅之猎牦牛者,其一人名巴萨(Pasa),狡而多阅历,示余以最高之玉陇哈什峡之道,乃置不急之粮而趋宰里克(Zailik)深谷。余于此处团结石之崖辟间见有金穴。采金之事盖非一日,夫以如此之地势,如彼之气候,采掘之苦,固不待言。余见数穴,以土掩其口,盖矿夫之死者即埋于是矣。

宰里克谷地至险恶,高峰巉绝,周匝谷中。余由此谷跻于昆仑主脉直北诸峰,而定测量地于山脉之侧(其山平均高二万英尺),以经纬仪、平面表制图并摄全影。凡未探检之山地,含玉陇哈什河之水源者,尽在一览中矣。南方六十英里内外,雪峰林立,高恒越二万三千英尺。被以冰雪,较昆仑山他处为多。此处山地,实涵和阗河夏期之洪水,使其水力于数月之内得直贯沙漠而东走者也。宰里克矿大半荒废,惟夏季数月有人开采。其人率奴隶也。余雇用八九人以肩行装、仪器。所过狭道,其旁峰峦高率万七千至万八千英尺,遂上玉陇哈什河主流之高峡,探道八次,乃入距海面万六千英尺之冰原。玉河最东、最大之源实出于此。余所取道,乃循牦牛之迹,骡马至此,去其负荷然后能行。时此高岭夏期虽过,然横过冰流,势多危险,然卒至距海面万八千尺至万九千尺之地续行测量。此处高山深谷,自地理学及地质学上观之,均可玩味,而地质上之标本事实,余于此行尤搜讨无遗憾云。

既探玉陇哈什河之冰原,乃东至乌鲁科尔湖(Ulugh kal Lake)旁之高平地,所置粮食实待余于此。此后之事,唯在循雪山（即玉陇哈什河源之所在）脉南麓而西,以讫于哈喇哈什河之上游耳。余为西行计,先折而东,由朴鲁拉那克路(Polur-lanak la Route)至一高地,距海面万六千英尺,乃克勒底雅河自冰岭流出之处。其上高山与玉陇哈什河源之东部山脉相似。及往探克勒底雅河源,数日之后为风雪所厄,所经坡麓尽成沮洳,人畜俱困。

既离克勒底雅河源,乃向西行至阿克珊钦(Aksai-chin)之地。通行地图均以此地为高原,惟最新之印度边界测量图则仅存空白。余既至此,发见雪山无数,中多大谷,其山来自玉陇哈什河源之大山脉,高至万五千英尺至万六千英尺,下多湖沼,大半干涸,盖谷中水流恒没于积沙之中,罕至湖畔故也。湖间低地自东而西,甚便行役。然荒凉弥增,牲畜大困,及此行之终,毙者三分之一。自行过第一湖后,不见一草一木,薪水亦绝。掘井而饮,冰风日至,入夜尤厉,人无束薪,马乏刍廐,此余于西藏以北高原之危状也。

余发朴鲁拉那克路后,行七日,抵一盐薮。此薮四十年前印度测量队经此者见是盐湖,今已干涸。余循此湖西北行,经数低地,尽属不毛。中有盐沼,并无一动物之迹。余所乘拔达克希马(Badakshi-Pony)倒毙于此。此马自入突厥斯丹后,无役不与,虽在塔克拉马干大沙漠中饮水至寡,亦无艰困之色,至是遂毙。余深惜之。然数次迷行后,终发见一古道,盖前和阗回酋赫奇赫皮婆拉(Haji Habibullah)于回教徒末次之乱始开此道,以图与喇达克(Ladak)及印度径相往来。千八百六十五年英人约翰孙往访该酋,取道于此,今荒废四十余年矣。当时亭隧及婆尔兹(Burtse)树根用为薪者,与他遗物犹有存者,亦足以验其气候之干燥也。此时刍藁已罄,循此道行,经过数岭,乃于九月十八日之夕,抵哈喇哈什河之东方山谷。是后二日,乃遇黠戛斯人及其牦牛队之自沙希图拉(Shahidulla)来者,余先令其自和阗待余于此焉。

自是以后,拟穷赫奇所开之道直至哈朗归山谷中,亭隧实其标识。然迤北道路渐为冰雪所灭,余所取道,务与前此由北之测量道路相联络。乃于九月二十二日偕拉尔沁及黠戛斯人数名,升一高峻之冰河层。冰峨峨上覆新雪,卒至高二万英尺之高地。俯视北方,知身在绝大冰河之顶。此冰河自昆仑流出,展至尼萨山谷(Nissa Valley),余于千九百零六年所曾探检者也。绘图,摄影,遂稽行程,至午后四小时,日光之下温度已降至零度下十六度。时已侵夕,渐多日暮之感。及晚,至野营,始知余足指深为冰雪所伤。然探检之业固已告竣,为之欣慰。

余伤足后受外科之处治,遂下哈喇哈什河域,于朴尔塔舒(Partash)地方见古物驼纲已过生渠狭路(Sanju Pass),乃令拉尔沁率之以行。余取喀喇昆仑山道,越高万八千英尺之狭路及萨珊尔(Susser)冰河。时英国驻喇达克透丽法遣人迓,余遂得篊舆而行。进至赖(Leh)村时,牧师舒米德(Qev S. Schmitt)管理莫莱维亚教会(Moravian Mission)之医院遇余甚厚。四日以后,遂施手术,将右足五指尽行割去。四星期后,余体渐强,堪作克什米尔十四日之行。至十二月初,余始能行,遂向印度,至喀尔喀塔度岁。正月末,始抵英国。古物百箱安然无恙,喜可知也。

余之历长途而归也,决非休息之谓。此后之劳,或有过于旅行者,盖此次远征获益虽巨,然一切山川、故址、古物、遗书,苟不躬自记述,则其所得者且复失之。今略述此事之大概。余之测量地图,每四英里为一英方寸,凡百页,现正由三角测量局出版。古器物一部方在整理中,非至八月不能毕。写本之数多至八千,为文十有二种,其目录注释须俟专家,然非余一一注其渊源、年代及发见之地,虽专家亦难以从事。余之责任如此,故深冀多得暇日,以尽对学问之义务,方不负此行也。

上斯坦因《中亚细亚探检谈》一篇,载于千九百零九年九月英国《地理学》杂志。于千九百零九年三月八日披读于英国皇家地理学会。外尚有会长开会演说并诸会员问答书牍等,附译于下。

会长云：“六年以前，斯坦因博士之由突厥斯丹旅行而归也，曾演说于此。今日之会为第二次矣。博士于前一役已显其为世界第一等探检家，故今兹演说，余无须喋喋以介绍于诸君。斯坦因博士（Dr. M. Aurel Stein），匈牙利产，因研究语学故早来英国，学东方语三载，遂至印度，供职本峡部大学几十一年，后举为教育官吏，遂为英人任职。一年后，政府遣之游历中国。彼未行之前，又专攻历史、地理及古物学，著书甚多，前后两次探检，深获诸学之益。余之介绍博士别无他说，但使诸君知博士于历史、地理、古物学并世无俦，与其言之可信而已。”

斯坦因博士披读前文毕，前喀什噶尔领事麦坚尼君起而言曰：“余闻斯坦因博士谈中国官吏之优遇，心特乐之。余幸居新疆数年，博士所遇官吏，半余之故友也。其旅行之成功，亦半由中国官吏之助。盖测量及发掘二事，在在需地方官吏照料。更举一事，足征中国官场厚意。新疆全土固无银行，道途之费，悉用生银，取携既艰，危险尤甚。博士此行，虽以喀什噶尔为东道主，然东行千五百余英里，时阅二年，故旅费一事，实博士至艰极大之问题也。幸喀什噶尔道与阿克苏道许札各州县随处贷银，而余于喀什噶尔偿之，故博士得于和阗克勒底雅、喀喇沙尔地方官署随时取给。此事在他国固无足异，但新疆各处交通极艰，道府各库向罕通融，兑汇之举，为难可见，厚意尤可感也。尚有一小事亦足感谢。博士自沙雅尔至克勒底雅时，橐骑遗一行椅于沙漠中，沙雅官吏得之，邮致余于喀什噶尔，使转致博士。”

斯坦因博士曰：“今此椅已在奥克斯福大学矣。”

麦坚尼又曰：“中国官吏之遇博士如此，顾博士何以得此于中国官吏哉？当博士毕第一次旅行而归也，已于新疆士夫间负学问家之名，以其深通中国佛教，又亲验玄奘《西域记》之地理故。玄奘者，博士讲演中所谓彼之护法圣人也。中国人所喜之人物，无过于真率、谦下之学问家，博士即其人也。”

麦坚尼君言毕，罢奈德博士起而言曰：“余何幸得以数语颂斯坦因博士。博士如古之奥地休斯（希腊诗圣和美耳石二诗中之主人），历各国之城邑而知其人民之思想，又能出天入地，起死者而问之。且博士于第二事之成功尤无遗憾。其为地理探检家，则贡献于科学者不在他人之后；其为梵文学及东方古物学家，则世界学人未有能过之者。彼兼有古代之学问与实际之知识，遂使千古埋没之历史一旦暴诸天日。其所获古物，除爵绅拉耶特（Sir Henry Layard）得于尼奈凡（Nineveh）（巴比伦古都）故址者，他无比伦。犹忆千九百零二年七月十六日，博士在此会演说所以历访和阗之故，盖博士曾得残佛经写本及奇异印本，始知突厥斯丹为古物荟萃之地。后知所得之物均系赝鼎，此在常人未有不色沮者，博士安然，卒得宝物十二箱而归。今兹所得且及百箱，余不得不谢博士及其继往者，使吾辈于二十世纪之前十年中，得渐知突厥斯丹之文化及历史也。

"吾辈今日始知突厥斯丹有一富庶之国，用印度之制度，行印度之言语，寺宇林立而摹仿希腊之美术。古代印度之遗物所以有绝大之名誉者，实以此也。又于今日始知印度、希腊美术入中国及波斯后变化之次第。盖波斯美术亦见于此，如与基督教血战数百年之摩尼教，其文学、美术遗留于突厥斯丹甚众。此外所得如梵文逸书亦甚珍异，而吐番文与中国文书籍，尤示二国政治之关系。吾辈于此项知识不能不深谢斯坦因博士之厚赐也。吾辈今日始知突厥斯丹实为兵事及宗教之大都会。凡蒙古人、突厥人、印度人、希腊人、中国人、波斯人、佛教徒、摩尼教徒、天方教徒，皆错综于此。而沙漠中所保存之文字，凡历史上之难题，深望于此中解释之，其首开此道者，实斯坦因博士也。"

罢奈德词毕，又有爵绅和华兹演说。毕，会长复言曰："余等今日所闻斯坦因博士之讲演，决不及其成绩百分之一，而非久作探检之预备如博士者，亦万不能有此成绩也。有一轶事，聊为诸君陈之。一日，余与斯坦因、赫亭二博士晚饭，余坐二人间。斯博士授余以在罗布淖尔所拾之量地软尺云："此赫亭博士所遣，在沙中六载，一无损伤。"因嘱余授赫氏。赫氏捐于地理学会。于是此二大旅行家之纪念物，足以示大漠之荒凉、干燥者，遂为本会所有矣。余言至二大旅行家，不禁有方人之意。然余于二人何敢有所短长？曩赫亭博士在此室讲演，自谓其旅行为前锋事，此则自道之语。若以前锋作凿空解，则为允矣。至斯坦因博士旅行之事，稍与之异。彼奉印度政府之命以搜访古物，调查风土，其势不能不多人。多人则沙漠中尤多不便，彼有时虽以数人行，然大都用大队橐驼，故斯氏之行，在视其力之所能为者无不为。此实足为一切探检家之标准，而后之欲以探检名家者，不可不用此方法也。彼为探检之准备者，实以数年，决非旷日之举。其测量助手，功亦至巨。余言至此，亦欲踵博士之后，致函于印度之测量师，以表余感谢之意也。印度政府之为此事业尤为难能，然演此剧之主人公，实为斯坦因博士。故余不得不以最深之感谢致诸博士，俟博士事业告竣后，当更有定论。然余深信今日之讲演，实为此室中所未有，更以诸君之名，谢博士今夕之讲演也。"

斯坦因博士又曰："余请以数分时敬谢诸君垂听之雅，并谢麦坚尼君、罢奈德君、和华兹君之过誉。自此会后，余毕业之望愈深，并以所受之奖励，遍谢诸君。"

会散。同日，地理学会所得书翰如下：

赫亭博士来函：

"予虽不能躬听斯坦因博士之讲演，然读其文而大乐之，不能不略书数语，以志余之钦佩。突厥斯丹，今除流沙外殆无他物，然古代之文化，今犹得于其遗物中求之。吾辈今日实生于东方探检之时代也，发明新地之期虽已过去，然探检之事尚未有艾，古物研究已启其端。近数年内所新发现者，如仆华（Bower）所得之写本书，彼得老夫斯克（Petrovsky）、马喀尼（Macartney）、图德留尔（Deutreuil）之书，及予与博士所发见之邓昙乌利（Dendan-uilic）、喀喇屯（Kara-dung）各城，均示古物学之进步。今日英、德、法、俄、美诸国远征队往东方者踵趾相接，然未尝有竞争之事。盖沙漠至广，尽有探检之余地。余深信古代之文化尚多埋于流沙之下也。今日斯坦因、额龙威特尔、莱哥克等所携归者,足使欧洲各国之学问家竭数年之力研究之而不足。余在巴黎闻西那(Senart)及沙畹(Chavanne)氏言,彼等尚未知有毕业之日也。故今日中亚细亚沙漠中实有一新科学或一新史料出,而吾辈就此新学尤不能不深谢斯坦因博士也。

"当千八百九十六年余循克勒底雅河北下至其尽处,又横绝沙漠而抵沙雅尔,余视此行不甚危险,以此河与其伏流常示余以道路故也。斯坦因之行踪适与余反,故夷险迥异,请者一览地图即可知之。盖余于是役直北而进,必达塔里木河。斯坦因之役则非抵克勒底雅河之尽处不可,苟不直此处,则博士与其从者,必为克河东、西沙场之白骨矣。且漠中地图,除余所制外更无他图,使博士而困于是役,余不得辞其责,故乐博士之出险者,世未有过于余者也。又克勒底雅河流十年之间已徙数英里,足证漠中河流转徙无定,此又斯坦因与余所屡言者也。

"博士言,于沙漠中寻得余地图上之楼兰故址,余尤乐之。盖发见此地固非易事。漠中万物皆作浅黄色,积沙似古城,古城似积沙,枯木似遗构,遗构似枯木,虽在目前,不易辨也。余之见此,适有天幸。一岁之后,复据余图,自北再访之。今博士自南方寻获此城,较余尤难数倍。余非古物学家,不能知此城之果为楼兰否,但威士拔屯(Wiesbaden)之喀尔亨利(Karl Hirnly)君研究余所得之汉文遗书者,谓此城为楼兰,余因而名之。斯坦因博士则谓楼兰尚在其南,此城非是。喀尔亨利君逝后,余之所获遗书久束高阁,今拉布梯克大学教授孔拉第(Prof. Conrady)复继其业,余致书询之,则袒喀君之说,谓所获写本书足证其是。今姑记于是,以俟考古家之论定耳。

"博士言,罗布沙漠中诸湖大半不可见,不知诸湖变其位置欤?抑所受塔里木河之水近岁较少欤?博士所制地图与塔里木河之测量想能为余辈解此问题,又可为比较论断之资也。

"博士讲演文中尚有可讨论者,兹不暇及。要之,博士此行不独于古物学上开一新方面,于地理学亦然。沙漠、沙山之构造,风之腐蚀,干燥之结果,川、湖之变迁,与此地古代之开化、民族之迁徙、邦国之澌灭,大有关系,苟舍其一不能解其他。余尤乐博士于罗布沙漠之构造、沙山之积成,均赞成余之旧说也。凡详记一地之风土者,其书至可宝贵,不独以其事实,且使后之探检家能知其变迁之方向。余知博士异日必有大书伟论出,足与余之所观察者相比较也。"

此外尚有数函,以无要语,不译。

2　近日东方古言语学及史学上之发明与其结论[①]

我法国学校之研究中亚细亚事非自今日始。四十年前,法兰西学院之库鲁台氏(M. Pavet de Courteill)翻译拔拔大帝之传,并著东土耳其之字书,始据察哈台、土耳其之文学以研究中亚细亚之事,世之知有中亚细亚自此始也。嗣后,喀洪(Leon Cahun)于苏尔芃大学讲演中亚事,其文颇有光焰,顾类小说家言,非尽实录。然使成吉思汗、帖木耳之事业耸动一世之视听者,喀氏之力为多。至于今日,则此方面之研究,规模愈大,成绩愈多,此由十数年来就此方面之智识愈丰富,其方法愈进步故也。从来考中亚事者仅据典籍,然所据典籍大都他国或后世之物,故扞格颇多。今由古物学与古语学之复兴,所得自较前人为优。当西历千八百八十九年俄国之学术探检队深入蒙古内地,于鄂尔坤河畔(案:即《唐书·地理志》之嗢昆河)得突厥碑文(案:即今外蒙古三音诺颜部哲里梦地方之突厥阙特勤碑、苾伽可汗碑,皆唐玄宗开元时所立也),越五年而丹马之言语家汤姆生(Thomson)始通其读,遂

---

① ［法］伯希和著,王国维于 1919 年译自日本《艺文杂志》所刊日本京都大学教授榊亮三郎译文,初刊于《国学季刊》第 1 卷第 1 期,后收入《观堂译稿》。——编者注

启中亚细亚研究之端。嗣是,俄、英、法、德及日本之学术探检队至中国土耳其斯坦(西人谓新疆省之异名)者相望于道,遂自流沙中发掘史学、文学及算术上贵重之材料不可胜计。此种材料,今后欲尽以科学之方法解释之,必待若干人及若干年之努力。然据一部分所研究者,已足证明历史上一重要之事实,即伊兰语民族("伊兰语"谓居伊兰高原民族之言语,即古代波斯民族语也)之文明及于中亚及远东之影响是也。

……又如经云南、缅甸通印度之路,有山河之险,有野人之厄,且其途昔人所未知也。至于海路,则为马来半岛所隔,道里回远。西历一百六十七年,大秦商人始称奉其王安敦之命,由此道至日南,徼外表贡。然其为交通孔道,稍属后世之事。最初东亚与西亚之交通,舍土耳其斯坦末由矣。

始开此道者,汉武帝之臣博望侯张骞,史家所谓凿空之事业也。当是时,匈奴世为汉患。又居中国西方之大月氏亦为匈奴所逐,遁走天山之北。武帝使骞于大月氏,欲与之共击匈奴,途为匈奴所捕,留十余年,得间西走。当是时,大月氏已为乌孙所破,更西处大夏。大夏者,亚历山大帝部将所建之一王国,希腊文化东照之地也。大月氏逐之妫水(今之阿母河)之南,而自建国于其地。及骞至月氏,月氏既臣大夏而君之,地肥饶,少寇,志安乐,无报匈奴之心,骞竟不能得月氏要领。然大宛、康居、大夏之饶富,遂为汉人所知矣。

当张骞之使大夏也,大月氏之国情已稍稍变化。盖月氏本游牧之民,一旦破大夏居妫水之沃土,却为所征服之民之文明所征服。初受希腊文化之影响,波斯次之,印度又次之。质言之,则其公文之体(如国王之称号等)及神话,取诸古代波斯,美术之形式取诸希腊,佛教得之印度是也。及西历纪元后,佛教与希腊化之佛教美术,渐横断土耳其斯坦而入支那矣。

当佛教及其美术之东行也,实经由中属土耳其斯坦。此地居民今日虽用土耳其语,奉回回教,然回回教者,后世之宗教也,其纪元当西历六百二十二年。而土耳其斯坦人之奉回教,又西历纪元千年后之事也。前此,土耳其人意当奉佛教,然讫无古代佛教之迹。此土之佛教遗迹皆属后代,无在第七、八世纪前者。又,佛教及其美术之自大夏而东入支那且远至日本也,世或以为此土佛教徒之所为,实则不然。伦敦、柏林、巴黎、圣彼得堡图书馆陈列此土所出文书中,不问其为佛教书与否,有为外国所书输入此土者,亦有为此土人所自书者。前者为梵文,为波斯文,为叙里亚文;后者皆前人未知之言语也。此等言语,其后废灭而代以土耳其语。然此种言语实西历纪元一世纪以后千年间此土惯用之言语。用此言语者虽为土耳其人,然以佛教及佛教美术自妫水流域输入支那者则非土耳其人也。

谓土耳其斯坦人民前此曾用他种言语,此出世人意外也。然更有出人意外者,则印度欧罗巴语系(印度欧罗巴语系亦谓之阿利安语系,即梵语、古波斯语、希腊语、拉丁语、峨特语等之总名,皆自同一母语出。其语昔分十种,皆谓此外更无属此系之言语。至新疆诸古文字出,乃知其不然)之比较。言语学既于前世纪之后半大进其步武,世人殆视为已尽此语系之全体矣。然中亚细亚所发见之言语中,又得世所未知之言语三种。此种言语有以印度及小亚细亚之文字书之者,故言语学家一见即能读之。当其初研究也,颇有暗中摸索之感,今日则一切疑惑已云消雾散,始知此三种言语,皆与吾侪日用之言语属于一语系,即属印度欧罗巴语系之言语也。其书文意今尚有难解者,然其数词与名词、动词之变化,与印度欧罗巴语系中之各言语殆无少异也。

此三种言语中之一种,未几即知为古粟特语(粟特,我国诸史均以为在康居西北,然西人呼古康国一带之地为粟额地那,萨马尔罕其首都也)。是可由西历纪元后第九世纪阿剌伯人阿尔皮尼(Aldirouni)之著书证之。粟特语者实妫水流域康居、大夏之古代语,其性质属于伊兰语系,又与葱岭一带之言语相似。其一二断篇,普鲁士学士会员牡列尔(Muller)及安特利亚(Andraeas)二氏曾研究之,但精确之研究,必待同文异译之他言语之助。幸余所得之粟特文佛经一短篇,其后发见汉文与西藏文之同经异译,余友哥地奥(Robert Gauthiot)因之得通粟特文之读矣。

其余二种言语,他名颇难。斯得拉斯堡大学教授洛以曼氏(Leumann)曾研究之,以未有正名,假名之曰"第一言语""第二言语"。然洛氏所谓第一言语者,未几即发见为吐火罗国语。吐火罗国之名见于支地及印度典籍，希腊地理学家亦知之。其名今日专用于学问家之间，然其名称当否，今尚难定也。

吐火罗语中有二种方言，西额（Sieg）及西额林（Siegling）二氏皆能辨之。今日土耳其斯坦所出吐火罗文佛教书甚多，中亦有来自本国者。此语不属印度语系，又不属波斯语系，而自成一语系，乃印度欧罗巴语系中迄今未尝见之一系也。余所得之吐火罗文，今由西畹莱维（Sylvan Levi）、美以爱（Meillet）二君研究之，出版之日不远矣。

今日所不能知者，惟一种语耳。此种语，各国学者皆承洛以曼氏之后，呼之曰"第二言语"。此本假定之名，但今日我法国学者已不必效他国学者袭用此名，而得指明为某地之国语矣。伦敦、巴黎之所藏，有以两种言语记一事者，据此定之，此语亦与粟特语同属伊兰语系，惟比之同系中之他言语，则文法之构造颇离原始之形，然其为伊兰语之一系则不容疑。余始名之曰东伊兰语。今由地理及此等言语出土之处观之，则吐火罗语大都行于土鲁番及库车一带，此皆塔里木河以北之地也。东伊兰语则行塔里木河以南，东自敦煌，西至于阗，皆用之。此说固未为定论，但其分配大略如此耳。至粟特语则范围更广，斯坦因（Stein）博士曾于罗布淖尔旁之古墟掘得一文书，乃西历纪元后第一世纪所作，记贸易之事，哥地奥氏定为粟特国古语。又有一纸，记西历第七世纪之初，康国人有自飒末建（今之萨马尔干）来建殖民地于天山南路之衢者，巴黎写本中并记此移民经百年后尚为一自治团体。且余之所得之粟特文中有书于唐之都城长安者，又当第九世纪和林所建之回鹘可汗碑，汉文之外，亦记以粟特语，牡列尔氏始改定之。然则粟特语之行较他二种语为尤远，盖康居之民习商贾之业，逐什一之利，常往来中亚及东亚之各都市，故其言语自汉迄唐遂为中亚细亚之通用语，犹纪元后十三世纪同系之波斯语为中亚及东亚之通用语也。然言语固非人种之标识，仅由言语以定土耳其斯坦之种族固自不能。今此土之民族固全为土耳其族，然古书所记固有不然者。塔里木河以北之居民，史家往往有碧眼金髪之目，今日甘肃西部之南山中，此种人亦时或遇之。又喀什噶尔及俄属土耳其斯坦地方其男子往往隆准而虬髯，颇令人疑为波斯人之苗裔。且天山南北雨泽极稀,故凿渠引水及灌溉之法至为进步,如土鲁番之地下水道,决不能视为土耳其人所发明,吾人惟于波斯见之。俄之旅行家奇尔琴梅录(Groum Grjimailo)曾就此种问题搜集材料,虽多武断之说,然可视为此研究之先驱者也。

今反而论支那之佛教,则知介绍佛教及其美术于中国者,舍伊兰民族末由矣。故支那佛教于教义上自不得不受介绍者之影响。至其受影响之程度,今日尚未易言之,兹姑举其一例。如支那汉代翻经之名僧安世高,居洛阳二十余年,所出经典不少,其人实生于伊兰民族中,而安息王之世子也,当时西域贾胡尚称之曰安侯。自是迄于魏晋之间,支那之翻经僧或出康居,或出大月氏,或出波斯,大抵生于伊兰族中,而自印度来者寥寥。故支那佛教之教义中,例如有无量光义之阿弥陀罗佛并西方极乐净土之说,非视为伊兰民族之思想殆不可也。又支那佛教中之某种书殆出东来之伊兰人手,但证据未备,尚未能断言。今所得断定者,支那佛教中之人名、地名及学语之音译,非假定为经伊兰语之介绍,殆不能帮助之是也。自晋以后,支那与印度渐开直接交通之路,印度人既多由海道赴支那,而法显、惠生、玄奘、义净之徒,遂身履佛土,瞻礼佛陀之灵迹,其于内典亦直接就梵本攻究翻译之。然佛教初期之经典,固无一不经伊兰民族之手也。

然伊兰人在东方之事业,不独于佛教而已,其于他宗教亦然。当西历纪元第七世纪以前,支那数百年间罹分崩之祸,至第七世纪而唐太宗起而统一之。前此东西交通之路因乱梗塞者,至此复开,于是三大外教相踵而入支那,即景教、摩尼教、祆教是也。景教入中国情形,具于西安之唐景教流行中国碑,此碑以汉文、叙利亚文记之,碑记西历六百三十五年景教之僧阿罗本始来长安,并述此后百五十年间彼教之事。其碑发见于西历千六百二十五年,迄今考订之者甚多,然尚不可谓无余蕴。余于敦煌复发见一小卷,题曰《景教三威蒙度赞》。此于西历第八世纪译如汉文,经末所附景教经目,尤贵重之材料也。景教徒仪轨上之用语,虽为叙利亚语而非伊兰语,然其教侣中不乏伊兰民族。景教碑中所记僧侣如曜原、仁惠二人,其见于叙利亚文者,名为 Mahdad Gusnasp 及 Muhadab,皆伊兰民族之名。又建碑之长老则吐火罗故地缚喝之人,即自大夏出者也。又撰此碑之景净,曾助《大乘理趣六波罗蜜经》之翻译[案:《贞元新定释教目录》卷十七《般若三藏续翻译经记》云,神策正将罗好心(般若舅氏之子)既信重三宝,请译佛经,乃与大秦寺波斯僧景净,依胡本《六波罗蜜多经》译成七卷,时为般若,不闲胡语,复未解唐言,景净不识梵文,复未明释教,虽称传译,未获半珠,图窃虚名,非为福利。录表闻奏,意望流行。圣上浚哲文明,尤恭释典,察其所译,理昧词疏,且夫释氏迦蓝,大秦僧寺,居止既别,行法全乖,景净应传弥尸诃教,沙门释子,宏阐佛经,欲使教法区分,人无滥涉,正邪异类,泾渭殊流云云]。此事日本东京大学教授高楠顺次郎始表章之。彼《录》称景净不识梵文,则所译之书定非梵本。又佛经从无用叙利亚文者,则其所译之本必为伊兰系语矣。景净于其宗教仪轨上用叙利亚语而能通伊兰系语,当亦伊兰语族之人也。当是时,支那佛经皆直译梵本,不复信重译之经,故景净译本为佛教徒所斥,遂不复行。

景教于中亚细亚久维持其势力,至蒙古时代且有复兴之象,此马哥保罗之所证言也。其于支那,则西历第十世纪以后已靡有孑遗。其时有阿白尔法拉瞿(Aboul Faradj)者,于拔额达特地方著《基督教史》,其言曰,"余于回教纪元三百七十七年(西历九百八十七年)在景教徒专住界内遇一基督教僧,名曰那俱兰(Najran)。此僧于七年前奉教主之命,偕同侣五人东往支那,整理景教之事务。其人齿壮而性和,又颇慎默,非问不答。余问以行旅中所见闻,彼谓支那之基督教已尽灭,寺院已尽废,故亟归"云。

祆教与摩尼教与景教同时入中国,此二教实伊兰民族之宗教也。祆教即支那所谓火祆教,乃波斯之古代国教。其于极东传教亘二百年,唐代特设萨宝府一官以掌之(案:《隋书·百官志》已有萨宝府官,伯君举其大略耳)。不幸支那祆教之史料大半散佚,惟西历第七世纪所撰之《沙洲图经》明纪敦煌城内有祆神祠云。

至支那摩尼教之史料,则比祆教为多。此教乃西历第三世纪波斯人摩尼(Mani)之所创。观其教祖之事迹,知此教必有浩瀚之经典。夫多空想者,东洋人种之通性也。此教以巴比伦古教为根本,参酌基督教、祆教,更加以东洋思想浓厚之色彩,而所唱之二元论,尤为其特色。即谓善、恶二元,永远对立,一为光明之源,一为黑暗之源。顾此教所至,往往被放逐,亦往往留其遗迹。如基督教之高僧文集中攻击摩尼教之文颇多,圣奥额斯丁(Augustin)其最著也。十数年来,吾侪又于中亚细亚多得摩尼教书,其书大抵为波斯原文,故此教之真相,较他教为明白。此教虽生于伊兰高原,然始为祆教所驱逐,继为回教所迫害,乃去其祖国,于西历第七世纪,逃于远东,保其残喘。至第八世纪,遂使一称雄东亚之突厥种族全奉摩尼教,此种族即回纥是也。突厥种族自古未尝窥西域,逮摩尼教东向之际,此种族已舍其游牧之地而南下征服中属土耳其斯坦,并入俄属土耳其斯坦。由是,安居乐业之中亚细亚民族遭一大变故,突厥人乃尽征服之而建国于此。其建国后受所征服之民之影响固不待言,然以政治上占势力,故使所征服之民族用彼等之言语,于是从来所行之吐火罗语、东伊兰语,遂为突厥语所驱逐。至西历第十世纪之末,土耳其斯坦全土之用语惟突厥语而已(今日之土耳其语)。当是时,唐室亦渐衰,外有吐蕃新建帝国与之抗衡,遂失属地一部之宗主权,内则变乱相继。于是突厥族中之回纥族日以强大,动辄干涉支那之内政,支那君臣相阅,恒视回纥可汗之向背以为胜负。此时摩尼教徒竟笼络回纥之王公,人民尽奉其教,其手腕诚有可惊者。然尔时摩尼教徒之在西方者其境遇颇恶。据阿白尔法拉瞿所著书,凡回教传布之处,摩尼教徒为之锐减。如拔额达特本有摩尼教徒三百人,至第十世纪仅存五人。又言彼世纪之初有摩尼教徒五百人,会于飒末建公传其教,呼罗珊侯恶而欲杀之。支那王使人谓侯曰,我国内之回教徒其数多于汝国之摩尼教徒远甚,汝若杀余同教一人者,余当屠国内之回回教徒。于是呼罗珊侯不敢杀,但课以丁税云云。按阿氏所谓支那王,实回纥可汗,非大唐皇帝也。然则摩尼教于本国受迫害,却受东方回纥可汗之保护,而回纥不但自奉摩尼教,且进而保护波斯之同教徒,故摩尼教实回纥之国教也。此事支那之正史、和林之断碑、阿剌伯之史料,其说全同。

以上事实征之中亚细亚之发掘品,更为明白。回纥种族舍其游牧生活而为居国也,在今土鲁番一带之地。额伦威台尔(Grunwedel)及莱哥克(Le Coq)二氏曾于其地发掘中世波斯语、粟特语并突厥语之文书,皆摩尼教经典之断片也。自言语学上观之，其一部之中世波斯语乃今世所已亡；自宗教学上观之，摩尼教原文之经典，亦自古所未见也。往时基督教高僧所见摩尼教经典皆小亚细亚诸国文之译本，欧人得见伊兰语之原书，实自今始。支那宋代之使臣王延德，记西州地方有波斯寺院，足证摩尼教之在土鲁番者，当西历第十世纪，其势力尚未衰。然回纥族本不过突厥中之一部，即回纥族中亦有奉佛教者。窃意蒙古未兴之前，摩尼教已为佛教所侵略，终至沦亡，然此教于突厥之佛教中犹留其遗迹，虽土耳其斯坦全土归依回教后，尚窜入蒙古人所奉之剌麻教中。印度佛教中之二神梵天、帝释，于突厥及蒙古民族中冒阿士鲁亚（Azrua）及奥姆士特（Ormuzd）二神之名，二者皆伊兰语之神名也，蒙古佛教之有此二神，即摩尼教留于中亚细亚最后之遗物也。

至此教之入支那，远不如其在回纥之盛，然亦久而不衰。支那史乘不多记此教事，然今日颇有新出之材料。余在敦煌所得汉籍中有摩尼经断片。又北京图书馆所藏者，其文更为重要，沙畹（Chavannes）教授与余已翻译之。从来所得之摩尼教经皆不能比其美富，其所说之宇宙论及神祇学尤为完备，足据之以解释他种文字之摩尼经典。又考支那之摩尼教，与祆教、景教情状不同，直至纪元后十三世纪尚维持其地位，且有进步之势。嗣后，又冒光明教之名，全化为支那之风，兼染佛教之色彩，其经典当宋时又收入《道藏》中。又宋儒所唱之理、欲二元论，亦或与摩尼教相关。当西历十三世纪，佛教中有一书（案：此书指吴克己及僧宗鉴所作《释门正统》，乃宋理宗时作，《志磐佛祖统记》中屡引之），专驳佛教别派之白莲社及白云宗，并及摩尼教，盖其时摩尼教又仿白莲、白云二派之风，成一种秘密结社，国家视为有害，遂加禁止。至西历十世纪所编纂之《大明律》，严禁明尊教。此明尊教，实摩尼教之异名，征之宋人所记异教事，固无容疑也。明律之文，后人入《大清律》，更由《大清律》入《安南律》，现法属印度支那之法庭，尚用安南旧律。故二十世纪之法国政府，于法文上尚禁极东之摩尼教，却与中世政府无异。实则法国官吏不知有此法文，又安南自古迄今未有摩尼教，固不待论也。

伊兰民族之于东方美术上之功绩亦颇不少。支那屡经变乱,故古寺院之画、塑像荡然无存,日本则所存者尚多,颇可见伊兰民族之色彩。又斯坦因博士在罗布淖尔南故墟及余在敦煌所搜集之图画中,颇有足示其源出于波斯者。又库车西北洞窟之回廊应用彼珊丁式穹门,亦其一例也。此外如刺绣、织物等亦有足研究者,但为日尚浅,尚未得明晰之结论耳。

次当述伊兰民族之对回教之事业。回回教之入土耳其斯坦也,实一变其民族之生活状态,然尚未能绝西方亚细亚与远东之关系。当西历第七世纪中叶,波斯王家为大食所灭,其遗胄卑路斯奔唐,于是回回教由波斯侵入中亚细亚。始化葱岭之西,经数百年,遂逾葱岭而风靡天山南路并支那西方之大部分。然回教东行之历史甚为蒙晦。支那史家记摩尼教事稍多,记回教事独少,至西历十三、十四两世纪即蒙古全盛时代,其文书虽屡记回回教事,然无由推其究极之势力。又回回教无古碑碣,故回教传布之历史尚未能详述。余所欲言者,但举一二事例,以证近代波斯之回教文明居东西交通之衢,而为外交、商业、宗教、科学之介绍者,恰如古代波斯之佛教文明于远古作东西交通之介绍者也。

当西历十三世纪之初,蒙古成吉思汗以不世之天才统一全亚并欧洲之东部,混合一切民族。其后数世间,蒙古大汗所都之和林,万国衣冠咸会于此,各国之使臣与诸教之主教项背相望。据法兰西斯派教士维廉(Guillaume de Rubrouck)所记(维廉以一千二百五十三年当元宪宗蒙哥之世,奉法王路易第九之命使于和林。其复命书,于千六百三十四年白耳义伦译为法文),一日,儒、释、道、回回、基督五教抗论于大汗之前。大汗以宽容之态解之曰:"此五教如手之五指,不可阙一。"支那文书中亦有相似之记事。此不独对于宗教为然,各国工匠,亦多居和林之肆。维廉之书又记于和林遇匠人婆珊(Boucher)。婆珊者,巴黎之金银匠,以事留塞尔维亚之都,与诺曼地僧正之侄,同为元师所捕送致和林者也。又法国蔑士有一幼女,亦被俘虏至和林,为蒙古某公主之侍婢。故和林之地,各种族杂居,意必有一种通用语,此通用语疑即波斯语也。观马哥保罗之书,其证颇不少。马哥留支那且二十年,然不解支那语,又于蒙古语所知亦甚少。书中记北京之芦沟桥,名之曰保尔珊琴(Poul-i-sengin)，此波斯语"石桥"之义也。又呼云南人为察唐唐(Zardandan)，亦波斯语"金齿"之义。云南人好以金镀齿，支那人夙呼之曰"金齿"，此波斯"察唐唐"一语之所由来也。

支那之回教碑文最古者在山东曲阜，此西历十四世纪初所立，不过二石柱，上刻波斯文数行耳。又据赫以达尔(Mirza Haidar)书谓西藏有元代碑碣，刻汉、藏、波斯三体文字。又十三世纪末北京所制青铜天文器械，在蒙古史中，此器械各部分之名称皆以彼斯语记之。且支那今日尚呼回回教之僧曰"阿浑"(Akhound)，蒙古史中呼之曰"达尼休曼"(Danichmand)，皆波斯语。又明代会同馆所编之《四夷语》，其中有"回回语"一目，盖谓回回教徒所用语，迄今考之，则并非阿剌伯语，而为波斯语也。

由是观之，伊兰系之言语为回教流传之介绍者，与第一世纪以后此系语为佛教之介绍者无以异也。欲证此说，固不能不列举其事例，然此种事例尚散无伦纪，不能成一系统，故未达论定之日。今日所能断者，支那与印度佛教，又其他宗教之关系，非面相授受，又非经土耳其人之介绍，实因伊兰人民屡活动于中亚细亚为东、西之驿骑，此今后之学界所不能不承认者也。

法国法兰西学院教授伯希和博士，世界东方语学、文学并史学大家也。一千九百十一年冬，博士就学院中亚细亚语史学教授之职。开讲之日，实首说是篇，实举近年东方语学、文学、史学研究之成绩而以一篇括之。次年八月，日本京都大学教授榊博士亮三郎译为日文，刊之《艺文杂志》，余读而善之。当光、宣之际，余遇博士于京师，以为博士优于中学而已；比读此篇，乃知博士于亚洲诸国古今语无不深造。如敦煌以西迄于于阗古代所用之东伊兰语，即博士之所发见及创通者也。博士所获之中国古籍，吾友上虞罗参事既印行其大半，世当无不知博士名者。既而欧洲战事起，博士从军达达尼斯海峡，既而复有事西伯利亚，今春凯还过沪，遇参事剧谈，凡我辈所著新印之书，无不能举其名及其大略者。军旅之中其笃学如此。呜呼！博士之所以成就其学业者岂偶然哉！今博士复归就教授之职，将来贡献于世界及东方学术者，或更相倍蓰于此。然博士就职演说迄今虽经八年，我国人士殆未有见者，故为重译，以饷学者。榊博士，日本梵语学大家，亦与余雅故。今别博士四载，则伯君且十年矣。译竟，乃记其缘起，并祝两博士之平安。己未孟秋，国维记。

3　室韦考[①]

室韦者，后魏所闻之部族。此部族之位置，得由《魏书·失韦传》所记自和龙至失韦之行程推之。其文曰："路出和龙北千余里，入契丹国。又北行十日至啜水。又北行三日有盖水。又北行三日有犊了山，其山高大，周围三百余里。又北行三日有大水，名屈利。又北行三日至刃水。又北行五日到其国。有大水从北来，广四里余，名捺水。"文中"路出和龙北千余里，入契丹国"云云，殊非事实。据《魏书·契丹传》，其部落在和龙北数百里，则其南境与和龙之距离，不过二三百里耳。《隋书·契丹传》云："契丹在辽西正北二百里。"又《魏书·勿吉传》记至勿吉之行程，以和龙北二百里善玉山为起点，盖契丹之南境也，然则云自善玉山与云入契丹境，事实略同，二者皆以离魏领土之日为北方旅行之起点也。则自入契丹国至失韦凡二十七程，其行路迄太鲁水附近，与赴勿吉之道路同。然赴勿吉时，自善玉山二十日到如洛瑰水，又十五日到太鲁水，盖旅行之迟速，时或不同。假令往失韦者以往勿吉者二倍之速度旅行，则自契丹南境至太鲁水只需十七八日（以地图参照之，次日数几为最速度）。若所剩之十日许亦以此

---

① ［日］津田左右吉著，王国维于 1927 年译自日本东京文科大学《满洲朝鲜历史地理研究报告》，后收入《观堂译稿》。——编者注

速度进行,则失韦殆当今之齐齐哈尔附近乎? 如是,则其国中自北来之捺水即今之嫩江。嫩江,魏时谓之难河,唐称那河,捺水之名与之相会也。隋之南室韦盖与魏之失韦为同一部族,而分为二十五部落,则以失韦之名朝贡于魏者,当为其中主要之部落。其同族散在嫩江及其支河之流域,亦得以失韦之名摄之者也。但啜水、盖水、屈利水、刃水为今何水,今不可考。又此行程中必经过如洛瑰水(西喇木伦)及太鲁水(洮儿河),而其名不见,殊为可怪。或谓啜水即西喇木伦,屈利水即洮儿河上流之归勒尔河。案:自契丹南境十日而至潢河,又九日而至洮儿河之上流,亦与地理上实际合(此啜水与《旧唐书》之啜河异,后当论之)。余初见亦如此,后见白鸟博士之新研究,从言语上解释,啜水即今西喇木伦,犊了山即今桃赖图,屈利水乃甸利水之误,即今洮儿河,然后积疑冰释,并自喜初见之不甚误也。

魏之失韦在今齐齐哈尔附近,又得由《魏书》所载失韦与他国地理上之关系知之。《失韦传》云:"在勿吉北千里。"《地豆于传》云:"地豆于国在失韦西千余里。"案:勿吉在速末水(北流松花江)附近,则嫩江流域正在其北。"千里"云云,但举大数,固不必过泥,然予前考勿吉之根据在石头城子附近,则其与齐齐哈尔附近之距离谓之千里,盖无大差。地豆于之住地,据《东胡民族考》谓以今东蒙古之巴林部为中心,而东北包有阿尔科沁部、札鲁特部。又谓,《魏书》云"在失韦西"当解为西南,则谓失韦在嫩江流域固无抵牾,且与地豆于千里之距离亦略相当也。

次所当考者,隋代之室韦也。《隋书·室韦传》云:"室韦,契丹之类也,其南为契丹,在北者号室韦,分为五部,不相总一,所谓南室韦、北室韦、钵室韦、深末怛室韦、大室韦(中略)。南室韦在契丹北三千里,土地卑湿。至夏则移向西北贷勃、欠对二山(中略),渐分为二十五部。南室韦北行十一日至北室韦,分为九部落,绕吐纥山而居(中略)。又北行千里,至钵室韦,依胡布山而住(中略)。从钵室韦西南四日行,至深末怛室韦。因水为号也(中略)。又西北数千里,至大室韦。"案:魏时所谓失韦在嫩江流域,其内有许多小邑落,合而成一大部族。而隋时室韦之称更适用于广泛之区域,殆为若干部族之总称。然隋人之知室韦,盖闻之于其部族之来朝贡者。而隋时来朝贡之室韦,当不外自东魏、北齐以来仍世入贡者,盖与《魏书》之失韦同是嫩江流域之部族也。此室韦未知当隋时五部中之何部,然自嫩江流域直接契丹之北考之,盖南室韦也(《隋书》云"去契丹北三千里",失之夸大)。隋人以室韦为契丹同族,盖以其所知之室韦地与契丹近,且其风俗亦相似,则其为南室韦愈无疑也。《隋书》于《本传》末云:"北室韦时遣使贡献,余无至者。"北室韦殆南室韦之误欤? 果然,则《隋书》四部室韦之记事,皆自南室韦人闻之者也。就中如钵室韦及大室韦,亦闻于唐代。其位置由《唐书》之记载稍知之。如大室韦殆与南室韦民族相异,其称室韦甚为可疑。疑总称此等诸部为室韦者,出于南室韦人之附会,非其所自称,惟南室韦人乃真室韦耳。而室韦人何以如此附会? 盖欲以自己部族之广大夸示隋人耳。

次唐代之室韦。《旧唐书·室韦传》记其范围曰:"东至黑水靺鞨,西至突厥,南接契丹,北至于海。"观其所记诸部族之名称及位置,则适用室韦之名之区域较隋代尤广。然则自魏以来朝贡中国之部族至唐如何? 余谓唐时单称室韦而不冠以某部族名者,即此部族也。据《册府元龟》卷九七九,室韦自贞观至会昌朝贡不绝,大都单称室韦,不冠以何部族。惟开元十九年,有领西室韦;天宝四载、六载、七载、九载,有黄头室韦;又天宝七载,有和解室韦、赂丹室韦、如者室韦朝贡。然则唐时室韦有冠以部族名者,有单称室韦者。其单称室韦者,即自魏、隋以来朝贡之部族,居于嫩江流域者也。则唐时室韦之本部,依然自后魏以来居于嫩江流域者也(以下自便宜上称为室韦本部)。此见解自白鸟博士之《猞猁河新说》得其确证。案《旧书》本传云:"室韦,契丹之别类也,居猞猁河北。"博士谓猞猁河即绰尔河,则其北即齐齐哈尔附近。唐时单称室韦者,即居此地之部族也。但居此地之部族即隋之南室韦,本含若干部落,其自后魏以来世世入贡者依然用室韦之名入贡,而其邻近之部落其初亦必同称室韦,后渐强盛,乃别称某某室韦,如领西室韦、黄头室韦等是也。

然唐时称室韦之部族殊不止此,此等部族中如西室韦、大室韦、蒙兀室韦等,皆在望建河(《新书》作"室建河",今额尔古讷河)流域,此《东胡民族考》

之所已考定也。又本传谓乌素固部落在俱轮泊（今呼伦泊）之西南，则所谓室韦兼包兴安岭西诸部族明矣。此诸部族自后世之状态推测之，皆属蒙古民族。特如"蒙兀"之名乃蒙古之初见载籍者，其与后魏以来所谓室韦非同一民族可知也。然则总此异地、异种之部族而概以"室韦"之名称之，果何故乎？余谓此亦如隋代之室韦出于朝贡之室韦本部人所拟称也。《新书·地理志》引贾耽《道里记》云："有俱轮泊，泊之四面皆室韦。"此又自他记录中引用者也（《道里记》乃综合种种记录编纂者，当别论之）。又如"乌罗护"即后魏之"乌洛侯"，《旧唐书》乌罗浑国别自有传，而《室韦传》则以为室韦之一部族，可知《旧书》室韦之中有非室韦之部族在。且契丹人所知之室韦，不过单称室韦者，及其同族之黄头室韦二三种。然则北方民族间所称为室韦之范围，亦略可识矣。

室韦本部外，诸部族朝贡于唐者，称某某室韦，如《册府元龟》所记四五部。此殆朝贡者之所自称欤（乌罗浑于贞观六年朝贡，见于《旧唐书》本传及《册府元龟》。又乌丸于武德、贞观中入贡，见于《室韦传》。此等使节想不自称室韦）？考此等部族之位置，本传云："今室韦最西与回纥接界者，乌素固部落，当俱轮泊之西南。次东有移塞没部落。次东又有塞曷支部落，此部落有良马，人户亦多，居啜河之南，其河彼俗谓之燕支河。次又有和解部落，次东又有乌罗护部落，又有那礼部落。又东北有山北室韦，又北有小如者室韦，又北有婆萵室韦，东又有岭西室韦。又东南至黄头室韦，此部落兵强，人户亦多，东北与达姤接。岭西室韦北又有讷北支室韦，此部落较小。"文中自乌素固部落、讫那礼部落，皆自西而东数之，每节上冠以"次"字，山北室韦以下则不用"部落"字而用"室韦"字，与前不同，则山北室韦以下之记事，与那礼部落以上之记事，非从同种史料出。然则其所示之方位以何处为基点乎？余意唐人此种知识自来朝之室韦本部使者闻之，因之其方位之基点亦在此本部也。而室韦本部在今齐齐哈尔附近，故在其东之岭西室韦，当在瑚裕尔河附近，而在其东南之黄头室韦当散布于嫩江之下流域也（黄头室韦在嫩江之下流域，得从《辽史》证明之）。而自此等住地考之，此二室韦乃在《隋书》所谓南室韦中，亦自后魏以来所谓室韦之一部也。若和解室韦，据白鸟博士之新研究,当在喀尔喀河之发源地,或洮儿河上流地。《旧唐书》本传及《册府元龟》并云:"贞元八年,室韦都督和解热素来朝。"如此"和解"为和解部落,则自其单称室韦观之,殆亦室韦本部中之一部,又此部在兴安岭之东无疑也。又如者室韦在山北室韦之北,去室韦本部稍远,赂丹室韦即《旧书》之落俎(《新书》作"落坦")室韦,在兴安岭西北。此二室韦果自称室韦否乎?颇为可疑。恐彼等与室韦人偕来,故唐人视为室韦之同族也。又朝贡于唐者只此四五部族,则唐人关于他部族之知识,必自此等使节闻之也。至蒙兀室韦、大室韦、西室韦及俱轮泊方面之部族,则历史上毫不见有朝贡之行迹云(开元、天宝间黄头室韦朝贡亦非无故。时黑水靺鞨及在东流松花江南岸之铁利、越喜、拂涅等族相率朝贡,而黄头室韦与此等部族相近,故受其影响,若如者、赂丹,其地亦与唐远隔,然与室韦常有交通,或因某事间接受其引诱也)。

由是观之,本传所云"我唐有九部焉,所谓岭西室韦、山北室韦、黄头室韦、大如者室韦、小如者室韦、婆莴室韦、讷北室韦、骆驼室韦,并在柳城郡之东北。近者三千五百里,远者六千二百里",以上诸部族中无与室韦本部相当者,唐人于此九部之名称,必自室韦本部之贡使闻知记录者。故实际上有八部,而遗漏报告者自身之部族也。前所引用山北室韦至讷北支室韦一段,其名称略同,其方位以室韦本部为基点已详前节矣。此九部皆在室韦本部之东、东南、东北,其记述以本部为中心。然本传之文亦有从他种史料采入者。如云:"乌罗护之东北二百余里,那河之北有古乌丸之遗人,今亦自称乌丸国。武德、贞观中,亦遣使来朝贡。其北大山之北有大室韦部落,其部落傍望建河居。其河源出突厥东北界俱轮泊,屈曲东流,经西室韦界,又东经大室韦界,又东经蒙兀室韦之北、落俎室韦之南,又东流,与那河、忽汗河合,又东经南黑水靺鞨之北、北黑水靺鞨之南,东流注于海。乌丸东南三百里,又有东室韦部落,在猛越河之北。其河东南流,与那河合。"此一节以兴安岭为中心,列举其东、西之部族概在室韦本部之西。自此事实与其称猛越河北之部落为东室韦观之,此一节盖得之于室韦本部中稍西之部族(例如和解室韦),又独以山河之形势示部族之位置,可知其与前记诸节非出一源。要之,《旧唐书·室韦传》出自种种史料,史臣或列记之,或综合之,故就猋越河北室韦之中心部族,或单谓之室韦,或谓之东室韦,又或视为室韦中之一部族,又或视为广义之室韦之总称(如传首所记四至)。今将传文分析之,则自本传之首至"自此朝贡不绝"出于一种史料;次室韦九部一节、乌固素部落至那礼部落一节、说山北室韦至讷北支室韦方位一节、记乌桓至东室韦之位置一节,各自特别史料出。最后记朝贡年次一段,又出于他记录者也。

关唐代室韦之主要问题,得由前说释之。兹不可不一考者,那河是也。《旧唐书》本传云:"乌罗护之东北二百余里,那河之北有古乌丸之遗人,亦自称乌丸国。"此乌丸之北有大山,其北有大室韦,大室韦在发源俱轮泊之望建河畔。案:俱轮泊即今呼伦泊,望建河今额尔古讷河,大山今兴安岭,则近岭南乌丸住地之那河为金嫩江无疑。且《魏书·勿吉传》之"难水"与《失韦传》之"捺水"既并为嫩江,则谓唐代之那河为嫩江,亦事理之当然也。但本传记望建河之下流曰:"东流与那河、忽汗河合,又东经南黑水靺鞨之北、北黑水靺鞨之南,东流注于海。"此那河自河水之实状言之,似指黑龙江。然《旧书》此种记事固不能无误,故余曩谓那河有二:一指嫩江,一指黑龙江。后见白鸟博士之新研究,始悟其误。博士谓指望建河之下流为那河,乃因缺乏地理知识所生之误解,其实那河并谓嫩江也。盖唐人于兴安岭北之部族及地理皆闻之于室韦本部之贡使,非直接闻之于土人,而住嫩江方面之室韦本部人,因乏望建河方面地理上之知识,因之生望建河下流为那河之误解,固其所也。但兹尚有一疑问,即唐时所谓那河,似兼包嫩江、松花江合流后(即余所谓"东流松花江")之一部分,此问题与《旧书·室韦传》及《新书》所记达末娄、达姤之位置有系,兹略述鄙见如下。

《新唐书》二二零记达姤事云:"达姤,室韦种也,在那河阴,涷末河之东,西接黄头室韦,东北距达末娄。"涷末河者,北流松花江之古名"涑末河"之误,故若视那河讫于嫩江、松花江合流处而不含东流松花江之一部,则其所谓"那河之阴,涷末河之东"者,其语全无意味也。又记达末娄云:"达末娄自言北扶余之裔,高丽灭其国,遗人渡那河,因居之。或曰他漏河,东北流入黑水。"北扶余传说之为实录否,今姑不论。但自扶余渡那河因居之,则所居必那河北岸也。今若解那河为今之嫩江,则达末娄所居,当在居涑末河东之达姤之西北,与所云在其东北者不合,且嫩江之下流域乃黄头室韦之地,达末娄亦不得居此(或曰他漏河一句似与嫩江下流说合,然此乃采他种史料附记者,非特为达末娄言之也)。由此观之,则辽时所谓达庐古部族住居松花江、拉林河之间者,得非唐时所谓达姤乎? 果然,则那河当谓东流松花江之某部分也。盖那河本谓今之嫩江,嫩江下流与他漏河合流,故互受通称。又那河之名,亦并施之于嫩江合流之东流松花江某部分,亦不足怪。盖本、支流之区别本非一定。如黑水本指黑龙江,然唐时三姓以下之松花江亦有此称,盖黑龙江畔之靺鞨人,以其名加之于其同族所住之松花江,此亦一旁证也,又《旧书》记望建河之下流曰:"东流与那河、忽汗河合。"若解那河为嫩江,此语实不可通。又以那河、忽汗河连言,殆指二河合流后言之,若然,则那河之称岂非兼指东流松花江乎? 果如此解,则所谓达姤在那河阴、涑末河东者,谓在北流松花江之东,东流松花江之南,此最适于实际之地理也。又黄头室韦,时居嫩江下流,其地在达姤西,故云"西接黄头室韦"。《旧书·室韦传》云"达姤在黄头室韦东北",则达末娄当更在其东北,与《新书》所云"达末娄居那河(此谓东流松花江)北"者不合。则"东北"盖"东南"之误也。然则达末娄居东流松花江北岸,盖在今哈尔滨对岸附近也。达末娄即后魏之豆莫娄。《魏书·豆莫娄传》云:"在勿吉国北千里(中略),在失韦之东。"略与此臆说合。但云"东至于海,方二千里",则记事失之茫漠。盖后魏人所知东北之民族止此,《唐书》言"室韦北至于海"亦如此耳。但《新书》云"达姤,室韦种也",《旧书·室韦传》中亦举此部族之名,今置之靺鞨部族所住东流松花江之南,似为可疑。然如那河阴、涑末河东明确之界至又与黄头室韦、达末娄地理上之关系合,故此位置殆无挟疑之余地。而室韦之名,唐时广施之于种种异部族,如达姤亦其一例。细观《旧书》之记事,唐人对达姤之知识,自室韦人得之,否则此部族或曾与邻近之室韦同朝贡,故唐人视为室韦种耳。达姤即达卢古,为女真之一派,得由《辽史》知之。

4　辽代乌古敌烈考①

乌古、敌烈二部,《辽史》常并称之。乌古之异译为乌骨里、于骨里、乌虎里、于厥里、妪厥律、于厥、羽厥等;敌烈之异译为敌烈德、敌烈得、迪烈得、迭烈德、迪烈底及迪烈等。此中乌骨里、于厥里等乃其本名,乌古、于厥等则省其语尾。又敌烈德云云者,敌烈之复称也。

所以知乌古、于厥为一部者,缘《辽史·圣宗纪》太平十一年有"于厥、迪烈部详稳",而他处作"乌古、迪烈都详稳",又作"乌古、迪烈得都详稳"。又开泰四年记"四月壬辰,耶律世良讨乌古,破之。甲戌,遣使赏有功将校。世良讨迪烈得至清泥埚。时于厥既平,朝廷议内徙其众",文中"于厥既平"一语与上文"讨乌古,破之"一语相应。次于厥与于骨里同。《太祖纪》:"七年六月壬辰,获逆党雅里,生蘸之铜河南轨下。放所俘还,多为于骨里所掠。上怒,引轻骑驰击(中略)。尽获其众并掠者(中略)。于厥掠生口者三十余人,亦俾赎其罪,放归本部。"上言"于骨里",下言"于厥",知为一部也。又《金史·太宗纪》天会二年书"乌虎里、迪烈底两部来降",次年又见乌虎里、迪烈二部。此即《辽史》常连称之乌古、敌烈二部,乌骨里、于骨里亦然(《辽史·营卫志》:"乌古涅剌部,太祖取于骨里户六千,神册六年,析为乌古涅剌及图鲁二部"。是于骨里即乌古也。《圣宗纪》统和元年有"乌隈乌骨里节度使",后二年又见"乌隈于厥节度使",此即《营卫志》所云隈古部之节度使,又即《道宗纪》寿隆二年所列记乌古、敌烈、隈乌古部中之隈乌古部也)。

---

① [日]津田左右吉著,王国维于1927年译自《满洲朝鲜地理研究报告》,后收入《观堂译稿》。——编者注

乌骨里即乌古，则于厥里即于厥无疑。《辽史·太宗纪》记其未即位时从太祖破于厥里诸部，而《太祖纪》无于厥里之名，但云"连破室韦、于厥"，足以证之。又"羽厥"见于《辽史·地理志》，"妪厥律"见于《五代史》所引胡峤《陷虏记》，与"于厥""于厥里"为一语明也。又乌古住地附近有于谐里河，当论于后。"于谐里"与"于厥里"亦为一语，因之乌古之即于厥里又可知矣。

知敌烈即迪烈得及敌烈得者，《辽史·圣宗纪》开泰三年九月书"八部敌烈杀其详稳稍瓦，皆叛（中略）。耶律世良遣使献敌烈俘"，次年正月又书"诏耶律世良再伐迪烈得"，四月又书"大破八部敌烈得"，知三者一也。敌烈即敌烈得，则迪烈亦即迪烈得，则上所引"乌古、敌烈都详稳"，亦作"于厥、迪烈都详稳"，不足怪也。又《金史》作"迪烈底"，亦同一语，《辽史·太祖纪》天显五年之"敌烈德"，《圣宗纪》开泰九年之"迭烈德"，其为同语异译，不待言也。

乌古部之住地，胡峤《陷虏记》云："契丹西北至妪厥律。"《契丹国志》记辽之四境云"正北至蒙古里国"，又云"又次北至于厥国"。而《国志》此条记诸部族之方位乃自东及西，则于厥之方位非契丹之正北，而稍偏于西方，与《陷虏记》所云在西北合也。《辽史·穆宗纪》应历十四年书"乌古叛，掠民财畜"；次年书"乌古至河德泺""乌古掠上京北榆林峪"。可知乌古之根据地距上京地方不远。又《地理志》"上京道边防城"下云："静边城，本契丹二十部族水草地。北邻羽厥，每入盗，建城，置兵千余骑防之。东南至上京一千五百里。"则乌古（羽厥）在契丹游牧地之北，与之邻接可知（但静边城与上京之距离失之太远，当论于后）。然此漠然之记事尚不足以知乌古之真位置也。

更检索《辽史》，则《太宗纪》会同二年书"以乌古部水草肥美，诏北、南院徙三石烈户居之"，三年又书"以于谐里河、胪朐河之近地，给赐南院欧董突吕、乙期勃、北院温纳何剌三石烈为农田"，此与《营卫志》所云"瓯昆石烈，太宗会同二年，以乌古之地水草丰美，命居之。三年，益以海勒水之地为农田""乙习本石烈，会同二年，命以乌古之地""斡纳阿剌石烈，会同二年,命居乌古。三年,益以海勒水地"三事相应。而瓯昆、乙习本、斡纳阿剌,不过"欧堇突吕""乙期勃""温纳何剌"之异文耳。而《本纪》所云"以于谐里河、胪朐河近地,赠赐三石烈",《营卫志》作"海勒水之地",当由三河之水相距不远故也。此三河水必在乌古部之境内或其邻近,中如于谐里河当为于厥里部名之所自出。则此三河之位置既定,然后乌古部之位置可得而定也。

《地理志》总序记辽之疆域曰:"北至胪朐河。"此实辽北边有名之河水也。《萧韩家奴传》载其重熙年间上表曰:"曩时北至胪朐河,南至边境,人多散居,无所统一,惟往来抄掠。及太祖西征,至于流沙,阻卜望风悉降,西域诸国,皆愿入贡。因迁种落,内置三部,以益我田(按《辽史》实作"国"),不营城邑,不置戍兵,阻卜累世不敢为寇。"此中北至胪朐河,南至边境,"边境"谓契丹旧境,上所引之静边城当在此境上,胪朐河更在其北,乃辽之新北境也。而于其中间之地"置三部,以益我田"者,当指会同二年徙三石烈之事。乌古诸部住地亦在此间,海剌水与于谐里河亦当于此间求之矣。所谓"人多散居,不相统一,惟往来抄掠"者,亦与乌古部之状态为近,"静边城"条云"北邻羽厥,每入盗"足以证之。由此言之,则辽新北境之胪朐河在乌古之北,而海剌水、于谐里河皆当在胪朐河之南。今求此等河川于契丹游牧地之西北,则胪朐河当即出呼伦泊之额尔古讷河,海剌水当即自东方来会之海剌尔河也。《圣宗纪》开泰四年书:"于厥既平,朝廷议内徙其众。于厥安土重迁,遂叛。世良惩创,既破迪烈得,辄歼其丁壮。勒兵渡曷剌河,进击余党。"曷剌河亦似即此海剌水也。但于谐里河无考,殆乌尔顺河上流之喀尔喀河乎?乌古部名之来在此河水,而契丹以此部名呼之,则此河殆近契丹,又契丹人得闻知之大河也。以上之推定若不误,则乌古部乃在喀尔喀河流域之部族,其北之海剌尔河及额尔古讷河之上流盖亦此族,若其同族之游牧地也。《契丹国志》记于厥事云:"凡事与蒙古里国同。"案:蒙古里,即唐时居额尔古讷河右岸之蒙兀室韦,辽时尤居此地。而乌古与之为邻,则其风俗相同自非无故,又足以知上所定乌古部之位置不甚误也。果如是,则契丹、乌古间之静边城,当在上京之北近喀尔喀河源之某地点。而《地理志》谓此城距上京一千五百里,失之太远,实不过三四百里耳。

《金史·地理志》"北京路临潢府长泰县"下云:"有立列只山,其北千余里有龙驹河,国言曰喝必剌。"龙驹河与胪朐河音近,《志》何故记之于长泰县下虽不可知,然记北方千里外之河水,当以其名高故也。又《辽史·地理志》"上京道边防城"条云:"皮被河城,地控北道(中略)。皮被河出回纥北,东南经羽厥,入胪朐河,沿河董城北,东流合沱漉河,入于海。南至上京一千五百里。"此记事甚难解。沱漉河,自其名考之,与"洮儿河"音近,则胪朐河似在洮儿河附近。又皮被河等水皆东南流或东流,亦与兴安岭东之水势相合。然洮儿河之上流域区域狭小,又非水草丰美之地,且与合沱漉河之皮被河出回纥北之记事不合,若以克鲁伦河、额尔古讷河、海剌尔河等拟此等河水,则又与东南流、东流之记事不合,则其间必有误谬也。

《辽史·地理志》又云:"镇州,建安军,节度。本古可敦城。统和二十二年皇太妃奏置(中略)。专捍御室韦、羽厥等国(中略),东南至上京三千里。"此可敦城即《圣宗纪》统和二十二年所书"以可敦城为镇州军曰建安"者。《地理志》以为防御室韦、羽厥者,误也。萧韩家奴上表云:"统和间,皇太妃出师西域,拓境既远,降附亦众(中略)。及城可敦,开境数千里,西北之民,徭役日增,生业日殚(中略)。今宜徙可敦城于内地,与西南副都部署乌古、敌烈、隗乌古等部声援相应。"据此,萧以可敦城僻在西垂,欲移之内地,使与乌古、敌烈诸部相为声援,则可敦城远在乌古部之西,非为防御乌古等部而设明矣(《耶律唐古传》亦云:"西番来侵,诏议守御,命唐古劝督耕稼以给西军,田于胪朐河侧,是岁大熟。明年,移屯镇州。先是,筑可敦城以镇西域。诸部纵民畜牧,反招寇掠。重熙四年,上疏曰:'自建可敦城以来,西番数为边患。不若复守故疆,省罢戍役。'不报。"此《疏》与萧韩家奴《表》相照应,又足证可敦城之在西方也)。而《圣宗纪》开泰二年书"达旦国兵围镇州",又《挞不也传》记阻卜叛时挞不也逆战于镇州西南沙碛间,可知可敦城实为防御西方部族而设。其位置虽不明,而以其为达旦兵所围观之,盖亦非在极西之地也。

次敌烈部之邻接乌古,得由其同属一官府知之。又自乌古、敌烈之名称及其次序观之,则乌古既在契丹西北,敌烈又当复乌古西北。据《辽史·耶律世良传》:"开泰初,边部拒命,帝即命耶律化哥益兵,与世良追之。至安真河,大破而还。"按《圣宗纪》,开泰二年正月,乌古、敌烈叛。五年,命化哥等西讨。七月,乌古、敌烈皆复故疆。《世良传》所记亦即此事,则安真河当在乌古、敌烈部。而乌古既在喀尔喀河流域及其北,则安真河当为其下流之乌尔顺河。意此河流域讫于呼伦泊,当为敌烈部之游牧地也(《耶律世良传》又云:"开泰三年,命选马、驼于乌古部。会敌烈部剌剌杀其酋长稍瓦而叛,邻部皆应,攻陷巨母古城。世良率兵压境,遣人招之,降数部,各复故地"云云。惜巨母古城不可考)。

以上所考乃乌古部及敌烈部之本地也。然《道宗纪》寿隆二年云"徙乌古、敌烈部于乌纳水,以扼北边之冲",则此后二部之民当居于乌纳水也。但所移者为二族之全部或其一部,今无可考。当圣宗开泰四年,朝廷已有徙乌古部于内地之议时,以其屡叛,故谋制驭之便,其计画在徙其全部可知也。至寿隆中迁徙之理由虽不详,但观金初之乌虎里、迪烈底已不在喀尔喀、乌尔顺两河流域,盖二部之主力已徙于乌纳水欤?

乌古、敌烈二部之原住地果如上说,则其地乃唐时移塞没、塞曷支诸室韦(乌尔顺河及喀尔喀河流域)及西室韦(额尔古讷河上流域)之住地,于是此二部与室韦之关系不可不一考之。案:室韦者,本嫩江流域诸部落之称,至隋唐之世乃滥用其名以名其附近之部落,既详于余所撰《室韦考》矣,然至辽世,除单称室韦者外,只见黄豆室韦,大、小二黄室韦及臭泊室韦之名。其单称室韦者,则《太祖纪》书"唐天复元年,连破室韦、于厥",又于太祖即位前后屡书"讨黑车子、室韦"是也。而此部当辽之未大时已为太祖所攻击,且屡与黑车子连称,则此族必近在契丹之北,盖即嫩江流域之室韦本部也(黑车子位置虽不明,然《陷虏记》所记契丹邻族条云"北黑车子")。就黄头室韦,则《淳钦皇后传》云:"太祖尝渡碛击党项,黄头、臭泊二室韦乘虚袭之。"又《册府元龟》载后唐同光二年(辽太祖天赞三年),"契丹降者言女真、回鹘、黄头室韦合势侵契丹"云云。就大、小二黄室韦,则《辽史·太祖纪》记太祖未即位时事云:"小黄室韦不附,太祖以计降之。"又《营卫志》云:"突吕不室韦部,本名大、小二黄室韦户。太祖为达马狘沙里,以计降之,乃置为二部。隶北府节度使,属东北路统军司,戍泰州东北。"此大、小二黄室韦自其名称推之,即黄头室韦,辽初已分为二部,而以"大""小"之语分别之。此二部当契丹未大时已为太祖所降,则其所居必与契丹游牧地相邻接。而黄头室韦自《唐书》所记观之,乃在嫩江之下流域,正与之合。然《皇后传》所记黄头室韦之叛,得以已降复叛解之。又以二黄室韦户所编成之突吕不室韦部戍泰州东北,盖服属于辽之后,仍使近其故乡以服防边之任务者也。至臭泊室韦,未见他书,若除去之,则太祖征服之室韦,仅单称室韦者与黄头室韦二族耳。由是观之,辽时所谓室韦,主谓是二族也。胡峤《陷虏记》记契丹东北鞑劫子事,曰:"其国三面皆室韦:一曰室韦,二曰黄头室韦,三曰兽室韦。"兽室韦虽无可考,然可知当时室韦之称限于二三部族,非若《唐书》所谓之广泛也。若黑车子、鞑劫子,观其位置当亦《唐书》所谓室韦中之某部族。乌古、敌烈亦然。唐时以移塞没、塞曷支等名闻于中国,中国复以室韦别部视之。然契丹人别称之为于厥里及敌烈德,盖胡峤所记,闻之于契丹人;《辽史》之记事则出于契丹史料。可知契丹人用室韦之名本不似唐人之宽泛也。盖兴安岭西北之部族与嫩江之室韦,其语言、风俗并异,素与之接近之契丹人决不并以室韦之泛称呼之,其理又可想而知也。

下 编

书辜氏汤生英译《中庸》后①

古之儒家，初无所谓哲学也。孔子教人，言道德，言政治，而无一语及于哲学。其言性与天道，虽高第弟子如子贡，犹以为不可得而闻，则虽断为未尝言焉可也。儒家之有哲学，自《易》之《系辞》《说卦》二传及《中庸》始。《易传》之为何人所作，古今学者尚未有定论。然除《传》中所引孔子语若干条外，其非孔子之作，则可断也。后世祖述《易》学者，除扬雄之《太元经》、邵子之《皇极经世》外，亦曾无几家。而此数家之书，亦不多为人所读，故儒家中此派之哲学，未可谓有大势力也。独《中庸》一书，《史记》既明言为子思所作，故至于宋代，此书遂为诸儒哲学之根柢。周子之言"太极"，张子之言"太虚"，程子、朱子之言"理"，皆视为宇宙人生之根本，与《中庸》之言"诚"无异，故亦特尊此书跻诸《论》《孟》之例。故此书不独如《系辞》等传表儒家古代之哲学，亦古今儒家哲学之渊源也。然则辜氏之先译此书，亦可谓知务者矣。

然则孔子不言哲学，若《中庸》者又何自作乎？曰：《中庸》之作，子思所不得已也。当是时，略后孔子而生而于孔子之说外别树一帜者老氏（老氏之非老聃，说见汪中《述学·补遗》）、墨氏。老氏、墨氏亦言道德，言政治，然其说皆归本于哲学。夫老氏道德政治之原理，可以二语蔽之曰："虚"与"静"是已。今执老子而问以人何以当虚当静，则彼将应之曰：天道如是，故人道不可不如是。故曰："致虚极，守静笃，万物并作。"（《老子》十六章）此虚且

---

① 本文系王国维对辜鸿铭的《中庸》译本的批评，主要涉及术语翻译的准确性及译文的忠实问题，是王国维翻译思想最直接的流露。——编者注

静者,老子谓之曰"道",曰:"有物混成,先天地生,寂兮寥兮,独立不改（中略）。吾不知其名,字之曰道。"（二十五章）由是,其道德政治之说不为无据矣。墨子道德政治上之原理,可以二语蔽之曰:"爱"也,"利"也。今试执墨子而问以人何以当爱当利,则彼将应之曰:天道如是,故人道不可不如是。故曰:"天兼而爱之,兼而利之。"又曰:"天必欲人之相爱相利,而不欲人之相恶相贼。"（《墨子·法仪》篇）则其道德政治之说不为无据矣。虽老子之说虚静,求诸天之本体,而墨子之说爱利,求诸天之意志,其间微有不同,然其所以自固其说者,则一也。孔子亦说仁说义,又说种种之德矣。今试问孔子以人何以当仁当义,孔子固将由人事上解释之。若求其解释于人事以外,岂独由孔子之立脚地所不能哉,抑亦其所不欲也。若子思则生老子、墨子后,比较他家之说,而惧乃祖之教之无根据也,遂进而说哲学,以固孔子道德政治之说。今使问子思以人何以当诚其身,则彼将应之曰:天道如是,故人道不可不如是。故曰:"诚者物之终始,不诚无物。"其所以为此说者,岂有他哉,亦欲以防御孔子之说,以敌二氏而已。其或生二子之后,濡染一时思辨之风气而为此说,均不可知,然其方法之异于孔子与其所以异之原因,不出于此二者,则固可决也。

　　然《中庸》虽为一种之哲学,虽视"诚"为宇宙人生之根本,然与西洋近世之哲学固不相同。子思所谓"诚",固非如斐希脱（Fichte）之 Ego、解林（Schelling）之 Absolute、海格尔（Hegel）之 Idea、叔本华（Schopenhauer）之 Will、哈德曼（Hartmann）之 Unconscious 也。其于思索未必悉皆精密,而其议论亦未必尽有界限,如执近世之哲学以述古人之说,谓之弥缝古人之说则可,谓之忠于古人则恐未也。夫古人之说,固未必悉有条理也,往往一篇之中时而说天道,时而说人事。岂独一篇中而已,一章之中亦复如此。幸而其所用之语意义甚为广漠,无论说天说人时,皆可用此语,故不觉其不贯串耳。若译之为他国语,则他国语之与此语相当者,其意义不必若是之广。即令其意义等于此语或广于此语,然其所得应用之处不必尽同,故不贯串、不统一之病自不能免。而欲求其贯串统一,势不能不用意义更广之语。然语意愈广者,其语愈虚,于是古人之说之特质渐不可见,所存者其肤廓耳。译古书之难,全在于是。如辜氏此书中之译"中"为 Our true self、"和"为 Moral order,其最著者也。余如以"性"为 Law of our being,以"道"为 Moral law,亦出于求统一之弊。以吾人观之,则"道"与其谓之 Moral law,宁谓之 Moral order。至"性"之为 Law of our being,则 law 之一字,除与 Moral law 之 law 字相对照外,于本义上固毫不需此,故不如译为 Essence of our being 或 Our true nature 之妥也。此外如此类者尚不可计。要之,辜氏此书如为解释《中庸》之书,则吾无闲然,且必谓我国之能知《中庸》之真意者,殆未有过于辜氏者也。若视为翻译之书,而以辜氏之言即子思之言,则未敢信以为善本也。其他种之弊,则在以西洋之哲学解释《中庸》,其最著者如"诚则形,形则著"数语。兹录其文如下:

> Where there is truth, there is substance. Where there is substance, there is reality. Where there is reality, there is intelligence. Where there is intelligence, there is power. Where there is power, there is influence. Where there is influence, there is creation.

此等明明但就人事说,郑注与朱注大概相同,而忽易以 Substance、reality 等许多形而上学上之语(Metaphysical Terms),岂非以西洋哲学解释此书之过哉。至"至诚无息"一节之前半,亦但说人事,而"无息""久""征""悠远""博厚""高明"等字,亦皆以形而上学之语译之,其病亦与前同。读者苟平心察之,当知余言之不谬也。

上所述二项,乃此书中之病之大者,然亦不能尽为译者咎也。中国语之不能译为外国语者,何可胜道!如《中庸》之第一句,无论何人不能精密译之,外国语中之无我国"天"字之相当字,与我国语中之无 God 之相当字无以异。吾国之所谓"天",非苍苍者之谓,又非天帝之谓,实介二者之间,而以苍苍之物质具天帝之精神者也。"性"之字亦然。故辜氏所译之语,尚不失为适也。若夫译"中"为 Our true self 或 Moral order,是亦不可以已乎？里雅各(James Legge)之译"中"为 Mean，固无以解"中也者，天下之大本"之"中"，今辜氏译"中"为 Our true Self，又何以解"君子而时中"之"中"乎？吾宁以里雅各氏之译"中"为 Mean，犹得《中庸》一部之真意者也。夫"中"(Mean)之思想，乃中国古代相传之思想，自尧云"执中"，而皋陶乃衍为"九德"之说。皋陶不以宽为一德，栗为一德，而以二者之中之"宽而栗"为一德，否则当言十八德，不当言九德矣。《洪范》三德之意亦然。此书中"尊德性"一节及《问强》《素隐》二章尤在发明此义，此亦本书中最大思想之一，宁能以 Our true self 或 Our cental self 空虚之语当之乎？又岂得以类于雅里士多德(Aristotle)之中说而唾弃之乎？余所以谓失古人之说之特质而存其肤廓者，为此故也。辜氏自谓涵泳此书者且二十年，而其涵泳之结果如此，此余所不能解也。余如"和"之译为 Moral order 也，"仁"之译为 Moral sense 也，皆同此病。要之，皆过于求古人之说之统一之病也。至全以西洋之形而上学释此书，其病反是。前病失之于减古书之意义，而后者失之于增古书之意义。吾人之译古书，如其量而止则可矣，或失之减，或失之增，虽为病不同，同一不忠于古人而已矣。辜氏译本之病，其大者不越上二条，至其以已意释经之小误，尚有若干条。兹列举之如下：

一、"是以君子戒慎乎其所不睹，恐惧孚其所不闻。"辜氏译为：

> Wherefore it is that the moral man watches diligently over what his eyes cannot see and is in fear and awe of what his ears cannot hear.

其于"其"字一字之训则得矣，然《中庸》之本意，则亦言不自欺之事。郑元注曰：

> 小人闲居，为不善无所不至也。君子则不然，虽视之无人，听之无声，犹戒慎恐惧自修，正是其不须臾离道。

朱注所谓"虽不见闻，亦不敢忽"，虽用模棱之语，然其释"独"字也，曰：

> 独者,人所不知而己所独知之地也。

则知朱子之说,仍无以异于康成,而辜氏之译语,其于"其"字虽妥,然涵泳全节之意义,固不如旧注之得也。

二、"隐恶而扬善",辜氏译之曰:

> He looked upon evil merely as something negative, and he recognised only what was good as having positive existence.

此又以西洋哲学解释古书,而忘此节之不能有此意也。夫以"恶"为Negative,"善"为Positive,此乃希腊以来哲学上一种之思想,自斯多噶派(Stoics)及新柏拉图派(New Platonism)之辨神论(Theodicy),以至近世之莱布尼兹(Leibnitz),皆持此说,不独如辜氏注中所言大诗人沙士比亚(Shakespeare)及葛德(Goethe)二氏之见解而已。然此种人生观,虽与《中庸》之思想非不能相容,然与好问察言之事有何关系乎?如此断章取义以读书,吾窃为辜氏不取也。且辜氏亦闻孟子之语乎?孟子曰:

> 大舜有大焉,善与人同。舍己从人,乐取于人以为善。

此即"好问"二句之真注脚。至其译"执其两端用其中于民",乃曰:

> Taking the two extremes of positive and negative, he applied the mean between the two extremes in his judgement, employment and dealings with people.

夫云 to take the two extremes of good and evil(执善恶之中)已不可解,况云 taking the two extremes of positive and negative 乎?且如辜氏之意,亦必二者皆 positive,而后有 extremes 之可言。以 positive 及 negative 为 two extremes,可谓支离之极矣。今取朱注以比较之曰:

> 然于其言之未善者,则隐而不宣;其善者,则播而不匿(中略)。于善之中,又执其两端而量度以取中,然后用之。

此二解之孰得孰失,不待知者而决矣。

三、"天下国家可均也"，辜氏译为：

> A man may be able to renounce the possession of Kingdoms and Empire.

而复注之曰：

> The word 均 in text above，literally "even，equally divided" is here used as a verb "to be indifferent to"（平视），hence to renounce.

然试问"均"字果有"to be indifferent to(漠视)"之训否乎？岂独"均"字无此训而已，即"平视"二字（出《魏志·刘桢传》注）亦曷尝训此。且即令有此训，亦必有二不相等之物，而后可言均之、平之。孟子曰："舜视弃天下犹弃敝屣也。"故若云天下、敝屣可均，则辜氏之说当矣。今但云"天下国家可均"，则果如辜氏之说，将均天下国家于何物者哉？至 to be indifferent to，不过外国语之偶有均字表面之意者，以此释"均"，苟稍知中国语者，当无人能首肯之也。

四、"君子之道，造端乎夫妇。及其至也。察乎天地。"郑注曰：

> 夫妇谓匹夫匹妇之所知所行。

其言最为精确。朱子注此节曰"结上文"，亦即郑意。乃辜氏则译其上句曰：

> The moral law takes its rise in relation between man and woman.

而复引葛德《浮斯德》戏曲 *Faust* 中之一节以证之，实则此处并无此意，不如旧注之得其真意也。

五、辜氏于第十五章以下即译《哀公问政》章（朱注本之第二十章），而继以《舜其大孝》《无忧》《达孝》三章，又移《鬼神之为德》一章于此下，然后继以《自诚明》章。此等章句之更定，不独有独断之病，自本书之意义观之，亦决非必要也。

六、辜氏置《鬼神》章于《自诚明》章之上，当必以此章中有一"诚"字故也。然辜氏之译"诚"之不可掩也。乃曰：

> Such is evidence of things invisible that it is impossible to doubt the spiritual nature of man.

不言"诚"字而以鬼神代之，尤不可解。夫此章之意，本谓鬼神之为物，亦诚之发现，而乃译之如此，辜氏于此际何独不为此书思想之统一计也。

七、"身不失天下之显名，尊为天子，富有四海之内，宗庙享之，子孙保之。"此数者，皆指武王言之，朱注"此言武王之事"是也。乃辜氏则以此五句别为一节，而属之文王，不顾文义之灭裂，甚矣其好怪也！辜氏独断之力如此，则更无怪其以"武王未受命"为文王未受命，及"周公成文、武之德"为周公以周之王成于文、武之德也。

八、"礼所生也"之下"居下位"三句，自为错简，故朱子亦从郑注。乃辜氏不认此处有错简，而意译之曰：

> For unless social inequalities have a true and moral basis, government of the people is an impossibility.

复于注中直译之曰：

> Unless the lower orders are satisfied with those above them, government of the people is an impossibility.

复于下节译之曰：

> If those in authority have not the Confidence of those under them, government of the people is an impossibility.

按"不获乎上"之意，当与孟子"是故得乎邱民而为天子，得乎天子为诸侯，得乎诸侯为大夫"，及"不得乎君则热中"之"得"字相同。如辜氏之解，则经当云"在上位不获乎下"，不当云"在下位不获乎上"矣。但辜氏之所以为此解者，亦自有故。以若从字句解释，则与上文所云"为天下国家"，下文所云"民不可得而治"不相容也。然"在下位"以下，自当如郑注别为一节，而"在下位"者，既云"在位"，则自有治民之责，其间固无矛盾也，况《孟子》引此语亦云"居下位而不获于上，民不可得而治也"乎。要之，此种穿凿亦由求古人之说之统一之过也。

九、"王天下有三重焉，其寡过矣乎。"辜氏译之曰：

> To attain to the sovereignty of the world, there are three important things necessary；they may perhaps be summed up in one：blame lessness of life.

以三重归于一重，而即以"寡过"当之，殊属非是。朱子解为"人得寡过"固非，如辜氏之解，更属穿凿。愚按：此当谓王天下者重视仪礼、制度、考文三者，则能寡过也。

十、"上焉者虽善无征，无征不信，不信民弗从。下焉虽善不尊，不尊不信，不信民弗从。"此一节承上章而言无征之征，即夏礼、殷礼"不足征"之"征"，故朱子《章句》解为"虽善而皆不可考"，是也。乃辜氏译首二句曰：

> However excellent a system of moral truth appealing to supernatural authority may be, it is not verifiable by experience.

以"appealing to supernatural authority"释"上"字，穿凿殊甚。不知我国古代固无求道德之根本于神意者，就令有之，要非此际子思之所论者也。

至辜氏之解释之善者，如解"凡为天下国家有九经，所以行之者一也"之"一"为"豫"，此从郑注而善者，实较朱注更为直截。此书之不可没者，唯此一条耳。

吾人更有所不慊者，则辜氏之译此书，并不述此书之位置如何及其与《论语》诸书相异之处。如余于此文首页之所论，其是否如何，尚待大雅之是正。然此等问题，为译述及注释此书者所不可不研究明矣。其尤可异者，则通此书无一语及于著书者之姓名，而但冠之曰孔氏书。以此处《大学》则可矣，若《中庸》之为子思所作，明见于《史记》，又从子思再传弟子孟子书中，犹得见《中庸》中之思想文字，则虽欲没其姓名，岂可得也。又译者苟不信《中庸》为子思所作,亦当明言之,乃全书中无一语及此,何耶?要之,辜氏之译此书,谓之全无历史上之见地可也。唯无历史上之见地,遂误视子思与孔子之思想全不相异;唯无历史上之见地,故在在期古人之说之统一;唯无历史上之见地,故译子思之语以西洋哲学上不相干涉之语。幸而译者所读者,西洋文学上之书为多,其于哲学所入不深耳。使译者而深于哲学,则此书之直变为柏拉图之语录、康德之《实践理性批评》,或变为斐希脱、解林之书,亦意中事。又不幸而译者不深于哲学,故译本中虽时时见康德之知识论及伦理学上之思想,然以不能深知康德之知识论,故遂使西洋形而上学中空虚广漠之语充塞于译本中。吾人虽承认《中庸》为儒家之形而上学,然其不似译本之空廓则固可断也。又译本中为发明原书,故多引西洋文学家之说,然其所引证者亦不必适合,若再自哲学上引此等例,固当什佰千万于此。吾人又不能信译者于哲学上之知识狭隘如此,宁信译者以西洋通俗哲学为一蓝本,而以《中庸》之思想附会之,故务避哲学家之说,而多引文学家之说,以使人不能发见其真赃之所在。此又一说也。由前之说,则失之固陋;由后之说,则失之欺罔。固陋与欺罔,其病虽不同,然其不忠于古人则一也。故列论其失,世之君子或不以余言为谬乎。

此文作于光绪丙午,曾登载于上海《教育世界》杂志。此志当日不行于世,故鲜知之者,越二十年,乙丑夏日检理旧箧,始得之。《学衡》杂志编者请转载,因复览一过。此文对辜君批评颇酷,少年习气,殊堪自哂。案辜君雄文卓识,世间久有定论,此文所指摘者,不过其一二小疵。读者若以此而抹杀辜君,则不独非鄙人今日之意,亦非二十年前作此文之旨也。国维附记。

译本《琵琶记》序①

欲知古人,必先论其世;欲知后代,必先求诸古;欲知一国之文学,非知其国古今之情状学术不可也。近二百年来,瀛海大通,欧洲之人讲求我国故者亦伙矣,而真知我国文学者盖鲜,则岂不以道德风俗之悬殊,而所知所感亦因之而异欤? 抑无形之情感,固较有形之事物为难知欤? 要之,疆界所存,非徒在语言文字而已。以知之之艰,愈以知夫译之之艰。苟人于其所知于他国者虽博以深,然非老于本国之文学,则外之不能喻于人,内之不能慊诸己,盖兹事之难能久矣。如戏曲之作,于我国文学中为最晚,而其流传于他国也则颇早。法人赫特之译《赵氏孤儿》也,距今百五十年。英人大维斯之译《老生儿》,亦垂百年。嗣是以后,欧利安、拔善诸氏并事翻译。讫于今,元剧之有译本者几居三之一焉。余虽未读其译书,然大维斯于所译《老生儿》序中谓:"元剧之曲,但以声为主,而不以义为主。"盖其所趋译者,科白而已。夫以元剧之精髓全在曲辞,以科白取元剧,其智去买椟还珠者有几! 日本与我隔裨海,而士大夫能读汉籍者亦往往而有,故译书之事反后于欧人,而其能知我文学,固非欧人所能望也。癸丑夏日,得西村天囚君所译《琵琶记》而读之。南曲之剧,曲多于白,其曲白相生亦较北曲为甚,故欧人所译北剧多至三十种,而南戏则未有闻也。君之译此书,其力全注于曲,以余之不敏,未解日本文学,故于君文之趣神味韵,余未能道焉。然以君之邃于汉学,又老于本国之文学,信君之所为,必远出欧人译本之上无疑也。海宁王国维序于日本京都吉田山麓寓庐。

---

① 本文系王国维对日本译者翻译的《琵琶记》的评论,认为译文应具有"神韵",这是王国维坚守的重要的翻译思想。——编者注

三

论新学语之输入①

近年文学上有一最著之现象，则新语之输入是已。夫言语者，代表国民之思想者也，思想之精粗广狭，视言语之精粗广狭以为准，观其言语，而其国民之思想可知矣。周秦之言语，至翻译佛典之时代而苦其不足；近世之言语，至翻译西籍时而又苦其不足。是非独两国民之言语间有广狭精粗之异焉而已，国民之性质各有所特长，其思想所造之处各异，故其言语或繁于此而简于彼，或精于甲而疏于乙，此在文化相若之国犹然，况其稍有轩轾者乎！抑我国人之特质，实际的也，通俗的也；西洋人之特质，思辨的也，科学的也。长于抽象而精于分类，对世界一切有形无形之事物，无往而不用综括（Generalization）及分析（Specification）之二法，故言语之多，自然之理也。吾国人之所长，宁在于实践之方面，而于理论之方面，则以具体的知识为满足，至分类之事，则除迫于实际之需要外，殆不欲穷究之也。夫战国议论之盛，不下于印度六哲学派及希腊诡辩学派之时代，然在印度，则足目出，而从数论、声论之辩论中抽象之而作《因明学》，陈那继之，其学遂定；希腊则有雅里大德勒，自哀利亚派诡辩学派之辩论中抽象之而作《名学》；而在中国，则惠施、公孙龙等所谓名家者流，徒骋诡辩耳，其于辩论思想之法则，固彼等之所不论，而亦其所不欲论者也。故我中国有辩论而无名学，有文学而无文法，足以见抽象与分类二者皆我国人之所不长，而我国学术尚未达自觉（Selfconsciousness）之地位也。况于我国夙

---

① 王国维在本文中阐述了输入新学语的必要性与重要性，也是其讲究圆通开放、概念准确，关注译者素养的翻译思想的重要体现。——编者注

无之学,言语之不足用,岂待论哉!夫抽象之过,往往泥于名而远于实,此欧洲中世学术之一大弊,而今世之学者犹或不免焉。乏抽象之力者,则用其实而不知其名,其实亦遂漠然无所依,而不能为吾人研究之对象。何则?在自然之世界中,名生于实;而在吾人概念之世界中,实反依名而存故也。事物之无名者,实不便于吾人之思索。故我国学术而欲进步乎,则虽在闭关独立之时代,犹不得不造新名。况西洋之学术骎骎而入中国,则言语之不足用,固自然之势也。

如上文所说,言语者,思想之代表也,故新思想之输入,即新言语输入之意味也。十年以前,西洋学术之输入,限于形而下学之方面,故虽有新字新语,于文学上尚未有显著之影响也。数年以来,形上之学渐入于中国,而又有一日本焉,为之中间之驿骑,于是日本所造译西语之汉文,以混混之势,而侵入我国之文学界。好奇者滥用之,泥古者唾弃之,二者皆非也。夫普通之文字中,固无事于新奇之语也;至于讲一学,治一艺,则非增新语不可。而日本之学者,既先我而定之矣,则沿而用之,何不可之有?故非甚不妥者,吾人固无以创造为也。侯官严氏,今日以创造学语名者也。严氏造语之工者固多,而其不当者亦复不少。兹笔其最著者,如Evolution 之为"天演"也,Sympathy 之为"善相感"也。而天演之于进化,善相感之于同情,其对 Evolution 与 Sympathy 之本义,孰得孰失,孰明孰昧,凡稍有外国语之知识者,宁俟终朝而决哉!又西洋之新名,往往喜以不适当之古语表之,如译 Space(空间)为"宇"、Time(时间)为"宙"是已。夫谓 Infinite space(无限之空间)、Infinite time(无限之时间)曰宇、曰宙可矣,至于一孔之隙,一弹指之间,何莫非空间、时间乎?空间、时间之概念,足以该宇宙,而宇宙之概念,不足以该空间、时间。以宇宙表 Space time,是举其部分而遗其全体(自概念上论)也。以外类此者不可胜举。夫以严氏之博雅而犹若是,况在他人也哉!且日人之定名,亦非苟焉而已,经专门数十家之考究,数十年之改正,以有今日者也。窃谓节取日人之译语,有数便焉:因袭之易,不如创造之难,一也;两国学术有交通之便,无扞格之虞,二也(叔本华讥德国学者于一切学语不用拉丁语而用本国语,谓如英法学者亦如德人之愚,则吾侪学一专门之学语,必学四五度而后可。其言颇可味也)。有此二便而无二难,又何嫌何疑而不用哉?

虽然,余非谓日人之译语必皆精确者也。试以吾心之现象言之,如 Idea 为"观念",Intuition 之为"直观",其一例也。夫 Intuition 者,谓吾心直觉五官之感觉,故听、嗅、尝、触,苟于五官之作用外加以心之作用,皆谓之 Intuition,不独目之所观而已。观念亦然。观念者,谓直观之事物,其物既去,而其象留于心者。则但谓之观,亦有未妥。然在原语亦有此病,不独译语而已。Intuition 之语源出于拉丁之 In 及 tuitus 二语,tuitus 者,观之意味也。盖观之作用,于五官中为最要,故悉取由他官之知觉,而以其最要之名名之也。Idea 之语源出于希腊语之 Idea 及 Idein,亦观之意也,以其源来自五官,故谓之观;以其所观之物既去,而象尚存,故谓之念,或有谓之"想念"者。然考张湛《列子注序》,所谓"想念以著物自丧"者,则想念二字,乃伦理学上之语,而非心理学上之语,其劣于观念也审矣。至 Conception 之为"概念",苟用中国古语,则谓之"共名"亦可(《荀子·正名篇》),然一为名学上之语,一为文法上之语,苟混此二者,此灭名学与文法之区别也。由上文所引之例观之,则日人所定之语,虽有未精确者,而创造之新语,卒无以加于彼,则其不用之也谓何? 要之,处今日而讲学,已有不能不增新语之势;而人既造之,我沿用之,其势无便于此者矣。

然近人之唾弃新名词,抑有由焉,则译者能力之不完全是也。今之译者(指译日本书籍者言),其有解日文之能力者,十无一二焉;其有国文之素养者,十无三四焉;其能兼通西文、深知一学之真意者,以余见闻之狭,殆未见其人也。彼等之著译,但以罔一时之利耳。传知识之思想,彼等先天中所未有也。故其所作,皆粗漏庞杂,佶屈而不可读。然因此而遂欲废日本已定之学语,此又大不然者也。若谓用日本已定之语,不如中国古语之易解,然如侯官严氏所译之《名学》,古则古矣,其如意义之不能了然何? 以吾辈稍知外国语者观之,毋宁手穆勒原书之为快也。余虽不敢谓用日本已定之语必贤于创造,然其精密,则固创造者之所不能逮(日本人多用双字,其不能通者则更用四字以表之。中国则习用单字。精密不精密之分全在于此）。而创造之语之难解，其与日本已定之语，相去又几何哉！若夫粗漏佶屈之书，则固吾人之所唾弃，而不俟踌躇者也。

四

论近年之学术界①

外界之势力之影响于学术,岂不大哉!自周之衰,文王、周公势力之瓦解也,国民之智力成熟于内,政治之纷乱乘之于外,上无统一之制度,下迫于社会之要求,于是诸子九流各创其学说,于道德、政治、文学上,灿然放万丈之光焰。此为中国思想之能动时代。自汉以后,天下太平,武帝复以孔子之说统一之。其时新遭秦火,儒家唯以抱残守缺为事,其为诸子之学者,亦但守其师说,无创作之思想,学界稍稍停滞矣。佛教之东,适值吾国思想凋敝之后,当此之时,学者见之,如饥者之得食,渴者之得饮。担簦访道者,接武于葱岭之道,翻经译论者,云集于南北之都。自六朝至于唐室,而佛陀之教极千古之盛矣。此为吾国思想受动之时代。然当是时,吾国固有之思想与印度之思想互相并行而不相化合;至宋儒出而一调和之,此又由受动之时代出,而稍带能动之性质者也。自宋以后以至本朝,思想之停滞略同于两汉。至今日,而第二之佛教又见告矣,西洋之思想是也。

今置宗教之方面勿论,但论西洋之学术。元时罗马教皇以希腊以来所谓"七术"（文法、修辞、名学、音乐、算术、几何学、天文学）遗世祖,然其书不传。至明末,而数学与历学,与基督教俱入中国,遂为国家所采用。然此等学术,皆形下之学,与我国思想上无丝毫之关系也。咸、同以来,上海、天津所译书,大率此类。唯近七八年前,侯官严氏（复）所译之赫胥黎《天演论》（赫氏原书名《进化论与伦理学》,译义不全）出,一新世人之耳目。比之佛典,其殆

---

① 原载于《教育世界》1905年第1期（总第93号）,系王国维对当时学术界的评论,从中亦能看出其对翻译的见解。——编者注

摄摩腾之《四十二章经》乎？嗣是以后，达尔文、斯宾塞之名，腾于众人之口；物竞天择之语，见于通俗之文。顾严氏所奉者，英吉利之功利论及进化论之哲学耳。其兴味之所存，不存于纯粹哲学，而存于哲学之各分科。如经济、社会等学，其所最好者也。故严氏之学风，非哲学的，而宁科学的也，此其所以不能感动吾国之思想界者也。近三四年，法国十八世纪之自然主义，由日本之介绍而入于中国，一时学海波涛沸渭矣。然附和此说者，非出于知识，而出于情意。彼等于自然主义之根本思想，固瞢无所知，聊借其枝叶之语，以图遂其政治上之目的耳。由学术之方面观之，谓之无价值可也。其有蒙西洋学说之影响，而改造古代之学说，于吾国思想界上占一时之势力者，则有南海□□□之《孔子改制考》《春秋董氏学》，浏阳□□□之《仁学》。□氏以元统天之说，大有泛神论之臭味。其崇拜孔子也，颇模仿基督教。其以预言者自居，又居然抱穆罕默德之野心者也。其震人耳目之处，在脱数千年思想之束缚，而易之以西洋已失势力之迷信，此其学问上之事业，不得不与其政治上之企图同归于失败者也。然□氏之于学术，非有固有之兴味，不过以之为政治上之手段，《荀子》所谓"今之学者以为禽犊"者也。□氏之说，则出于上海教会中所译之《治心免病法》，其形而上学之以太说，半唯物论、半神秘论也。人之读此书者，其兴味不在此等幼稚之形而上学，而在其政治上之意见。□氏此书之目的，亦在此而不在彼，固与南海□氏同也。庚辛以还，各种杂志接踵而起，其执笔者，非喜事之学生，则亡命之逋臣也。此等杂志，本不知学问为何物，而但有政治上之目的。虽时有学术上之议论，不但剽窃灭裂而已。如《新民丛报》中之《汗德哲学》，其纰缪十且八九也。其稍有一顾之价值者，则《浙江潮》中某氏之《续无鬼论》，作者忘其科学家之本分，而闯入形而上学，以鼓吹其素朴浅薄之唯物论，其科学上之引证亦甚疏略，然其唯有学术上之目的，则固有可褒者。又观近数年之文学，亦不重文学自己之价值，而唯视为政治教育之手段，与哲学无异。如此者，其亵渎哲学与文学之神圣之罪固不可逭，欲求其学说之有价值，安可得也！故欲学术之发达，必视学术为目的，而不视为手段而后可。汗德伦理学之格言曰："当视人人为一目的,不可视为手段。"岂特人之对人当如是而已乎?对学术亦何独不然!然则彼等言政治则言政治已耳,而必欲渎哲学、文学之神圣,此则大不可解者也。

近时之著译与杂志既如斯矣,至学校则何如?中等学校以下,但授国民必要之知识,其无与于思想上之事,固不俟论。京师大学之本科,尚无设立之日;即令设立,而据南皮张尚书之计画,仅足以养成呫哗之俗儒耳。此外私立学校,亦无足以当专门之资格者。唯上海之震旦学校,有丹徒马氏(良)之哲学讲义,虽未知其内容若何,然由其课程观之,则依然三百年前特嘉尔之独断哲学耳。国中之学校如此,则海外之留学界如何?夫同治及光绪初年之留学欧美者,皆以海军制造为主,其次法律而已。以纯粹科学专其家者,独无所闻;其稍有哲学之兴味如严复氏者,亦只以余力及之。其能接欧人深邃伟大之思想者,吾决其必无也。即令有之,亦其无表出之之能力,又可决也。况近数年之留学界,或抱政治之野心,或怀实利之目的,其肯研究冷淡干燥、无益于世之思想问题哉!即有其人,然现在之思想界未受其戈戈之影响,则又可不言而决也。

由此观之,则近数年之思想界,岂特无能动之力而已乎?即谓之未尝受动,亦无不可也。夫西洋思想之入我中国,为时无几,诚不能与六朝唐室之于印度较。然西洋之思想与我中国之思想,同为入世间的,非如印度之出世间的思想,为我国古所未有也。且重洋交通,非有身热头痛之险;文字易学,非如佉卢之难也:则我国思想之受动,宜较昔日为易。而顾如上所述者何哉?盖佛教之入中国,帝王奉之,士夫敬之,蚩蚩之氓膜拜而顶礼之;且唐宋以前,孔子之一尊未定,道统之说未起,学者尚未有入主出奴之见也,故其学易盛,其说易行。今则大学分科,不列哲学,士夫谈论,动诋异端,国家以政治上之骚动,而疑西洋之思想皆酿乱之曲蘖;小民以宗教上之嫌忌,而视欧美之学术皆两《约》之悬谈。且非常之说,黎民之所惧;难知之道,下士之所笑:此苏格拉底之所以仰药、婆鲁诺之所以焚身、斯披诺若之所以破门、汗德之所以解职也。其在本国且如此,况乎在风俗文物殊异之国哉!则西洋之思想之不能骤输入我中国,亦自然之势也。

况中国之民,固实际的而非理论的,即令一时输入,非与我中国固有之思想相化,决不能保其势力。观夫三藏之书已束于高阁,两宋之说犹习于学官。前事之不忘,来者可知矣。

然由上文之说,而遂疑思想上之事,中国自中国、西洋自西洋者,此又不然。何则?知力人人之所同有,宇宙人生之问题,人人之所不得解也。其有能解释此问题之一部分者,无论其出于本国或出于外国,其偿我知识上之要求,而慰我怀疑之苦痛者则一也。同此宇宙,同此人生,而其观宇宙人生也,则各不同。以其不同之故,而遂生彼此之见,此大不然者也。学术之所争,只有是非、真伪之别耳。于是非、真伪之别外,而以国家、人种、宗教之见杂之,则以学术为一手段,而非以为一目的也。未有不视学术为一目的而能发达者。学术之发达,存于其独立而已。然则吾国今日之学术界,一面当破中外之见,而一面毋以为政论之手段,则庶可有发达之日欤!

五

书叔本华《遗传说》后①

　　叔本华之《遗传说》，由其哲学演绎而出，又从历史及经验上归纳而证之，然其说非其哲学固有之结论也。何则？据叔氏之哲学，则意志者，吾人之根荄，而知力其属附物也；意志其本性，而知力其偶性也。易言以明之，意志居乎形体之先，而限制形体，知力居乎形体之后，而为形体所限制。自意志欲调和形体之与外界之关系，于是所谓脑髓者以生，而吾人始有知力之作用。故脑髓之为欲知之意志所发现，与吾人之形体之为欲生之意志所发现无异。其《意志及观念之世界》及《自然中之意志》两书中所证明，固已南山可移、此案不可动矣。然则吾人之意志，既自父遗传矣，则所谓欲知之意志，又何为而不得自父得之乎？吾人之欲知之意志，与此知力之程度既得之母矣，则他种之意志，何为而不得自母遗传乎？彼以意志属之父，以知力属之母，若建筑上之配置然，举彼平昔所以力诋汗德者，躬蹈之而不自知。故形式之弊，一般德国学者之所不能免也。要之，吾人之形体由父母二人遗传，此人之公认之事实，不可拒也；则为形体之根荄之意志，与为形体一部之作用之知力，皆得自两亲，而不能有所分属，叔氏哲学之正当之结论，固宜如此也。

　　至其《遗传说》之证据，则存于经验及历史。然经验之为物，固非有普遍及必然之确实性者也。天下大矣，人类众矣，其为吾人所经验者，不过亿兆中之一耳。即吾人经验之中，其熟知其父母及其人之性质知力者，又

① 王国维于1904年7月撰写《书叔本华〈遗传说〉后》，反驳了叔本华关于遗传的学说。——编者注

不过数十人中之一耳。历史亦然。自有史以来,人之姓氏之纪于历史上者几何人?又历史上之人物,其性质知力及其父母子弟之性质知力,为吾人所知者几何人?即其人之性质知力与其父母子弟之性质知力为吾人所知矣,然历史上之事实果传信否,又吾人之判断果不错误否,皆不可不注意也。以区区不遍不赅、不精不详之事实,而遽断定众人公共之原理,吾知其难也。且历史之事之背于此者,亦复不少。吾人愧乏西洋历史之知识,姑就吾国历史上其事实之与叔氏之说相反对者,述之如下:

叔氏所谓母之好尚及情欲决不能传之于子者,吾人所不能信也。乐正后夔,决非贪欲之人也,以娶有仍氏之故,生封豕之伯封,而夔以不祀。周昭王承成康之后,未有失德,而其后房后实有爽德,协于丹朱,卒生穆王,肆其心以游天下,而周室以衰。至父子兄弟性质之相反者,历史上更不胜枚举。黄帝之子二十五宗,唯青阳与苍林氏同于黄帝。颛顼氏有才子八人,而又有梼杌。瞽瞍前妻之子为舜,而后妻则生傲象。尧有丹朱,舜有商均。帝乙之贤否无闻于后世,而微子与纣以异母之故,仁暴之相去乃若天壤。鲁之隐、桓同出于惠公,以异母之故,而一让一弑。晋献荒淫无道,贼弑公族,而有太子申生之仁;夷吾忮刻,乃肖厥父。晋之羊舌氏,三世济美,伯华、叔向,一母所生,并有令德;而叔虎以异母之故,嬖于栾盈,而卒以杀其身;至叔向之子食我而亡羊舌氏,其母则又夏姬之所出也。秦之始皇至暴抗也,而有太子扶苏之仁孝。汉之文帝,恭俭仁恕,而景帝惨纣,颇似窦后。景帝之子十四人,大抵荒淫残酷,无有人理,而栗姬二子,临江王荣以无罪死,为父老所思;河间献王德被服道术,造次必于儒者,非同父异母之事实,其奚以解释之乎?至贤母之子之有名德者,史册上尤不可胜举。曾文正公之太夫人江氏,实有刚毅之性质,文正自谓"我兄弟皆禀母气",此事犹在人耳目者也。故在吾国,"非此母不生此子"(大概指性质而言,非谓知力也)之谚,与西洋"母之知慧"之谚,殆有同一之普遍性,故叔氏之说,不能谓之不背于事实也。

至其谓父之知力不能遗传于子者,此尤与事实大反对者也。兹就文学家言之。以司马迁、班固之史才,而有司马谈、班彪为之父。以枚乘之能文,而有枚皋为之子。且班氏一家,男则有班伯、班斿等,女则前有倢伃,后有曹大家,此决非偶然之事也。以王逸之辞赋,而有子延寿,其《鲁灵光殿赋》且驾班、张而上之。以蔡邕之逸才,而有女文姬。而曹大家及文姬之子反不闻于后世,则又何也?魏武雄才大略,诗文雄杰亦称其人,文帝、陈思,因不愧乃父矣,而幼子邓哀王仓舒,以八龄之弱,而发明物理学上比重之理(《魏志·邓哀王传》注);至高贵乡公髦,犹有先祖之余烈,其幸太学之问,使博士不能置对(《魏志》),又善绘事,所绘《卞庄刺虎图》为宋代宣和内府书画之冠(《铁围山丛谈》),又孰谓知力之不能自祖、父遗传乎?至帝王家文学之足与曹氏媲美者,厥惟萧氏。梁武帝特妙于文学,虽不如魏武,固亦六代之俊也。昭明继起,可拟五官。至简文帝、元帝,而诗文之富,度越父兄矣。邵陵王纶、武陵王纪,亦工书记,独豫章王综,自疑为齐东昏之子,宫甲未动,遽然北窜,然其《钟鸣·落叶》之曲,读者未始不可见乃父之遗风焉。此后南唐李氏父子,亦颇近之。至于扬雄之子九年而与玄文,孔融之儿七岁而知家祸,融固所谓"小时了了"者也。隋之河汾王氏,宋之眉山苏氏,亦皆父子兄弟,回翔文苑。苏过《斜川集》之作,虽不若而翁,固不愧名父之子也。至一家父子之以文学名者,历史上尤不可胜举,则知力之自父遗传,固自不可拒也。

兹更就美术家言之。书家则晋有王氏之羲、献,以至于智永。唐则自太宗经高宗、睿宗以至玄宗,及欧阳氏父子,皆人人所知者也。画家则唐尉迟乙僧画佛之妙,冠绝古今,而有父跋质那,有兄甲僧,并善此技(《唐朝名画录》)。与尉迟齐名者唯阎立本,而其父毗,在隋以丹青得名,兄立德亦承家学,故曰"大安、博陵,难兄难弟",谓立德、立本也(《唐画录》)。李思训,世所谓北派之祖也;其子昭道变父之势,妙又过之,故时号曰大李将军、小李将军(《画鉴》)。宋徽宗天纵游艺,论者谓其画兼有顾、陆、曹、吴、荆、关、李、范之长,高宗亦善绘事,同时米家父子亦接踵画苑,极君臣之遇合矣。赵文敏书画独步元初,而有兄孟坚、子雍奕,又其甥王蒙,且与黄公望、倪瓒、吴镇并称元四大画家。夫文敏之有子,固得以管夫人为之母解之,然上所述之诸家,则将何所借口耶?至明以后,以书画世其家者,尤不胜数。明之长洲文氏,国朝之娄东二王氏,武进恽氏,近者二三世,远者五六世,而流风未沫。此种事实,叔氏其何以解之?夫文学家与美术家,固天才之所为,非纯粹知力之作用耶;而父子、兄弟、祖孙相继如此,则知力不传自父之说,其不可持,固不待论也。

要之,叔氏此说,非由其哲学演绎而出,亦非由历史上归纳而得之者也,此说之根据,存于其家乘上之事实。叔氏之父素有脑疾,晚年以坠楼死,彼之郁忧厌世之性质,自其父得之者也。其母叔本华·约翰,则有名之小说家,而大诗人格代之友也。彼自信其知力得自母,而性质得自父。彼深爱其父,而颇不快于其母。幼时父令其习商业,素所不喜也;迨父死后,尚居其职二年,以示不死其父之意。后因处理财产之事,与母相怨,又自愤其哲学之不得势力,而名反出其母下也,每恶人谓己曰彼叔本华·约翰之子也。彼生平以恶妇人之故,甚蔑视妇人,谓女子除服从外无他德,遂以形而上学上本质之意志属诸男子,偶性之知力属诸女子。故曰其遗传说实由其自己之经验与性质出,非由其哲学演绎,亦非由历史上归纳而得之者也。

且叔氏之说之不足持,不特与历史上之事实相反对而已。今夫父母之于子,其爱之有甚于其身者,则以其为未来之我,而与我有意志之关系也。若仅以知力之关系论,则夫师弟朋友之间,其知识之关系,且胜于父子,奚论母子?故仅有知识之关系者,其间爱情不得而存也。而母之爱子也不减于父,或且过之者,则岂不以母子间非徒有知力之关系,且有意志之关系哉?故母之于子,无形体之关系则已,苟有形体之关系,则欲其意志之不遗传,不可得也(由叔氏之说,意志与形体为一物,而从知力之形式中所观之意志也)。父之于子也亦然,苟无形体之关系则已,苟有形体之关系,则形体之一部分之脑,与其作用之知力,又何故不得传诸其子乎?至意志得受诸父,与知力得受诸母,此说则余固无间然矣。

【附】叔本华氏之《遗传说》①

人之生也,不但传其种族之特性,并传其父母个人之特性,此经验上之事实也。此事于身体上为最著,至其精神(指心理上之事实言)则何如? 即父母之精神,亦遗传于子姓否? 此屡起之问题,而人人所认者也。更进而问子姓之精神中,何者属父,何者属母,能区别之否? 此问题则更难以解释。然从余之形而上学,则意志者,吾人之根荄,而知力其附属物也,意志其本性,而知力其偶性也。故主此生育者(即父)与吾人以其根荄(即意志),而孕此生育者(即母)与吾人以其偶性(即知力)。易言以明之,即吾人之性质好尚自父得之,而知力之种类及程度自母得之,自不难于经验之前预定之也。而此预定之说,实于经验上得其证据,唯此经验不能用物理学上之实验,但可由数十年之观察与历史证之耳。

今先就吾人自己之经验论之,其所短者,在其范围过狭,而事实非人人之所皆知;然有完全之确实性,此其所长也。今使人深察自己,而以其自己之好尚情欲,及其特别之德义与不德义,悉现于自己之目前,又使彼更思其父如何,则彼之一切特性,不难于其父认之。若其母之性质,则往往与之全不相同。即有相同者,亦不过其母之性质与其父偶同耳。使彼对其自己之性质与其父母之性质精密考察之,则可知意志自父传而不自母传之说不诬也。今以例证之。不信之过,兄弟往往同蹈之,此实由其父遗传者。故《利亚父子》之喜剧,于心理上实为正确也。但研究此事时,有二界限,若不注意于此,则其研究之成绩,有时而不合,学者不可不知也。其一父之真伪是也,唯形体之真似其父者,其性质能似其父,稍似者不然。何则? 再婚之子女,或微似其故夫;而奸生之子,亦往往微似其本夫故也。

---

① 1904 年 4 月,王国维译《叔本华氏之〈遗传说〉》(〔德〕叔本华著,据英译本《意志和表象的世界》重译),载于《教育世界》第 72 号。——编者注

此事实于禽兽为尤著。第二之界限,父之性质虽见于子姓,然子姓往往因受特别之知力,而变其性质之形,故研究者不可不熟察之也。而此性质变化之大小,与知力之差为比例,然不能全灭而不见。盖人苟由其母之知力,而有卓越之理性,则父所遗传之情欲,得由反省及思考之力束缚之而且蔽匿之。而其父所以不能制其情欲者,以其知力稍弱之故,于是父子间性质之差别以起。至父之情欲弱而子之情欲强者,亦由此理。至其母之好尚及情欲,决不遗传之于子姓也。

至历史之事实,其所以优于私人之事实者,在其事实之人人知之;而其所短,则以此等事实往往杂以传说,不足尽信,且此等事实关系于政治者多,而关系于个人之生涯者少,故无由详知其人之性质何如也。今欲证余之说,姑少引历史上之事实;若专攻历史者,于此类之事实,不难加至倍蓰也。

古代罗马之历史中,往往有以爱国及勇武世其家者,如法皮亚家(Gens Fabia)及法白利西亚家(Gens Fabria)是已。而亚历山大王(Alexander the Great)其好势力及战胜也,与其父斐利白(Philip)无异。又据罗马史家休托尼(Suetonius)之说,则帝皇尼禄(Nero)之暴戾,固非无所本。盖克禄地亚家(Gens Claudia)之兴于罗马,垂六百年,其人皆果敢狠戾,经体培留斯帝(Tiberius)、喀利仇拉帝(Caligula)(二人尼禄之祖及父也),至尼禄而达其极。而尼禄之所以以极暴名者,则半由彼之位置使然,半由其母拔克羌德(Bacchante)之愚蠢,不能传以知力,以束缚其情欲故也。其在他方面,则如以米里体兹(Mithridates)之勇敢,而有西蒙(Cimon)(雅典之名将)为之子;以汉尼拔(Hannibal)之将略,而有赫米尔喀(Hamilcar)为之父。而西丕哇族(Scipios),其全家皆英迈而爱国者也。反是如教皇亚历山大第六(Alexander VI)之子薄尔伽亚(Borgia),乃彼凶恶之小像,而阿白拉(Abla)公爵之子,其惨酷残恶,亦如其父。法兰西王斐利白第四(Philip IV)杀宗教武士时,以惨酷闻,其女依萨培拉(Isabella)即英王爱德华德第二(Edward II)之后,亦幽囚其夫,迨彼既签辞位之约,遂弑之于狱,其惨淡之状,殆人所不忍言。英王亨利第三

(Henry III)素以嗜杀称，其初婚所生之女主美利(Queen Mary)酷似其父，焚杀异教徒无算，是以有"血美利"之称。其再婚所生之女哀利若培斯(Elizabeth)（亦英国女主）自其母后得高尚之知力，故其父之性质不甚著，然于杀苏格兰女主美利一事，亦足以知其性质之未泯也。苏格兰之国，有其父因为盗且食人而处焚杀之罪者，其女才一岁，为他人所保育；迨其长也，亦犯食人之罪，乃生瘗之。法国之奥培省，有一女子送二童子至医院者，杀之而取其金，逃至巴黎，遇其父于途，其父复取其金而沉之于河。此等事之见于新闻纸者，不一而足。一千八百三十六年，匈牙利有一死囚杀官吏，又重伤其自己之亲属，其兄于数年前，曾弑其亲，而其父亦曾犯杀人之罪；其后一年，其弟又以枪击其家之管理财产者，唯未中耳。一千八百五十七年，巴黎报中载巨盗兰麻尔(Lemaire)及其党羽处死刑之事，且书其后曰："犯罪之事，若自家族中遗传者，彼等之家族，其死于断头台上者，实不少也。"此实引柏拉图(Plato)《法律篇》之说。可知当日希腊人已知此事实。试披犯罪之统计表，此例尤不可胜举。至自杀之出于遗传，尤其彰明较著者也。

若夫以罗马皇帝安敦(Marcus Aurelius Antonius)之仁爱，而有阴恶之康穆都斯(Commodus)为之子，此实意外之事也，然此事亦不难解。何则？安敦之后福斯体那(Faustina)素有不贞之名故也。凡事之类此者，皆可由此解释之。故罗马暴帝图弥体安(Domitian)，吾人决不能信其为体土斯帝(Titus)之弟，而范斯巴襄帝(Vespasian)，实不过其假父耳。

若夫第二之真理，即知力自母遗传之说，比第一之真理更为易解。古谚中所谓"母之智慧"者，早示此理。而人之知力之大小，与其母之知力为比例，此经验上所明示也。若父之知力，决不遗传之于其子，故名父之子之庸愚者，其例甚伙；即子有高尚之知力，而其父之知力平平者，亦比比是也。若英相彼德(Pitt)之有父加塔姆(Lord Chatham)，此实例外之事。然在大政治家，于高尚之知力外，又不可无高尚之性质与强毅之意志，此实自父遗传者。故政治家之父子济美，实不足怪也。其在他方面，如艺术家、哲学家及大诗人，此等事业皆天才之所为，故不能见此例。拉飞尔

(Raphael)（意大利之画家）之父,亦画师也,而非大画师。毛差德(Mozart)（德国之大音乐家）之父若子,亦音乐家也,然皆不如毛氏远甚。夫以二人享年之如是促（拉年三十八岁,毛三十七岁而殁）而贡献于美术者如此之大,则天或欲成其不朽之大名,而使生长于美术之家,此亦一说也。至各种科学,诚有世其家者,然科学上之研究,以热心、坚忍、熟练为主,苟有此性质,虽通常之知力亦能为之。故以科学世其业者,非由遗传祖、父之知力,而实由祖、父之导夫先路,与寻常之职业无异,于是有父子兄弟相继,而有大功绩于科学者,如斯喀利伽(Scaligers)（法之言语学家）、培尔诺利(Benoulis)（瑞士之数学家）、喀西尼(Cassinis)（法之天文学家）及侯失勒(Herschels)等是也。

今使妇人之位置与男子相等,而其知识得表白之于公众,则知力自母遗传之证据,必倍蓰于吾人之所知。不幸妇人之位置如此,而其聪明才力,仅为家乘上之事实,而非历史上之事实,故吾人不能完全引证之也。且妇人以性质柔弱于男子之故,其知力之发达之度常不如其子,非由知力不同,而实由发达之度不同也。故此真理之证据仅如下:约瑟第二(Joseph II)（德皇名）,马利亚·台勒西亚(Maria Teresia)之子也;卢骚(Rousseau)之母,聪慧之妇人也,彼于其《忏悔录》第二卷述其母之知慧及其诗数章;褒丰(Buffoon)（法国之大文学家）亦然。若母子之性质之冲突,则往往有之。故狭斯丕尔(Shakespeare)（英之大戏曲家）于《哇垒斯德》(Orestes)及《汉垒德》(Hamlet)之二戏曲中,描写母子之冲突,而视其子为父之性质之代表者,且复仇者也。若夫其子而为母之性质之代表,对其父而复母之仇,则宇宙间所未曾有。盖性质之关系,唯存于父子之间,而母子之间仅有知力之关系,且此关系亦为性质所限制故也。故母子之间有德性之反对,而父子之间仅有知力之反对。由此观之,则萨利克(Salic)（古代法兰克中之一族）之法律中所谓妇人不能维持种族者,洵不诬也。休蒙(Hume)（英之大哲学者）于其自叙传中言母之明智。汗德(Kant)之母,据其子之判断,乃有极大之理解力者,当是时,女子之教育未兴,彼独受特别之教育,其后又自修不怠。其与汗德散步时,常使注意于天然之现象,而由上帝之力解释之。至格代(Goethe)（德国之大诗人）之母之学识,则固人人之所知,而文学上时时称道之;若其父则绝无人道及者,即格代自己亦谓其知力无以逾于常人。希尔列尔(Schiller)（亦德国大诗人）之母好读诗而亦自作之,其断篇见于舒华伯(Schwab)之《希氏事略》。裒伽尔(Burger)真正之天才,而格代以后第一流之诗人也,读彼之谣曲,觉希尔列尔之作,未免冷淡而费力;其友医生阿尔托夫(Althof)于其传中,述其父有当时流行之知识,亦善良之人也;其母虽未受教育,而有非常之知力,故裒氏虽有时非议其母之性质,然谓其母若受适宜之教育,则当为女子中极有名之人物,彼自信其知力得之于母,而其德性则似其父。瓦尔塔·斯格德(Walter Scott)（英国之大诗人）之母,亦一女诗人也,其诗见于白络克华斯所编纂之《母之知慧》中。此书搜集古今贤母之事实,余于兹取其二条。一、培根(Bacon)之母,言语学者也,其所撰译之书颇多;二、包海甫(Boerhave)（荷兰之医兼哲学家）之母,以医学著名。若母之知力弱者,其子亦然。故狂易之疾,得自父者较得于母者为少,即有自父遗传者,亦由其父之性质易致此疾使然,而非由知力上之关系也。

故由上文之说,则由理论上言之,同母之子其知力必相等,此固有之,如寇维(Curvier)（英之解剖学家）、休烈额尔(Schlegel)（德之文学家）兄弟等皆是也。顾有足异者,汗德之弟,块然一庸夫耳,然得由天才之生理上之状态解之。盖天才之人,其需非常发达与完全之脑髓（得自母者）固不待言,亦须有活泼之心脏以鼓舞之（得自父者）。但此活泼之状态,唯父之盛壮时为然。故旷世之逸才,常钟于长子。而汗德之弟,其弱于汗德者十有一岁,则其知力之差绝,固不足怪也。

世有天才卓越之人,而其母之知力不甚显著者,此亦非无故,盖此母之父,其性质必冷淡。彼由其父遗传此性质,其异常之脑髓,不得循环系鼓舞之助,遂不能发达。然此脑髓若遗诸其子,而又自其父得强烈之性质与活泼之心脏,则所谓天才者乃可得而见。如白衣龙(Byron)（英国之大诗人）其一例也。凡事之类此者,皆可由此解之。

世之意志强毅而知力衰弱,或知力明晰而意志薄弱者,吾人之所见亦不罕。然从余之学说,则此知、意二原质之不调和,固无足怪。何则? 其意志传自父而知力传自母故也。故世人或以脑见长,或以心见长(叔本华之说,谓心与意志一物也)。又有若干人,其长存于脑与心之调和,而二者互相适合,互相助长,由前说观之,则必其父母之姘合得宜之结果也。

于经验及历史上,人之性质传自父而知力传自母之说,其证据如此。又由余平日之说,则性质与知力二者绝非一物,而二者又皆有绝对之不变性,则知改良人种之道,当求诸内而不求其外,即与其从事于教育及文化,宁于婚姻上加之意也而已。柏拉图凤有见于此,彼于《共和篇》之第五卷,对改良兵士之事,述奇异之政策曰:"今使吾人得尽梏国中之恶汉,而幽闭无知之女子于寺院中,唯许伟人及慧女得相为婚姻,则第二世之人物,其胜于攀利克尔(Pericle)之时代(即雅典文学及美术之黄金时代),固自不待论也。"今姑不述此乌托邦之政策,然古代之国民中,亦多行之,此亦可注意者也。在支那之古代,宫刑下死罪一等;英国古时亦欲以此刑科窃盗。此刑虽酷,然不害其后日之执业。苟窃盗而为遗传之疾乎,抑此法律果能实行乎,则外户不闭之风,自可企而待也。北日耳曼之小邦中,其女子多有以首荷重物而行者,此有害于脑髓,无可疑也;抑岂但有害女子之脑而已,其影响之及于后日男子之知力者,至重且大。故此等习惯之不可不除,乃余之学理之应用上必然之结果也。

今离此特别之应用,而反于吾人之立脚地,即自形而上学与伦理学之见地观之,则其结果如下,此虽超越一切经验,而实有经验上之证据者也,即:同一之性质或同一之意志,存于一族之各人中,此自远祖以来迄于今日此族中之代表者,无以异也。但各人于此同一之意志外,各有特别之知力,即知识之程度及其种类,视其得于母者以为准。于是各人之观人生也,各由其特别之目力,而人生之于各人,亦现其特别之方面,而各人各得人生之新见解与新教训。由此,意志亦受特别之倾向,而或主张其生活之欲,或拒绝之。意志与知力之结合屡变不居如此,此乃人类生殖之必然之排列法,而解脱之根柢,即存于此。盖由此排列法,而人生常示其新方面,于同一之意志又加以影响,而使于主张生活之欲或拒绝之之二途中,必择其一。今夫由上文之所说,则对同一之意志,而附以种种不同之知力,乃时与以宇宙之新见解,而开其解脱之道者,又因知力必得诸母,古今万国所以禁同产为婚者,职是故也。盖同产相婚之子,惟同一之意志与同一之知力互相结合,而不能对同一之意志与以特别之知力故也。

至种种性质之不同之根源,其理由如何,此于吾人之研究上所不可知之事实也。古代身毒人及佛教之解此问题也,以为出于前生之业果。此解释最古,又最可通。然此生之性质既为前生之果,而前生之事业又不可无其因,推而上之,实不可究极,但此外亦更无满足之解释。由余之见地观之,则意志者,物之本体也。充足理由之原则,乃现象界之形式,而决不能应用之于意志。而意志之由何故存及自何处来,吾人所不得问也。其绝对之自由即存于此。此种自由惟存于物之本体,而此本体不外意志,故就发现于其现象界言之,虽有必然性,而就其自身言之,实有自由性者也。故一切理由与论结之说明,至此而穷;而吾人对种种之性质,不能说一语,但谓之意志之真自由之发现耳。唯本体也,故自由;唯自由也,故吾人不得进而求其故。何则?吾人之理解力,存于充足理由之原则,又不过此原则之应用故也。

王国维译事年表

1877 年

12 月 3 日(清末光绪三年十月二十九日),出生于浙江海宁城内双仁巷的书香世家,初名国祯,后改国维,字静安,又字伯隅,初号礼堂,晚号观堂,又号永观。

父王乃誉,宋安化郡王三十二世裔孙;母凌夫人在其 4 岁时去世。

1883 年(7 岁)

入潘紫贵先生私塾,接受传统的儒学教育。

1887 年(11 岁)

是年,其父王乃誉以丁忧之名,自溧阳县幕辞职归里,"以课子自娱"。改从本县庠生陈寿田学习。

1892 年(16 岁)

考取秀才。

1893 年(17 岁)

遵父命,赴省城杭州应乡试考举人,未考完离场。

1894 年（18 岁）

应省试,不售。

1898 年（22 岁）

入《时务报》任书记工作。

1900 年（24 岁）

译《农事会要》([日]池田昇三著),连载于 9—10 月出版的《农学报》第 118—120 期。

译《势力不灭论》,原载于《科学丛书》第 2 集,1903 年由上海教育世界社出版。

12 月,赴日本短暂留学,入东京物理学校。

1901 年（25 岁）

夏,因病回国休养。

译《教育学》([日]立花铣三郎讲述),连载于《教育世界》第 9—11 号。

译《日本地理志》([日]中村五六编,顿野广太郎修补),上海商务印书馆出版。

译《算术条目及教授法》([日]藤泽利喜太郎著),连载于《教育世界》第 14—18 号。

1902 年（26 岁）

译《哲学概论》([日]桑木严翼著),载于上海教育世界社出版的《哲学丛书》初集。

译《伦理学》([日]元良勇次郎著),载于上海教育世界社出版的《哲学丛书》初集(石印本)。

译《心理学》([日]元良勇次郎著),载于上海教育世界社出版的《哲学丛书》初集(石印本)。

译《教育学教科书》([日]牧濑五一郎著），连载于《教育世界》第 29、30 号。

译《法学通论》([日]矶谷幸次郎著），上海商务印书馆出版。

1903 年（27 岁）

在罗振玉的举荐下，去江苏南通通州师范学校任心理学、伦理学教员。

9 月，译《西洋伦理学史要》([英]西额惟克著），连载于《教育世界》第 59—61 号。

1904 年（28 岁）

4 月，译《叔本华氏之〈遗传说〉》([德]叔本华著，据英译本《意志和表象的世界》重译），载于《教育世界》第 72 号。

6 月，译《荀子之名学说》([日]桑木严翼著），载于《教育世界》第 77 号。

6 月，《红楼梦评论》发表，连载于《教育世界》第 76—78、80、81 号。

7 月，译《尼采氏之学说》([日]桑木严翼著），连载于《教育世界》第 78、79 号。

7 月，译《管子之伦理学说》([日]高桥正雄著），载于《教育世界》第 80 号。

8—12 月，译《孔子之学说》([日]蟹江义丸著），连载于《教育世界》第 81—83、86—89 号。

10 月，译《灵魂三变》([德]尼采著），连载于《教育世界》第 84、85 号，后收入《静安文集》。

1905 年（29 岁）

3 月，译《叔本华之思索论》([德]叔本华著），载于《教育世界》第 94 号。

7、11、12 月,译《伦理学概论》([英]模阿海特著),连载于《教育世界》第 101—103、105—109、111—116 号。

译《枕戈记》([俄]托尔斯泰著),连载于《教育世界》第 100、102、111 号。

译《动物学教科书》([日]饭岛魁编),连载于《农学报》第 289—292 期。

译《哥罗宰氏之游戏论》,连载于《教育世界》第 104—106、110、115、116 号。

1906—1907 年(30—31 岁)

随罗振玉北上入京,任学部总务司行走,充当学部图书编译局编译,负责编译及审定教材事宜。寓京期间,学术兴趣逐渐由哲学转为文学。

1906 年,《人间词甲稿》发表于《教育世界》第 123 号。

6 月,译《汗德详传》([英]阿薄德著),载于《教育世界》第 126 号。

6 月,译《教化论》([德]巴尔善著),载于《教育世界》第 126 号。

1907 年,《人间词乙稿》发表于《教育世界》第 161 号。

3—11 月,译《悟性指导论》([英]洛克著),连载于《教育世界》第 145、147、149、151、159、164、165 号。

5—10 月,译《日本阳明派之哲学史》([日]井上哲次郎著),连载于《教育世界》第 148—152、155、156、159—162 号。

7 月,译《心理学概论》([丹麦]海甫定著),载于《哲学丛书》,上海商务印书馆出版。

译《欧洲大学小史》(译自《大英百科全书》),连载于《学部官报》第 15、17、21—23、25、27、29、31、33、34 期。

1908 年(32 岁)

译《辨学》([英]耶方斯著),由学部图书编译局出版,益森印刷局发行。

1909 年（33 岁）

译《论幼稚园之原理》（译自美国文部省《教育报告》），载于《学部官报》第 90 期。

译《法国之小学校制度》（译自美国文部省 1903 年《教育报告》），连载于《学部官报》第 93—95 期。

译《中亚细亚探检谈》（[匈]斯坦因著），载于《敦煌石室遗书》附录《流沙仿古记》中，后收入赵万里所编《海宁王静安先生遗书》之《观堂译稿》。

1910 年（34 岁）

译《教育心理学》（[美]禄尔克著），由学部图书编译局排印出版。

编译《世界图书馆小史》（二卷）（译自《大英百科全书》第 9 版之《图书馆》），连载于《学部官报》1909 年第 91、92 期，1910 年第 110、114—131、133—135 期；后又发表于《图书馆学季刊》1935 年第 9 卷第 3/4 期、1936 年第 10 卷第 2 期。

1911 年（35 岁）

10 月，携家眷随罗振玉家 3 人前往日本。

译《法兰西之教育》（译自美国文部省《教育报告》），连载于《学部官报》第 161、162 期。

1916 年（40 岁）

2 月，结束异国漂泊生活，回到中国。

后应邀入哈同花园之仓圣明智大学，主编《学术丛编》，后又兼任经学教授，直到 1923 年年初大学解散。

1919 年（43 岁）

译《近日东方古言语学及史学上之发明与其结论》（[法]伯希和著），连载于《北京大学日刊》1923 年第 1189—1192 期，同时载于《国学季刊》

1923 年第 1 卷第 1 期,后收入《观堂译稿》。

1922 年(46 岁)

允任北京大学研究所国学门通讯导师。

1923 年(47 岁)

4 月,入南书房。入值期间,完成了《传书堂藏善本书志》的集部修订工作,撰《魏石经残石考》,校勘了《水经注》。

1925 年(49 岁)

2 月,正式应清华研究院聘,任经史小学导师。在清华研究院期间,治学转向西北地理及辽金元史。

1927 年(51 岁)

3 月,译《室韦考》([日]津田左右吉著),收入《观堂译稿》。

译《辽代乌古敌烈考》([日]津田左右吉著),收入《观堂译稿》。

译《鞑靼考》([日]箭内亘著),1928 年载于《国学论丛》第 1 卷第 3 号,后收入《观堂译稿》。

6 月 2 日,告别清华园,到颐和园内的鱼藻轩前,自沉于昆明湖。

中華譯學館·中华翻译家代表性译文库

许　钧　郭国良／总主编

<table>
<tr><td>

第一辑

</td><td>

第二辑

</td></tr>
</table>

第一辑	第二辑
鸠摩罗什卷	徐光启卷
玄　奘卷	李之藻卷
林　纾卷	王　韬卷
严　复卷	伍光建卷
鲁　迅卷	梁启超卷
胡　适卷	王国维卷
林语堂卷	马君武卷
梁宗岱卷	冯承钧卷
冯　至卷	刘半农卷
傅　雷卷	傅东华卷
卞之琳卷	郑振铎卷
朱生豪卷	瞿秋白卷
叶君健卷	董秋斯卷
杨宪益　戴乃迭卷	

图书在版编目(CIP)数据

中华翻译家代表性译文库. 王国维卷 / 吴赟编.
—杭州：浙江大学出版社，2023.7
ISBN 978-7-308-23937-0

Ⅰ.①中… Ⅱ.①吴… Ⅲ.①社会科学－文集 ②王国
维(1877－1927)－译文－文集 Ⅳ.①C53 ②I11

中国国家版本馆 CIP 数据核字(2023)第 108641 号

中華譯學館　莫言題

中华翻译家代表性译文库·王国维卷
吴　赟　编

出　品　人	褚超孚
丛书策划	张　琛　包灵灵
责任编辑	张颖琪
责任校对	陆雅娟
封面设计	闰江文化
出版发行	浙江大学出版社
	（杭州市天目山路 148 号　邮政编码 310007）
	（网址：http://www.zjupress.com）
排　　版	浙江时代出版服务有限公司
印　　刷	杭州高腾印务有限公司
开　　本	710mm×1000mm　1/16
印　　张	26.5
字　　数	478 千
版 印 次	2023 年 7 月第 1 版　2023 年 7 月第 1 次印刷
书　　号	ISBN 978-7-308-23937-0
定　　价	98.00 元